macOS Mojave

macOS Mojave

Sehen und Können

Philip Kiefer

Markt+Technik

Bei der Erstellung von Texten und Abbildungen wurde mit größter Sorgfalt vorgegangen. Trotzdem sind Fehler nicht völlig auszuschließen. Verlag, Herausgeber und Autoren können für fehlerhafte Angaben und deren Folgen weder eine juristische Verantwortung noch irgendeine Haftung übernehmen. Für Anregungen und Hinweise auf Fehler sind Verlag und Autoren dankbar.

Die Informationen in diesem Werk werden ohne Rücksicht auf einen eventuellen Patentschutz veröffentlicht. Warennamen werden ohne Gewährleistung der freien Verwendbarkeit benutzt. Nahezu alle Hard- und Softwarebezeichnungen sowie weitere Namen und sonstige Angaben, die in diesem Buch wiedergegeben werden, sind als eingetragene Marken geschützt. Da es nicht möglich ist, in allen Fällen zeitnah zu ermitteln, ob ein Markenschutz besteht, wird das ®-Symbol in diesem Buch nicht verwendet.

ISBN 978-3-95982-183-4

Espenpark 1a
90559 Burgthann

Produktmanagement Christian Braun, Burkhardt Lühr
Lektorat, Herstellung Jutta Brunemann
Covergestaltung David Haberkamp
Coverfotos © Rechitan Sorin, dietwalther, travelview – Fotolia.com; Tanja Binder
Satz inpunkt[w]o, Haiger (www.inpunktwo.de)
Druck Media-Print Informationstechnologie GmbH, Paderborn
Printed in Germany

Foto: Tanja Binder

Liebe Leserin, lieber Leser,

ich freue mich sehr, Ihnen mit diesem Buch die bereits fünfte Neuauflage meines Mac-Buches präsentieren zu dürfen. Es hat in den vergangenen Jahren viel Lob und Zuspruch erfahren, und ich hoffe, dass sich der Erfolg des Buches auch mit dieser Ausgabe zum Mac-Betriebssystem macOS Mojave fortsetzen wird. Das Buch richtet sich sowohl an Einsteiger, die mit ihrem Mac zum ersten Mal einen Computer verwenden, als auch an Umsteiger von einem Windows-Computer. Denn zwar lässt sich ein Mac clever und komfortabel nutzen, aber längst nicht alles erklärt sich von selbst.

Wenn Sie sich für einen Mac entschieden haben, dann haben Sie eine sehr gute Wahl getroffen! Bei den Apple-Computern stimmt einfach vieles: das Design, die Leistung, die Bedienung, die Sicherheit und die perfekte Synchronisierung mit iPhone oder iPad. Unter dem Mac-Betriebssystem, aktuell macOS Mojave, stehen Ihnen außerdem fast alle wirklich benötigten Apps bereits zur Verfügung, sodass Sie von Anfang an gut ausgestattet sind.

Dieses Buch nimmt Sie bei Ihrem Start mit dem Mac bei der Hand und zeigt Ihnen alle wichtigen und nützlichen Funktionen Ihres Macs auf – und zwar Bild für Bild in leicht verständlichen Schrittanleitungen. Dabei ist es egal, ob Sie ein MacBook, einen iMac oder einen sonstigen Mac Ihr Eigen nennen. Die grundlegenden Funktionen sind auf allen Macs die gleichen. Sie profitieren von der Lektüre am meisten, wenn Sie die Schritte direkt an einem Mac nachvollziehen.

Haben Sie viel Freude beim Erkunden Ihres Macs und des Betriebssystems macOS Mojave!

Ihr Autor Philip Kiefer

4 Mit dem Finder alle Dateien und Speicherorte im Griff 99

5 Neue Apps und Geräte installieren 131

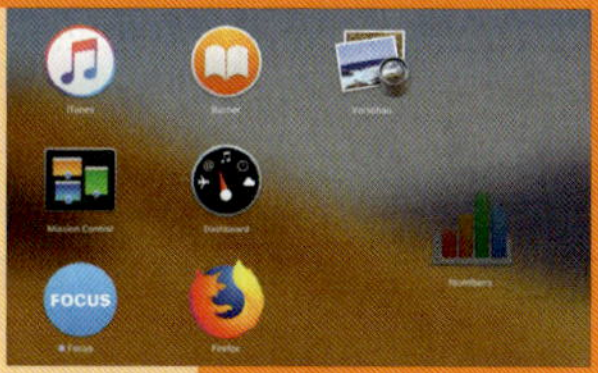

6 Clever und sicher im Internet surfen 143

7 Mailen, Chatten und Telefonieren

173

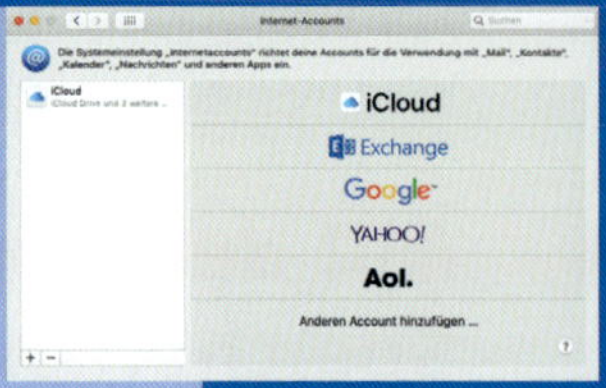

8 Ihre Fotos auf dem Mac verwalten und bearbeiten

191

9 Musik, Filme und weitere Medien auf dem Mac wiedergeben

217

Do. 09:21
WLAN: ein
WLAN deaktivieren
FRITZ!Box 6340 Cable
BRDachFritzWlan
EigenesNetzBox
FEW-Langenargen-Hotspot-3
fox4
FRITZ!Box 7312
WLAN-W7Z8KJ
Mit anderem Netzwerk verbinden ...
Netzwerk anlegen ...
Systemeinstellung „Netzwerk" öffnen ...

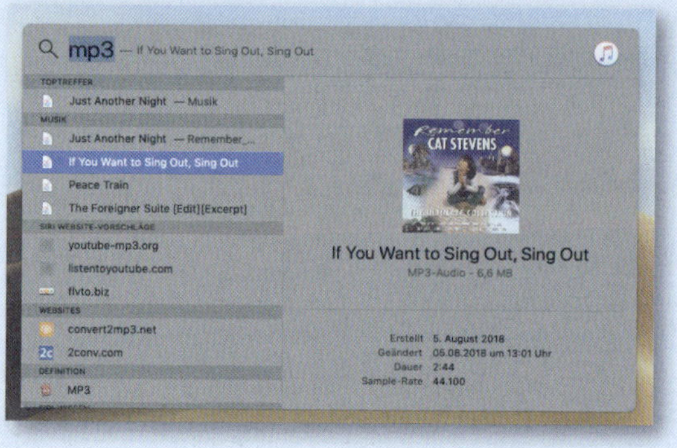
mp3 — If You Want to Sing Out, Sing Out
TOPTREFFER
Just Another Night — Musik
MUSIK
Just Another Night — Remember...
If You Want to Sing Out, Sing Out
Peace Train
The Foreigner Suite [Edit][Excerpt]
SIRI WEBSITE-VORSCHLÄGE
youtube-mp3.org
listentoyoutube.com
flvto.biz
WEBSITES
convert2mp3.net
2conv.com
DEFINITION
MP3
CAT STEVENS
If You Want to Sing Out, Sing Out
MP3-Audio - 6,6 MB
Erstellt 5. August 2018
Geändert 05.08.2018 um 13:01 Uhr
Dauer 2:44
Sample-Rate 44.100

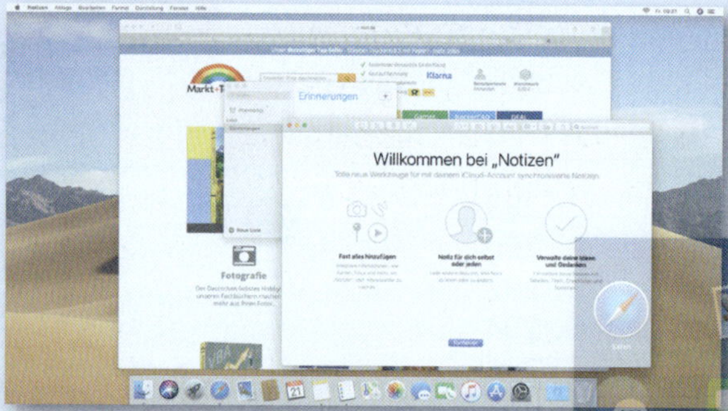
Erinnerungen
Willkommen bei „Notizen"
Fotografie

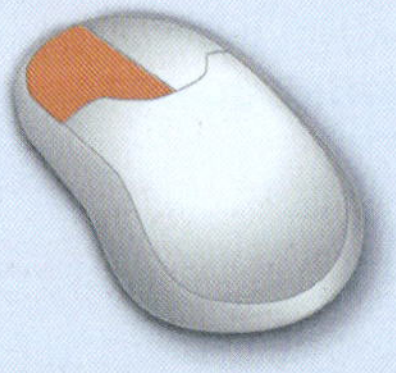

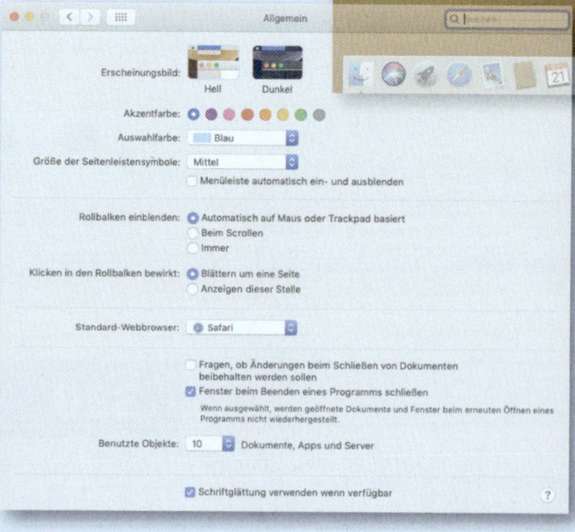
Allgemein
Erscheinungsbild:
Hell
Dunkel
Akzentfarbe:
Auswahlfarbe:
Blau
Größe der Seitenleistensymbole:
Mittel
Menüleiste automatisch ein- und ausblenden
Rollbalken einblenden:
Automatisch auf Maus oder Trackpad basiert
Beim Scrollen
Immer
Klicken in den Rollbalken bewirkt:
Blättern um eine Seite
Anzeigen dieser Stelle
Standard-Webbrowser:
Safari
Fragen, ob Änderungen beim Schließen von Dokumenten beibehalten werden sollen
Fenster beim Beenden eines Programms schließen
Wenn ausgewählt, werden geöffnete Dokumente und Fenster beim erneuten Öffnen eines Programms nicht wiederhergestellt.
Benutzte Objekte:
10
Dokumente, Apps und Server
Schriftglättung verwenden wenn verfügbar

Ihren Mac gekonnt starten und bedienen

1

Im ersten Kapitel dieses Buches lernen Sie die Bedienoberfläche und die Basisfunktionen Ihres Macs ausführlich kennen. Sie erfahren, wie Sie Ihren Mac starten und sich anmelden, wie Sie Ihren Mac mit Maus und Co. bedienen, mit Siri Sprachbefehle erteilen und clevere Bedienungshilfen einsetzen. Außerdem machen Sie sich mit den Programmfenstern vertraut, Sie nutzen die Spotlight-Suche zum Durchforsten Ihres Macs und Sie greifen auf die überaus nützliche Mitteilungszentrale zu. Schließlich zeige ich Ihnen, wie Sie Ihren Mac in den energiesparenden Ruhezustand versetzen und sich abmelden.

Start

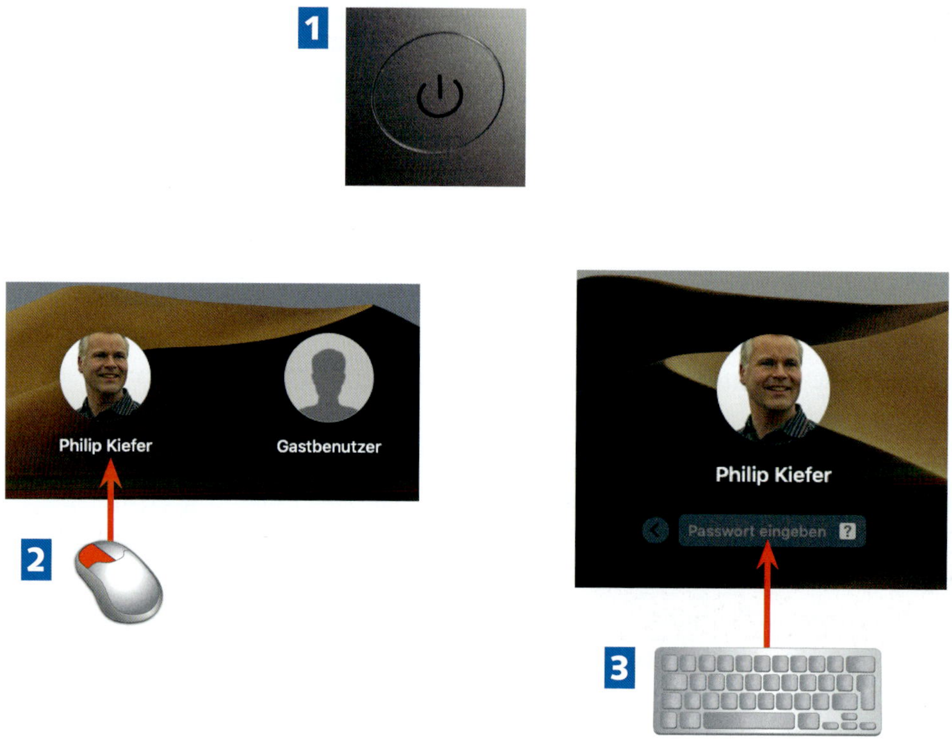

1. Drücken Sie den Ein-/Ausschalter an Ihrem iMac, MacBook oder einem anderen Mac.

2. Bei mehreren Benutzern (vgl. Kapitel 11) klicken Sie einen an, um ihn auszuwählen.

3. Geben Sie das zum Benutzerkonto gehörende Passwort ein.

Wenn Sie Ihren Mac starten, melden Sie sich mit einem Benutzerkonto an. In einem Benutzerkonto werden jeweils die persönlichen Einstellungen und Dateien gespeichert. So hat jeder einen eigenen Schreibtischhintergrund, eigene Internetlesezeichen etc.

WISSEN

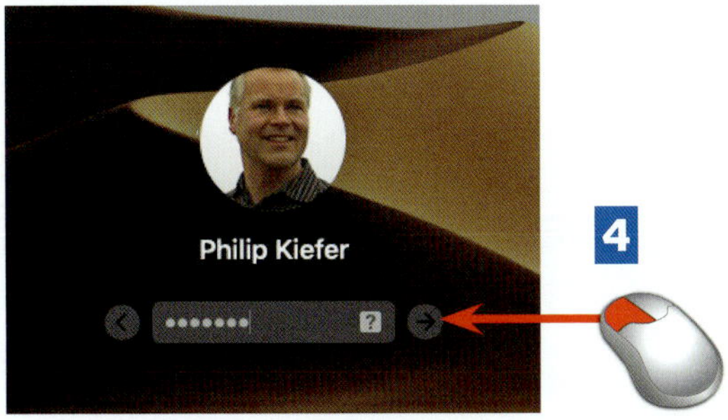

4

5

6

4 Bestätigen Sie die Passworteingabe mit einem Mausklick auf das Symbol →. Alternativ drücken Sie zur Bestätigung die ↵-Taste.

5 Das Passwortfeld wird ausgeblendet und die Anmeldung erfolgt.

6 Schließlich wird Ihnen die Bedienoberfläche des Macs angezeigt, die ich Ihnen gleich noch näher vorstellen werde.

Ende

Auch eine automatische Anmeldung lässt sich einrichten. Dies erfolgt in den *Einstellungen* unter *Benutzer & Gruppen*, indem Sie sich dort für *Anmeldeoptionen* entscheiden und im Menü *Automatische Anmeldung* Ihre Auswahl treffen.

HINWEIS

Ihnen ist das zum Benutzerkonto gehörende Passwort entfallen? Klicken Sie im Anmeldefeld auf das Symbol ?, um die Merkhilfe zu erhalten.

TIPP

Start

1

1 Der Schreibtisch, der den größten Teil der Bedienoberfläche einnimmt, wird standardmäßig durch ein Foto der Mojave-Wüste im Westen Nordamerikas geschmückt. Am unteren Bildschirmrand sehen Sie das Dock, das den schnellen Zugriff auf die wichtigsten Apps ermöglicht.

Am oberen Bildschirmrand wird die Menüleiste eingeblendet, die sich der jeweils geöffneten App anpasst. Ganz links erscheint das Apfel-Symbol zum Öffnen des Apfel-Menüs. Rechts in der Menüleiste sehen Sie sogenannte Menulets, unter denen sich verschiedene Systemfunktionen verbergen. Außerdem werden Tag und Uhrzeit eingeblendet.

Die Bedienoberfläche des Macs besteht zunächst mal nur aus einem großen leeren »Schreibtisch« und wenigen weiteren Elementen, deren Namen und Funktion Sie auf dieser Doppelseite erfahren. Um ein Element auszuwählen, verwenden Sie weiterhin die Maus bzw. das Trackpad. Wer bereits einmal einen anderen Computer oder einen Tablet-PC verwendet hat, entdeckt deutliche Parallelen.

WISSEN

2
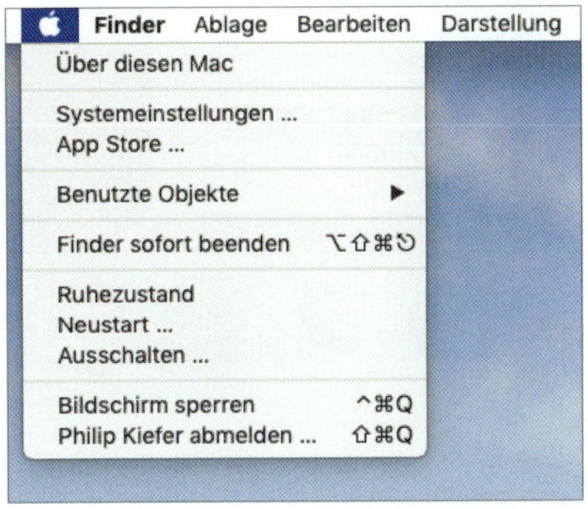

3

4

2 Hier wurde – unter dem Symbol – das Apfel-Menü geöffnet, in dem wichtige Funktionen ausgewählt werden können.

3 In der Menüleiste wird die Menüleiste der gerade aktiven App angezeigt. Der Finder – er dient der Dateiverwaltung auf Ihrem Mac – ist stets aktiv. Hier wurde ein Menü des Finders geöffnet.

4 Auch unter den Menulets verbergen sich Menüs oder Funktionen. Hier habe ich beispielhaft das WLAN-Menulet angeklickt, um das verfügbare Menü aufzurufen.

Ende

Falls Sie zum ersten Mal einen Computer nutzen sollten, machen Sie sich zu Beginn mit der Bedienung der Maus vertraut, indem Sie den Mauszeiger auf verschiedene Menüs bewegen und diese per Mausklick aufrufen. Ein erneuter Mausklick schließt das geöffnete Menü wieder.

TIPP

Den gleichen Zweck wie eine Maus erfüllt ein Trackpad, wie es in ein MacBook bereits integriert ist. Hier wird in eine Richtung gestrichen und dann durch Drücken die Auswahl getroffen.

HINWEIS

Start

1

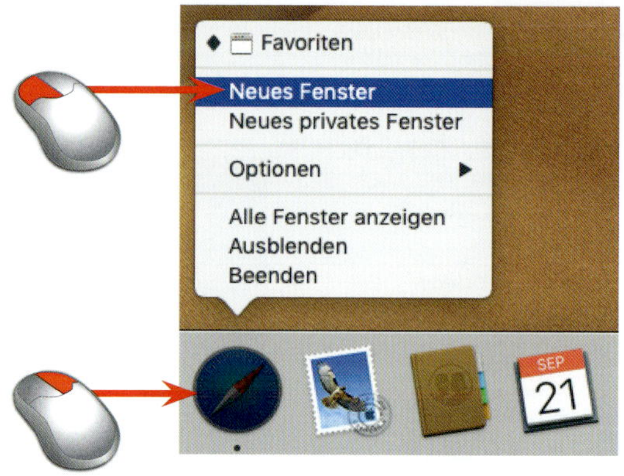

3

2

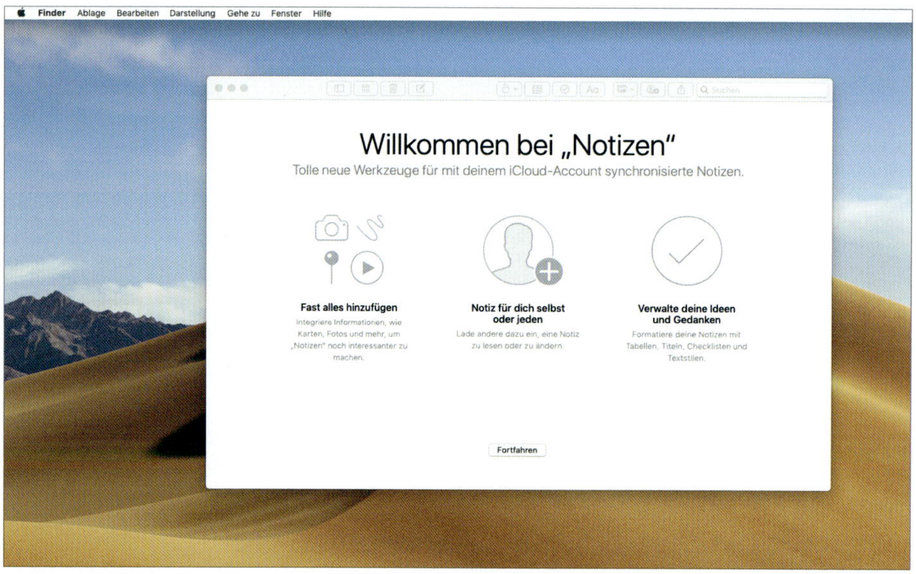

1 Um eine App zu öffnen, deren Symbol sich im Dock befindet, bewegen Sie den Mauszeiger auf die entsprechende App. Klicken Sie die App mit der Maus an.

2 Es öffnet sich ein entsprechendes App-Fenster auf dem Schreibtisch. Die Art des Fensters richtet sich nach der geöffneten Anwendung.

3 Bei einigen Apps, beispielsweise Safari, lassen sich mehrere App-Fenster gleichzeitig aufrufen. Klicken Sie die App dazu mit der rechten Maustaste bzw. bei gedrückter ctrl-Taste an und wählen Sie im sich öffnenden Kontextmenü den Eintrag *Neues Fenster*.

Auf dem Schreibtisch Ihres Macs werden die Apps geöffnet und im App-Fenster angezeigt. Das Wort »App« hat sich in den letzten Jahren als alternative Bezeichnung für Programme eingebürgert, mit denen die verschiedensten Funktionen auf dem Computer genutzt werden können: Briefe schreiben, im Internet surfen etc. Auf dieser Doppelseite machen Sie erste Bekanntschaft mit den Apps.

WISSEN

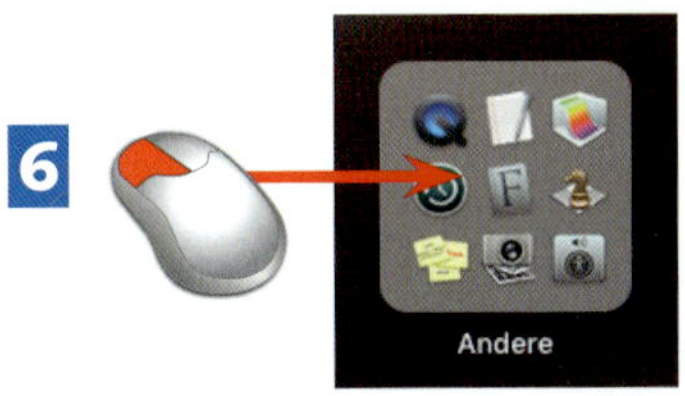

4 Im Dock finden Sie nicht alle Apps, die auf Ihrem Mac zur Verfügung stehen. Um die vollständige Übersicht zu erhalten, rufen Sie im Dock das Launchpad auf, indem Sie auf das Raketensymbol klicken.

5 Klicken Sie eine App im Launchpad an, um diese in einem Fenster auf dem Schreibtisch zu öffnen.

6 Einige Apps befinden sich im Launchpad in einem Ordner. Klicken Sie in diesem Fall zunächst den Ordner an, um eine im Ordner befindliche App öffnen zu können.

Ende

Das englische Wort »to launch« bedeutet in diesem Zusammenhang einfach »starten«.

FACHWORT

Zum Aufrufen des Launchpads kann auch die Taste F4 auf Ihrer Mac-Tastatur dienen.

TIPP

Das Launchpad kann aus mehreren Seiten bestehen. Darüber informiert eine kleine Seitenanzeige • • oberhalb des Docks.

HINWEIS

Start

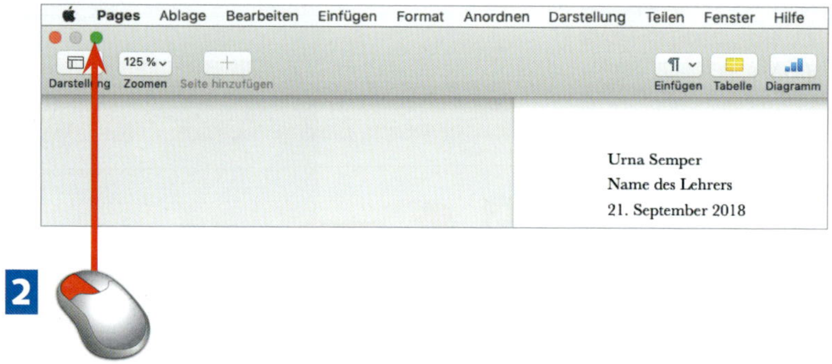

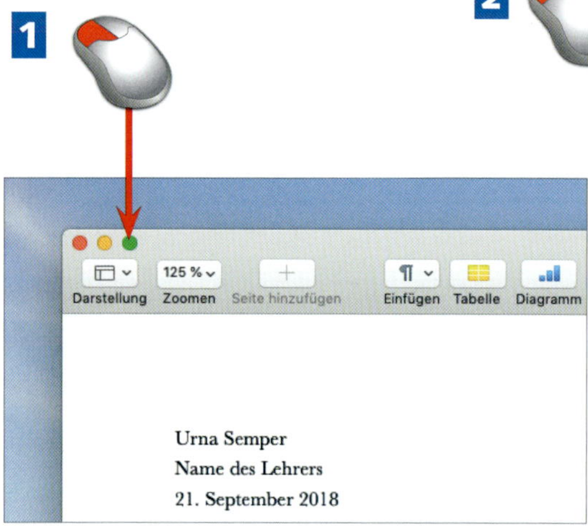

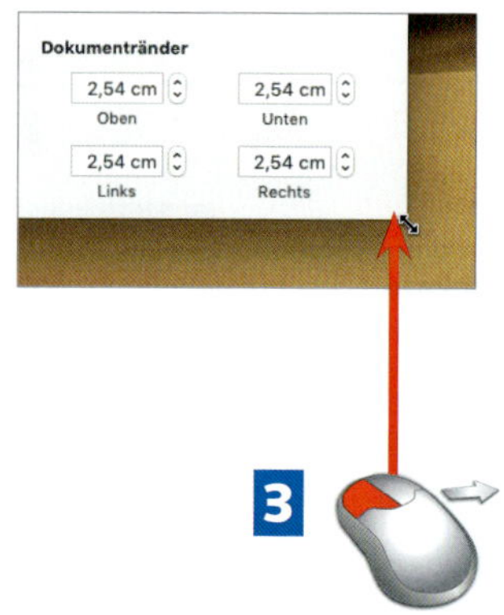

1 In den meisten App-Fenstern finden Sie links oben drei Symbole. Klicken Sie das grüne Symbol an, um das Fenster auf den gesamten Bildschirm auszudehnen.

2 Um wieder zum Schreibtisch zurückzugelangen, bewegen Sie den Mauszeiger bei maximiertem Fenster an den oberen Bildschirmrand. Klicken Sie nun erneut auf das eingeblendete grüne Symbol.

3 Ein App-Fenster lässt sich auch manuell vergrößern oder verkleinern. Bewegen Sie den Mauszeiger in eine Ecke oder an den Rand des Fensters. Der Mauszeiger verwandelt sich in einen Doppelpfeil. Nun können Sie die Fenstergröße durch Ziehen bei gedrückter Maustaste ändern.

Die App-Fenster bieten Ihnen einige Basisfunktionen, mit denen Sie sich vertraut machen sollten, bevor Sie an die Nutzung der eigentlichen Funktionen der Apps herangehen. Dass sich die Menüleiste dem gerade aktiven Fenster anpasst, wissen Sie bereits. Auf dieser Doppelseite lesen Sie nun, wie Sie auf Ihrem Mac Fenster vergrößern, verschieben, ausblenden oder schließen.

WISSEN

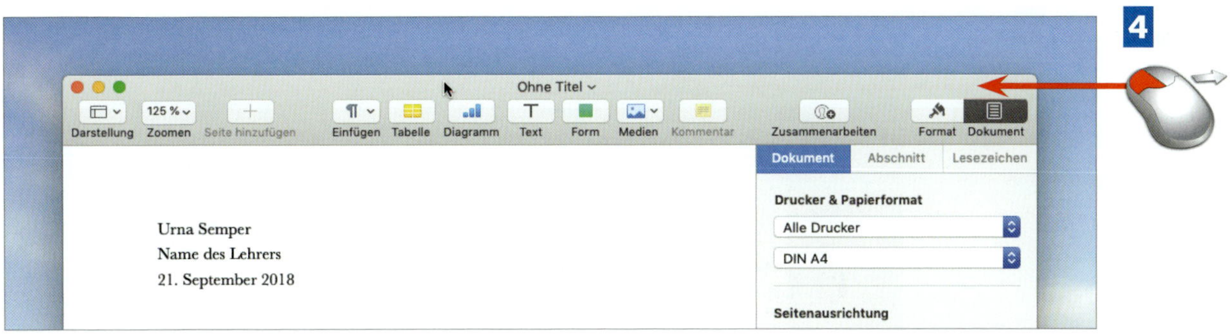

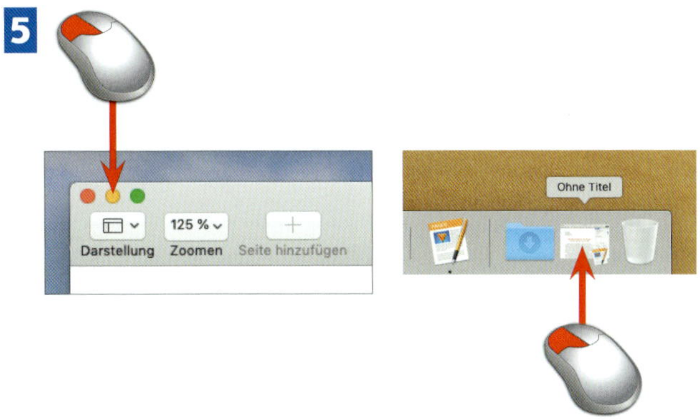

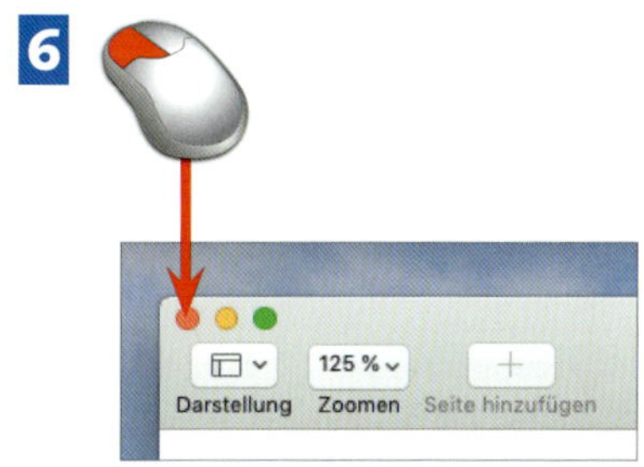

4 Sie möchten ein App-Fenster auf dem Schreibtisch verschieben. Klicken Sie dazu auf den oberen Rand des Fensters und ziehen Sie es bei gedrückter Maustaste in die gewünschte Position.

5 Ein Fenster lässt sich ausblenden, ohne die App zu beenden. Klicken Sie links oben im Fenster auf das gelbe Symbol ●, um das Fenster im rechten Bereich des Docks abzulegen. Es kann dort per Mausklick jederzeit wieder aufgerufen werden.

6 Um ein App-Fenster zu schließen und damit in den meisten Fällen die App zu beenden, klicken Sie links oben auf das rote Symbol ●.

Ende

Um eine App mit mehreren geöffneten Fenstern zu beenden, klicken Sie in der Menüleiste auf den Namen der App und wählen ganz unten im Menü den *Beenden*-Eintrag.

HINWEIS

Wenn eine App im Hintergrund geöffnet ist, wird Ihnen dies standardmäßig im Dock durch einen Punkt unterhalb des App-Symbols angezeigt.

HINWEIS

Apps noch schneller beenden: Verwenden Sie zum Beenden der gerade aktiven App die Tastenkombination cmd ⌘+Q.

TIPP

Split View verwenden

Start

1

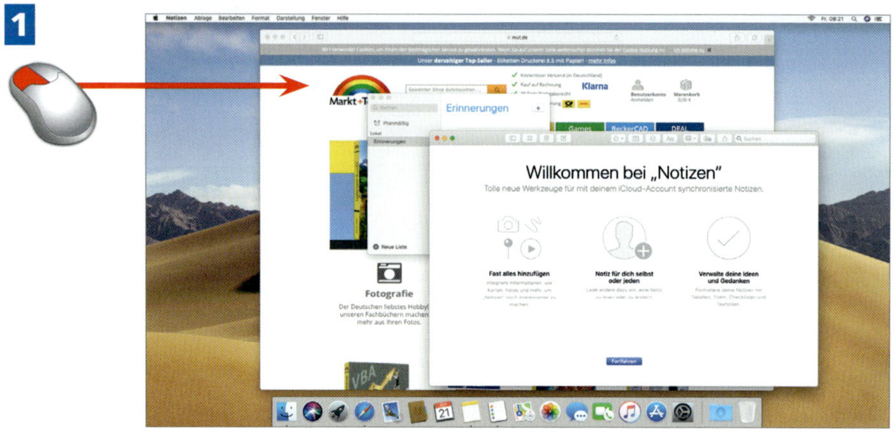

2

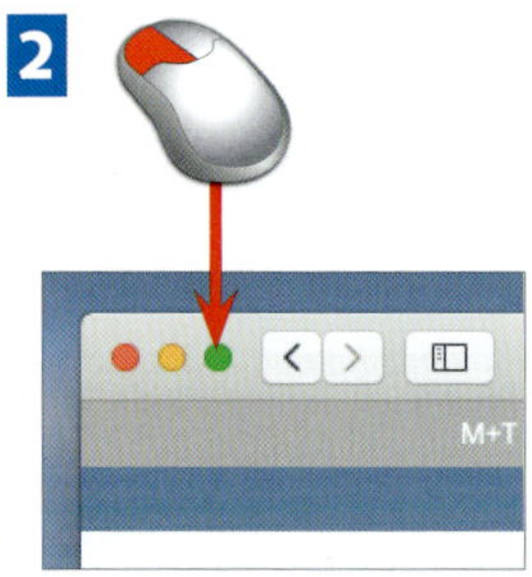

3

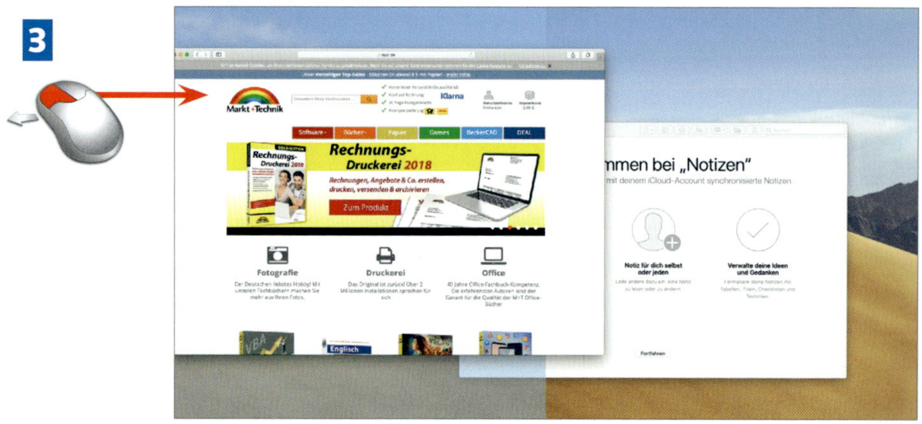

1 Der Ausgangspunkt: Auf dem Schreibtisch sind mindestens zwei Fenster geöffnet. Klicken Sie ein Fenster, das Sie mit Split View verwenden möchten, mit der Maus an.

2 Klicken Sie nun auf das Fenstersymbol ● und halten Sie dieses einen Moment lang gedrückt.

3 Ziehen Sie das Fenster bei gedrückter Maustaste in die linke oder rechte Bildschirmhälfte.

Wenn Sie auf Ihrem Mac mit zwei Apps parallel arbeiten, ist die Split View (die »geteilte Ansicht«) der perfekte Darstellungsmodus dafür. Die Split View lässt sich einfach nutzen, wie Ihnen diese Doppelseite beweist.

WISSEN

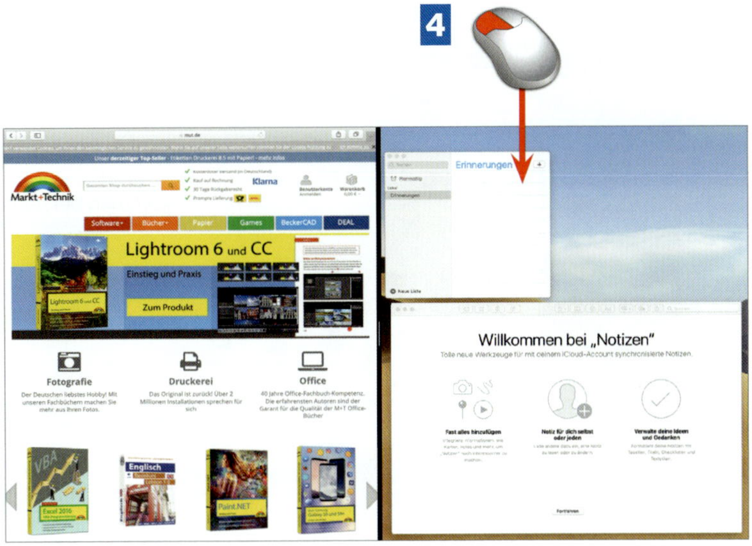

4 In der anderen Bildschirmhälfte werden Ihnen die anderen auf dem Schreibtisch geöffneten Fenster angezeigt. Klicken Sie ein Fenster an, um es ebenfalls mit Split View zu verwenden.

5 Um ein Fenster wieder in der normalen Ansicht anzuzeigen, bewegen Sie die Maus zum oberen Bildschirmrand und klicken wiederum auf das Fenstersymbol ●.

6 Das andere Fenster lässt sich wieder aufrufen, indem Sie das entsprechende Symbol im Dock anklicken.

Ende

Wenn Sie in Schritt 3 einfach die Maustaste loslassen, wird das ausgewählte Fenster automatisch auf der Bildschirmhälfte dargestellt, auf der sich das Fenster befindet.

TIPP

Die Split View lässt sich auch in der Mission Control anwenden, die Sie auf der folgenden Doppelseite kennenlernen: Ziehen Sie dort ein Fenster von einem Schreibtisch auf ein bereits maximiertes Fenster, um es auf einer Bildschirmhälfte anzuordnen.

TIPP

Alle Fenster einblenden

Start

1

2

1 Das sieht ganz schön chaotisch aus! Hier habe ich eine ganze Reihe von Apps geöffnet – und keine Übersicht mehr. Um dieses Problem zu beheben, drücken Sie die Taste [F3] oder alternativ [ctrl]+[↑].

2 Die geöffneten App-Fenster werden Ihnen in der Mission Control im Kleinformat angezeigt. Klicken Sie ein Fenster an, um dieses auf dem Schreibtisch in den Vordergrund zu holen.

Ein Mac ist sehr leistungsstark, sodass problemlos mehrere Apps parallel geöffnet werden können. Wenn Ihnen dabei mal die Übersicht verloren gehen sollte, helfen Ihnen die Fensterfunktionen, die ich Ihnen auf dieser Doppelseite vorstelle: das Anzeigen aller geöffneten App-Fenster sowie das Anzeigen mehrerer Fenster einer App.

WISSEN

3

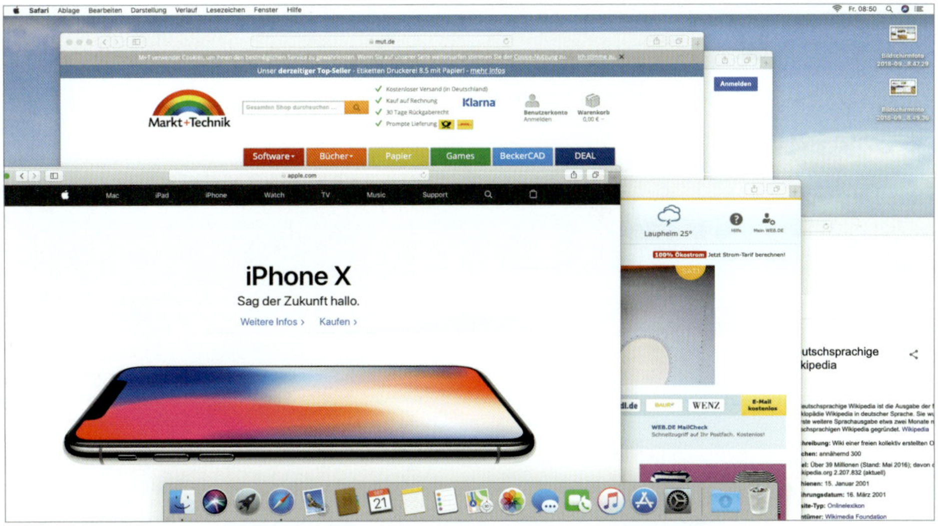

4

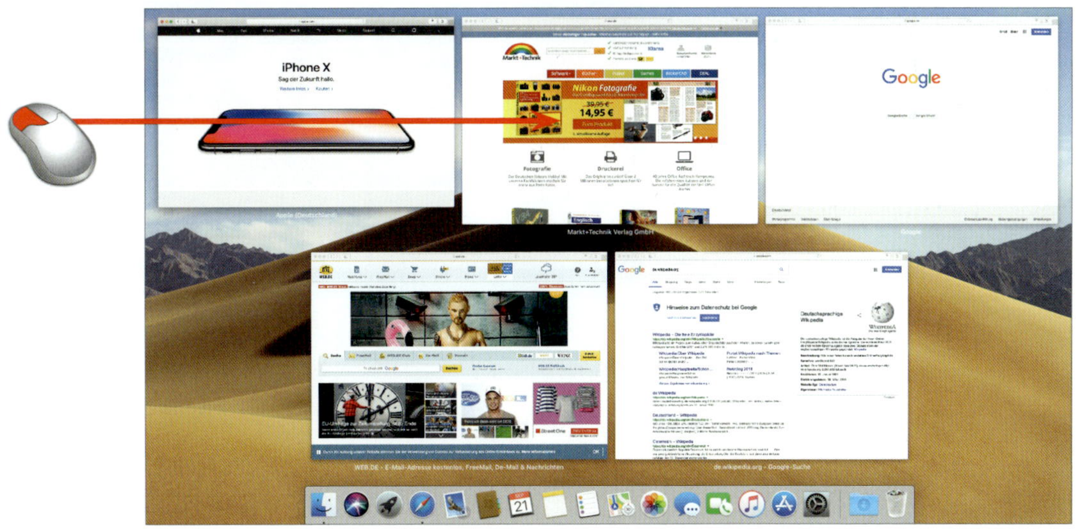

3 Auf ähnliche Weise lassen sich auch die Fenster der gerade aktiven App in einer Übersicht anzeigen, beispielsweise der App *Safari*. Drücken Sie hierzu die Tastenkombination ctrl + ↓.

4 Schon erhalten Sie die gewünschte Übersicht über die geöffneten Fenster. Wiederum klicken Sie ein Fenster an, um es auf dem Schreibtisch in den Vordergrund zu holen.

Ende

Freier Blick auf den Schreibtisch: Verwenden Sie die Tastenkombination cmd ⌘ + F3, um sämtliche App-Fenster aus- und auch wieder einzublenden.

TIPP

So geht's auch: Klicken Sie ein App-Symbol mit der rechten Maustaste bzw. bei gedrückter ctrl-Taste an. Im Kontextmenü wählen Sie dann *Alle Fenster anzeigen*.

TIPP

Start

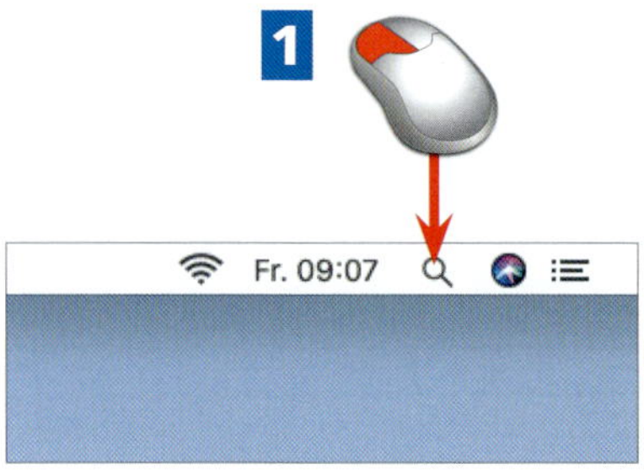

1 Klicken Sie rechts oben auf dem Bildschirm auf das Lupensymbol 🔍, um das Spotlight-Suchfenster aufzurufen.

2 Das Eingabefeld im Suchfenster ist nach dem Öffnen aktiviert. Tippen Sie einfach ein, wonach Sie suchen.

3 Bereits während der Eingabe wird die Suche durchgeführt. Bei vielen Treffern ziehen Sie mit der Maus die sogenannte Bildlaufleiste nach unten, um die nicht sichtbaren Treffer einzublenden.

Ihr Mac verfügt über eine leistungsstarke Suchfunktion, die sich Spotlight nennt. Das ist Englisch für »Suchscheinwerfer«. Damit lassen sich Apps aufspüren und öffnen, aber auch weitere Quellen durchsuchen – sogar eine Internetsuche ist mit Spotlight möglich. Die Funktionsweise der Suchfunktion ist denkbar einfach, wie Ihnen diese Doppelseite zeigt.

WISSEN

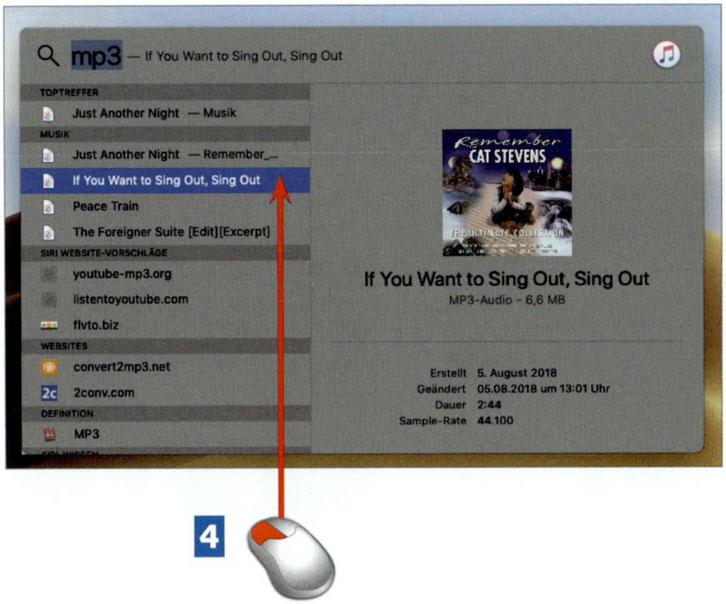

6

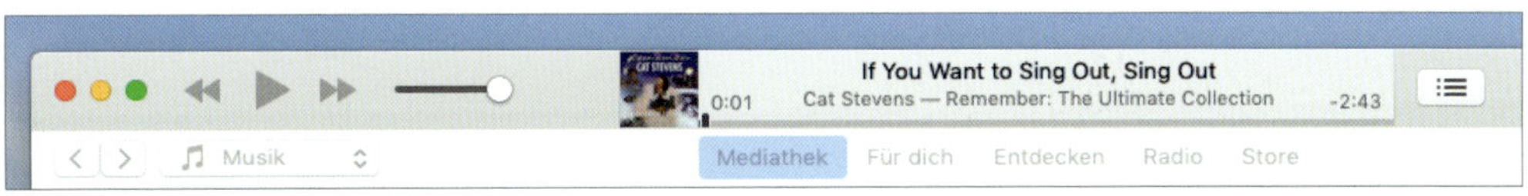

4 Klicken Sie einen Treffer mit der Maus an, um direkt im Spotlight-Fenster eine Vorschau zu erhalten.

5 Möchten Sie einen Treffer hingegen öffnen, doppelklicken Sie darauf. Beim Doppelklick wird die Maustaste zweimal schnell hintereinander gedrückt.

6 Das Öffnen des Treffers erfolgt mit der jeweils dafür vorgesehenen App, in diesem Fall wird in der App *iTunes* die Audiowiedergabe gestartet.

Ende

Auch die Spotlight-Suche lässt sich per Tastenkombination einsetzen: Drücken Sie cmd ⌘ + Leer.

TIPP

Welche Treffer in der Spotlight-Suche angezeigt werden sollen, bestimmen Sie selbst, und zwar per Kontrollkästchen in den *Einstellungen* unter *Spotlight*. Als Kontrollkästchen werden Kästchen bezeichnet, die der Auswahl von Optionen dienen. Das Aktivieren bzw. Deaktivieren erfolgt per Mausklick in das Kästchen oder alternativ per Leer.

HINWEIS

Mit Spotlight suchen Sie ganz ähnlich wie bei einer Internetsuchmaschine, so werden beispielsweise mehrere Begriffe mit einem unsichtbaren **Und** verknüpft.

HINWEIS

Start

1

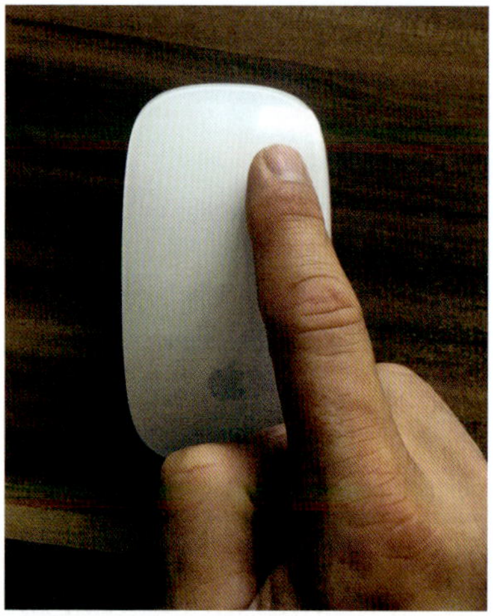

2

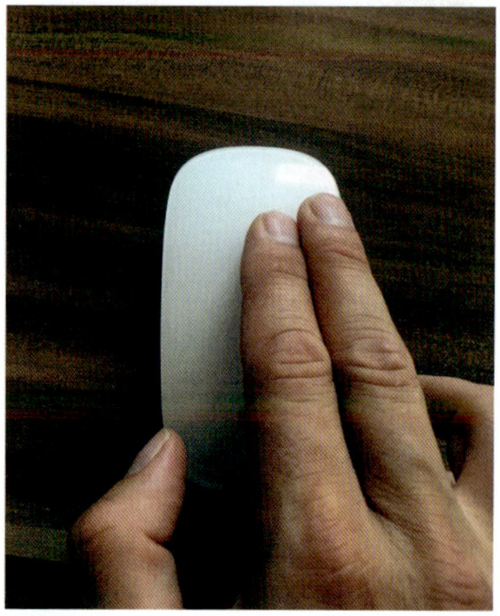

3

1 Streichen Sie auf der Magic Mouse mit einem Finger bzw. auf dem Trackpad mit zwei Fingern nach oben oder unten, um sich innerhalb eines App-Fensters nach oben oder unten zu bewegen.

2 Streichen Sie auf der Magic Mouse mit einem Finger bzw. auf dem Trackpad mit zwei Fingern nach links oder rechts, um die Fensterinhalte in die entsprechende Richtung zu bewegen oder durch die Fensterinhalte zu blättern.

3 Streichen Sie auf der Magic Mouse mit zwei Fingern bzw. auf dem Trackpad mit drei Fingern nach links oder rechts, um zwischen mehreren Schreibtischen bzw. maximierten Apps zu wechseln.

Ihren Mac bedienen Sie in der Regel nicht mit einer herkömmlichen PC-Maus, sondern mit einer Magic Mouse oder einem Trackpad. Gegenüber den einfachen Bedienfunktionen der Marke Mausklick, Rechtsklick und Doppelklick bieten sich Ihnen bei der Nutzung dieser Geräte weitere nützliche Funktionen. Die wichtigsten davon möchte ich Ihnen hier vorstellen.

WISSEN

4

5

6

4 Doppeltippen Sie (aber klicken Sie nicht!) mit einem Finger auf die Magic Mouse bzw. mit zwei Fingern auf das Trackpad, um die Inhalte in einigen App-Fenstern zu vergrößern und auch wieder zu verkleinern. Das gilt beispielsweise für Webseiten in der App *Safari*.

5 Doppeltippen Sie (aber klicken Sie nicht!) mit zwei Fingern auf die Magic Mouse, um die Mission Control aufzurufen. Auf dem Trackpad streichen Sie dazu mit drei Fingern nach oben.

6 Auch bei der Magic Mouse oder beim Trackpad ist ein Rechtsklick möglich, indem rechts oben geklickt wird. Alternativ führen Sie bei gedrückter [ctrl]-Taste einen Linksklick durch. Im Dock halten Sie eine App mit der linken Maustaste gedrückt, um den »Rechtsklick« zu bewirken.

Ende

Sollte eine der Bedienfunktionen nicht funktionieren, aktivieren Sie diese zunächst in den *Einstellungen* unter *Maus* bzw. *Trackpad*. Die Maus bzw. das Trackpad muss dazu verbunden sein.

TIPP

Ein Trackpad wartet mit noch weiteren Bedienfunktionen auf: Ziehen Sie beispielsweise mit drei Fingern, um ein Element zu verschieben, oder bewegen Sie drei Finger und Daumen zueinander, um das Launchpad aufzurufen.

HINWEIS

Start

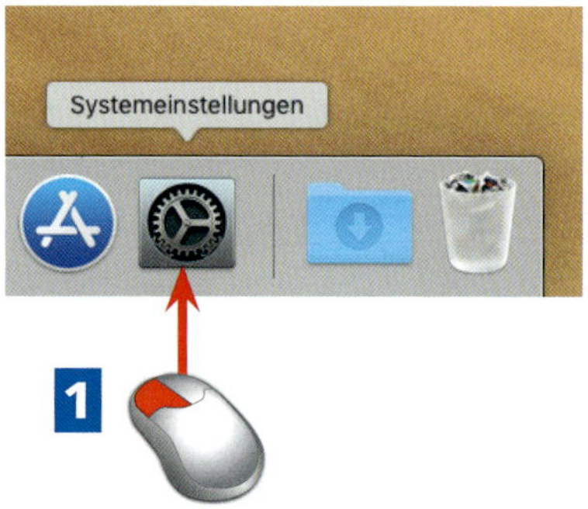

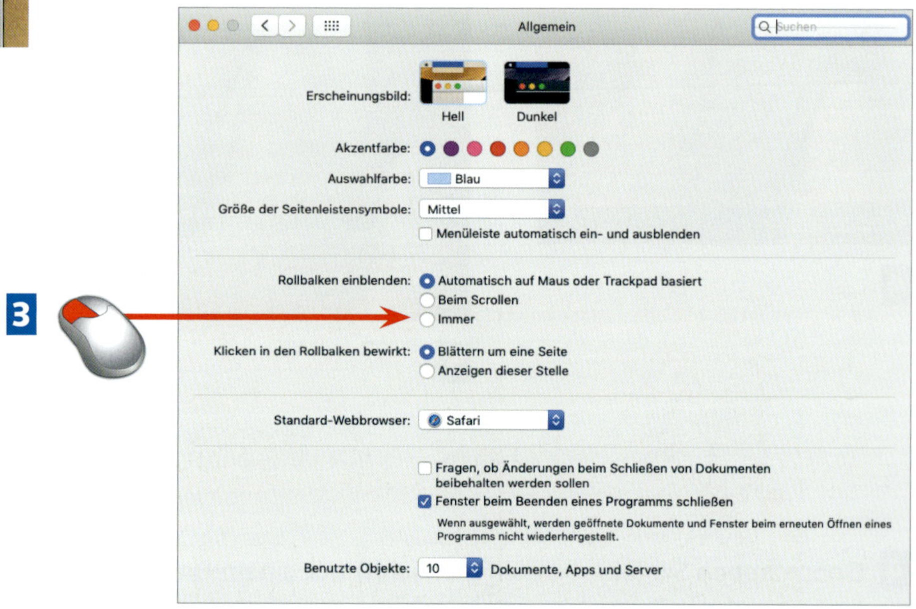

1 Klicken Sie im Dock auf das graue Zahnradsymbol, um die *Systemeinstellungen* aufzurufen.

2 Sie erhalten eine Übersicht über die verfügbaren Einstellungen, wobei diese nach Kategorien sortiert sind. Klicken Sie eine Kategorie an, um die entsprechenden Einstellungen aufzurufen.

3 Hier habe ich beispielsweise die Einstellungen der Kategorie *Allgemein* aufgerufen und kann nun mithilfe von Menüs, Kontrollkästchen und Co. meine Einstellungen vornehmen. Änderungen werden automatisch gespeichert.

Die Einstellungen rund um das Betriebssystem Ihres Macs legen Sie in den *Systemeinstellungen* (kurz: Einstellungen) fest. Auf dieser Doppelseite möchte ich Sie mit den Systemeinstellungen ganz allgemein vertraut machen, bevor Sie in einzelnen Workshops darangehen werden, die Einstellungen ganz nach Ihren eigenen Bedürfnissen und Wünschen anzupassen.

WISSEN

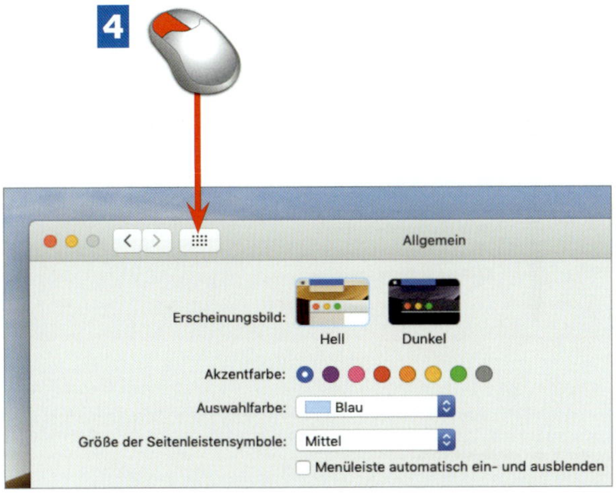

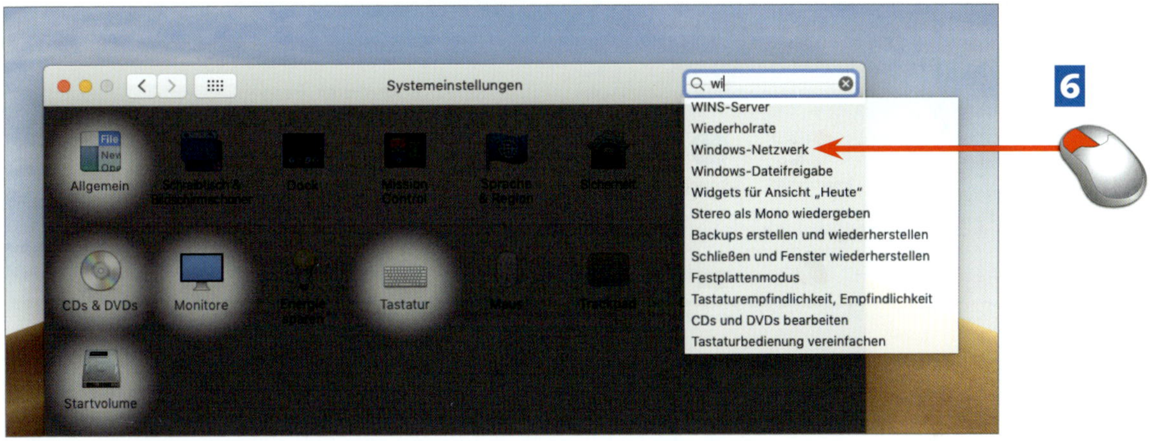

4 Um wieder zurück zur Startseite der *Systemeinstellungen* zu gelangen, klicken Sie oben im Fenster auf das Symbol ⁝⁝⁝⁝. Alternativ verwenden Sie die Symbole < und > zum Blättern.

5 Sie wissen nicht, wo eine bestimmte Einstellung zu finden ist? Dann geben Sie in das Suchfeld rechts oben den passenden Suchbegriff ein.

6 Bereits während des Eintippens werden mögliche Treffer aufgelistet und Sie treffen Ihre Auswahl wie gewohnt per Mausklick.

Ende

Den Menüpunkt *Systemeinstellungen* finden Sie auch im Apfel-Menü, das Sie über das Symbol aufrufen.

TIPP

Nicht benötigte Einträge in den *Systemeinstellungen* blenden Sie so aus: Klicken Sie in der Menüleiste der *Systemeinstellungen* auf *Einstellungen* und dann auf *Anpassen* und entfernen Sie anschließend die Häkchen bei den zu entfernenden Einstellungen. Danach klicken Sie erneut auf *Fertig*.

HINWEIS

Start

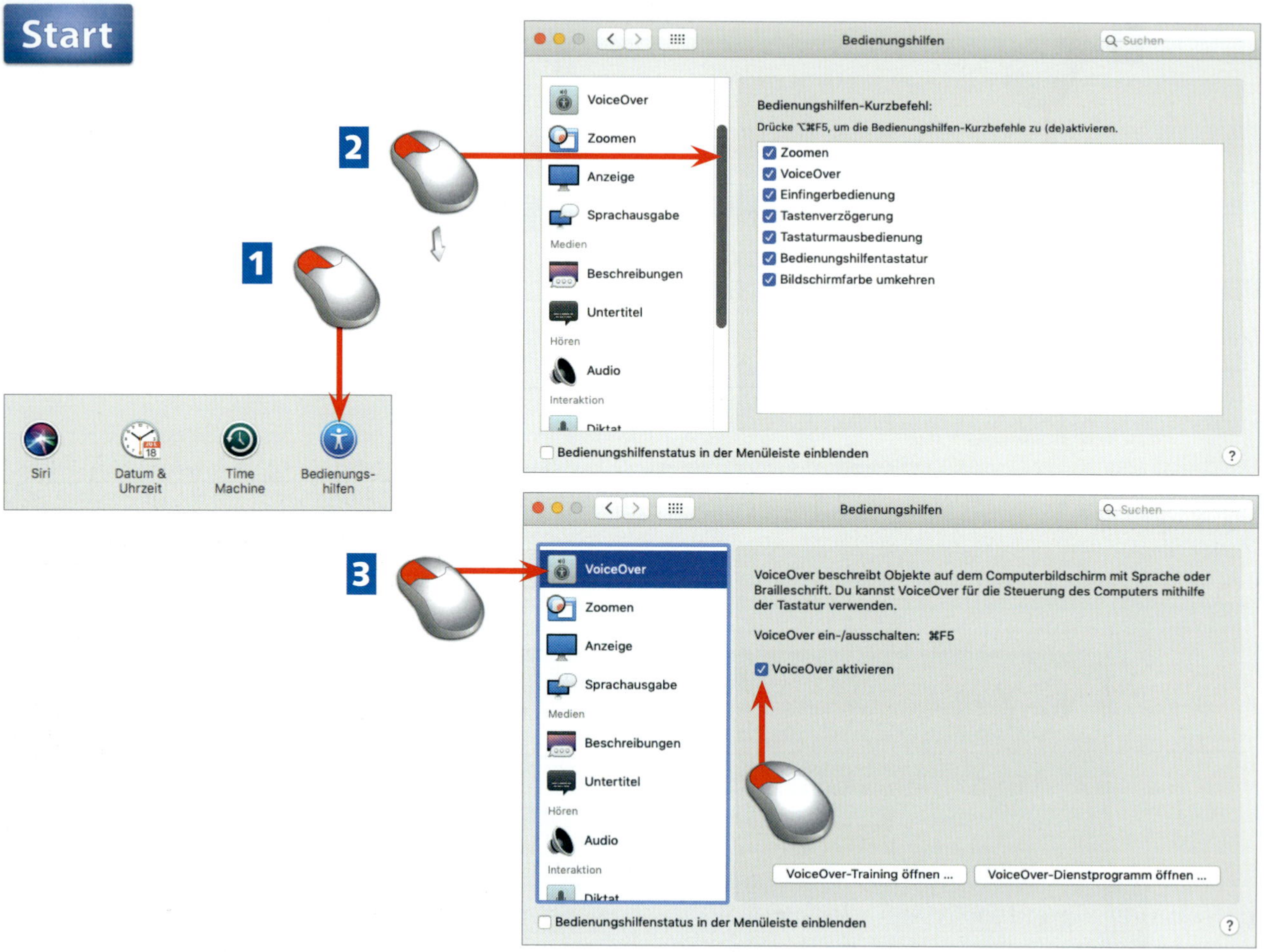

1 Wählen Sie in den Einstellungen rechts unten die Kategorie *Bedienungshilfen*.

2 Verwenden Sie gegebenenfalls die Bildlaufleiste, um die nicht sichtbaren Bedienungshilfen einzublenden.

3 Klicken Sie eine Bedienungshilfe im Bereich links an, um rechts die zugehörigen Optionen zu erhalten.

Ob Sie eine körperliche Einschränkung haben oder nicht – die Bedienungshilfen, die Ihnen Ihr Mac bietet, können in jedem Fall hilfreich sein. So können Sie beispielsweise die Farben umkehren, um auch bei starker Sonneneinstrahlung den Durchblick zu behalten, oder Kleingedrucktes per Zoomfunktion vergrößern. Lassen Sie mich Ihnen auf dieser Doppelseite die Bedienungshilfen im Allgemeinen und ein paar interessante Bedienungshilfen im Speziellen vorstellen.

WISSEN

4 Möchten Sie mithilfe von Tastenkombinationen zoomen? Dann wählen Sie links *Zoomen* und aktivieren anschließend rechts das Kontrollkästchen *Tastaturkurzbefehle zum Zoomen verwenden*. Die verfügbaren Tastenkombinationen werden Ihnen angezeigt.

5 Wollen Sie den Mauszeiger mithilfe der Tastatur bewegen? Dazu aktivieren Sie unter *Maus & Trackpad* die Option *Tastaturbedienung aktivieren*. Die Mausbedienung erfolgt mit den Tasten 0–9 auf dem Zifferblock bzw. alternativ mit fn und I, J, K, L, M, O, U, 7, 8, 9.

6 Spannend ist auch die *Schaltersteuerung*, die Sie ebenfalls im Bereich links auswählen und im Bereich rechts aktivieren. Bei der Schaltersteuerung werden die einzelnen Bildschirmbereiche gescannt, und mit verschiedenen Schaltern – standardmäßig beispielsweise der *Leertaste* – lässt sich ein Bereich auswählen.

Ende

HINWEIS

Sie können sich von Ihrem Mac auch Texte vorlesen lassen. Markieren Sie dazu den gewünschten Text, z. B. auf einer Webseite. Klicken Sie ihn mit der rechten Maustaste bzw. bei gedrückter ctrl-Taste an und wählen Sie im Kontextmenü *Sprachausgabe/Sprachausgabe starten*.

TIPP

Einstellungen zur Sprachausgabe nehmen Sie in den *Bedienungshilfen* unter *Sprachausgabe* vor.

Start

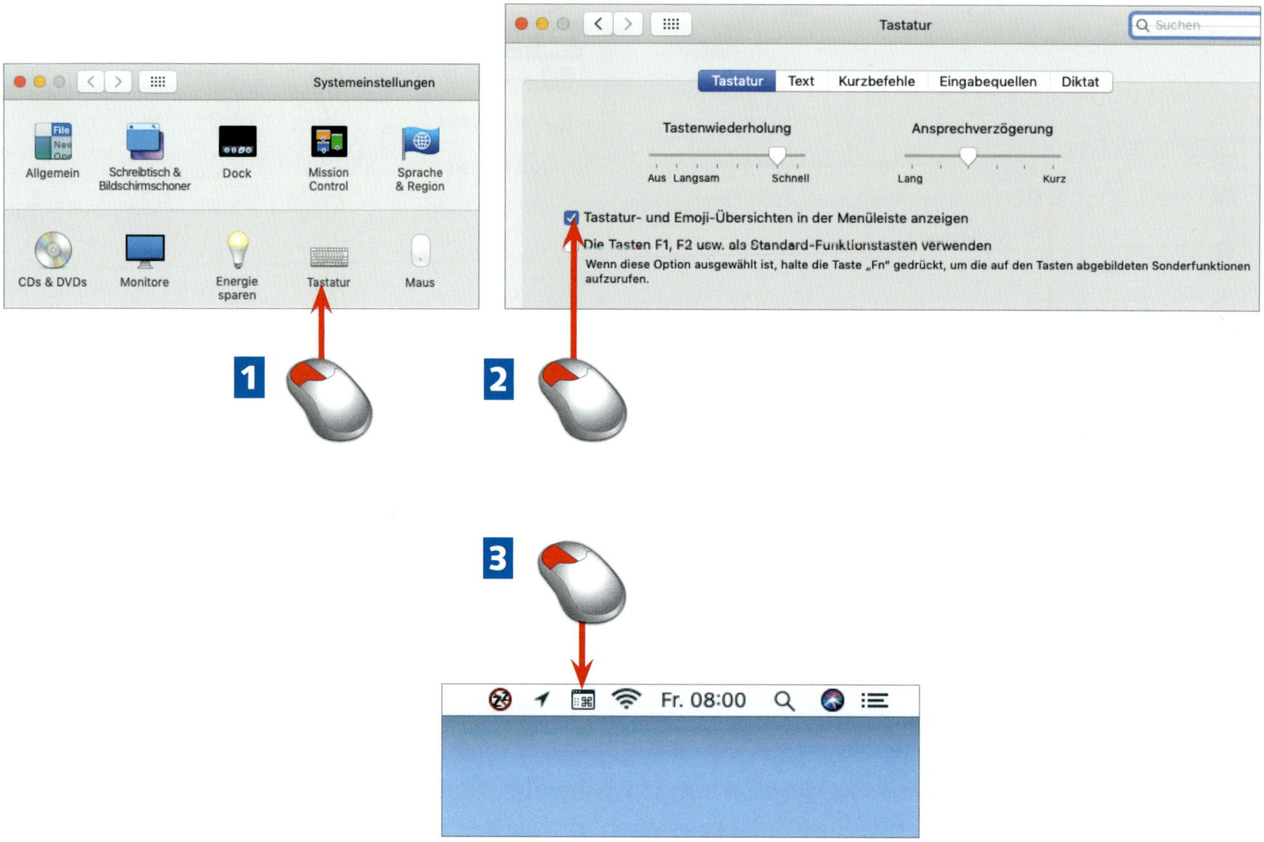

1 Öffnen Sie die *Systemeinstellungen* und wählen Sie die Kategorie *Tastatur*.

2 Setzen Sie per Mausklick ein Häkchen in das Kontrollkästchen *Tastatur- und Emoji-Übersichten in der Menüleiste anzeigen*.

3 In der Menüleiste steht nun das Menulet zur Verfügung. Um die Bildschirmtastatur einzublenden, klicken Sie es an.

Falls die Tastatur mal kaputt oder die Batterien leer sein sollten, tippen Sie Ihre Texte einfach per Bildschirmtastatur ein. Dabei werden die Zeichen mithilfe der Maus über eine Tastatur eingegeben, die auf dem Bildschirm Ihres Macs eingeblendet wird. Wie Sie genau vorgehen, lesen Sie hier.

WISSEN

4

6

5

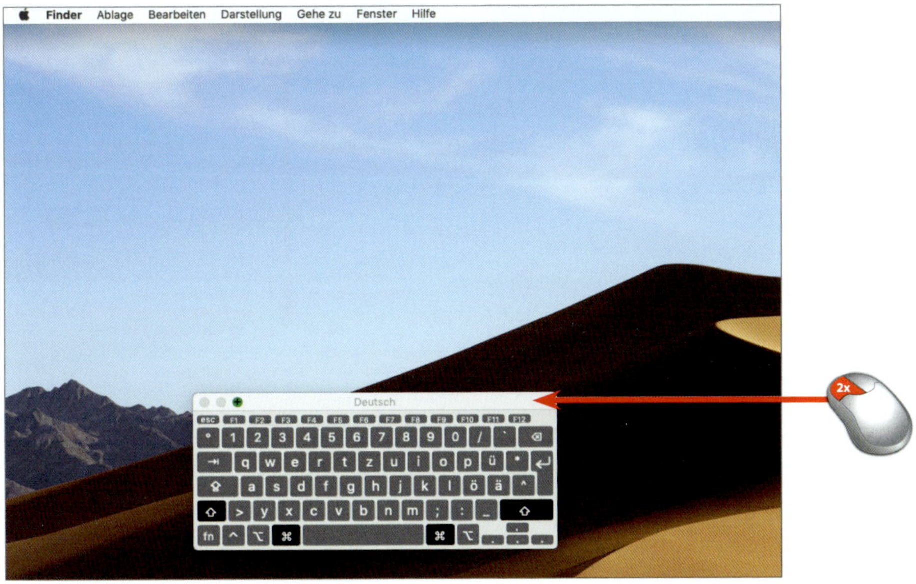

4 Wählen Sie im sich öffnenden Menü den Eintrag *Tastaturübersicht einblenden*.

5 Die Bildschirmtastatur wird eingeblendet. Um die Bildschirmtastatur zu vergrößern, doppelklicken Sie in die Titelleiste.

6 Klicken Sie ein Zeichen an, um es zu verwenden. Um die ⇧-Taste zu nutzen, klicken Sie diese an und ziehen dann bei gedrückter Maustaste zu einem Buchstaben.

Ende

Emoticons benötigt? Dann wählen Sie im Menü aus Schritt 4 den Eintrag *Emoji & Symbole einblenden*.

TIPP

Neben der deutschen Tastatur lassen sich auch noch weitere Tastaturen hinzufügen. Dies erfolgt in den *Systemeinstellungen* unter *Tastatur* und dort unter *Eingabequellen*.

TIPP

Start

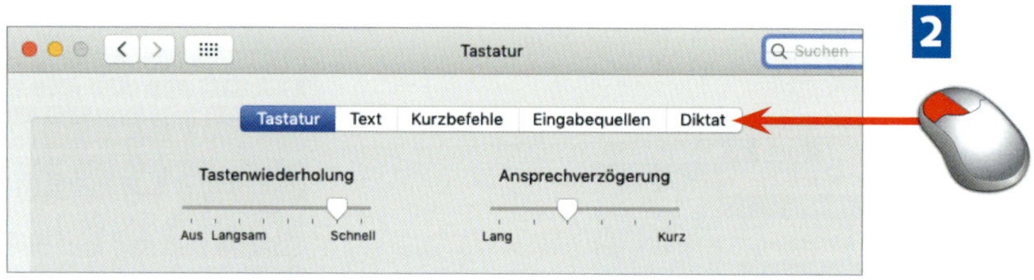

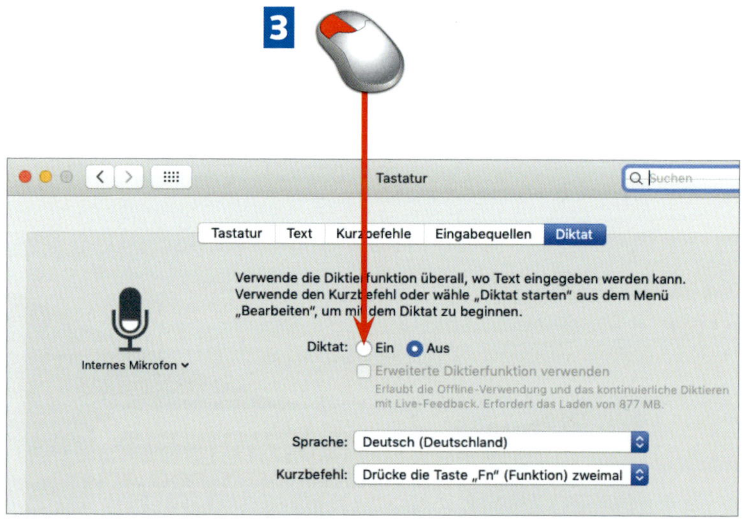

1 Öffnen Sie die *Systemeinstellungen* und entscheiden Sie sich diesmal für die Kategorie *Tastatur*.

2 Klicken Sie auf den Reiter *Diktat*.

3 Klicken Sie bei *Diktat* in das Optionsfeld *Ein* (man nennt das auch »den Radio-Button aktivieren«).

Neben der Eingabe per Tastatur lassen sich Ihrem Mac auch Texte diktieren. Hierfür ist allerdings eine Internetverbindung erforderlich, da die Spracheingaben jeweils übers Internet verschickt werden. Wenn Sie das nicht stört, bietet die Diktierfunktion eine tolle Möglichkeit, sich viel Tipparbeit zu ersparen.

WISSEN

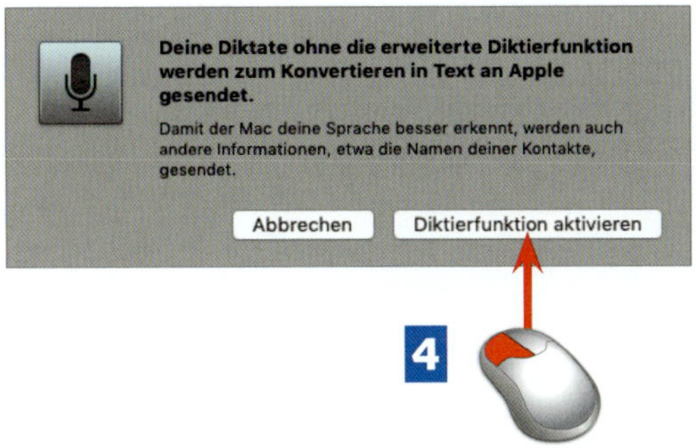

5

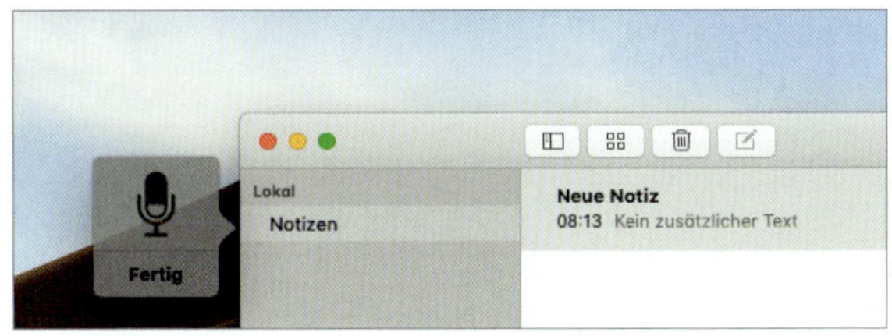

6

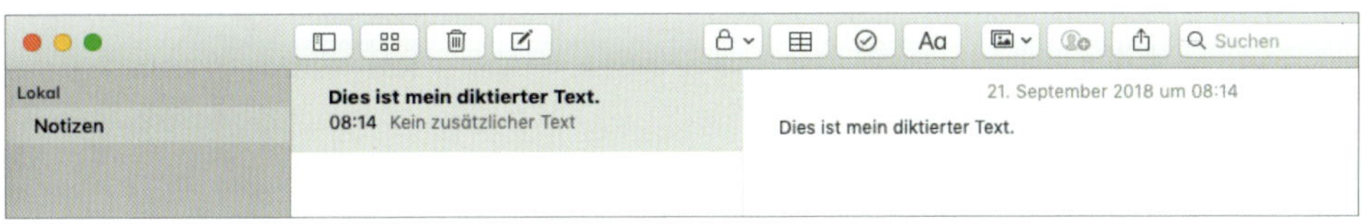

4 Bestätigen Sie den folgenden Hinweis mit *Diktierfunktion aktivieren*.

5 Öffnen Sie ein Dokument, z. B. ein Notizblatt in der App *Notizen* (Notizpapiersymbol im Dock). Drücken Sie auf der Tastatur zweimal schnell hintereinander die fn-Taste und sprechen Sie Ihren Text in das Mikrofon. Satzzeichen und Absatzanweisungen sprechen Sie einfach mit – in Kapitel 12 erhalten Sie eine Übersicht über die wichtigsten Sprachbefehle.

6 Der diktierte Text wird eingefügt. Prüfen Sie, ob Korrekturen notwendig sind! Um die Diktierfunktion wieder zu beenden, drücken Sie einmalig die fn-Taste.

Ende

Statt Daten bei jeder Nutzung übers Internet zu senden, können Sie die erweiterte Funktion auf den Mac herunterladen. Aktivieren Sie unter dem Reiter *Diktat* das Kontrollkästchen *Erweiterte Diktierfunktion verwenden*.

TIPP

Das Diktieren muss nicht unbedingt auf Deutsch erfolgen. Im Menü *Sprache* lässt sich auch eine andere Sprache einrichten.

TIPP

Start

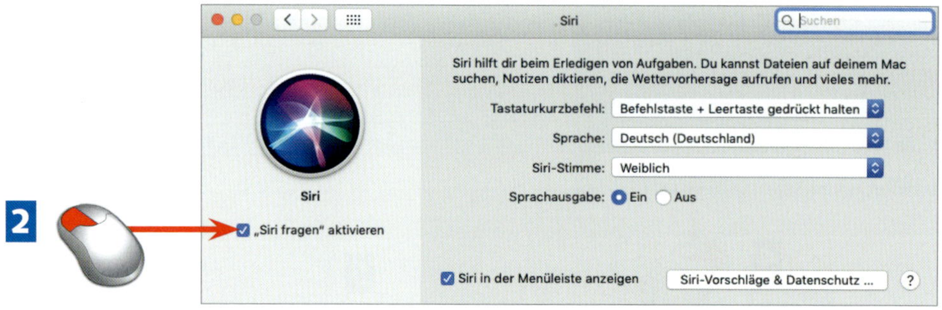

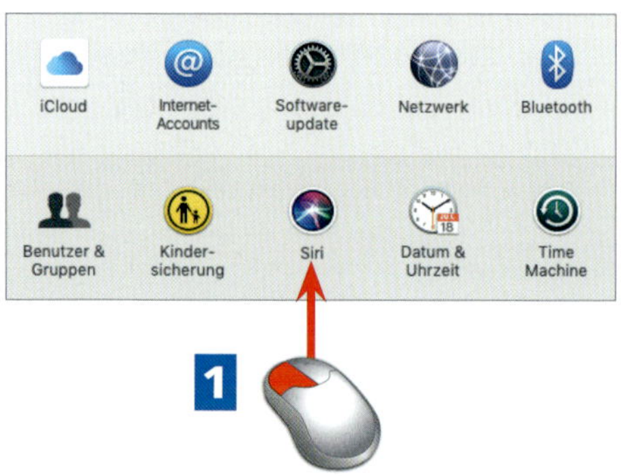

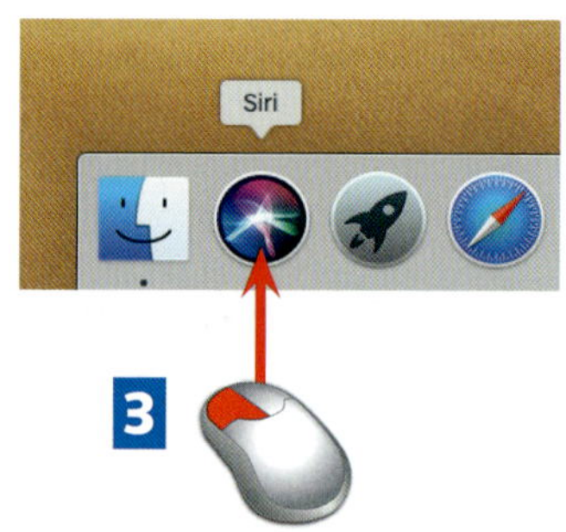

1 Prüfen Sie zunächst die Siri-Einstellungen. Dazu klicken Sie in den *Systemeinstellungen* auf die Kategorie *Siri*.

2 Achten Sie darauf, dass Siri aktiviert ist, und entscheiden Sie, ob Sie eine weibliche oder eine männliche Siri-Stimme bevorzugen usw.

3 Nun machen Sie Siri empfangsbereit, beispielsweise, indem Sie auf das entsprechende Symbol im Dock klicken.

Unter macOS Mojave steht Ihnen die Sprachassistentin Siri zur Verfügung, die Ihnen unterschiedliche Fragen beantworten und verschiedene Aufgaben erledigen kann. Wie einfach Sie Siri verwenden, erklärt Ihnen diese Doppelseite.

WISSEN

4
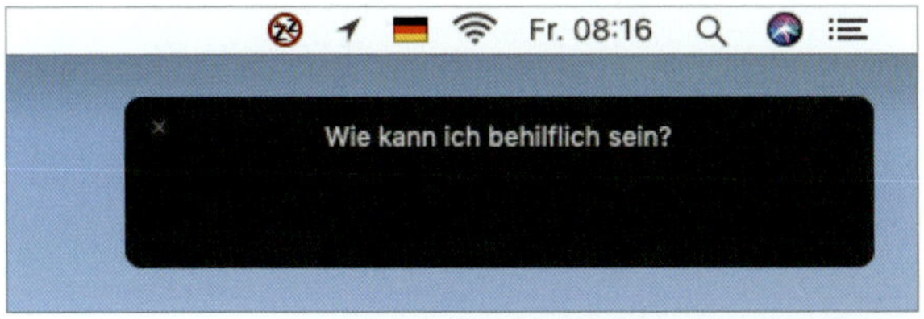

5

6

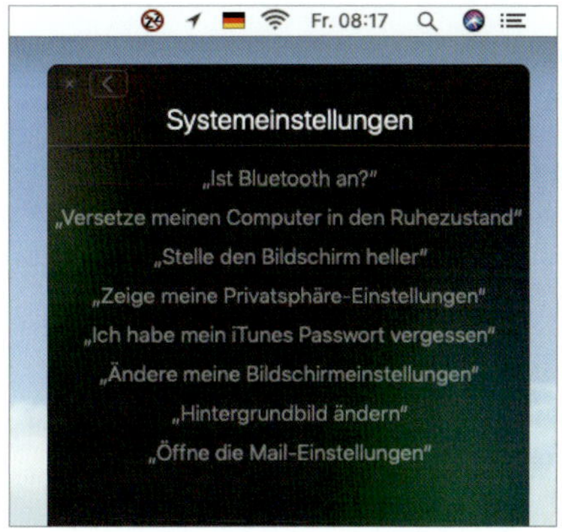

4 Rechts oben auf dem Bildschirm wird das Siri-Fenster eingeblendet. Sie können Siri nun alles Mögliche fragen oder befehlen.

5 Sagen Sie »Was kannst du?«, um ein Siri-Handbuch einzublenden.

6 Klicken Sie in der folgenden Übersicht eine Kategorie an, um sich die Sprachbefehle dazu anzusehen.

Ende

Siri per Tastenkombination aktivieren: Standardmäßig halten Sie hierzu die cmd ⌘-Taste sowie die Leer einen Moment lang gedrückt.

TIPP

Wenn im Fenster aus Schritt 2 das Kontrollkästchen *Siri in der Menüleiste anzeigen* aktiviert ist, sehen Sie ein Siri-Menulet rechts oben auf dem Bildschirm.

HINWEIS

Start

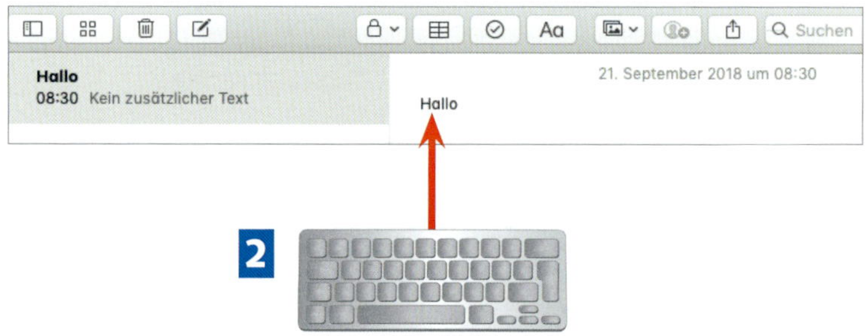

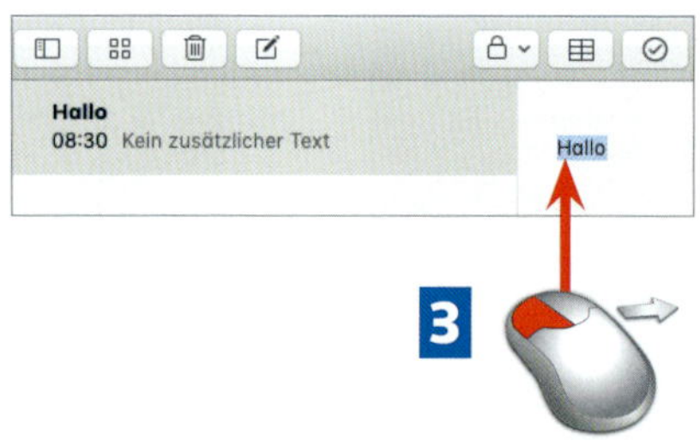

1 Öffnen Sie die App *Notizen*.

2 Geben Sie einen beliebigen Text ein.

3 Markieren Sie den Text, den Sie mit einer anderen Farbe versehen wollen, mit der Maus.

Für die Farbanpassung steht Ihnen auf dem Mac ein spezielles Fenster zur Verfügung, das sich aus verschiedenen Apps heraus aufrufen lässt. Lassen Sie mich Ihnen die Farbauswahl hier am Beispiel der Schriftfarbe in der App *Notizen* vorstellen.

WISSEN

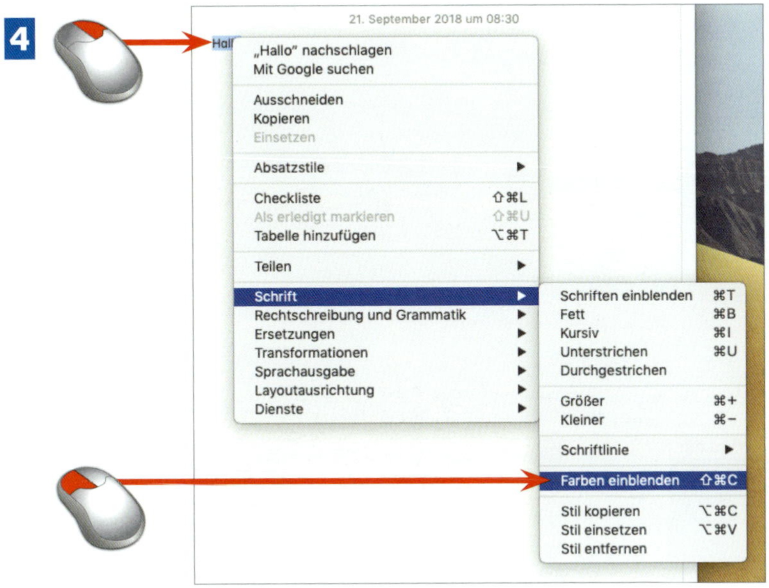

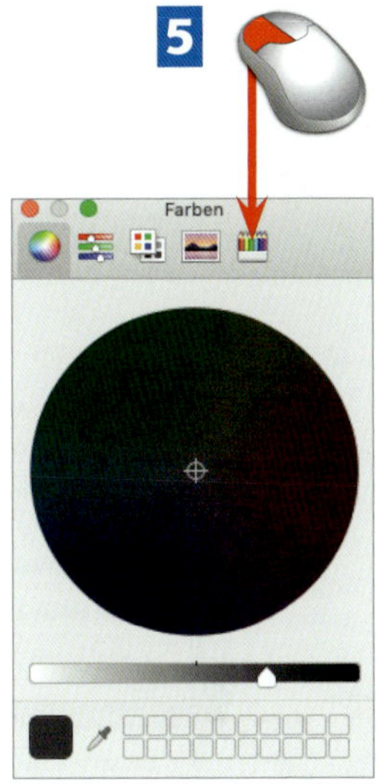

4 Klicken Sie den markierten Text bei gedrückter ctrl-Taste bzw. mit der rechten Maustaste an und wählen Sie im Kontextmenü *Schrift/Farben einblenden*.

5 Entscheiden Sie sich im sich öffnenden Fenster für eine Art der Farbauswahl, hier lasse ich mir die *Stifte* anzeigen.

6 Wählen Sie per Mausklick eine Farbe aus, um sie dem Text zuzuweisen.

Ende

Klicken Sie im Farbauswahl-Fenster auf das Pipettensymbol, um mit der Pipette eine beliebige Farbe auf dem Bildschirm zu übernehmen.

TIPP

Die Farbauswahl ein- und wieder ausblenden. Das klappt in vielen Apps auch mit der Tastenkombination ⇧+cmd ⌘+C.

TIPP

Ausschalten, Ruhezustand, abmelden

Start

1

2

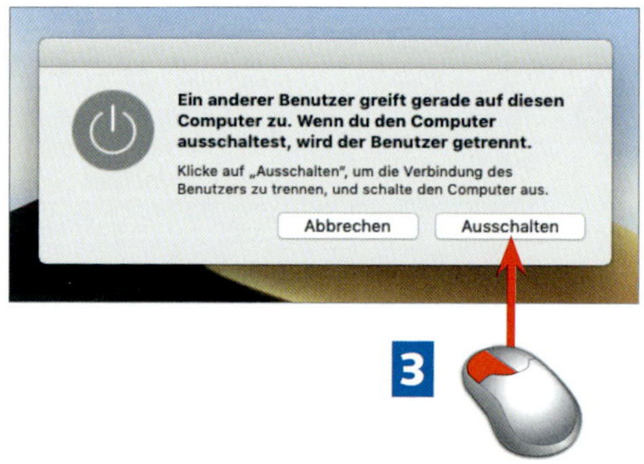

3

1 Um den Mac nach einer Sitzung wieder auszuschalten, klicken Sie links oben auf der Bedienoberfläche auf das Apfel-Symbol . Sie öffnen dadurch, wie Sie bereits wissen, das Apfel-Menü.

2 Im sich öffnenden Menü klicken Sie auf den Eintrag *Ausschalten*.

3 Bestätigen Sie im folgenden Hinweisfenster mit *Ausschalten*. Per Kontrollkästchen bestimmen Sie, ob die geöffneten Fenster beim nächsten Start wieder zur Verfügung stehen sollen oder nicht.

Um auf Ihrem Mac eine Sitzung zu beenden, bieten sich Ihnen drei Optionen: das Ausschalten (Herunterfahren), der Ruhezustand sowie das Abmelden des Benutzerkontos.

WISSEN

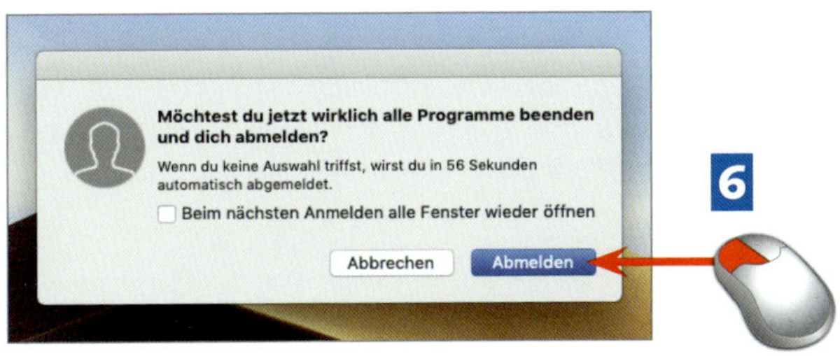

4 Wenn Sie lediglich eine Pause einlegen möchten, wählen Sie im Apfel-Menü den Eintrag *Ruhezustand*. Aus dem Ruhezustand lässt sich der Mac blitzschnell wieder aufwecken, indem Sie die Maus bewegen oder eine Taste drücken.

5 Soll lediglich der Benutzer gewechselt werden? Dann entscheiden Sie sich im Apfel-Menü für den ... *abmelden*-Eintrag. Wie Sie weitere Benutzerkonten auf dem Mac einrichten, zeige ich Ihnen in Kapitel 11.

6 Auch in diesem Fall öffnet sich ein Hinweisfenster. Bestätigen Sie mit *Abmelden*.

Ende

TIPP

Schneller abmelden mit einer Tastenkombination: Drücken Sie dazu auf der Tastatur die Tastenkombination ⇧+alt ⌥+cmd ⌘+Q.

TIPP

Den Mac während einer kurzen Abwesenheit gegen unbefugte Zugriffe schützen: Wählen Sie im Apfelmenü *Bildschirm sperren* bzw. drücken Sie die Tastenkombination ctrl+cmd ⌘+Q.

TIPP

Oder soll der Computer, beispielsweise für eine Installation, neu gestartet werden? Dazu wählen Sie im Apfel-Menü den Eintrag *Neustart*.

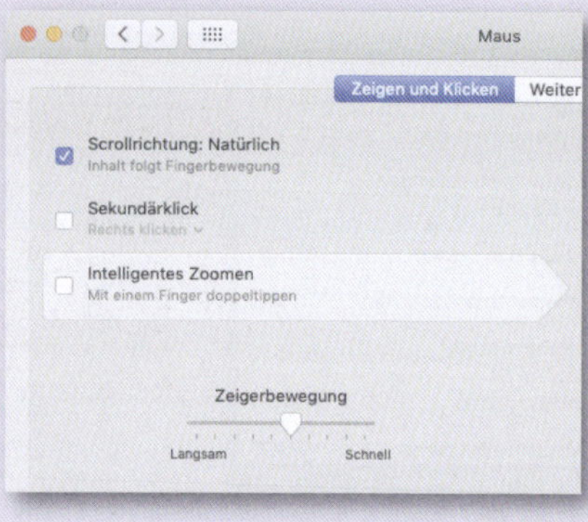
Maus
Zeigen und Klicken
Weiter
Scrollrichtung: Natürlich
Inhalt folgt Fingerbewegung
Sekundärklick
Rechts klicken
Intelligentes Zoomen
Mit einem Finger doppeltippen
Zeigerbewegung
Langsam
Schnell

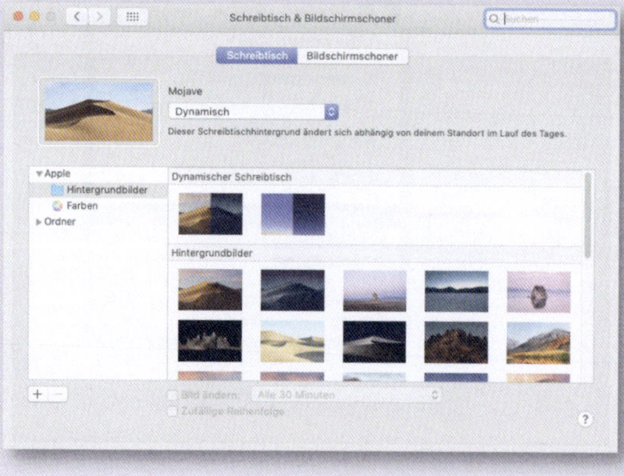
Schreibtisch & Bildschirmschoner
Schreibtisch
Bildschirmschoner
Mojave
Dynamisch
Dieser Schreibtischhintergrund ändert sich abhängig von deinem Standort im Lauf des Tages.
Apple
Hintergrundbilder
Farben
Ordner
Dynamischer Schreibtisch
Hintergrundbilder

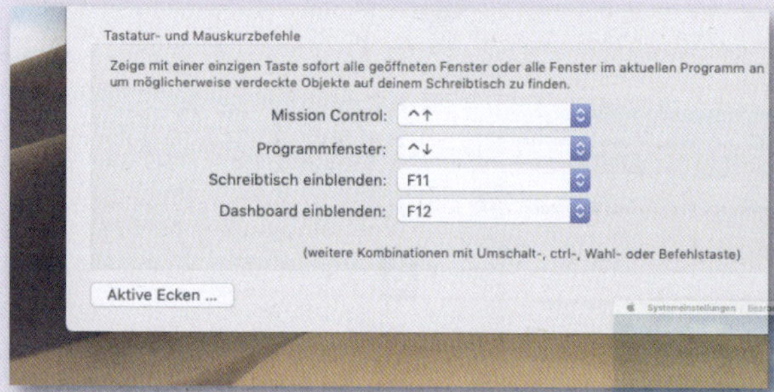
Tastatur- und Mauskurzbefehle
Zeige mit einer einzigen Taste sofort alle geöffneten Fenster oder alle Fenster im aktuellen Programm an um möglicherweise verdeckte Objekte auf deinem Schreibtisch zu finden.
Mission Control:
Programmfenster:
Schreibtisch einblenden: F11
Dashboard einblenden: F12
(weitere Kombinationen mit Umschalt-, ctrl-, Wahl- oder Befehlstaste)
Aktive Ecken ...

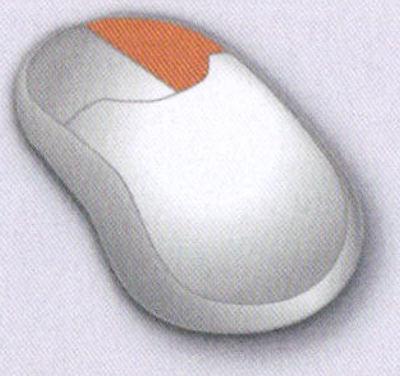

Monitor
Farben
Night Shift

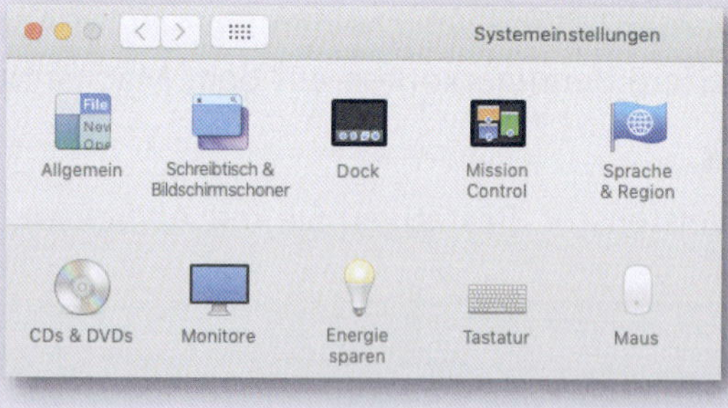
Systemeinstellungen
Allgemein
Schreibtisch & Bildschirmschoner
Dock
Mission Control
Sprache & Region
CDs & DVDs
Monitore
Energie sparen
Tastatur
Maus

2 Die Bedienoberfläche Ihres Macs ideal gestalten

Nachdem Sie im ersten Kapitel die Bedienoberfläche Ihres Macs kennengelernt haben, zeige ich Ihnen in diesem Kapitel, wie Sie die Bedienoberfläche ganz Ihrem Geschmack und Ihren Bedürfnissen anpassen. Ändern Sie die Bildschirmauflösung, wählen Sie ein ansprechendes Hintergrundbild aus, richten Sie das Dock perfekt ein, nutzen Sie mehrere Schreibtische sowie das Dashboard mit verschiedenen nützlichen Minianwendungen, reduzieren Sie den Energieverbrauch Ihres Macs und erfahren Sie in diesem Kapitel noch einiges Nützliche mehr!

Start

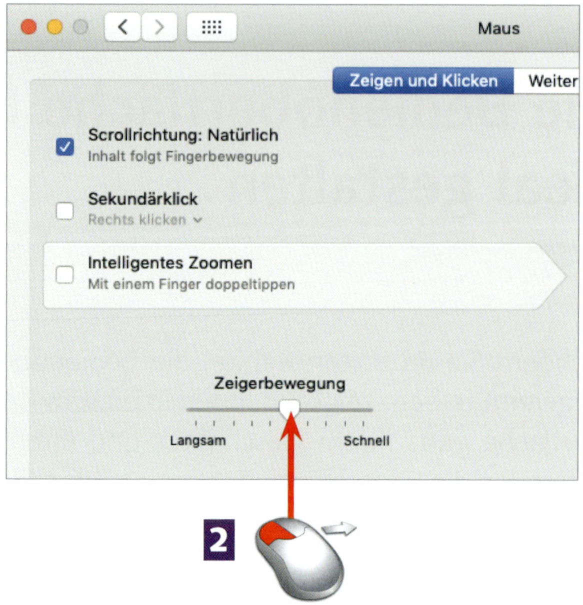

1 Öffnen Sie die *Systemeinstellungen* und klicken Sie auf die Kategorie *Maus*.

2 Um den Mauszeiger zu beschleunigen, ziehen Sie den Schieberegler *Zeigerbewegung* bei gedrückter Maustaste nach rechts.

3 Möchten Sie Links- und Rechtsklick vertauschen? Dann klicken Sie bei *Sekundärklick* auf das Menü *Rechts klicken*.

Der Mauszeiger bewegt sich für Ihren Geschmack zu langsam über den Bildschirm? Das lässt sich selbstverständlich ändern, und Sie können noch weitere Mauseinstellungen anpassen, etwa als Linkshänder Links- und Rechtsklick vertauschen. Analoge Einstellungen lassen sich auch für ein Trackpad vornehmen.

WISSEN

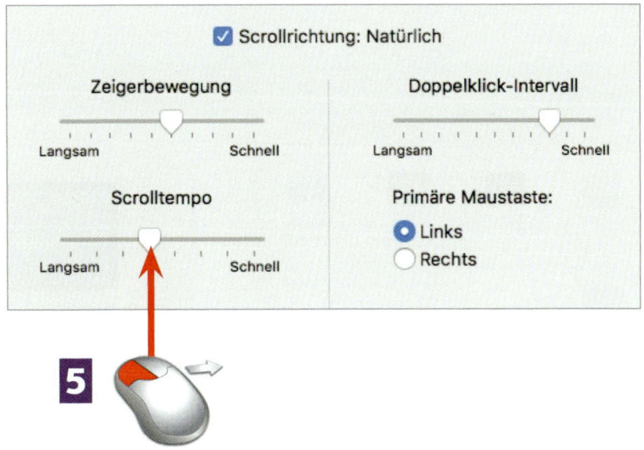

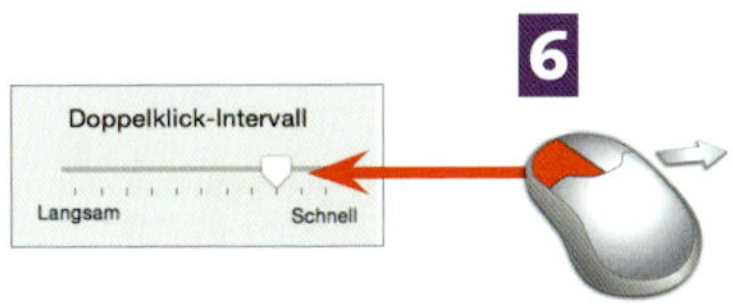

4 Wählen Sie im sich öffnenden Menü den Eintrag *Links klicken*.

5 Wenn Sie statt einer Magic Mouse oder eines Trackpads eine herkömmliche Maus verwenden, bestimmen Sie – wiederum per Schieberegler – das *Scrolltempo* (vgl. Infobox unten rechts).

6 Wie schnell soll ein Doppelklick erfolgen? Dies lässt sich mit dem Schieberegler *Doppelklick-Intervall* festlegen.

Ende

Durch Aktivieren bzw. Deaktivieren eines Kontrollkästchens schalten Sie eine Mausfunktion jeweils ein bzw. aus.

HINWEIS

Unter Scrollen versteht man den Bildlauf: Wenn Sie Fensterinhalte bewegen, um nicht sichtbare Bereiche sichtbar zu machen, scrollen Sie.

FACHWORT

Start

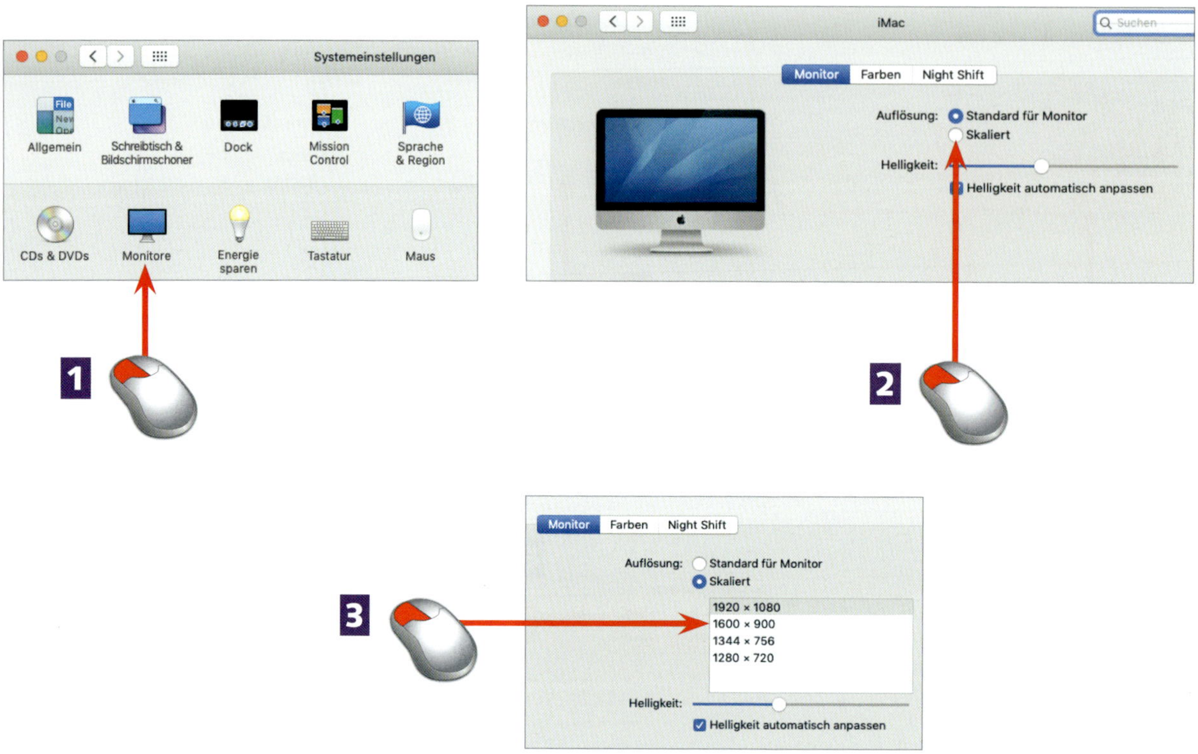

1 Klicken Sie in den *Systemeinstellungen* auf die Kategorie *Monitore*.

2 Aktivieren Sie per Radio-Button die Option *Skaliert*.

3 Es werden die verfügbaren Bildschirmauflösungen eingeblendet und Sie brauchen nur noch per Mausklick Ihre Auswahl zu treffen.

Die Bildschirmauflösung bestimmt, wie groß oder klein die Inhalte auf dem Bildschirm dargestellt werden: Eine höhere Auflösung bedeutet mehr Inhalte, aber dafür kleiner dargestellt; eine niedrigere Auflösung bedeutet weniger Inhalte, aber dafür größer. Die Bildschirmauflösung wird in Pixeln angegeben – jedes Pixel entspricht einem Bildpunkt auf dem Mac-Bildschirm.

WISSEN

4

5

6

4 Hier beträgt die Auflösung beispielsweise 1.600 x 900 Pixel, es werden also 1.600 Bildpunkte in der Breite und 900 Bildpunkte in der Höhe dargestellt.

5 Bei einer Auflösung von 1.344 x 756 Pixeln wird das geöffnete Fenster größer dargestellt – allerdings ist auch weniger Platz für weitere Fenster.

6 Bei einer Auflösung von 1.280 x 720 Pixeln verstärkt sich dieser Effekt: Die Fenster werden noch größer, der Platz für die Darstellung der Bildschirminhalte geringer.

Ende

Die Bildschirmhelligkeit wird von Ihrem Mac automatisch eingestellt. Wenn Sie die Einstellungen lieber manuell vornehmen, deaktivieren Sie in den *Systemeinstellungen* unter *Monitore* das Kontrollkästchen *Helligkeit automatisch anpassen* und ziehen den Schieberegler in die gewünschte Richtung.

TIPP

Falls Sie Ihren Mac öfter vor dem Einschlafen verwenden, konfigurieren Sie in den *Systemeinstellungen* unter *Monitore* die Funktion *Night Shift*. Sie bewirkt, dass auf dem Bildschirm wärmere Farben dargestellt werden, was zu einem besseren Schlaf führen soll.

HINWEIS

Start

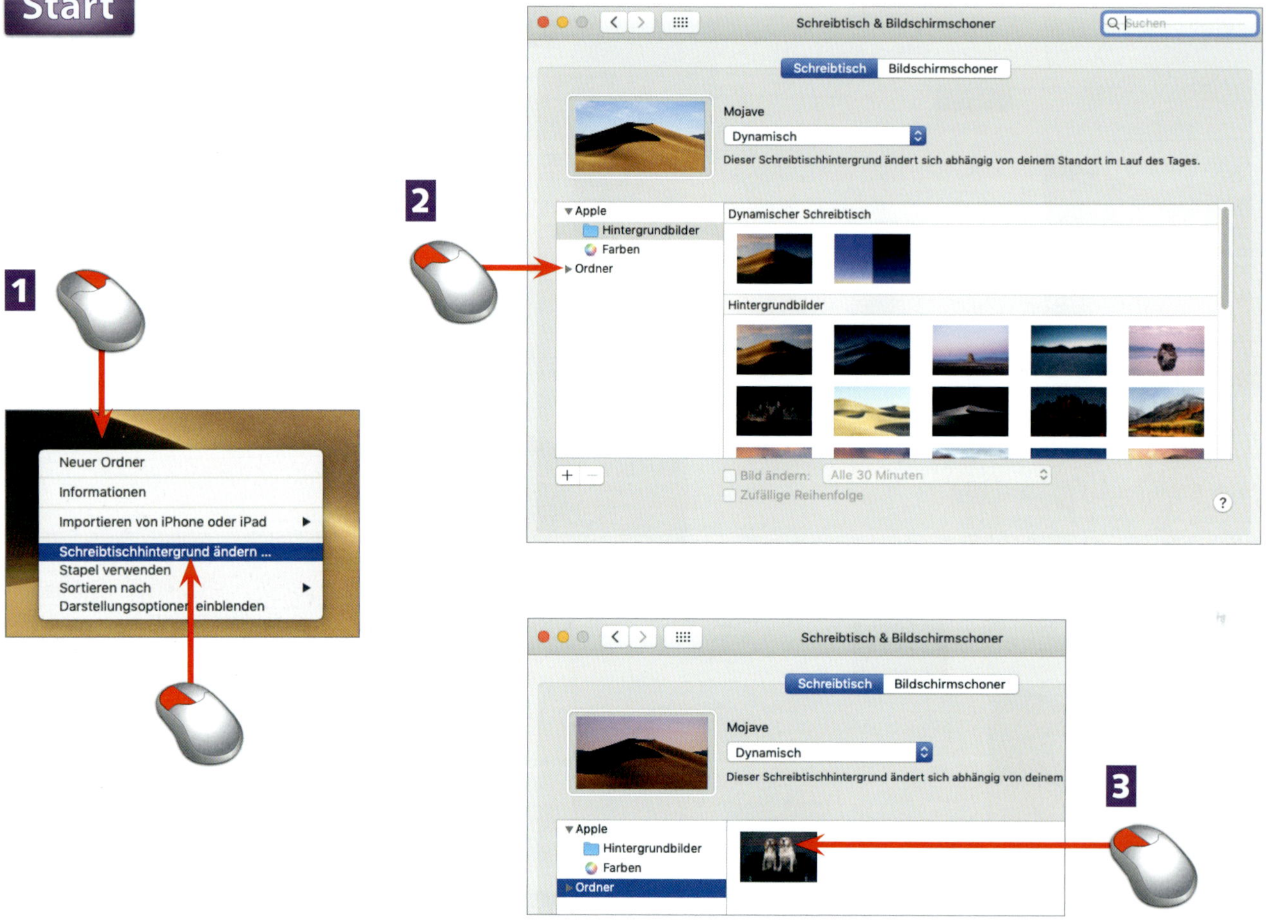

1 Klicken Sie mit der rechten Maustaste bzw. bei gedrückter ctrl-Taste auf eine freie Fläche des Schreibtisches und wählen Sie im sich öffnenden Kontextmenü *Schreibtischhintergrund ändern*.

2 Es stehen zahlreiche Standardhintergründe zur Verfügung, auch dynamische Hintergründe, die sich im Laufe des Tages ändern. Treffen Sie Ihre Auswahl per Mausklick. Um ein eigenes Bild aus dem Bilderordner auszuwählen, klicken Sie auf *Ordner*.

3 Klicken Sie das Bild, das Sie als Schreibtischhintergrund verwenden möchten, mit der Maus an. Achten Sie darauf, dass das Bild über eine ausreichend hohe Auflösung verfügt!

Für den Tapetenwechsel zwischendurch und um Ihren Mac zu individualisieren, bietet es sich an, den Standard-Schreibtischhintergrund durch ein eigenes Bild zu ersetzen. Sie können unter zahlreichen Standardhintergründen auswählen, aber auch selbst aufgenommene Bilder zu diesem Zweck verwenden. Wie Sie vorgehen, lesen Sie auf dieser Doppelseite.

WISSEN

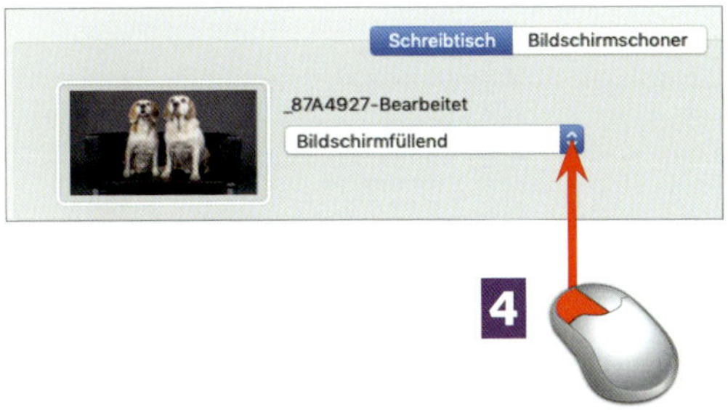

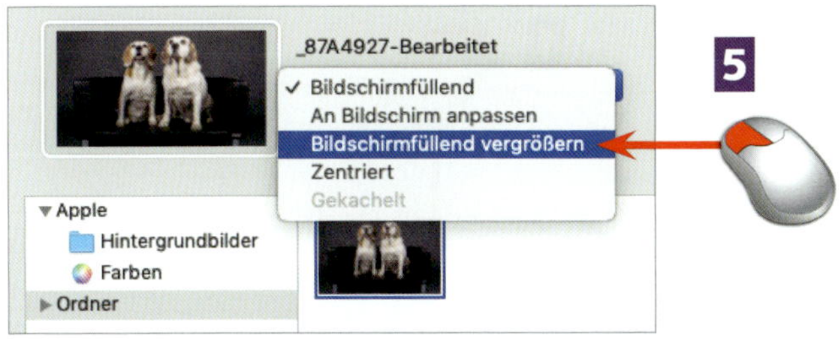

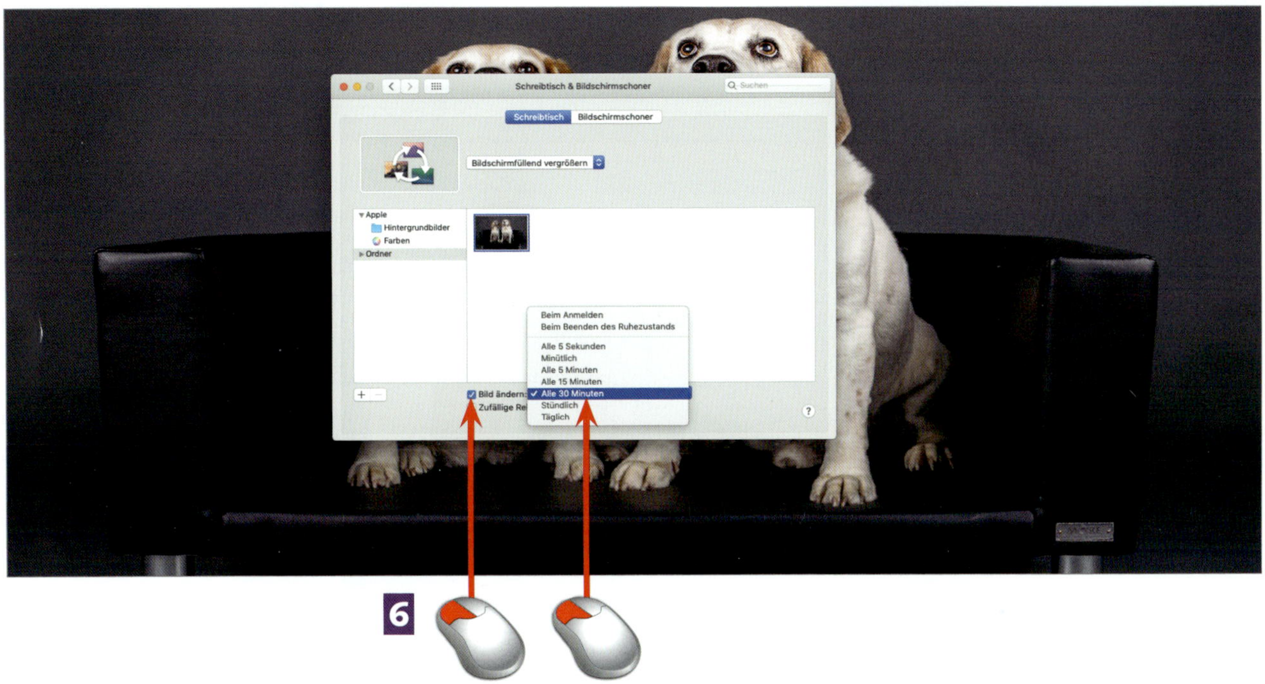

4 Ist die Darstellung noch nicht so wie gewünscht? Dann klicken Sie in das Menü *Bildschirmfüllend*.

5 Wählen Sie für den Hintergrund eine Einstellung aus, die besser passt, etwa *Bildschirmfüllend vergrößern*.

6 Statt eines einzelnen Bildes lassen sich auch alle in einem Ordner enthaltenen Bilder im Wechsel wiedergeben. Dazu aktivieren Sie das Kontrollkästchen *Bild ändern* und bestimmen anschließend das Intervall, in dem der Bildwechsel erfolgen soll.

Ende

Um einen anderen Ordner als den Bilderordner zu verwenden, klicken Sie auf das Symbol +, legen im folgenden Fenster den Ordner fest und bestätigen mit *Auswählen*.

HINWEIS

Auch einen Bildschirmschoner können Sie einrichten, der nach einer bestimmten Zeit der Nichtnutzung dargestellt wird. Die Auswahl treffen Sie im Fenster *Schreibtisch & Bildschirmschoner* unter *Bildschirmschoner*.

TIPP

Symbole und Texte vergrößern

Start

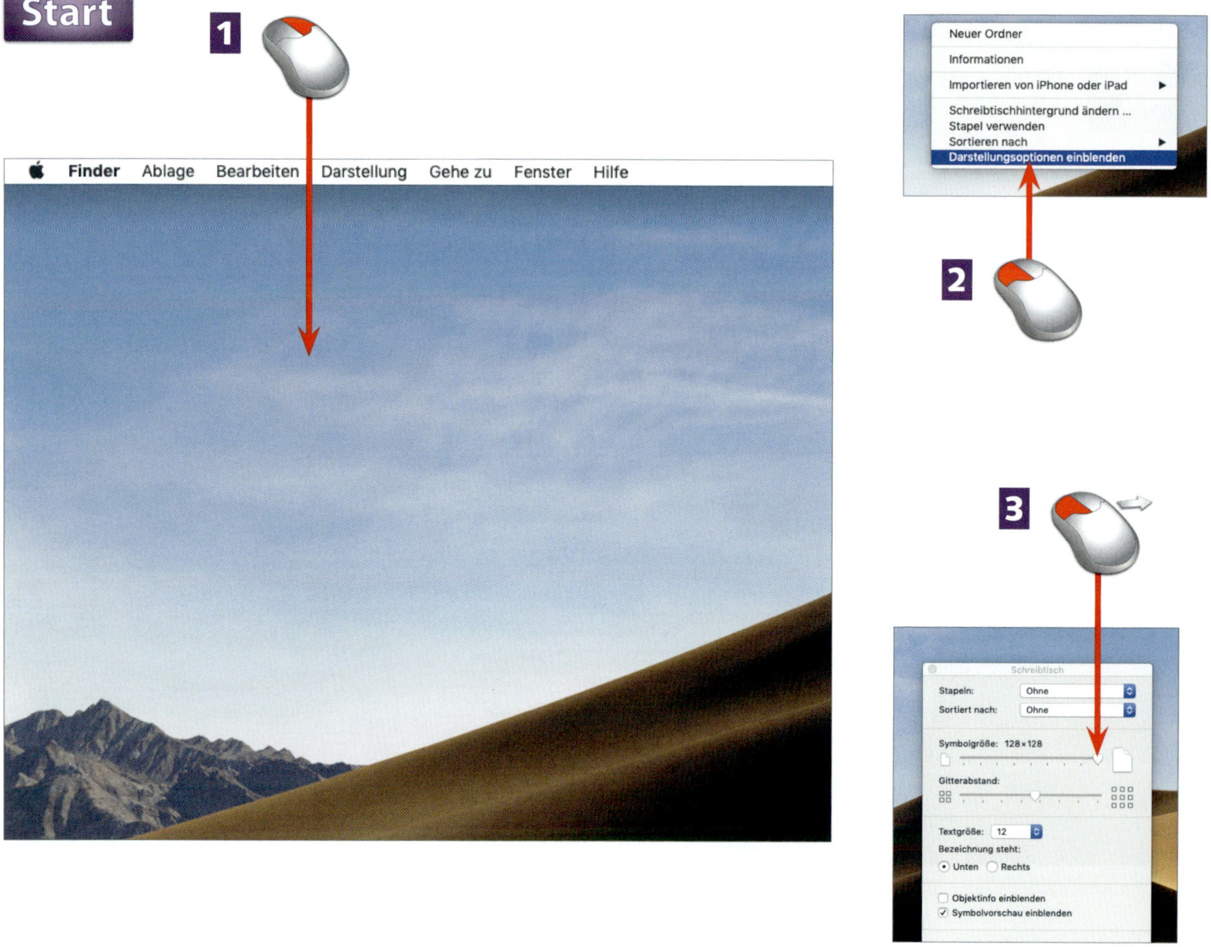

1 Klicken Sie mit der rechten Maustaste bzw. bei gedrückter *ctrl*-Taste auf eine freie Fläche des Schreibtisches.

2 Wählen Sie im Kontextmenü den Eintrag *Darstellungsoptionen einblenden*.

3 Um die Symbole zu vergrößern, ziehen Sie nun den Schieberegler *Symbolgröße* bei gedrückter Maustaste nach rechts.

Wenn Sie auf Ihrem Schreibtisch verschiedene Elemente ablegen, werden diese durch ein Symbol und eine Bezeichnung dargestellt. Beides – sowohl die Symbole als auch der zugehörige Text – lässt sich vergrößern. Dadurch passen zwar weniger Elemente auf den Schreibtisch, aber dafür sind die vorhandenen Elemente besser erkennbar.

WISSEN

4

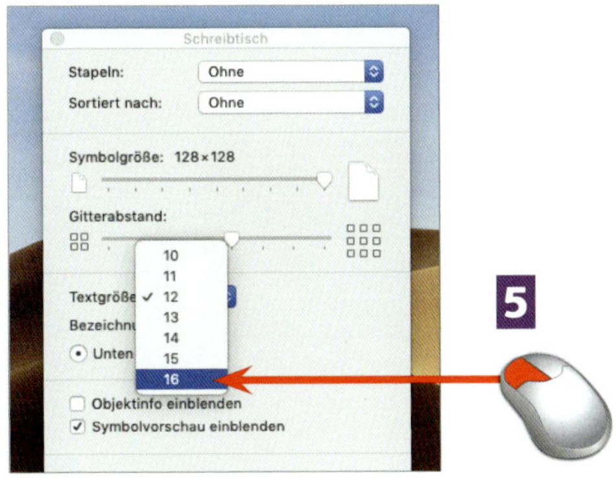

5

6

4 Der Effekt zeigt sich sofort – wie hier am Beispiel einer Bilddatei zu sehen ist.

5 Um auch den zugehörigen Text zu vergrößern, treffen Sie im Menü *Textgröße* Ihre Auswahl.

6 Auch in diesem Fall werden die Änderungen prompt übernommen: Der Dateiname unterhalb des Symbols wird vergrößert dargestellt.

Ende

Statt unterhalb eines Symbols lässt sich der Text auch rechts neben dem Symbol darstellen. Treffen Sie dazu unter *Bezeichnung steht* Ihre Auswahl.

HINWEIS

Sie möchten zusätzliche Informationen zu einem Element einblenden, etwa die Auflösung eines Bildes? Aktivieren Sie dazu das Kontrollkästchen *Objektinfo einblenden*.

TIPP

Start

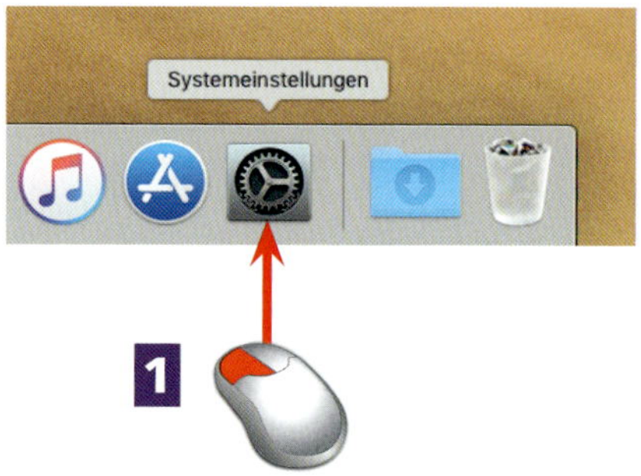

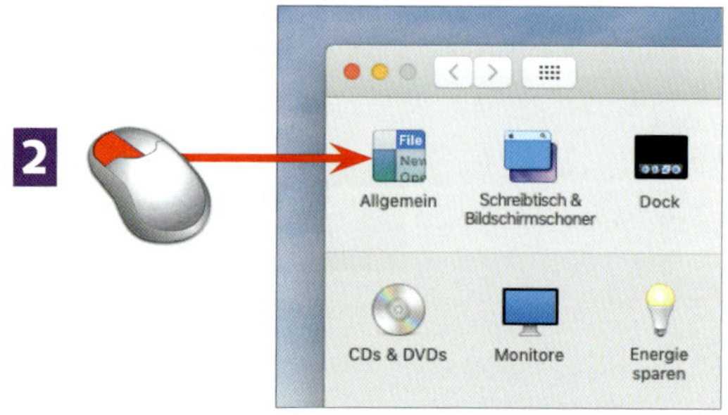

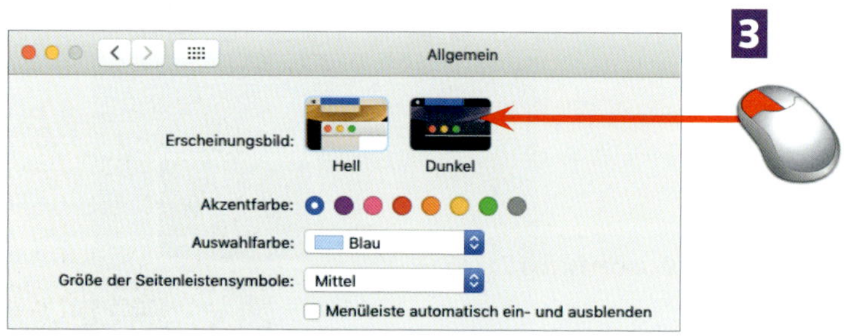

1 Öffnen Sie die *Systemeinstellungen*.

2 Wählen Sie die Kategorie *Allgemein*.

3 Um das dunkle Erscheinungsbild auszuwählen, klicken Sie oben im Fenster auf die Schaltfläche *Dunkel*.

Mit macOS Mojave wurde eine neue Designoption eingeführt: Statt des hellen Erscheinungsbildes können Sie nun auch ein dunkles Erscheinungsbild wählen, und auch die Akzentfarben lassen sich anpassen. Wie Sie dazu vorgehen, erfahren Sie auf dieser Doppelseite.

WISSEN

4

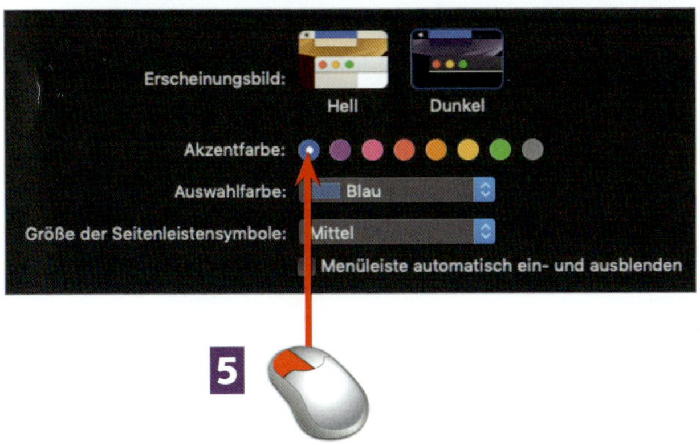

5

6

4 Das dunkle Erscheinungsbild wird prompt auf dem Bildschirm Ihres Macs dargestellt.

5 Nun können Sie noch im Abschnitt *Akzentfarbe* eine Farbe auswählen.

6 Ihre Anpassung ist sofort im geöffneten Fenster sichtbar.

Ende

Möchten Sie, dass die Menüleiste nur bei Bedarf eingeblendet wird? Dann aktivieren Sie das Kontrollkästchen *Menüleiste automatisch ein- und ausblenden*.

TIPP

Wenn die Menüleiste ausgeblendet ist, bewegen Sie jeweils den Mauszeiger an den oberen Bildschirmrand, um sie einzublenden.

TIPP

Start

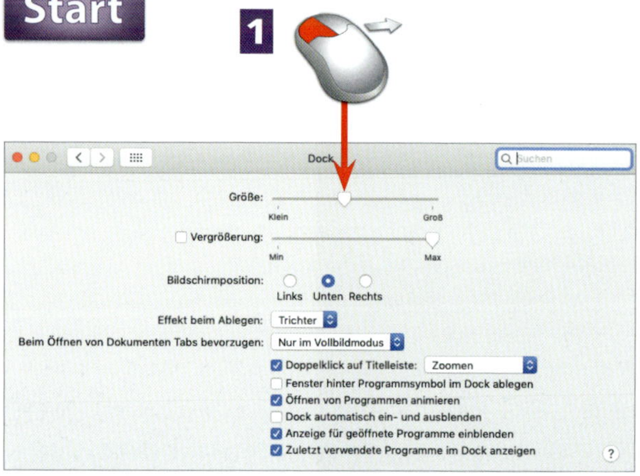

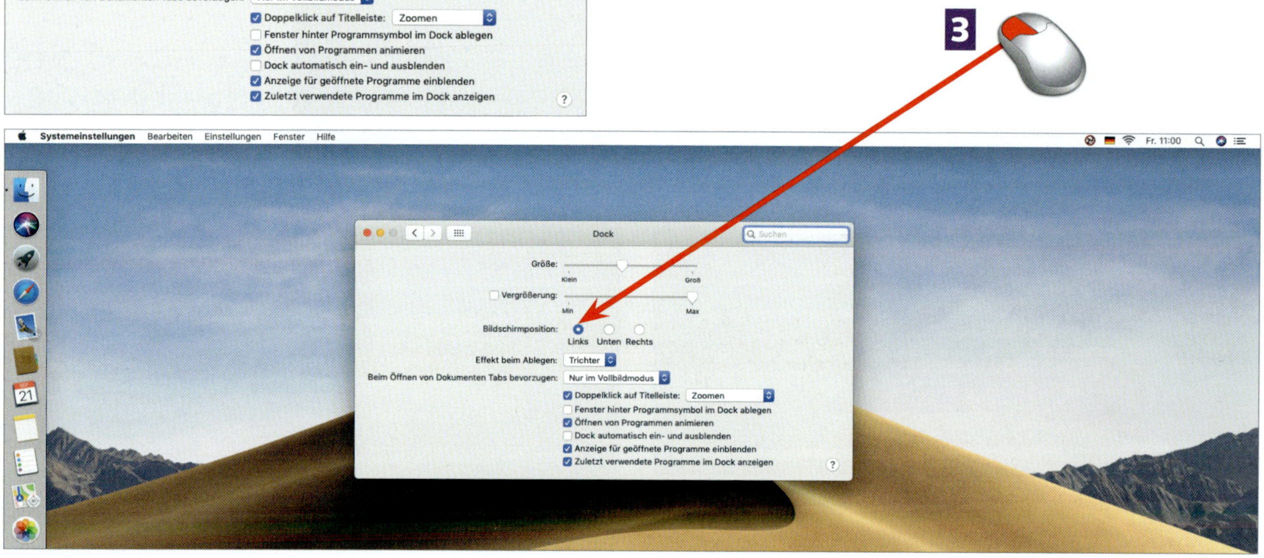

1 Entscheiden Sie sich in den *Systemeinstellungen* für die Kategorie *Dock*, so werden Ihnen die verfügbaren Konfigurationsmöglichkeiten angezeigt. Möchten Sie das Dock vergrößern, ziehen Sie den Schieberegler *Größe* bei gedrückter Maustaste nach rechts.

2 Aktivieren Sie hingegen das Kontrollkästchen *Vergrößerung*, wird bewirkt, dass die Symbole im Dock vergrößert dargestellt werden, wenn Sie den Mauszeiger darüber bewegen.

3 Das Dock kann außer am unteren Bildschirmrand auch am linken oder rechten Bildschirmrand dargestellt werden. Treffen Sie Ihre Auswahl unter *Bildschirmposition*.

Das Dock ist, wie bereits erwähnt, die Schaltzentrale für Ihre wichtigsten Apps. Ein Mausklick auf das entsprechende Symbol genügt, um eine App zu öffnen. Auch anderweitig geöffnete Apps werden im Dock angezeigt. Das Dock ist aber nicht in Stein gemeißelt, sondern lässt sich in mancherlei Hinsicht anpassen. Die in diesem Zusammenhang wichtigsten Funktionen stelle ich Ihnen auf dieser Doppelseite vor.

WISSEN

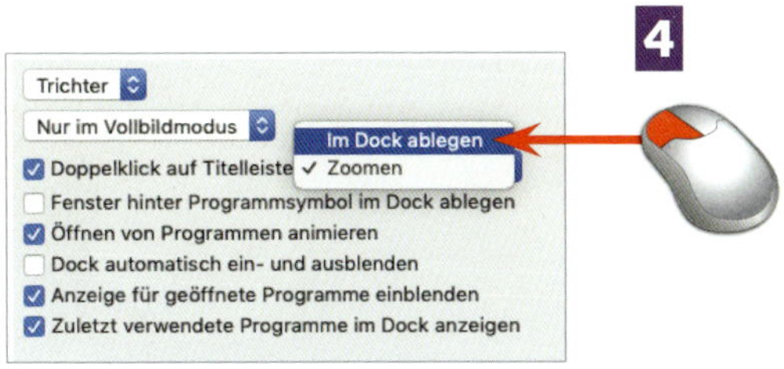

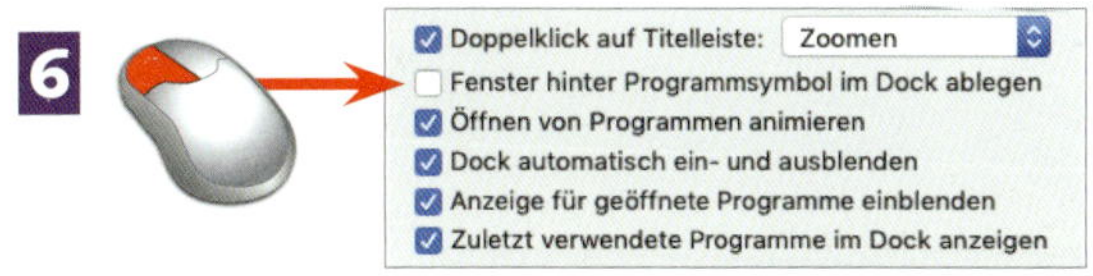

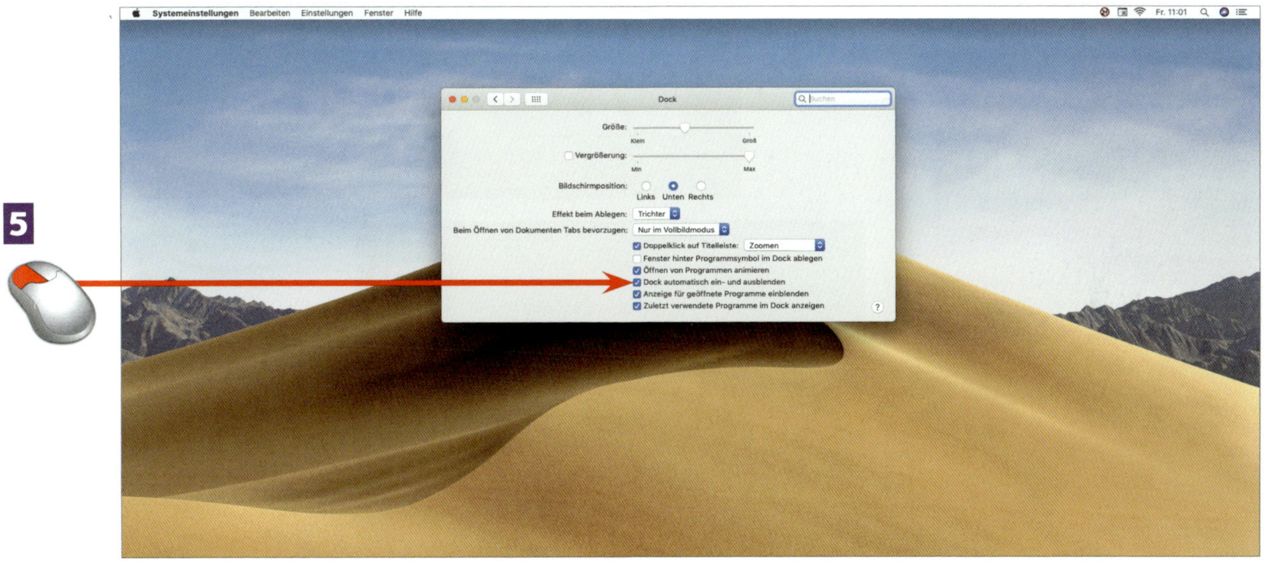

4 Ein App-Fenster statt per Symbol 🟡 mit einem Doppelklick in die Titelleiste ausblenden: Aktivieren Sie dazu das Kontrollkästchen *Auf die Titelleiste eines Fensters doppelklicken* und wählen Sie im Menü die Option *Im Dock ablegen*.

5 Soll das Dock nur bei Bedarf eingeblendet werden, wenn Sie den Mauszeiger an den unteren (bzw. linken oder rechten) Bildschirmrand bewegen? Dazu aktivieren Sie das Kontrollkästchen *Dock automatisch ein- und ausblenden*.

6 Ausgeblendete App-Fenster werden standardmäßig im rechten Bereich des Docks abgelegt. Zum Ablegen im linken Bereich aktivieren Sie das Kontrollkästchen *Fenster hinter Programmsymbol im Dock ablegen*.

Ende

Das Dock lässt sich bei gedrückter Maustaste vergrößern oder verkleinern: Klicken Sie dazu im Dock auf den Trennstrich zwischen linkem und rechtem Bereich und ziehen Sie bei gedrückter Maustaste.

TIPP

Standardmäßig werden Ihnen im Dock auch die zuletzt verwendeten Apps angezeigt. Falls Sie dies nicht wünschen, deaktivieren Sie das Kontrollkästchen *Zuletzt verwendete Programme im Dock anzeigen*.

TIPP

Start

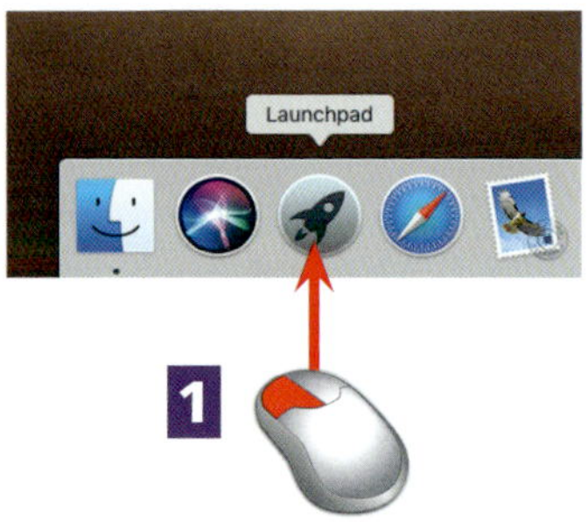

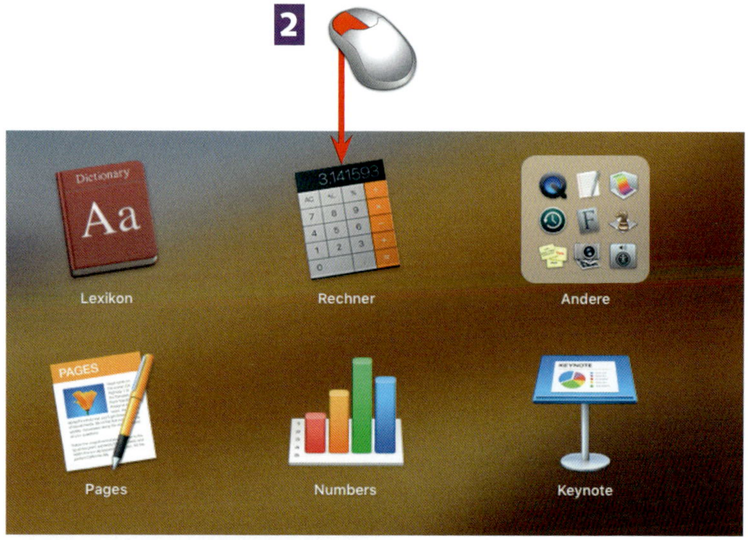

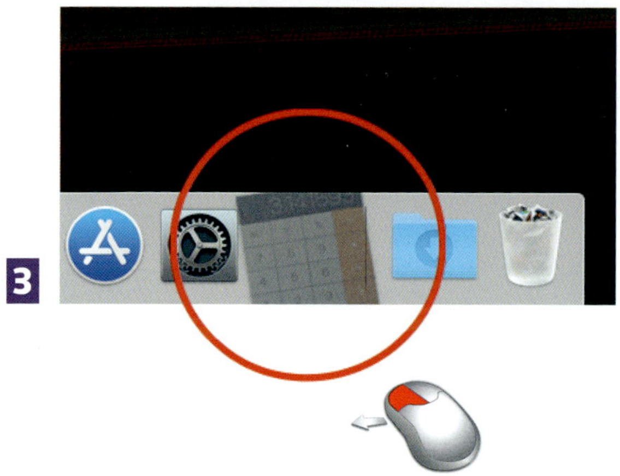

1 Rufen Sie zunächst das Launchpad auf, um eine Übersicht über die auf Ihrem Mac installierten Apps zu erhalten.

2 Klicken Sie die App, die Sie dem Dock hinzufügen möchten, mit der Maus an.

3 Ziehen Sie die App bei gedrückter Maustaste in den linken Bereich des Docks (links neben dem Trennstrich) und lassen Sie dann die Maustaste los.

Im Dock legen Sie diejenigen Apps ab, die Sie häufig benötigen – das Öffnen im Launchpad braucht mindestens einen Mausklick mehr. Achten Sie aber darauf, dass das Dock nicht unübersichtlich wird! Auf dieser Doppelseite stelle ich Ihnen zwei Methoden vor, um dem Dock eine App hinzuzufügen. Ich zeige Ihnen außerdem, wie Sie nicht benötigte Symbole wieder aus dem Dock entfernen.

WISSEN

4 Wenn eine App bereits geöffnet ist, klicken Sie das App-Symbol im Dock mit der rechten Maustaste an (bzw. bei gedrückter ctrl-Taste anklicken oder Symbol gedrückt halten).

5 Im Kontextmenü wählen Sie anschließend *Optionen/Im Dock behalten*.

6 Um ein Symbol wieder aus dem Dock zu entfernen, öffnen Sie ebenfalls das Kontextmenü aus Schritt 5 und wählen erneut *Optionen/Im Dock behalten*, um das zugehörige Häkchen zu entfernen.

Ende

HINWEIS

Sie finden im Launchpad auch die »App« Mission Control. Legen Sie diese ins Dock, um eine zusätzliche Option zum Aufrufen der Mission Control zu erhalten.

TIPP

Auch so können Sie ein Symbol aus dem Dock entfernen: Klicken Sie es an und ziehen Sie es bei gedrückter Maustaste in den oberen Bereich des Schreibtisches.

Programmordner im Dock verfügbar machen

Start

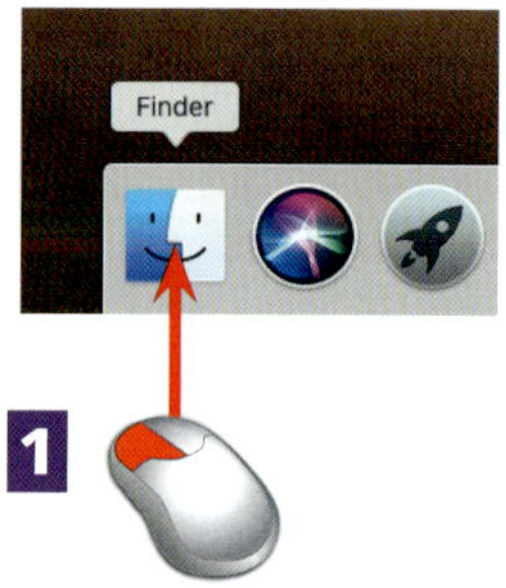

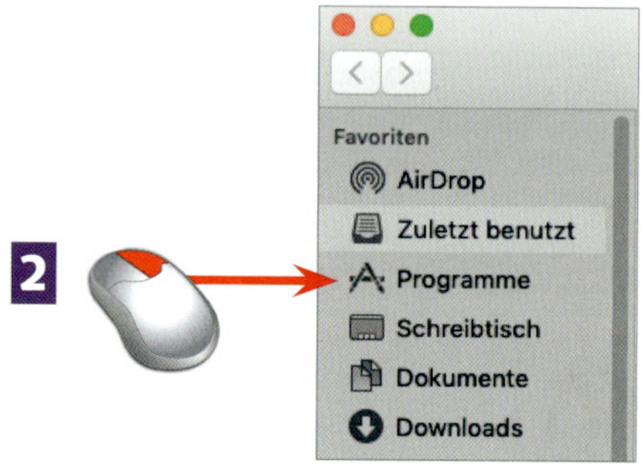

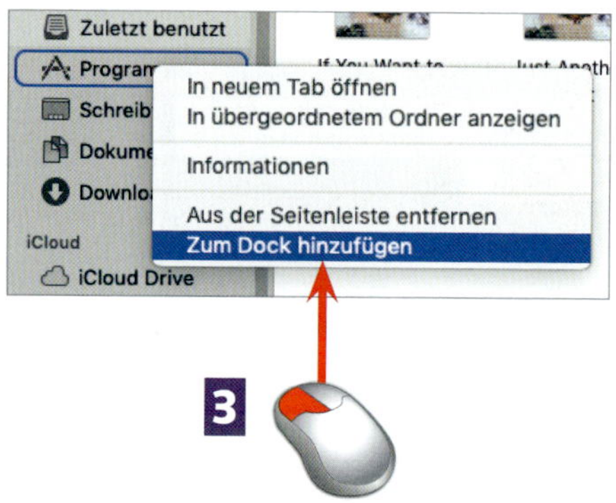

1. Klicken Sie ganz links im Dock auf das Symbol des Finders.
2. Über die verschiedenen Funktionen des Finders machen Sie sich zu diesem Zeitpunkt noch keine Gedanken. Sie klicken nur mit der rechten Maustaste bzw. bei gedrückter ctrl-Taste auf den Eintrag *Programme*.
3. Im Kontextmenü entscheiden Sie sich für den Eintrag *Zum Dock hinzufügen*.

Eine Alternative zum Launchpad ist es, den Programmordner im Dock abzulegen und diesen per Mausklick zu öffnen, um Ihre App-Auswahl zu treffen. Der Programmordner ist einfach der Ordner, in dem die auf Ihrem Mac installierten Apps gespeichert werden. Machen Sie in diesem Zusammenhang erste Bekanntschaft mit dem Finder.

WISSEN

4 Der Ordner befindet sich nun im rechten Bereich des Docks. Klicken Sie ihn an, um ihn zu öffnen.

5 Klicken Sie eine App an, um diese zu starten.

6 Pfiffigere Darstellung gewünscht? Dann klicken Sie mit der rechten Maustaste auf den Ordner (bzw. bei gedrückter ctrl-Taste anklicken oder Symbol gedrückt halten). Entscheiden Sie sich nun für *Fächer*.

Ende

Nicht nur der Programmordner, sondern auch andere häufig benötigte Ordner lassen sich auf diese Weise dem Dock hinzufügen.

HINWEIS

Wie bei den Apps können Sie auch einen Ordner bei gedrückter Maustaste ins Dock ziehen, in diesem Fall in den rechten Bereich (rechts neben dem Trennstrich).

HINWEIS

Start

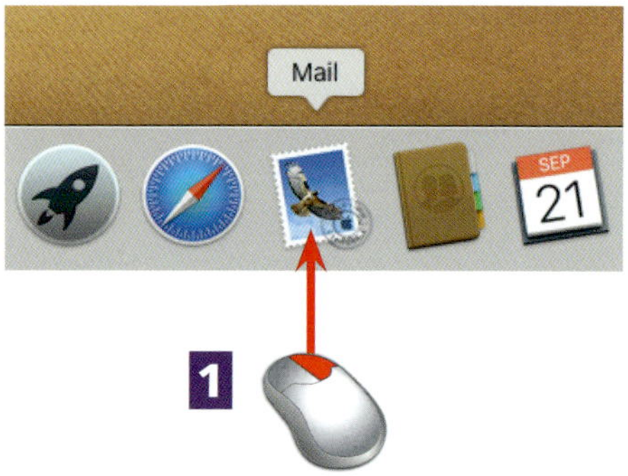

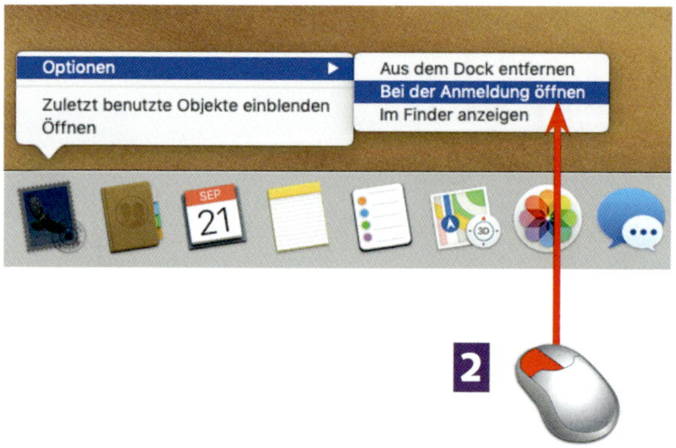

1 Klicken Sie die App, die beim Mac-Start automatisch geöffnet werden soll, im Dock mit der rechten Maustaste an (bzw. bei gedrückter ctrl-Taste anklicken oder Symbol gedrückt halten).

2 Im Kontextmenü wählen Sie nun *Optionen/Bei der Anmeldung öffnen*.

3 Wenn Sie das Menü erneut aufrufen, stellen Sie fest, dass der Eintrag *Bei der Anmeldung öffnen* mit einem Häkchen versehen ist. Um ihn wieder zu entfernen, würden Sie den Eintrag einfach erneut anklicken.

Wenn Sie eine App nach dem Start Ihres Macs sowieso jedes Mal aufrufen, lassen Sie diese doch automatisch öffnen. Sie steht dann sofort zur Verfügung. Fügen Sie aber nicht zu viele Apps den »Anmeldeobjekten« hinzu, damit der Start des Computers sich nicht unnötig verzögert! Das automatische Starten einer App konfigurieren Sie mit wenigen Mausklicks.

WISSEN

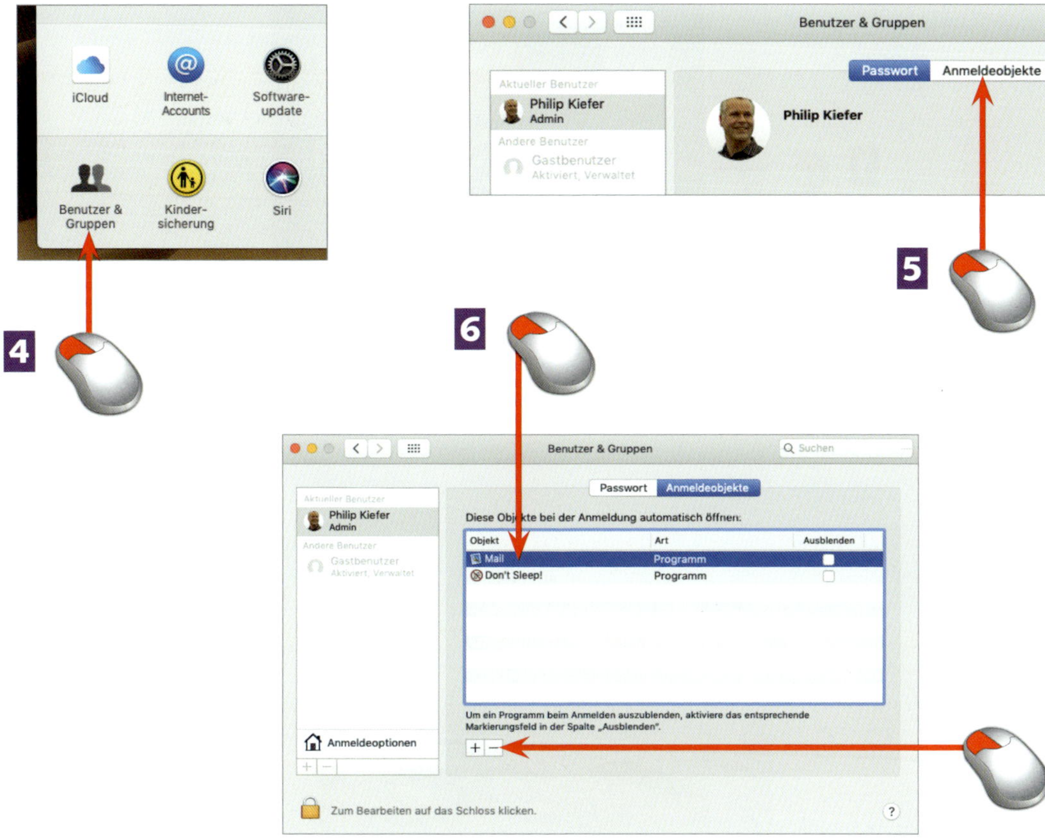

4 Eine Übersicht über Ihre Anmeldeobjekte erhalten Sie, wenn Sie sich in den *Systemeinstellungen* für die Kategorie *Benutzer & Gruppen* entscheiden.

5 Klicken Sie anschließend auf den Reiter *Anmeldeobjekte*.

6 Um ein Anmeldeobjekt hier zu entfernen, wählen Sie es aus und klicken dann auf das Symbol [–].

Ende

Die Schritte 1 bis 3 funktionieren natürlich auch mit Apps, die Sie nicht dauerhaft im Dock liegen haben. In diesem Fall öffnen Sie die App zunächst.

HINWEIS

Um weitere Anmeldeobjekte direkt in der Übersicht hinzuzufügen, klicken Sie im Fenster aus Schritt 6 auf das Symbol [+].

TIPP

Start

1

2

3

1 Rufen Sie die Mission Control auf – entweder per Tastatur, wie bereits kennengelernt, oder wie hier per Symbol im Launchpad.

2 Bewegen Sie den Mauszeiger in die rechte obere Ecke des Bildschirms und klicken Sie auf die dadurch eingeblendete Schaltfläche.

3 Der Schreibtisch wird eingerichtet. Klicken Sie ihn in der Mission Control an, um ihn auszuwählen.

Wenn Sie viele Objekte auf dem Schreibtisch ablegen, können Sie diese auch auf mehreren Schreibtischen anordnen. Der Wechsel zwischen den Schreibtischen erfolgt in der Mission Control, durch Streichen auf Magic Mouse oder Trackpad oder mit den Tasten ctrl+→ bzw. ctrl+←.

WISSEN

5

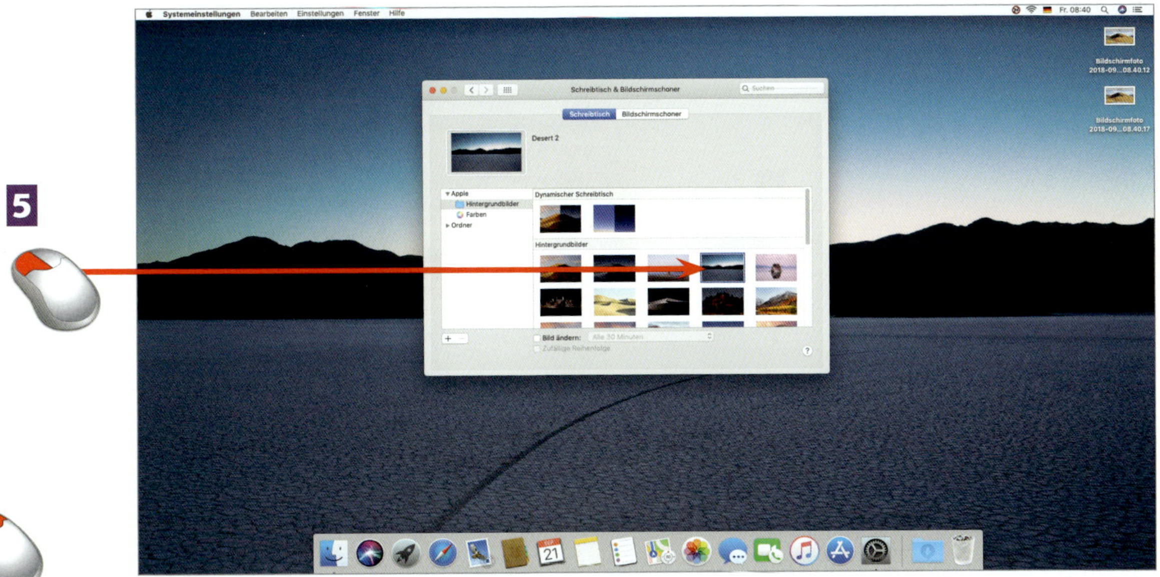

4

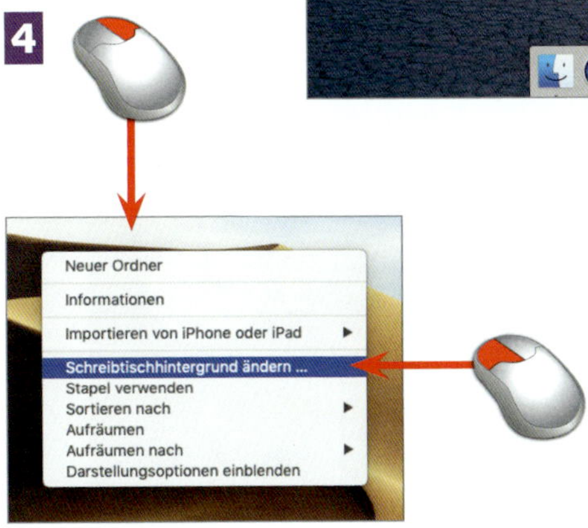

6

4 Um die Schreibtische besser unterscheiden zu können, verpassen Sie jedem Schreibtisch einen eigenen Hintergrund. Also: mit rechtem Mausklick bzw. bei gedrückter ctrl-Taste auf den Schreibtisch klicken und *Schreibtischhintergrund ändern* wählen.

5 Dann legen Sie, wie bereits kennengelernt, den gewünschten Schreibtischhintergrund per Mausklick fest.

6 Auch in der Mission Control wird der neue Schreibtischhintergrund dargestellt.

Ende

Einen Schreibtisch wieder entfernen: Bewegen Sie in der Mission Control den Mauszeiger darauf und klicken Sie auf das dadurch eingeblendete Symbol ⊗.

TIPP

Die Schreibtische anders anordnen: Ziehen Sie einen Schreibtisch in der Mission Control bei gedrückter Maustaste in die gewünschte Position.

TIPP

Start

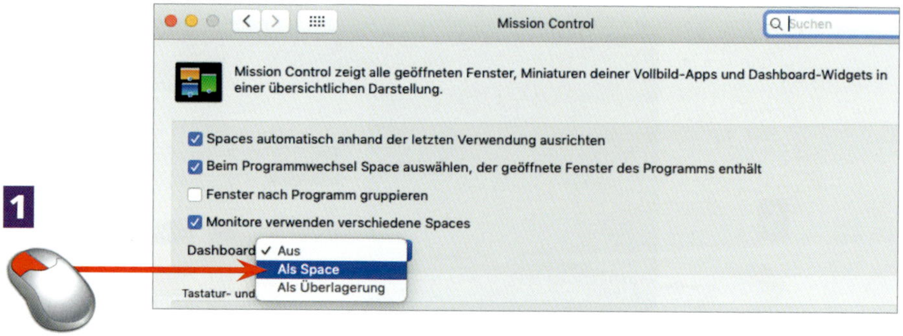

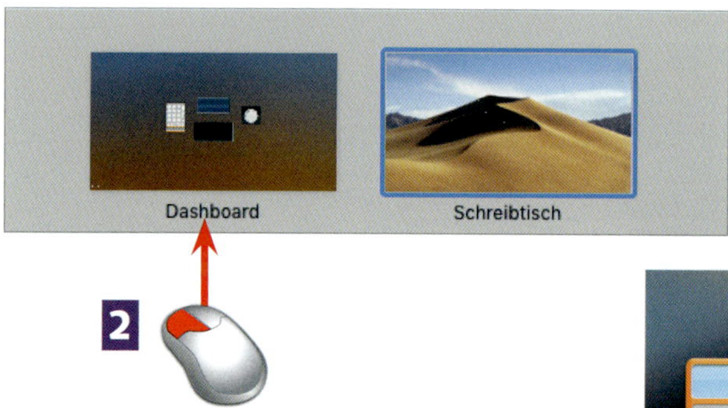

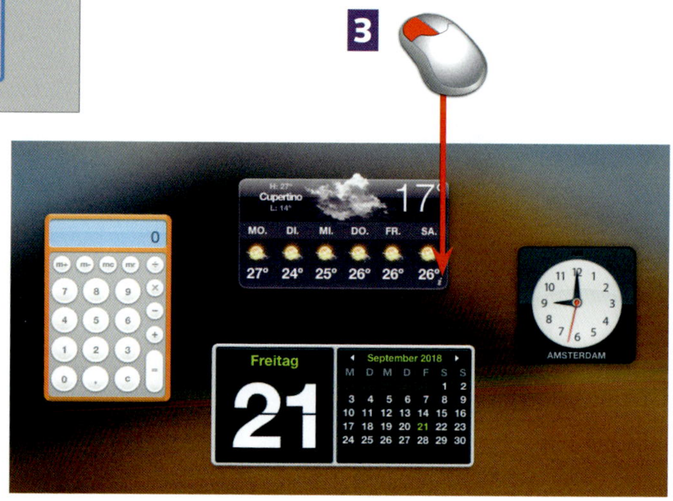

1 Das Dashboard muss zunächst aktiviert werden. Dazu öffnen Sie die *Systemeinstellungen*, klicken auf *Mission Control* und wählen im Menü *Dashboard* die Option *Als Space*.

2 Rufen Sie das Dashboard in der Mission Control auf oder blättern Sie per Magic Mouse, Trackpad oder Tastenkombination [ctrl]+[←] zum Dashboard. Alternativ verwenden Sie die Taste [F12] bzw. [fn]+[F12].

3 Einige Widgets sind bereits vorhanden. Hier möchte ich das Wetter-Widget einrichten und bewege dazu den Mauszeiger darauf. Anschließend klicke ich auf das dadurch eingeblendete Symbol *i*.

Das Dashboard ist ein zusätzlicher »Space« auf der Mac-Bedienoberfläche. Es ermöglicht Ihnen, Minianwendungen verschiedenster Art – die sogenannten Widgets – zu verwenden, um sich beispielsweise auf die Schnelle über die aktuelle Wetterprognose zu informieren oder eine Berechnung mit einem Minirechner durchzuführen.

WISSEN

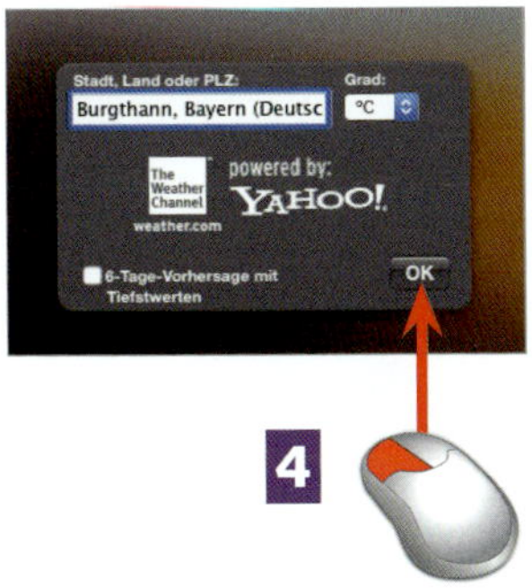

4 Nun muss nur der passende Ort für die Wetterprognose gewählt und mit *OK* bestätigt werden.

5 Weitere Widgets gewünscht? Dazu klicken Sie links unten im Dashboard auf das Symbol ⊕.

6 Wählen Sie eines der vorgeschlagenen Widgets per Mausklick aus.

Ende

TIPP

Die Widgets lassen sich im Dashboard verschieben. Klicken Sie ein Widget dazu an und ziehen Sie es bei gedrückter Maustaste in die gewünschte Position.

HINWEIS

Um ein Widget wieder zu entfernen, klicken Sie links unten im Dashboard auf das Symbol ⊖ und betätigen anschließend beim entsprechenden Widget das Kreuzsymbol ⊗.

HINWEIS

Die Widgets lassen sich auch auf dem Schreibtisch platzieren. Dazu öffnen Sie die *Systemeinstellungen* und entscheiden sich für *Mission Control*. Im Menü *Dashboard* wählen Sie die Option *Als Überlagerung*. Das Einblenden erfolgt mit F12 bzw. fn+F12.

Aktive Ecken einschalten

Start

1

3

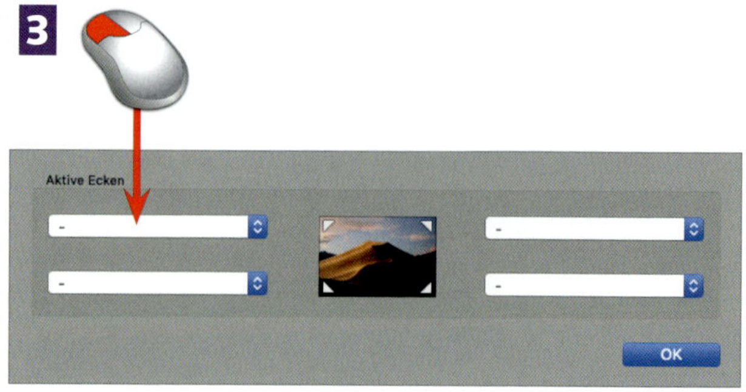

2

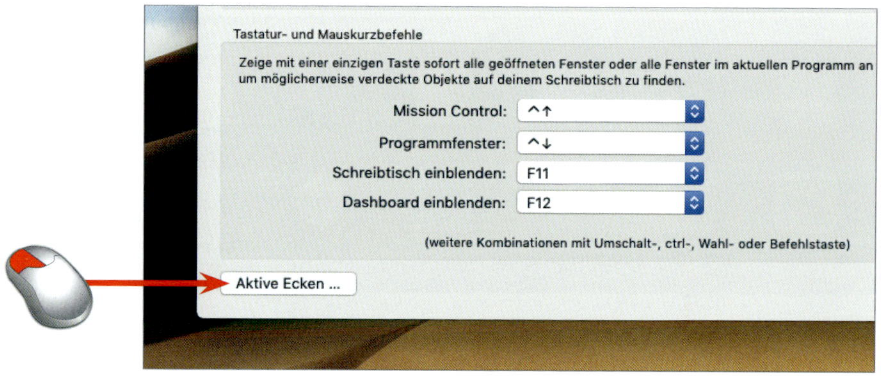

1 Öffnen Sie die *Systemeinstellungen* und wählen Sie die Kategorie *Mission Control*.

2 Klicken Sie anschließend links unten im Fenster auf die Schaltfläche *Aktive Ecken*.

3 Die vier Ecken werden in Form von Menüs dargestellt. Klicken Sie auf ein Menü.

Mithilfe von »aktiven Ecken« lassen sich bestimmte Systemfunktionen auf Ihrem Mac schneller aufrufen – ganz einfach dadurch, dass Sie den Mauszeiger in eine Ecke des Bildschirms bewegen. Wie Sie die Ecken der Bedienoberfläche mit Funktionen belegen, zeige ich Ihnen auf dieser Doppelseite.

WISSEN

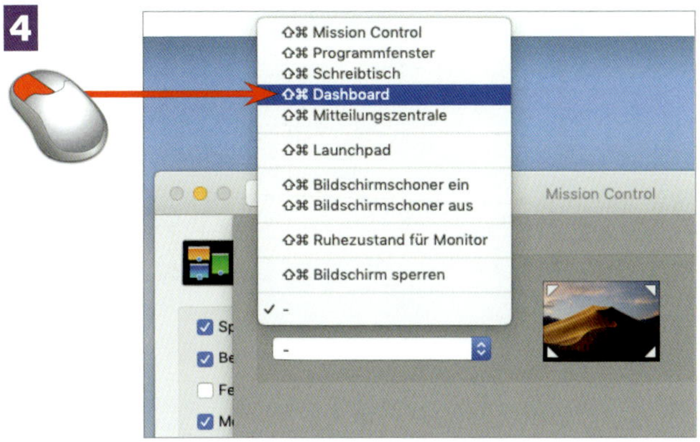

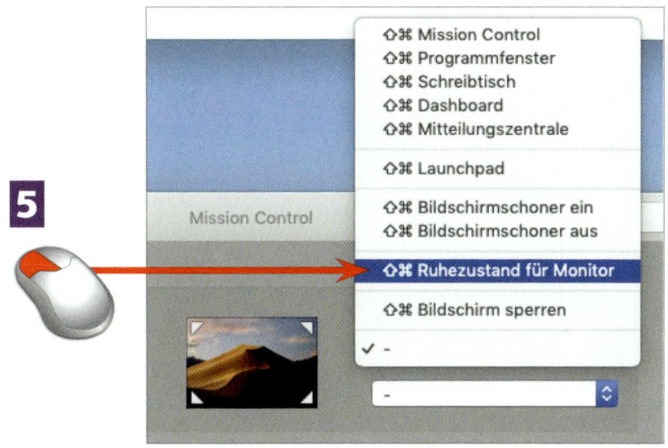

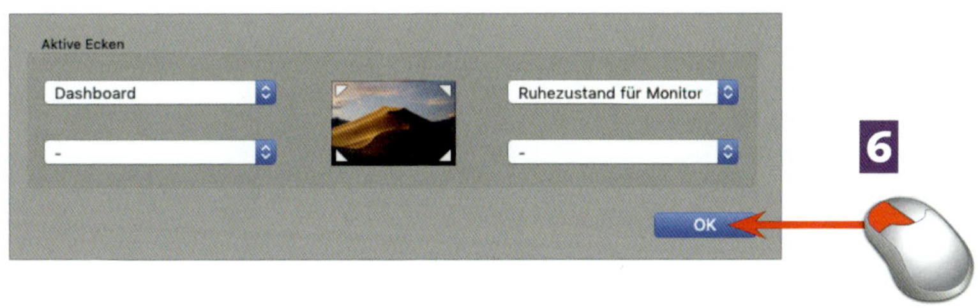

4 Wählen Sie eine Funktion für die aktive Ecke aus. In diesem Fall entscheide ich mich für das Aufrufen des Dashboards, wenn ich den Mauszeiger in die linke obere Ecke bewege.

5 Wiederholen Sie das Ganze gegebenenfalls mit weiteren Ecken.

6 Bestätigen Sie Ihre Einstellungen mit *OK*.

Ende

Eine empfehlenswerte Funktion ist *Ruhezustand für Monitor* – damit schalten Sie den Bildschirm in Pausen aus, ohne dass sich gleich der ganze Rechner in den Ruhezustand begibt.

TIPP

Sie möchten eine aktive Ecke wieder deaktivieren? Dann wählen Sie im Menü aus Schritt 5 den Bindestrich aus.

HINWEIS

Start

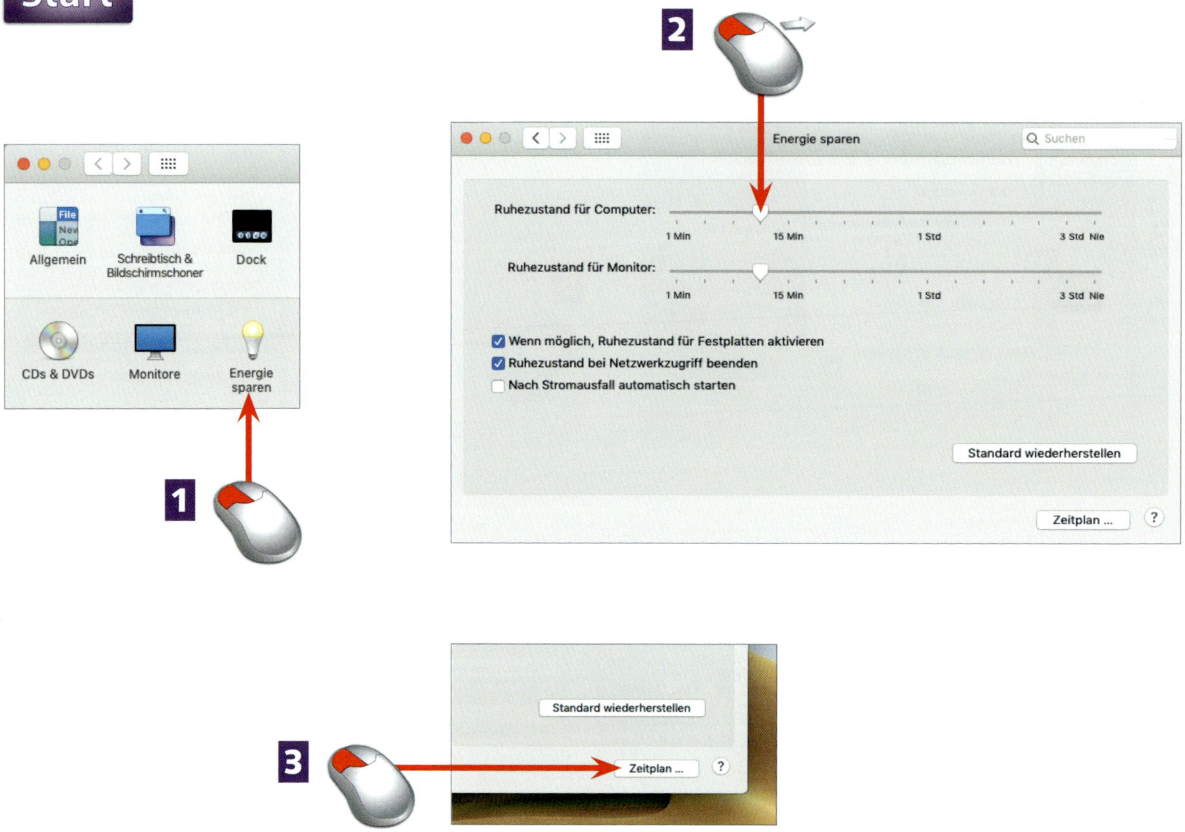

1 Öffnen Sie die *Systemeinstellungen* und wählen Sie die Kategorie *Energie sparen*.

2 Bestimmen Sie per Schieberegler, nach wie vielen Minuten der Inaktivität der Computer bzw. der Monitor in den Ruhezustand versetzt werden soll.

3 Wünschen Sie den Ruhezustand zu einem bestimmten Termin? Dann klicken Sie rechts unten im Fenster auf die Schaltfläche *Zeitplan*.

Macs sind trotz ihrer Leistung relativ sparsam. Aber durch Energieeinstellungen, die an Ihr Nutzungsverhalten angepasst sind, lässt sich der Energieverbrauch noch weiter reduzieren. Sorgen Sie dafür, dass der Computer immer dann in den Ruhezustand versetzt wird, wenn Sie ihn nicht benötigen – denn im Ruhezustand ist der Energieverbrauch minimal.

WISSEN

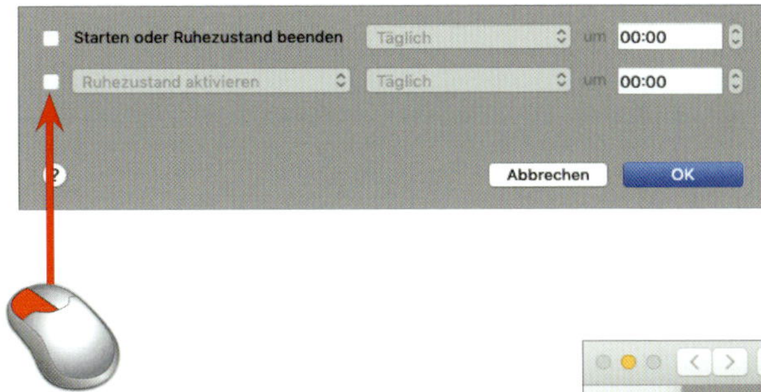

4

5

6

4 Aktivieren Sie das Kontrollkästchen *Ruhezustand aktivieren*.

5 Bestimmen Sie, an welchen Tagen Ihre Einstellung greifen soll. Hier wähle ich die Option *An Wochentagen*.

6 Legen Sie schließlich noch die Uhrzeit fest, zu der Ihr Mac in den Ruhezustand versetzt werden soll. Bestätigen Sie mit *OK*.

Ende

Der Computer soll nicht in den Ruhezustand versetzt, sondern ausgeschaltet werden? Dann wählen Sie im Menü *Ruhezustand aktivieren* den Eintrag *Ausschalten*.

TIPP

Nach der Mittagspause lässt sich der Computer auch wieder automatisch starten. Aktivieren Sie dazu das Kontrollkästchen *Starten oder Ruhezustand beenden* und stellen Sie den Termin ein.

HINWEIS

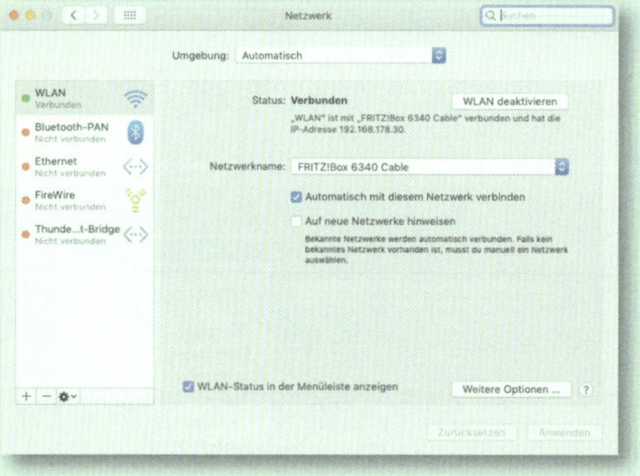
Netzwerk
Umgebung: Automatisch
WLAN
Verbunden
Bluetooth-PAN
Nicht verbunden
Ethernet
Nicht verbunden
FireWire
Nicht verbunden
Thunde...t-Bridge
Nicht verbunden
Status: Verbunden
WLAN deaktivieren
„WLAN" ist mit „FRITZ!Box 6340 Cable" verbunden und hat die IP-Adresse 192.168.178.30.
Netzwerkname: FRITZ!Box 6340 Cable
Automatisch mit diesem Netzwerk verbinden
Auf neue Netzwerke hinweisen
WLAN-Status in der Menüleiste anzeigen
Weitere Optionen ...
Zurücksetzen
Anwenden

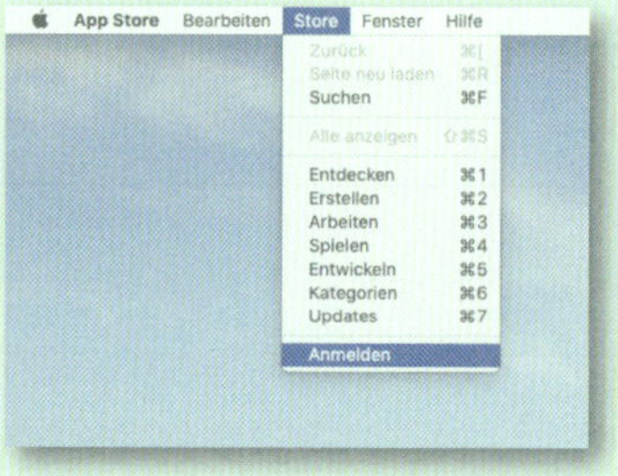
App Store
Bearbeiten
Store
Fenster
Hilfe
Zurück
Seite neu laden
Suchen
Alle anzeigen
Entdecken
Erstellen
Arbeiten
Spielen
Entwickeln
Kategorien
Updates
Anmelden

Musik
Mediathek
Zuletzt hinzugefügt
Künstler
Alben
Titel
Genres
Geladen
Geräte
iPad von Philip
Musik
Filme
TV-Sendungen
PIANO MAN
THE VERY BEST OF
BILLY JOEL
Piano Man: The Very Be...
Billy Joel

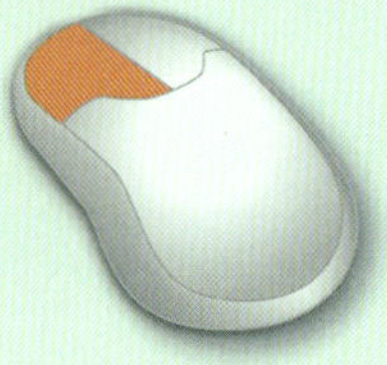

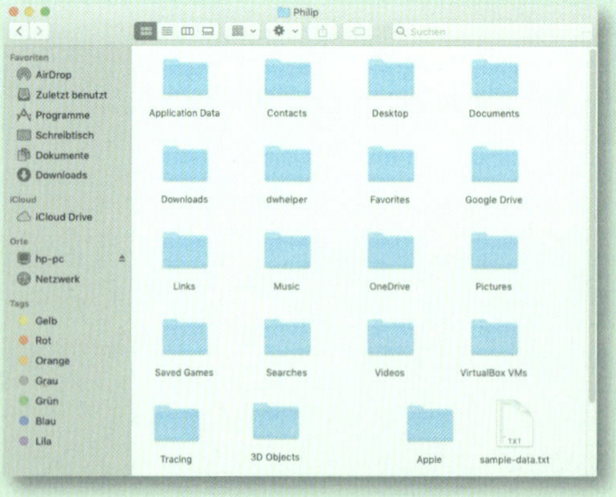
Philip
Favoriten
AirDrop
Zuletzt benutzt
Programme
Schreibtisch
Dokumente
Downloads
iCloud
iCloud Drive
Orte
hp-pc
Netzwerk
Tags
Gelb
Rot
Orange
Grau
Grün
Blau
Lila
Application Data
Contacts
Desktop
Documents
Downloads
dwhelper
Favorites
Google Drive
Links
Music
OneDrive
Pictures
Saved Games
Searches
Videos
VirtualBox VMs
Tracing
3D Objects
Apple
sample-data.txt

Internet, iCloud und Heimnetzwerk einrichten

3

In diesem Kapitel dreht sich alles um den Datenaustausch mit anderen Geräten – dieser kann sowohl in einem lokalen Heimnetzwerk als auch mit iCloud übers Internet geschehen. Lesen Sie auf den folgenden Seiten, wie Sie eine WLAN-Verbindung ins Internet herstellen, eine Apple-ID einrichten, Ihre iCloud-Einstellungen verwalten und Dateien im Netzwerk austauschen. Falls Sie neben Ihrem Mac auch ein iPhone oder iPad nutzen: Auch der Datenaustausch mit diesen Geräten wird selbstverständlich beschrieben. Erfahren Sie außerdem, wie Sie weitere Geräte mithilfe von Bluetooth verbinden.

Start

1

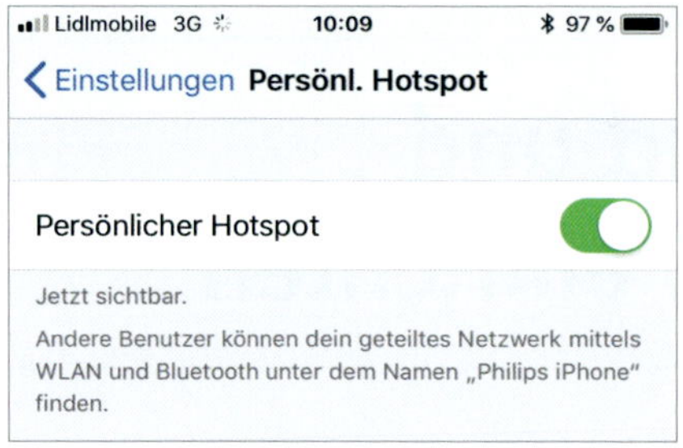

2

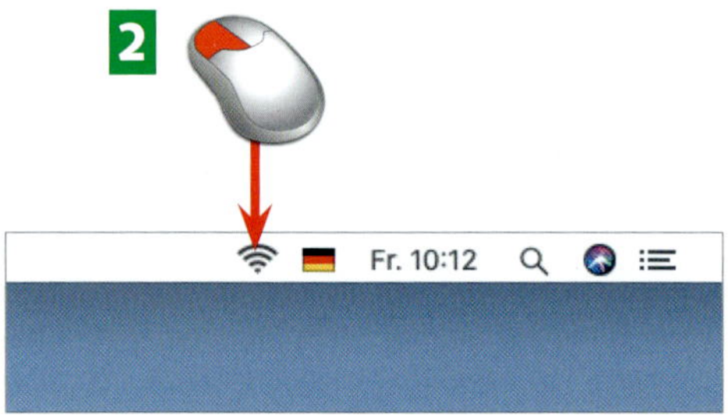

3

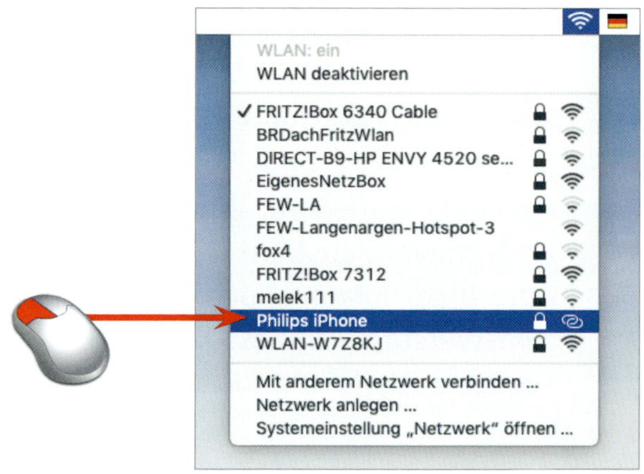

1 Aktivieren Sie gegebenenfalls zunächst das WLAN-Gerät, hier setze ich beispielsweise ein iPhone als WLAN-Zugangspunkt (Hotspot) ein.

2 Klicken Sie rechts oben auf dem Bildschirm auf das WLAN-Menulet .

3 Ihnen werden die verfügbaren WLANs angezeigt. Klicken Sie das gewünschte an.

Egal, ob zu Hause oder unterwegs – in den meisten Fällen werden Sie mit Ihrem Mac über ein WLAN ins Internet gehen. Hierbei wird eine Verbindung mit einem WLAN-Router hergestellt, der wiederum die Verbindung mit dem Internet aufbaut. Falls Sie noch nicht über ein funktionierendes WLAN verfügen sollten, lassen Sie es sich von Ihrem Telefonanbieter oder Kabelnetzanbieter einrichten.

WISSEN

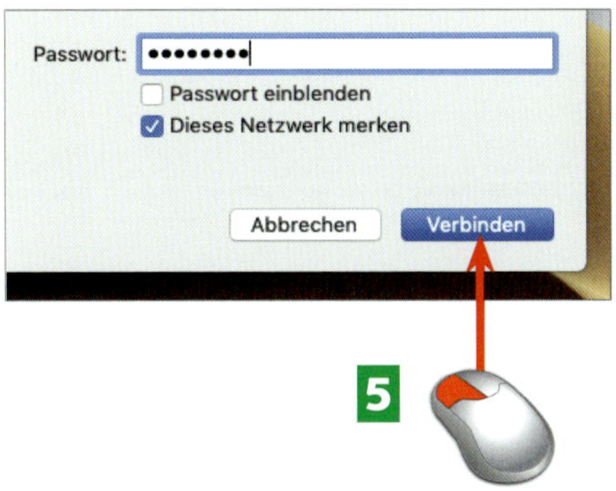

4 Geben Sie das zugehörige Passwort ein. Um Tippfehler zu vermeiden, können Sie das Kontrollkästchen *Passwort einblenden* aktivieren, um Ihre Eingabe angezeigt zu bekommen.

5 Klicken Sie auf die Schaltfläche *Verbinden*.

6 Das WLAN, zu dem eine Verbindung hergestellt wurde, wird durch ein Häkchen gekennzeichnet.

Ende

Unterwegs stellen Sie die WLAN-Verbindung auf die gleiche Weise her – Sie benötigen nur die Zugangsdaten. WLAN-Hotspots gibt es an Flughäfen, in vielen Hotels etc.

HINWEIS

Wenn Sie nicht über ein WLAN verfügen, sondern die Verbindung zum Router per Kabel herstellen, klicken Sie unter dem Menulet auf *WLAN deaktivieren*.

HINWEIS

Start

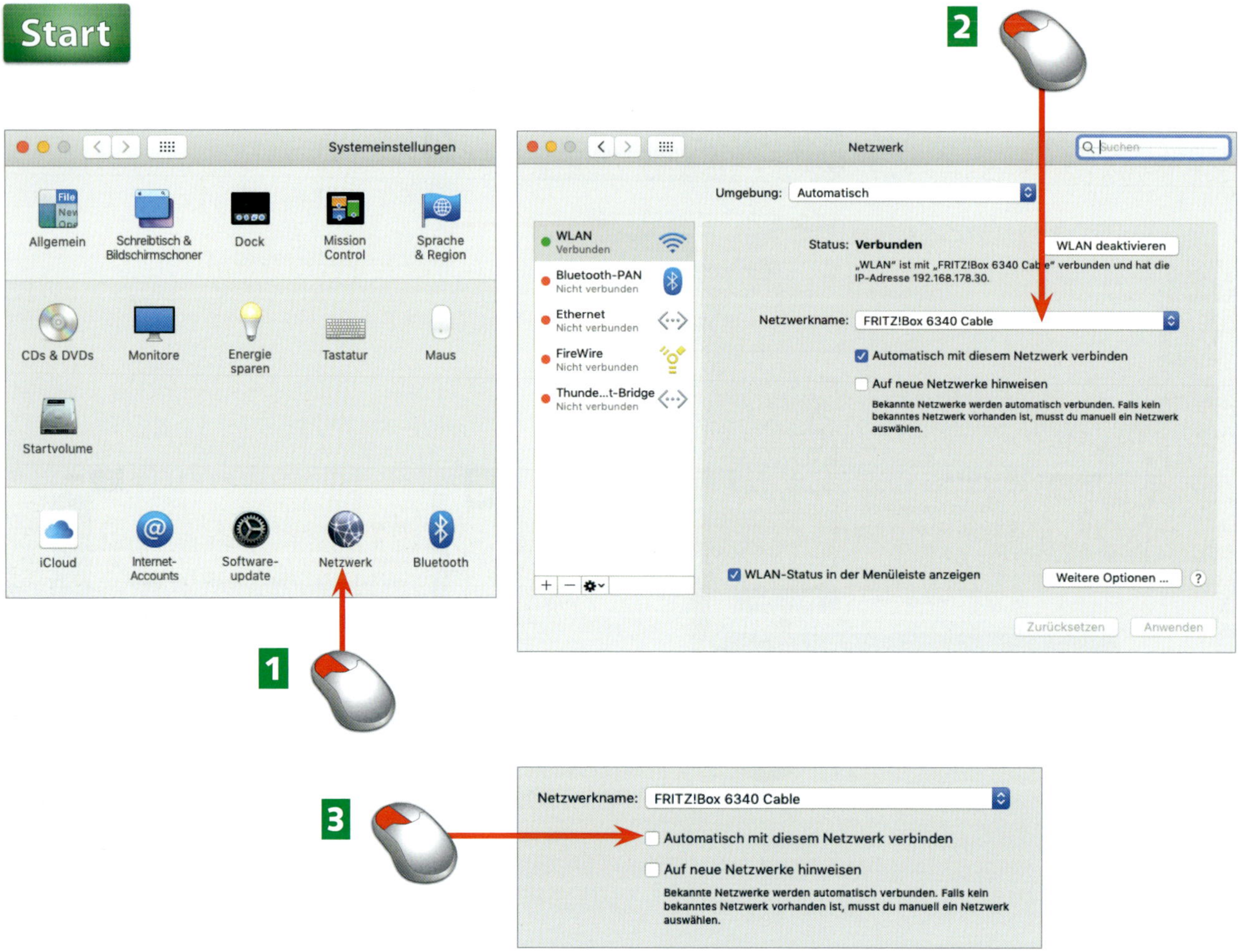

1 Öffnen Sie die *Systemeinstellungen* und wählen Sie die Kategorie *Netzwerk*.

2 Sie erhalten eine Übersicht über verschiedene Netzwerktypen, wobei nur die verbundenen Netzwerke grün markiert sind. Auch hier kann eine WLAN-Verbindung ausgewählt werden.

3 Entscheiden Sie per Kontrollkästchen, ob die Verbindung automatisch oder manuell hergestellt werden soll.

Für die Verwaltung Ihrer WLANs gehen Sie wieder in die *Systemeinstellungen* Ihres Macs. Auch dort haben Sie die Möglichkeit, ein WLAN auszuwählen. Sie können sich außerdem von einem Assistenten beim Herstellen der Internetverbindung unterstützen lassen sowie nicht mehr benötigte WLANs aus Ihrer Liste entfernen.

WISSEN

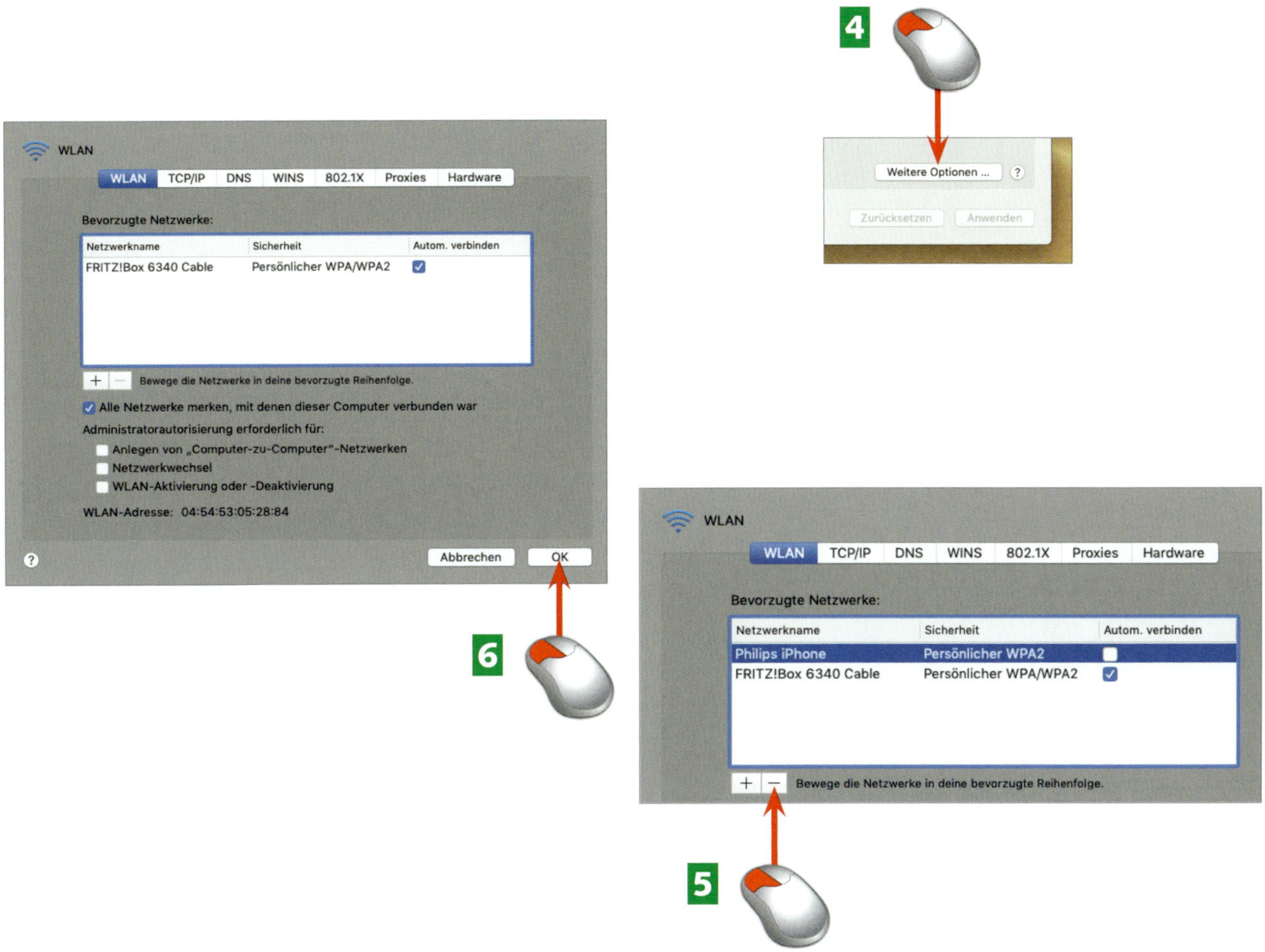

4 Oder möchten Sie im Gegenteil ein WLAN aus Ihrer Liste entfernen? Hierzu klicken Sie auf die Schaltfläche *Weitere Optionen*.

5 Wählen Sie ein WLAN in der Liste aus und klicken Sie auf das Symbol [–], um es zu löschen. Bei einer erneuten Verbindung müssen Sie die Daten dann wieder eingeben.

6 Bestätigen Sie mit *OK*, um das Fenster wieder zu schließen.

Ende

Die Abkürzung WLAN steht für **W**ireless **L**ocal **A**rea **N**etwork – übersetzt bedeutet das in etwa »drahtloses lokales Netzwerk«.

FACHWORT

Ein Netzwerk des Typs Ethernet stellt ein LAN her – ein **L**ocal **A**rea **N**etwork. In diesem Fall erfolgt die Verbindung zum Router mithilfe eines Netzwerkkabels.

HINWEIS

Apple-ID anlegen

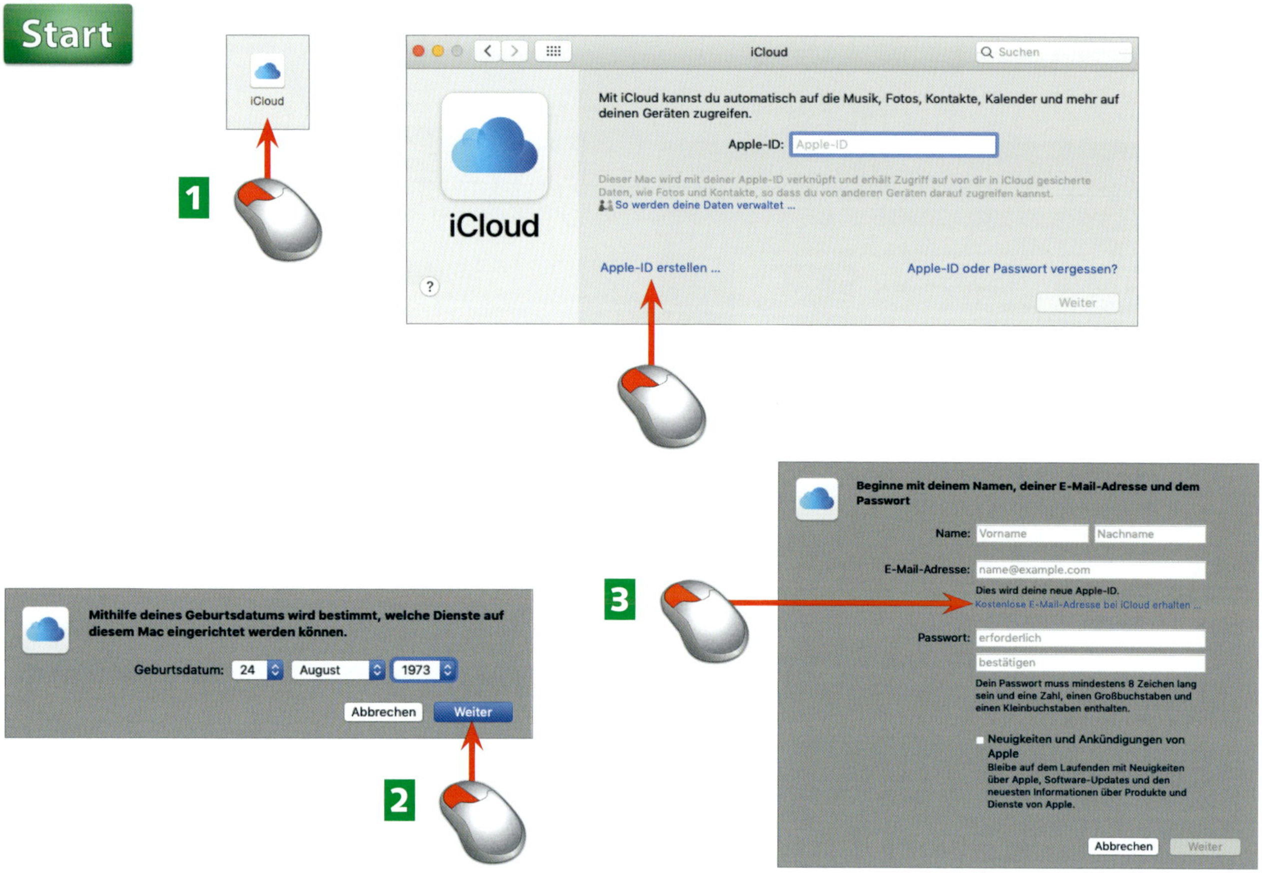

1 Klicken Sie in den *Systemeinstellungen* auf die Kategorie *iCloud* und entscheiden Sie sich anschließend für *Apple-ID erstellen*.

2 Geben Sie im sich öffnenden Assistenten zunächst Ihr Geburtsdatum an. Bestätigen Sie Ihre Angaben mit *Weiter*.

3 Falls Sie eine bestehende E-Mail-Adresse als Apple-ID verwenden möchten, tippen Sie diese ein. Ansonsten wählen Sie die Option *Kostenlose E-Mail-Adresse bei iCloud erhalten*.

Eine Apple-ID brauchen Sie in jedem Fall. Sie ist das Internetbenutzerkonto für Ihren Mac und alle möglichen Apple-Dienste. So brauchen Sie die Apple-ID beispielsweise zum Herunterladen neuer Apps oder von Inhalten aus dem iTunes Store. Und auch für den Online-Speicher- und Synchronisierungsdienst iCloud ist die Apple-ID erforderlich. Falls Sie noch keine Apple-ID haben, legen Sie blitzschnell eine an.

WISSEN

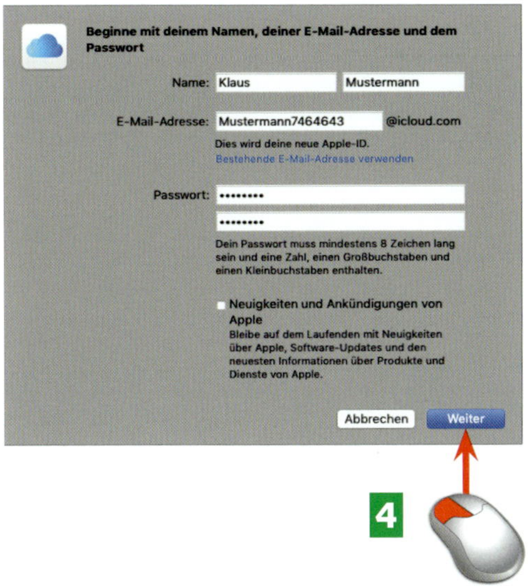

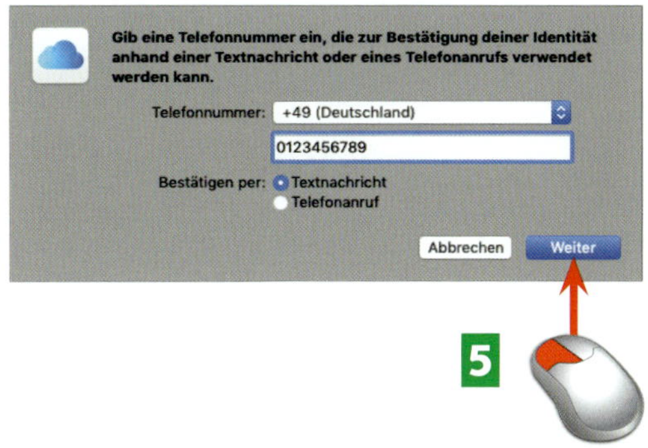

4 Geben Sie die gewünschte E-Mail-Adresse, Ihren Namen sowie ein sicheres Passwort ein – es muss mindestens acht Zeichen haben und mindestens einen Großbuchstaben, einen Kleinbuchstaben sowie eine Zahl beinhalten. Bestätigen Sie erneut mit *Weiter*.

5 Geben Sie Ihre Rufnummer ein und entscheiden Sie, ob Sie den Code per Text- oder Sprachnachricht erhalten möchten. Bestätigen Sie mit *Weiter*.

6 Tippen Sie den erhaltenen Code ein und schließen Sie das Erstellen der Apple-ID ab.

Ende

TIPP

Eine Apple-ID können Sie auch auf der Webseite *https://appleid.apple.com* anlegen. Diese Webseite dient gleichzeitig der Verwaltung Ihrer Apple-ID.

HINWEIS

Wichtig: Halten Sie Ihre Apple-ID genauso geheim wie die zu Ihrer Bankkarte gehörende Geheimzahl! Mit einer Apple-ID lassen sich viele Dinge anstellen.

Start

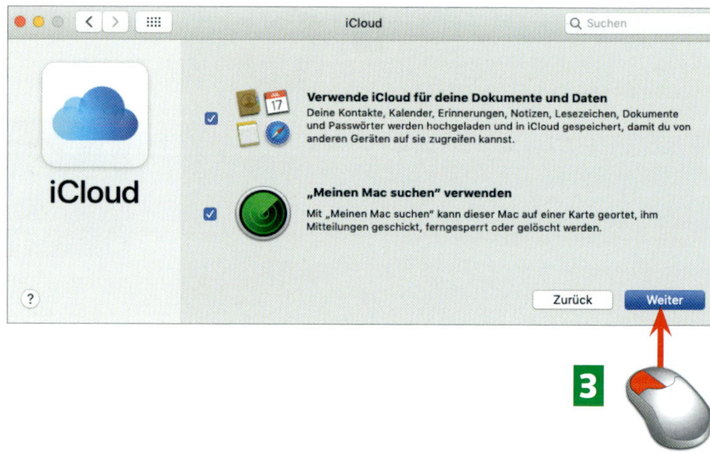

1 Öffnen Sie die *Systemeinstellungen*, wählen Sie die Kategorie *iCloud* und melden Sie sich, falls noch nicht geschehen, mit Ihrer Apple-ID an.

2 Geben Sie das Anmeldepasswort Ihres Macs ein und bestätigen Sie mit *OK*.

3 Sie können die iCloud-Funktionen mit *Weiter* global bestätigen. Alternativ deaktivieren Sie die Kontrollkästchen und treffen später Ihre Auswahl.

Der Online-Speicherdienst iCloud hat viele nützliche Funktionen zu bieten, besonders das unkomplizierte Synchronisieren von Daten zwischen mehreren Apple-Geräten, aber beispielsweise auch eine Fernortung Ihres MacBooks übers Internet oder eine Familienfreigabe, die bis zu sechs Personen die gemeinsame Verwendung von Einkäufen bei Apple ermöglicht. Das Einrichten von iCloud ist schnell erledigt.

WISSEN

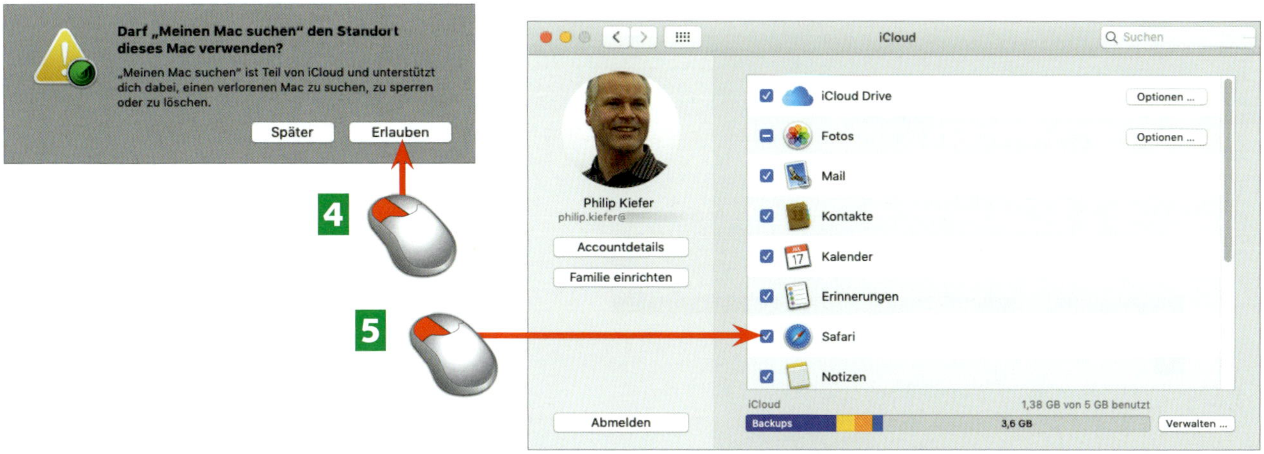

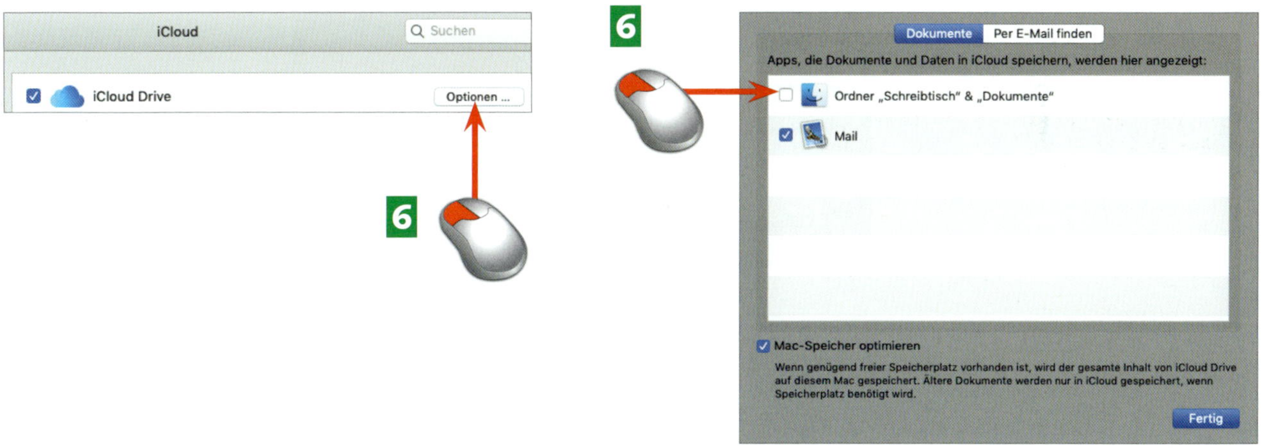

4 Auch das Orten des Macs übers Internet muss noch mal extra bestätigt werden.

5 Bestimmen Sie jeweils per Kontrollkästchen, welche Daten in iCloud gespeichert werden sollen und welche nicht.

6 Die Funktion *iCloud Drive* ermöglicht es den einzelnen Apps, Daten in iCloud zu speichern. Klicken Sie bei *iCloud Drive* auf *Optionen*, um – wiederum per Kontrollkästchen – festzulegen, welche Apps Daten hochladen dürfen und welche nicht.

Ende

Fügen Sie Ihrer Apple-ID ein Bild hinzu, indem Sie im iCloud-Fenster auf den Platzhalter klicken und das Foto entweder auswählen oder direkt aufnehmen.

TIPP

Sie möchten Ihrer Apple-ID weitere E-Mail-Adressen hinzufügen, Ihre Wohnadresse ändern oder sonstige Anpassungen vornehmen? Klicken Sie dazu im iCloud-Fenster auf *Accountdetails*.

TIPP

Start

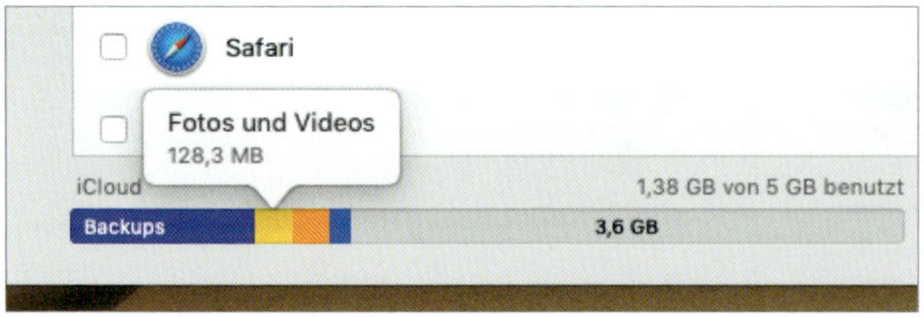

1

2

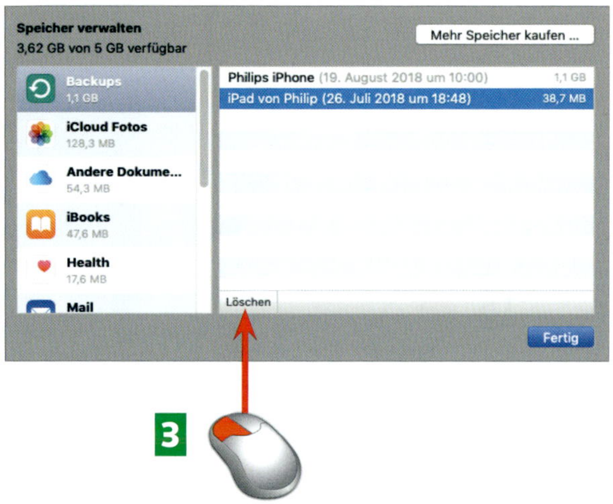

3

1. Sie sehen unten im iCloud-Fenster eine Leiste, die Ihnen über die Speicherbelegung Auskunft gibt. Bewegen Sie den Mauszeiger auf ein farbiges Element, um sich über den jeweils belegten Speicher zu informieren. Ansonsten wird der noch verfügbare iCloud-Speicherplatz angezeigt.
2. Um den iCloud-Speicher zu verwalten, klicken Sie rechts unten im Fenster auf die Schaltfläche *Verwalten*.
3. Sie sehen, welche Daten in iCloud gespeichert sind. In diesem Fall lösche ich ein iPhone-Backup, indem ich dieses auswähle und dann auf die Schaltfläche *Löschen* klicke.

Leider stehen nur 5 GByte iCloud-Speicher kostenlos zur Verfügung. Besonders dann, wenn Sie mehrere Apple-Geräte verwenden und Ihre Aufnahmen und viele weitere Daten online speichern, ist dieser unter Umständen schnell verbraucht. Wie Sie den iCloud-Speicher auf Ihrem Mac verwalten, zeige ich Ihnen auf dieser Doppelseite.

WISSEN

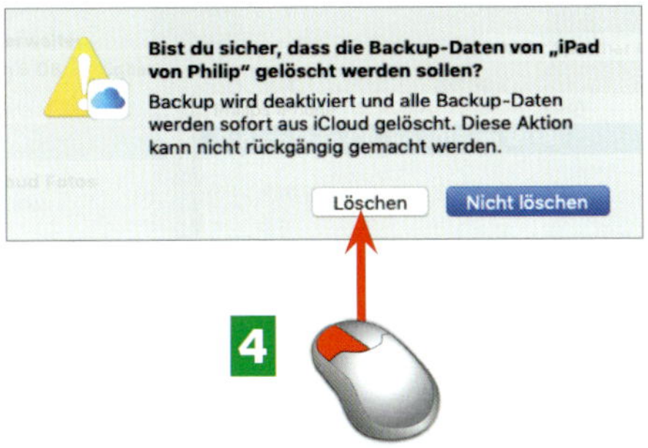

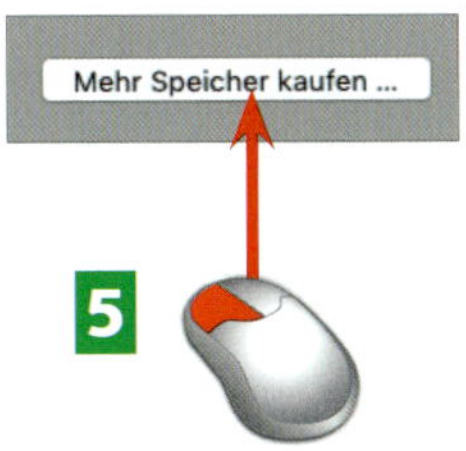

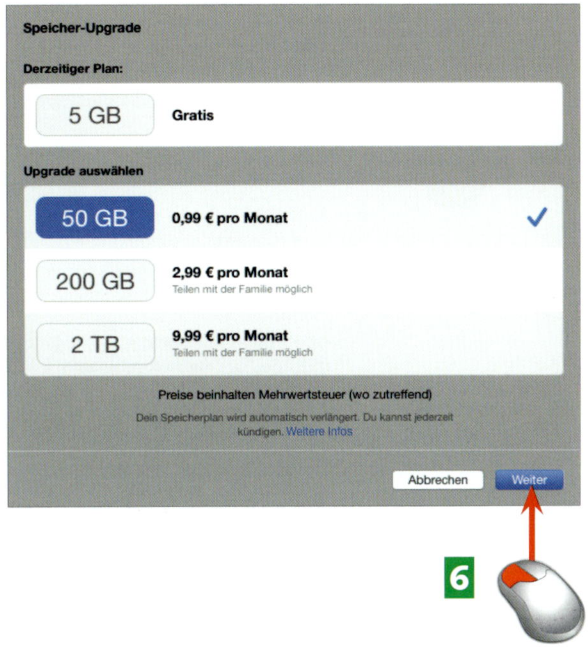

4 Das Löschen muss anschließend noch – erneut mit der Schaltfläche *Löschen* – bestätigt werden.

5 Möchten Sie iCloud-Speicher nachrüsten? Dazu klicken Sie rechts oben im Fenster auf *Mehr Speicher kaufen*.

6 Wählen Sie einen der Abo-Pläne aus und bestätigen Sie das Abonnement. Hierfür muss die Apple-ID allerdings bereits mit Zahlungsdaten versehen sein, wie ich es Ihnen auf der folgenden Doppelseite vorstelle.

Ende

Wenn Sie ein iCloud-Abo wieder beenden möchten, finden Sie hierzu nach Abschluss eines Abos unter der Schaltfläche *Verwalten* die entsprechende Option.

TIPP

Der Begriff Cloud (»Wolke«) bedeutet übrigens einfach, dass Sie Daten statt lokal auf dem eigenen Gerät im Internet speichern und übers Internet verwenden können.

FACHWORT

Start

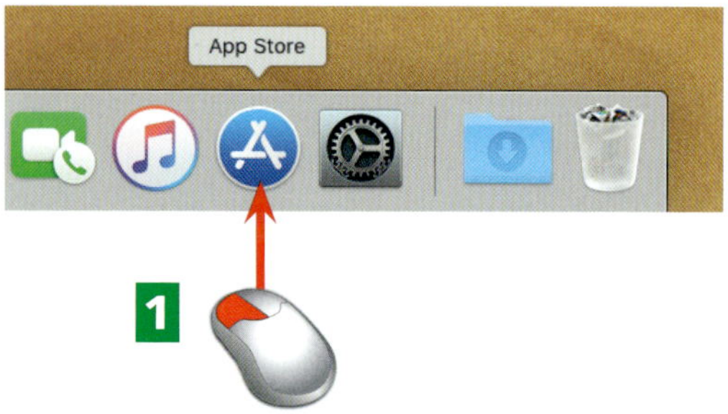

1 Klicken Sie im Dock auf das blau-weiße Symbol des App Stores, um diesen zu öffnen.

2 Sollte Ihnen das Anmeldefenster nicht automatisch angezeigt werden, wählen Sie in der Menüleiste *Store* und dann *Anmelden*.

3 Geben Sie Ihre Daten ein und bestätigen Sie mit *Anmelden*.

Wenn Sie mit Ihrer Apple-ID Käufe tätigen möchten, etwa im App Store oder im iTunes Store, müssen Sie Ihrer Apple-ID eine Zahlungsmethode hinzufügen. Dabei kann es sich um eine Kreditkarte handeln, wie sie für die Familienfreigabe in jedem Fall erforderlich ist. Aber auch PayPal und iTunes-Guthabenkarten werden akzeptiert.

WISSEN

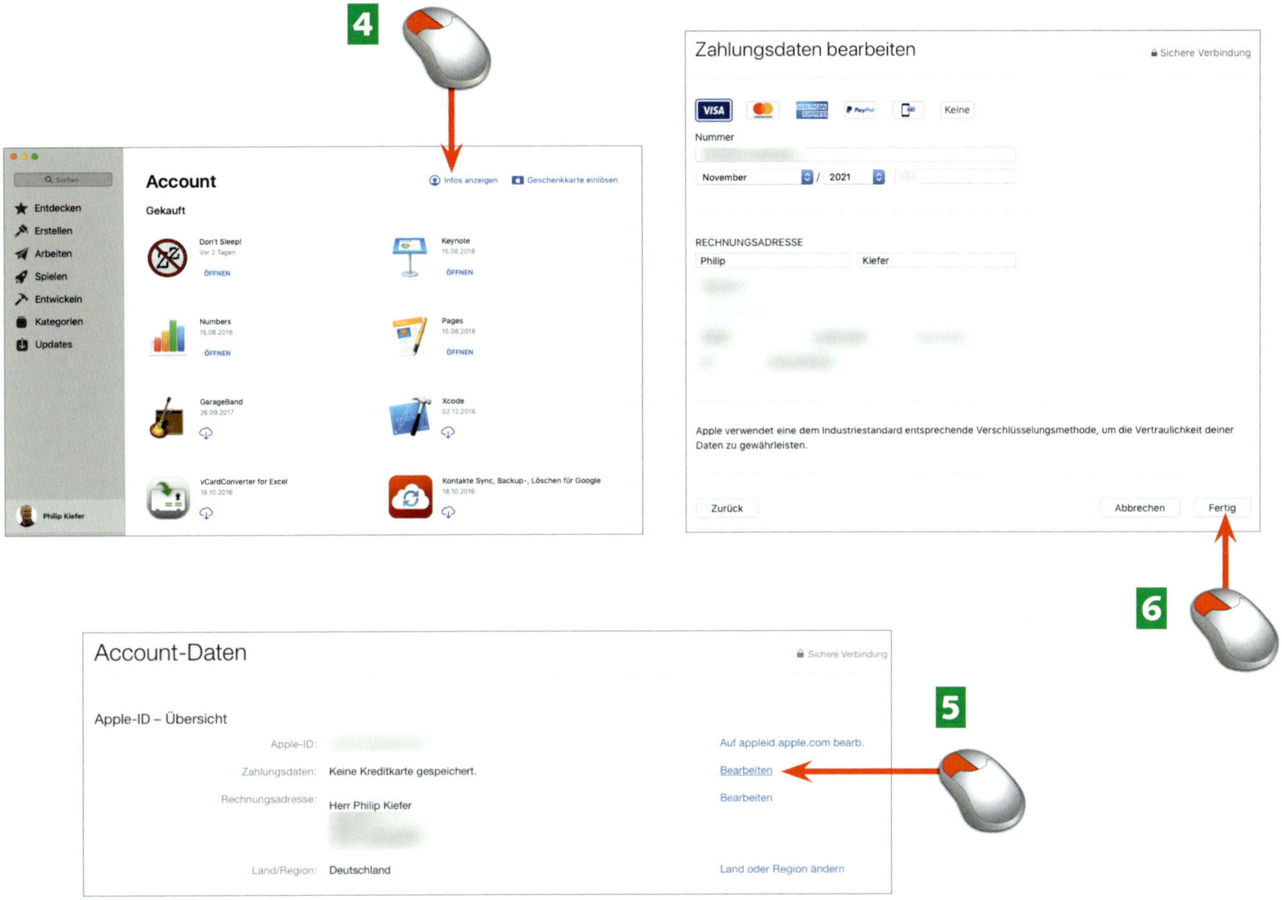

4 Wenn Sie im App Store angemeldet sind, klicken Sie links unten auf Ihren Benutzernamen und wählen dann rechts oben *Infos anzeigen*.

5 Klicken Sie im Abschnitt *Zahlungsdaten* auf *Bearbeiten*.

6 Wählen Sie eine Zahlungsmethode aus und machen Sie Ihre Angaben dazu. Bestätigen Sie zweimal mit *Fertig*.

Ende

Mit iTunes-Guthabenkarten können Sie viel Geld sparen! Die Karten gibt es nämlich häufig irgendwo mit Rabatt. Halten Sie nach solchen Aktionen Ausschau!

TIPP

In Ihrem Account verwalten Sie nicht nur Zahlungsdaten, sondern auch Abos, Käufe und Co. Außer im App Store ist der Zugriff auch in den anderen Stores möglich.

HINWEIS

Start

1 Wählen Sie in den *Systemeinstellungen* noch einmal die Kategorie *iCloud* und klicken Sie im iCloud-Fenster auf die Schaltfläche *Familie einrichten*.

2 Es öffnet sich ein Assistent. Bestätigen Sie die Hinweise im ersten Fenster mit *Fortfahren*.

3 Bestätigen Sie auch den folgenden Hinweis, dass Sie der Organisator der Familie sind – und damit Ihre Kreditkarte zur Verfügung stellen –, mit *Fortfahren*.

Vorausgesetzt, Sie sind bei iCloud angemeldet und haben Ihre Apple-ID mit Kreditkartendaten versehen, können Sie nun von der Familienfreigabe Gebrauch machen, bei der bis zu sechs Familienmitglieder die Käufe im iTunes Store, App Store und Co. gemeinsam nutzen können. Gerne zeige ich Ihnen Schritt für Schritt, wie Sie zum Einrichten der Familienfreigabe vorgehen.

WISSEN

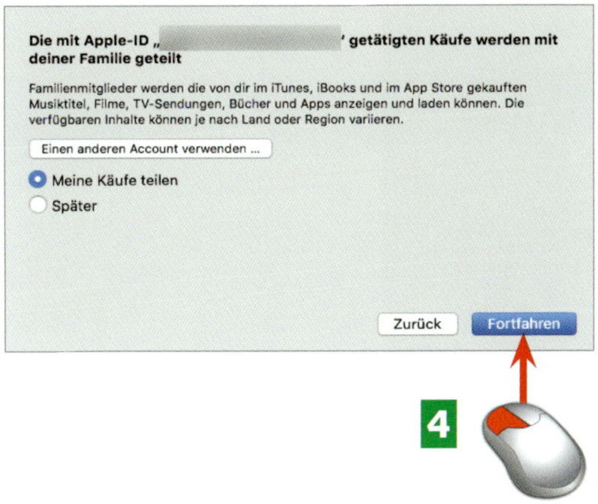

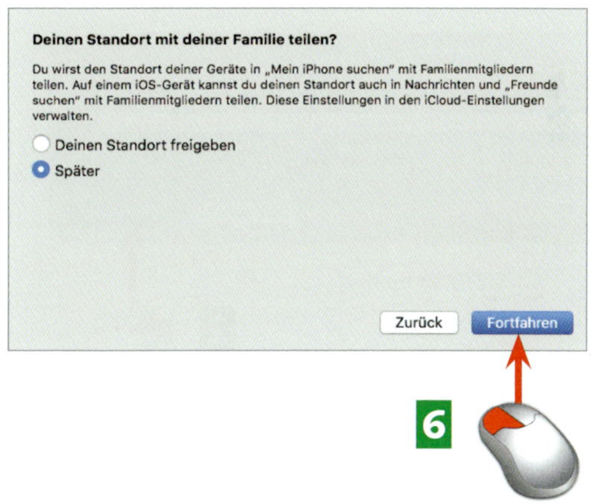

4 Bestätigen Sie das Teilen Ihrer Käufe mit *Fortfahren*.

5 Bestätigen Sie die Nutzung Ihrer Kreditkarte ebenfalls mit *Fortfahren*.

6 Entscheiden Sie zum Schluss noch, ob Sie für Ihre Familie auch Ihren Standort freigeben wollen oder nicht. Beenden Sie die Konfiguration mit *Fortfahren*.

Ende

HINWEIS

Gut zu wissen: Auch ein gemeinsames Fotoalbum und ein gemeinsamer Kalender werden für die Familienmitglieder angelegt.

TIPP

Auf dem iPhone oder iPad kann die kostenlose Apple-App *Freunde* genutzt werden, um die freigegebenen Standorte der Familienmitglieder zu verfolgen.

Start

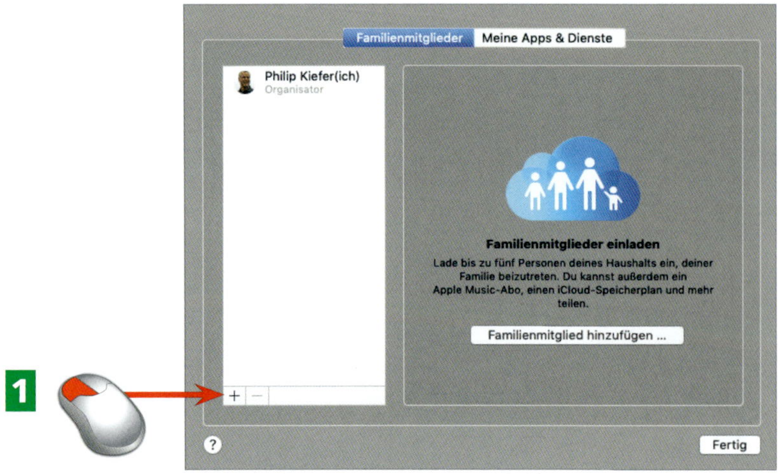

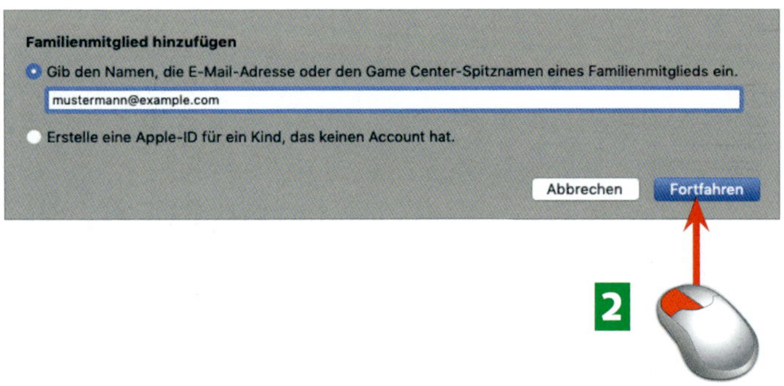

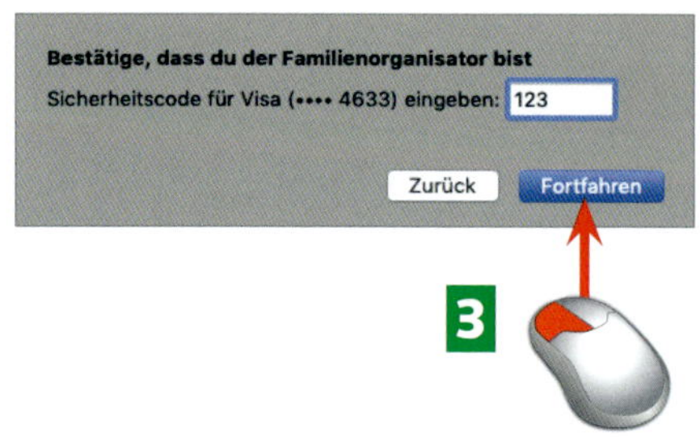

1 Nach dem Einrichten der Familienfreigabe wird Ihnen die Mitgliederliste angezeigt, in der erst mal nur Sie als Organisator zu finden sind. Um weitere Familienmitglieder hinzuzufügen, klicken Sie auf das Symbol [+].

2 Geben Sie die Apple-ID des Familienmitglieds ein bzw. erstellen Sie eine Apple-ID für ein Kind. Bestätigen Sie mit *Fortfahren*.

3 Geben Sie den zu Ihrer Kreditkarte gehörenden Sicherheitscode ein und bestätigen Sie erneut mit *Fortfahren*.

Sie haben die Familienfreigabe eingerichtet. Nun fehlen noch die weiteren Familienmitglieder. Wie Sie diese hinzufügen, lesen Sie hier. Für ein Kind legen Sie eine extra Apple-ID an (vgl. Schritt 2) – die Einkäufe eines Kindes müssen grundsätzlich zunächst von einem Erwachsenen autorisiert werden.

WISSEN

4

5

6

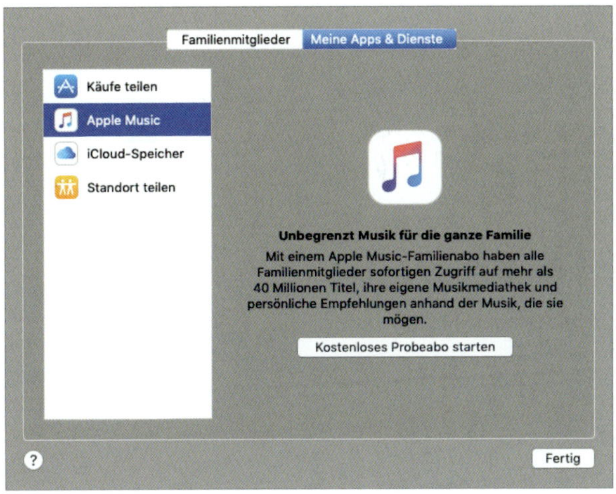

4 Das Familienmitglied wird nun in der Liste aufgeführt, muss die Einladung allerdings noch bestätigen. Um festzulegen, welche Familienfreigaben erfolgen, klicken Sie auf *Meine Apps & Dienste*.

5 Wählen Sie in der Leiste links eine Kategorie aus, etwa *Apple Music*.

6 Sie erhalten prompt Optionen und Informationen zur entsprechenden Familienfreigabe.

Ende

Wenn Sie eine Familienfreigabe wieder beenden möchten, wählen Sie im Fenster aus Schritt 6 Ihren eigenen Account aus und klicken auf das Symbol –.

TIPP

Sie selbst können Ihre Käufe bei Apple ebenfalls immer wieder herunterladen – auch auf Ihre anderen Geräte.

HINWEIS

Start

1

2

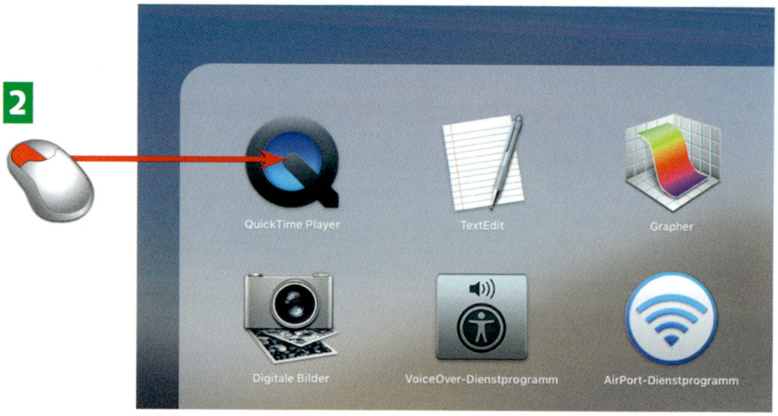

3

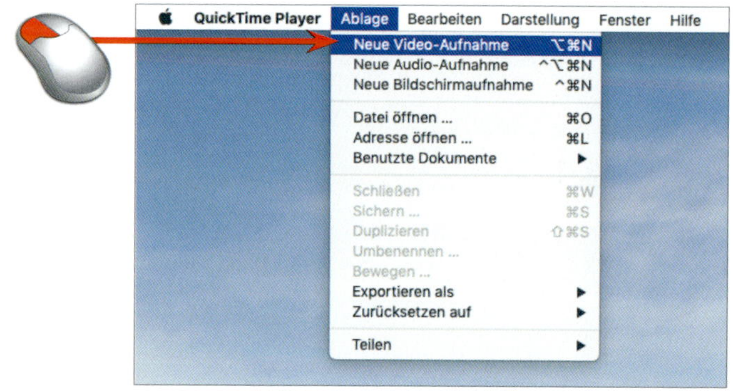

1 Schließen Sie das iPhone oder iPad an den Mac an. Bei der ersten Verbindung müssen Sie Ihrem iPhone oder iPad sagen, dass Sie dem Computer vertrauen.

2 Öffnen Sie auf dem Mac das Launchpad und starten Sie die App *QuickTime Player*.

3 Klicken Sie in der Menüleiste auf *Ablage* und wählen Sie im Menü den Eintrag *Neue Video-Aufnahme*.

Viele Mac-Nutzer besitzen gleichzeitig ein iPhone oder iPad. Auf dieser Doppelseite möchte ich Ihnen zeigen, wie Sie mit macOS Mojave die Displayinhalte von iPhone oder iPad mitschneiden können. Zu diesem Zweck setzen Sie die auf Ihrem Mac bereits vorhandene App *QuickTime Player* ein – eine Software zum Abspielen von Videos, mit der Sie aber auch Videoaufnahmen machen können.

WISSEN

4

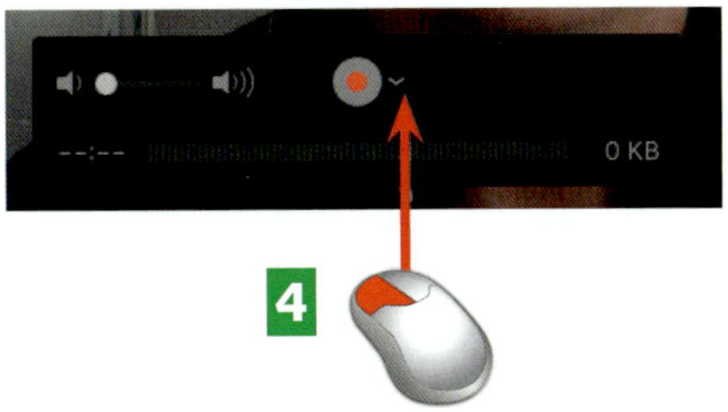

5

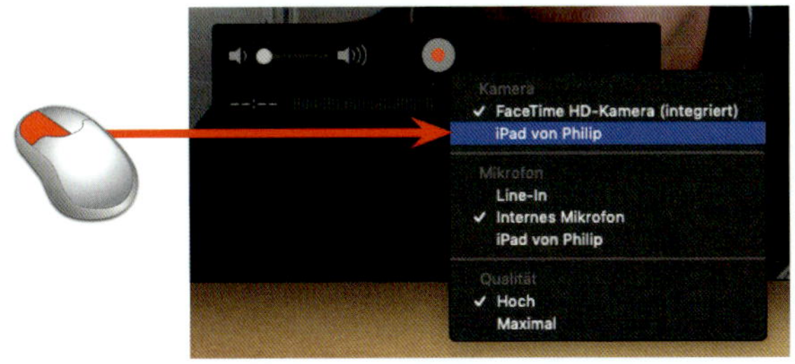

6

4 Klicken Sie nun zunächst rechts neben dem Aufnahme-Button auf das kleine Pfeilsymbol.

5 Wählen Sie im Menü Ihr iPhone oder iPad als Quelle aus und starten Sie die Aufnahme.

6 Nun klicken Sie auf den Aufnahme-Button, um die Aufnahme zu starten. Die Inhalte von iPhone oder iPad werden auf dem Mac mitgeschnitten, bis Sie die Aufnahme wieder stoppen.

Ende

Ihr Mac erkennt selbstverständlich auch, wenn Sie das iPhone oder iPad ins Querformat drehen, und passt die Darstellung entsprechend an.

HINWEIS

Um eine Aufnahme zu speichern, wählen Sie in der Menüleiste *Ablage* und dann *Sichern*.

TIPP

Start

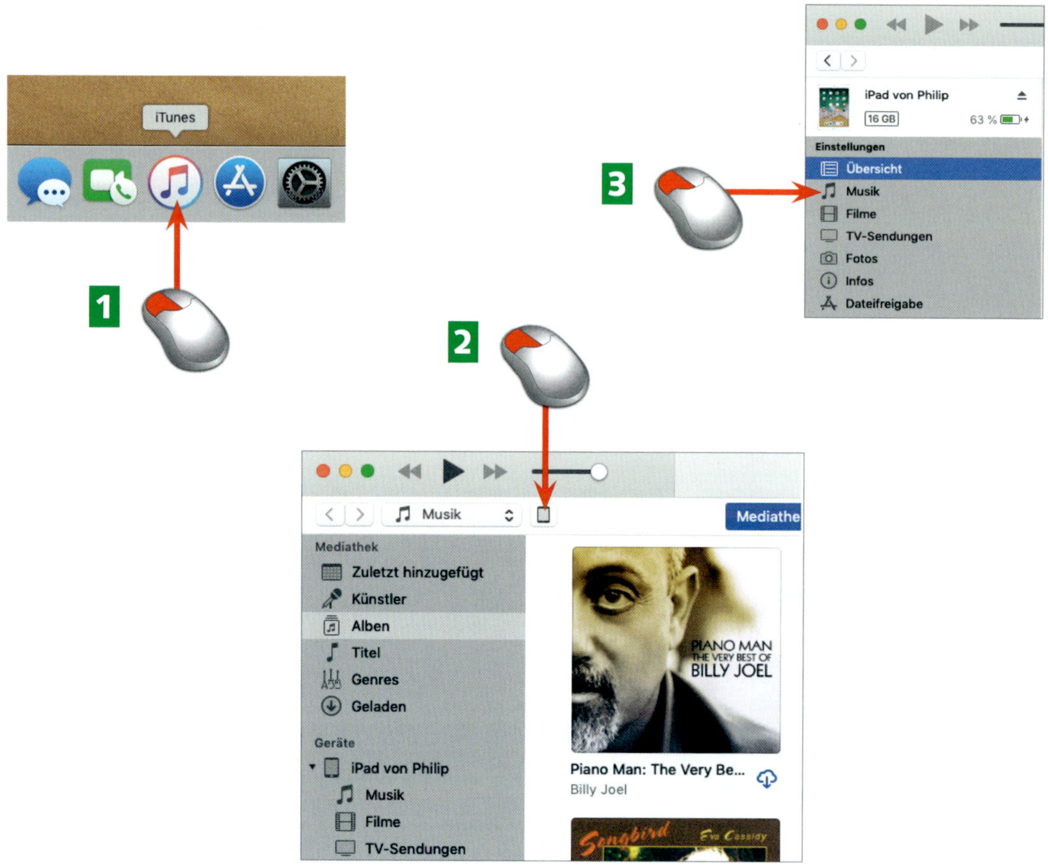

1 Verbinden Sie das iPhone oder iPad mit dem Mac. Standardmäßig wird iTunes dadurch automatisch geöffnet. Ansonsten klicken Sie auf das Notenzeichen-Symbol im Dock, um iTunes zu öffnen.

2 Ihr iPhone oder iPad wird in iTunes in Form eines kleinen Symbols angezeigt ▯. Klicken Sie auf das Symbol.

3 Entscheiden Sie sich in der Leiste links für eine Kategorie, in der Sie eine Synchronisierung zwischen Mac und iPhone oder iPad durchführen möchten. Hier wähle ich die Kategorie *Musik*.

Für den Datenaustausch zwischen Mac und iPhone oder iPad verwenden Sie die Software iTunes, die auf Ihrem Mac ebenfalls bereits zur Verfügung steht. Es lassen sich Daten verschiedener Art übertragen, unter anderem Musik und Filme. Wie einfach die Synchronisierung mit iTunes funktioniert, lesen Sie auf dieser Doppelseite.

WISSEN

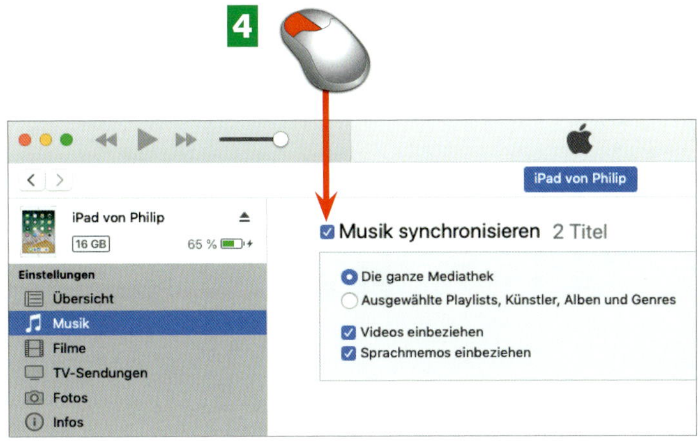

4 Aktivieren Sie – per Kontrollkästchen – die Synchronisierung.

5 In diesem Fall muss ich mich nun noch entscheiden, ob ich die gesamte Musikmediathek oder nur bestimmte Dateien übertragen möchte, die dann gesondert auszuwählen wären.

6 Klicken Sie rechts unten in iTunes auf die Schaltfläche *Anwenden*, um die Synchronisierung zu starten.

Ende

Ähnlich wie bei iCloud: Unten in iTunes wird Ihnen jeweils angezeigt, wie viel freier Speicher noch auf dem iPhone oder iPad zur Verfügung steht.

TIPP

Ein iPhone oder iPad kann immer nur mit einer iTunes-Mediathek synchronisiert werden. Haben Sie eine Synchronisierung bereits auf einem anderen Computer vorgenommen, werden die bestehenden Daten gelöscht.

HINWEIS

Start

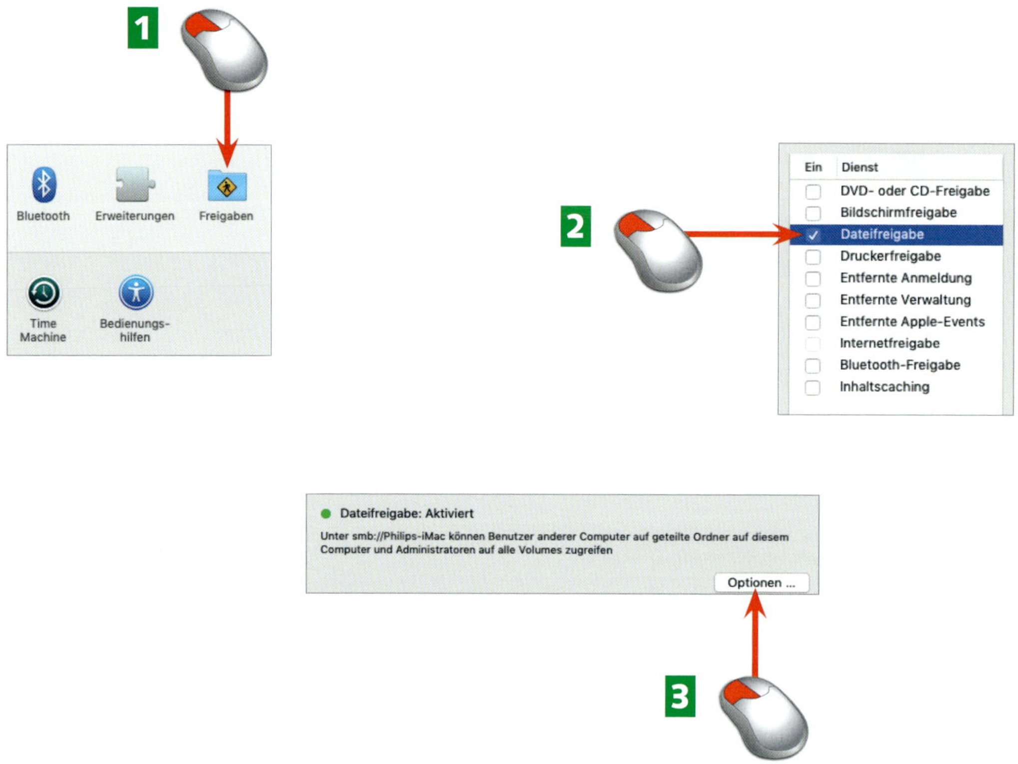

1 Öffnen Sie die *Systemeinstellungen* und entscheiden Sie sich für die Kategorie *Freigaben*.

2 Aktivieren Sie im Bereich links die gewünschte Freigabeoption, in diesem Fall etwa die *Dateifreigabe*.

3 Im Bereich rechts klicken Sie nun auf die Schaltfläche *Optionen*.

Ein WLAN oder LAN haben Sie bereits hergestellt. Alle Computer, die mit dem gleichen Router verbunden sind, bilden zusammen ein Netzwerk. In einem solchen Netzwerk lassen sich verschiedene Dateien und Funktionen austauschen. Hier zeige ich Ihnen das Ganze am Beispiel des Dateiaustausches zwischen einem Mac und einem Windows-Rechner.

WISSEN

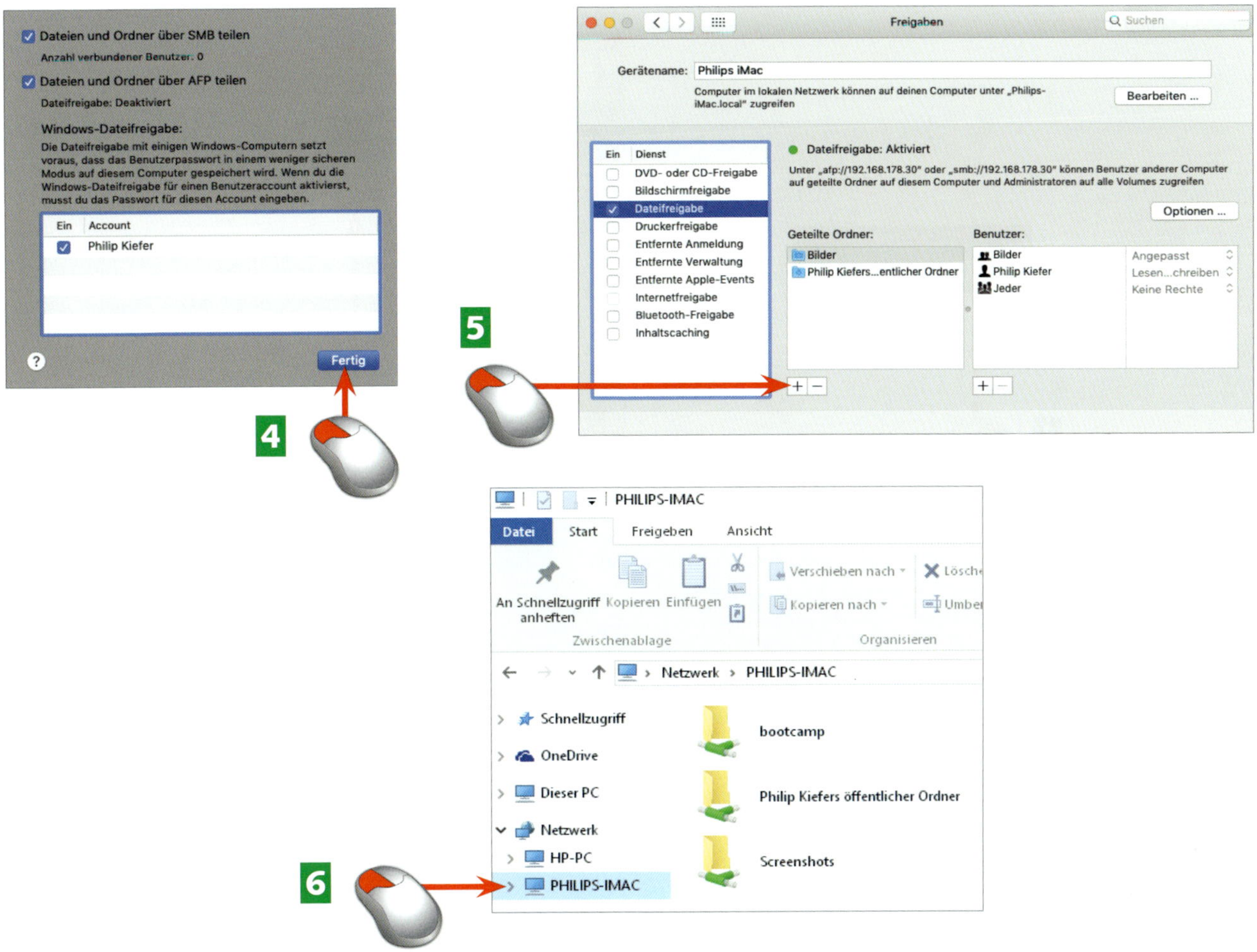

4 Achten Sie darauf, dass für den Dateiaustausch mit einem Windows-PC die *SMB*-Option aktiviert ist – genauso wie ein entsprechendes Benutzerkonto. Bestätigen Sie mit *Fertig*.

5 Wählen Sie nun im Bereich *Freigegebene Ordner* über das Symbol [+] die Speicherorte aus, die Sie im Netzwerk freigeben möchten.

6 Auf dem Windows-PC wird der Mac im Windows-Explorer ausgewählt. Anschließend kann auf die freigegebenen Ordner zugegriffen werden.

Ende

Außer Ordnern und Dateien lassen sich auch Drucker, das Internet und weitere Funktionen freigeben. Aktivieren Sie dazu jeweils im Bereich links die Option und nehmen Sie im Bereich rechts die Einstellungen dazu vor.

HINWEIS

Andere Benutzer sollen einen Ordner nicht nur betrachten, sondern auch Änderungen durchführen dürfen? Machen Sie im Abschnitt *Benutzer* Angaben zu den Nutzungsrechten.

TIPP

Start

1

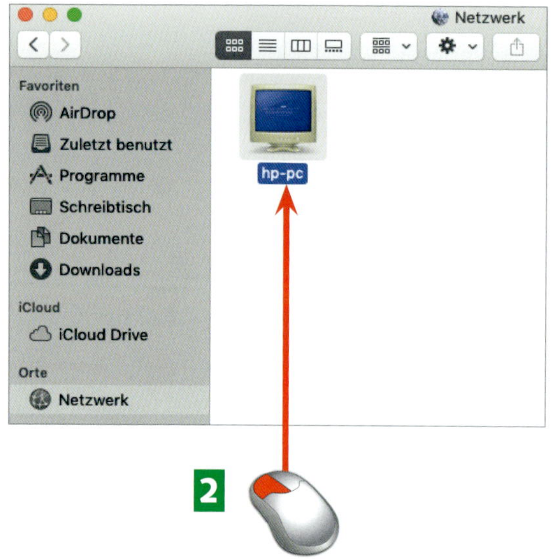

2

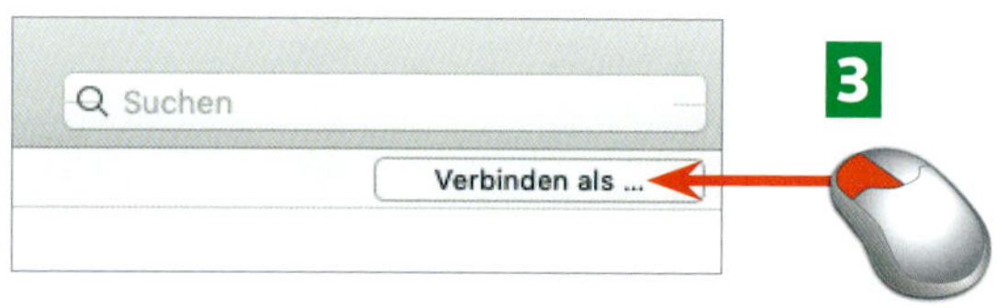

3

1 Öffnen Sie im Dock den Finder.

2 Wählen Sie unter *Netzwerk* per Doppelklick den gewünschten Netzwerkrechner aus. (Alternativ wählen Sie in der Menüleiste des Finders *Gehe zu* und dann *Netzwerk*.)

3 Klicken Sie rechts oben auf die Schaltfläche *Verbinden als*.

Sie können natürlich nicht nur selbst Ordner freigeben, sondern sich auch die Freigaben anderer zunutze machen. Auf dieser Doppelseite erfahren Sie, wie Sie auf die Freigaben beispielsweise eines Windows-PCs zugreifen. Wieder kommt hierbei der Finder zur Anwendung.

WISSEN

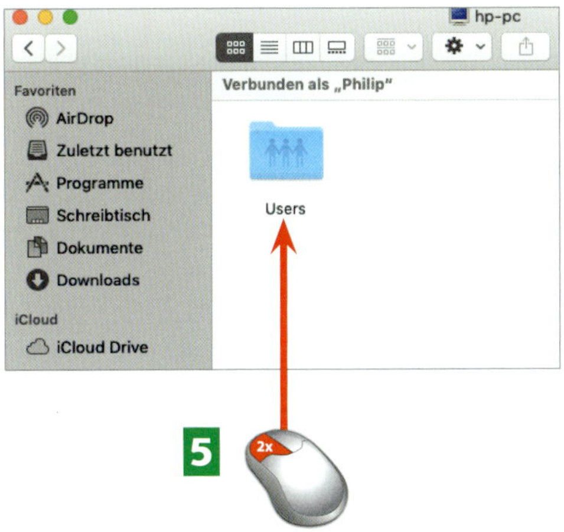

6

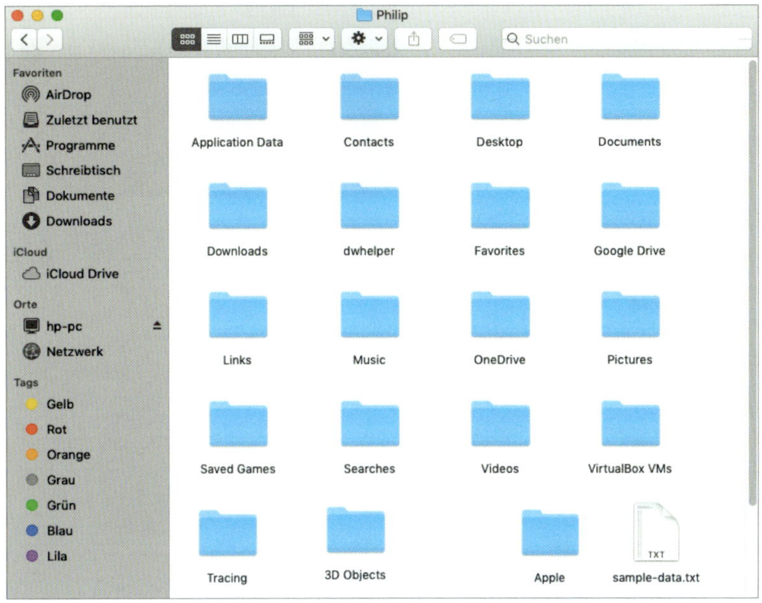

4 Geben Sie die Benutzerdaten des anderen Rechners ein und bestätigen Sie mit *Verbinden*.

5 Doppelklicken Sie auf den Ordner *Users* und wählen Sie anschließend – ebenfalls per Doppelklick – einen Benutzer aus.

6 Prompt erhalten Sie Zugriff auf die freigegebenen Ordner.

Ende

Um eine Netzwerkverbindung wieder zu beenden, wählen Sie den Rechner im Abschnitt *Freigaben* erneut aus und klicken rechts oben auf die Schaltfläche *Trennen*.

TIPP

Damit der Zugriff auf einen Windows-PC erfolgen kann, muss gegebenenfalls zunächst in den dortigen Systemeinstellungen ein Benutzerkonto für den Mac-Benutzer eingerichtet werden.

HINWEIS

Start

1

2

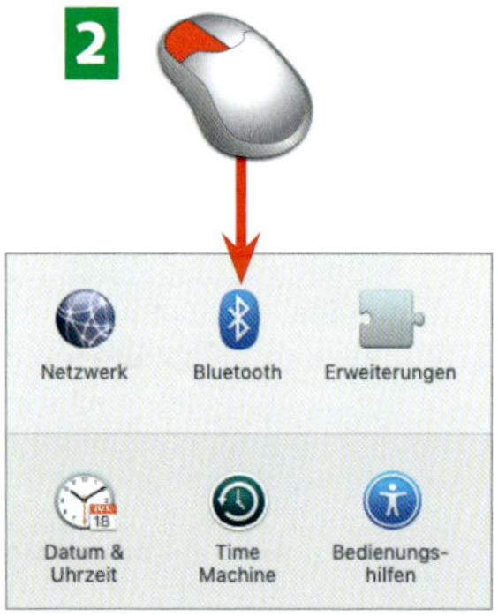

3

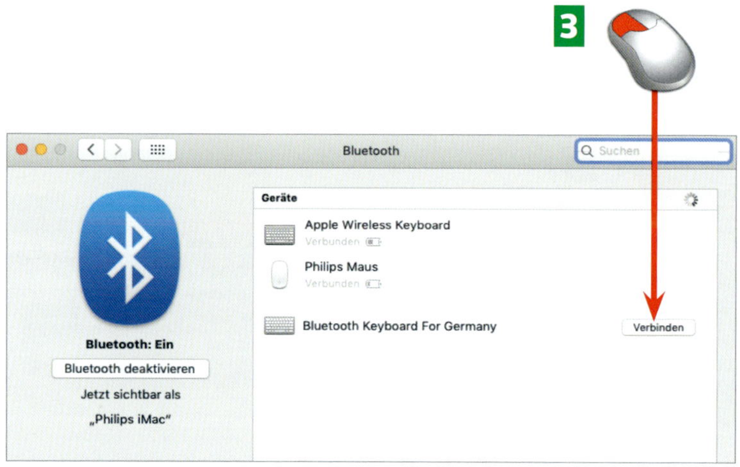

1. Schalten Sie das Bluetooth-Gerät zunächst ein und aktivieren Sie gegebenenfalls die Bluetooth-Funktion. In diesem Fall schalte ich eine Bluetooth-Tastatur per Schalter unten am Gerät ein; dann drücke ich eine aufgebogene Büroklammer in ein kleines Loch rechts hinten an der Tastatur.
2. Öffnen Sie die *Systemeinstellungen* und wählen Sie die Kategorie *Bluetooth*.
3. Das erkannte Bluetooth-Gerät wird in der Liste angezeigt. Klicken Sie auf *Verbinden*.

Außer in einem WLAN lassen sich Geräte auch mit der Bluetooth-Technologie drahtlos verbinden. Die Reichweite ist allerdings stark eingeschränkt – auf ca. 10 m. Zum Verbinden von Mäusen, Tastaturen, Headsets und einigen weiteren Geräten eignet sich eine Bluetooth-Verbindung aber optimal. Hier stelle ich die Vorgehensweise anhand einer Bluetooth-Tastatur dar.

WISSEN

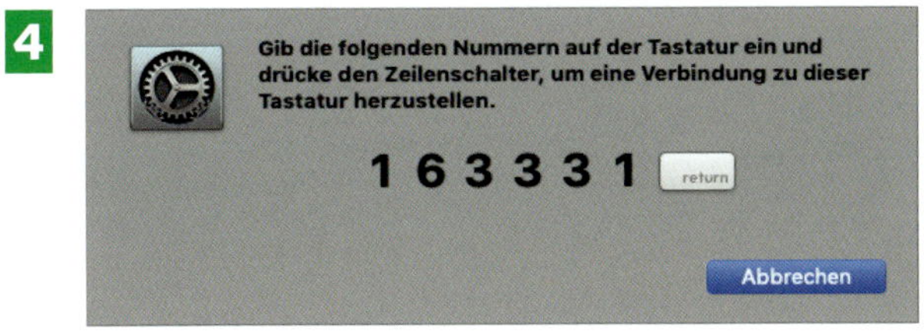

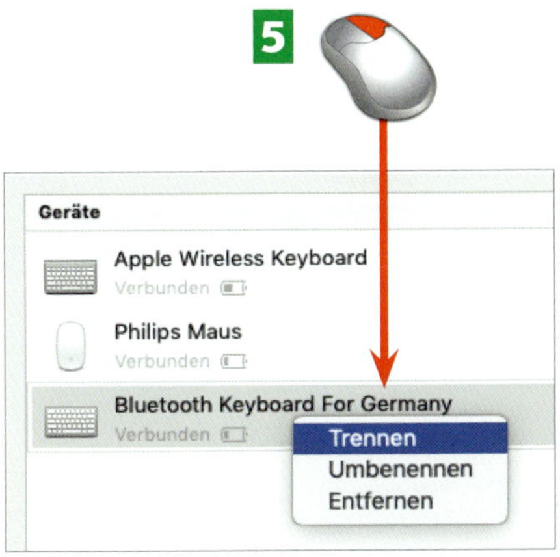

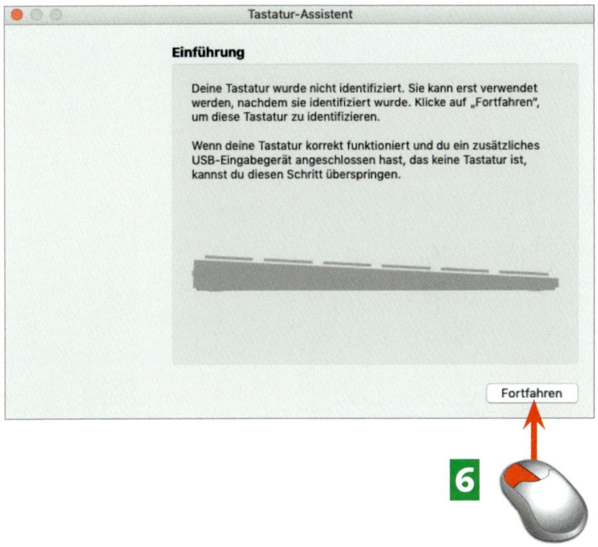

4 In diesem Fall muss eine Nummer auf der Bluetooth-Tastatur eingegeben und mit der [↵]-Taste bestätigt werden.

5 Anschließend steht die Verbindung. Wenn Sie das Bluetooth-Gerät mit der rechten Maustaste bzw. bei gedrückter [ctrl]-Taste anklicken, erhalten Sie Optionen zum Trennen, Umbenennen sowie zum Entfernen der Verbindung.

6 Bei einer verbundenen Tastatur wird gleichzeitig ein Assistent geöffnet, der Ihnen beim Einrichten der Tastatur behilflich ist (Stichwort: Tastenbelegung).

Ende

HINWEIS

Aktivieren Sie das Kontrollkästchen *Bluetooth in der Menüleiste anzeigen*, um in der Menüleiste unter dem Menulet ✱ auf die Bluetooth-Optionen zuzugreifen.

TIPP

Falls Sie Bluetooth sowieso nicht nutzen, deaktivieren Sie die Funktion, indem Sie in den *Systemeinstellungen* oder unter dem Menulet ✱ auf *Bluetooth deaktivieren* klicken.

Mo. 16:16
USB-STICK

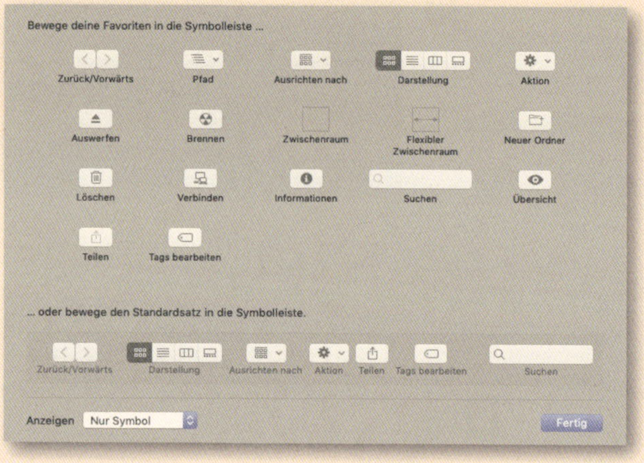
Bewege deine Favoriten in die Symbolleiste ...
Zurück/Vorwärts
Pfad
Ausrichten nach
Darstellung
Aktion
Auswerfen
Brennen
Zwischenraum
Flexibler Zwischenraum
Neuer Ordner
Löschen
Verbinden
Informationen
Suchen
Übersicht
Teilen
Tags bearbeiten
... oder bewege den Standardsatz in die Symbolleiste.
Zurück/Vorwärts
Darstellung
Ausrichten nach
Aktion
Teilen
Tags bearbeiten
Suchen
Anzeigen
Nur Symbol
Fertig

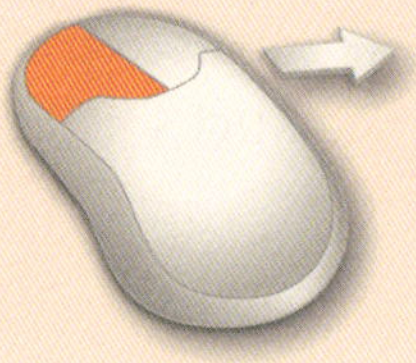

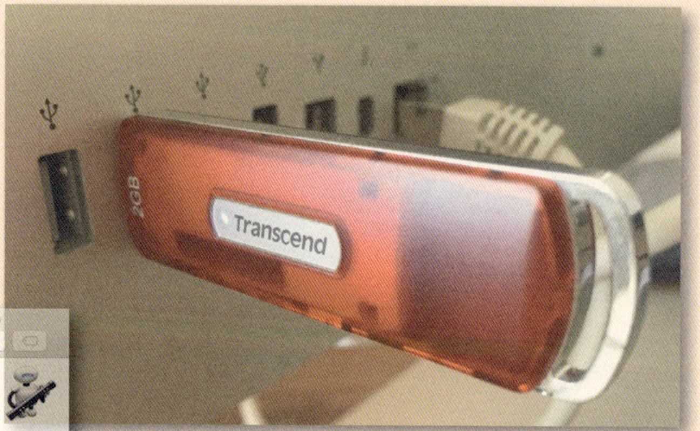
2GB
Transcend

Programme
Favoriten
AirDrop
Zuletzt benutzt
Programme
Schreibtisch
Dokumente
Downloads
iCloud
iCloud Drive
Orte
Netzwerk
Tags
Gelb
Aktien
App Store
Automator
Dienstprogramme
Digitale Bilder
Don't Sleep!
Fotos
Home
iTunes

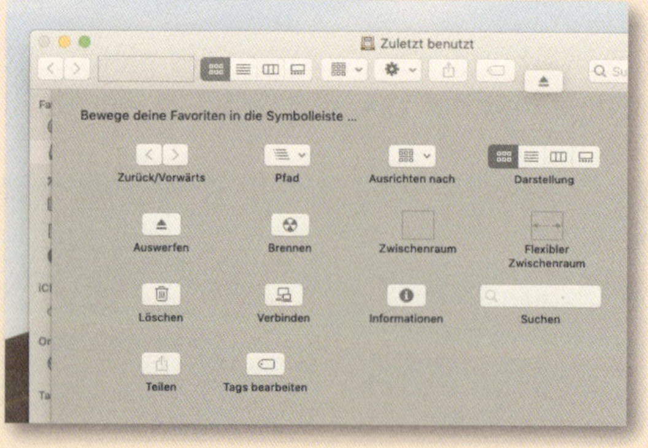
Zuletzt benutzt
Bewege deine Favoriten in die Symbolleiste ...
Zurück/Vorwärts
Pfad
Ausrichten nach
Darstellung
Auswerfen
Brennen
Zwischenraum
Flexibler Zwischenraum
Löschen
Verbinden
Informationen
Suchen
Teilen
Tags bearbeiten

Mit dem Finder alle Dateien und Speicherorte im Griff

4

Die Verwaltung der auf dem Mac bzw. auf mit dem Mac verbundenen Speichermedien gesicherten Dateien erfolgt mit dem Finder. Dieser steht nach dem Start des Macs prompt zur Verfügung, sodass Sie jederzeit auf Ihre Dateien zugreifen können. Wie das geht und wie Sie an die Dateiinformationen kommen, Dateien komprimieren, intelligente Ordner erstellen oder Dateien per Copy-and-paste transferieren, lesen Sie in diesem Kapitel. Auch die Verwendung von USB-Speichersticks und DVD-Brennern wird beschrieben. Erfahren Sie darüber hinaus, wie Sie im Dateisystem mithilfe des Papierkorbs stets Ordnung und Übersicht bewahren.

Start

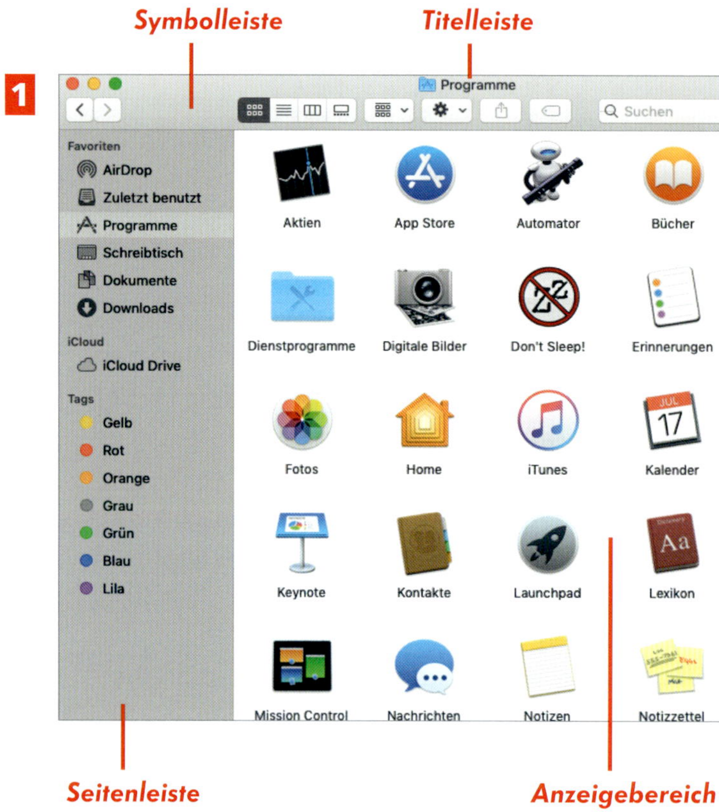

1 Die Bedienoberfläche des Finders ist recht übersichtlich: Sie sehen links eine Seitenleiste, in der Sie einen Speicherort sowie weitere Funktionen auswählen. Im großen Anzeigebereich werden Ihnen die Inhalte des ausgewählten Speicherorts angezeigt – das Öffnen eines angezeigten Elements erfolgt jeweils per Doppelklick darauf. Oberhalb von Seitenleiste und Anzeigebereich finden Sie eine Symbolleiste mit Ansichts-, Sortier- und weiteren Optionen. Rechts in der Symbolleiste finden Sie außerdem ein Suchfeld, um Dateien und Speicherorte schnell aufzuspüren. Oberhalb der Symbolleiste haben Sie die von anderen Fenstern gewohnte Titelleiste; hier wird der jeweils geöffnete Speicherort genannt.

Der Finder kam bereits in den vorangegangenen Kapiteln zum Einsatz, und Sie werden ihn im Mac-Alltag immer wieder benötigen. Wenn keine andere App aktiv ist, wird in der Menüleiste stets die Menüleiste des Finders angezeigt. Über das Symbol links unten im Dock können Sie den Finder aber auch in einem Fenster aufrufen – wobei allerdings selbst der Schreibtisch dem Finder untergeordnet ist. Machen Sie sich zunächst mit der Bedienoberfläche des Finders vertraut.

WISSEN

2

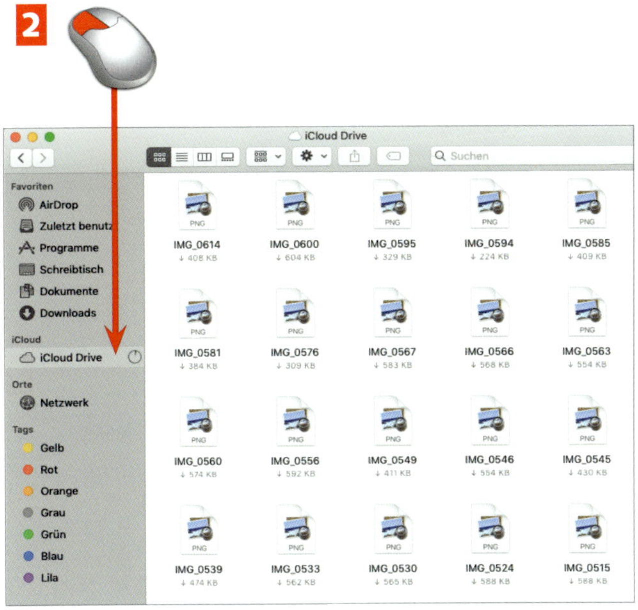

3

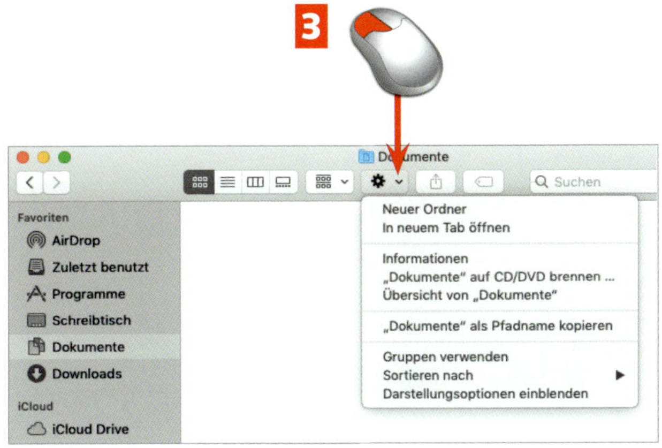

2 In der Seitenleiste werden nicht nur lokale Orte dargestellt. Hier wähle ich beispielsweise *iCloud Drive* aus, um auf die von verschiedenen Apps in iCloud gespeicherten Daten zuzugreifen.

3 Um ein Symbol in der Symbolleiste auszuwählen, klicken Sie es ebenfalls an. Sie erhalten dadurch entweder ein Menü oder bewirken direkt eine Funktion.

Mit den Symbolen < und > wechseln Sie zwischen den zuletzt geöffneten Speicherorten hin und her. Die Symbole (Symbole), (Liste), (Spalten) und (Galerie) bieten Ihnen verschiedene Ansichtsoptionen. Unter dem Symbol rufen Sie verschiedene Optionen und Informationen zum ausgewählten Element auf, auf das Symbol klicken Sie, wenn Sie eine Datei weiterreichen möchten. Das Symbol dient dazu, ein Element zu »taggen« – dazu an anderer Stelle in diesem Kapitel noch mehr. Später in diesem Kapitel wird Ihnen noch gezeigt, wie sich in der Symbolleiste einzelne Symbole ein- bzw. ausblenden lassen.

Ende

Unten im Finder können Sie auch noch eine Statusleiste mit nützlichen Infos einblenden. Wählen Sie dazu in der Menüleiste des Finders *Darstellung* und dann *Statusleiste einblenden.*

TIPP

Im Finder lassen sich mehrere Speicherorte gleichzeitig in Registerkarten (Tabs) öffnen. Blenden Sie dazu mit *Darstellung/Tableiste einblenden* die Tableiste ein.

TIPP

Start

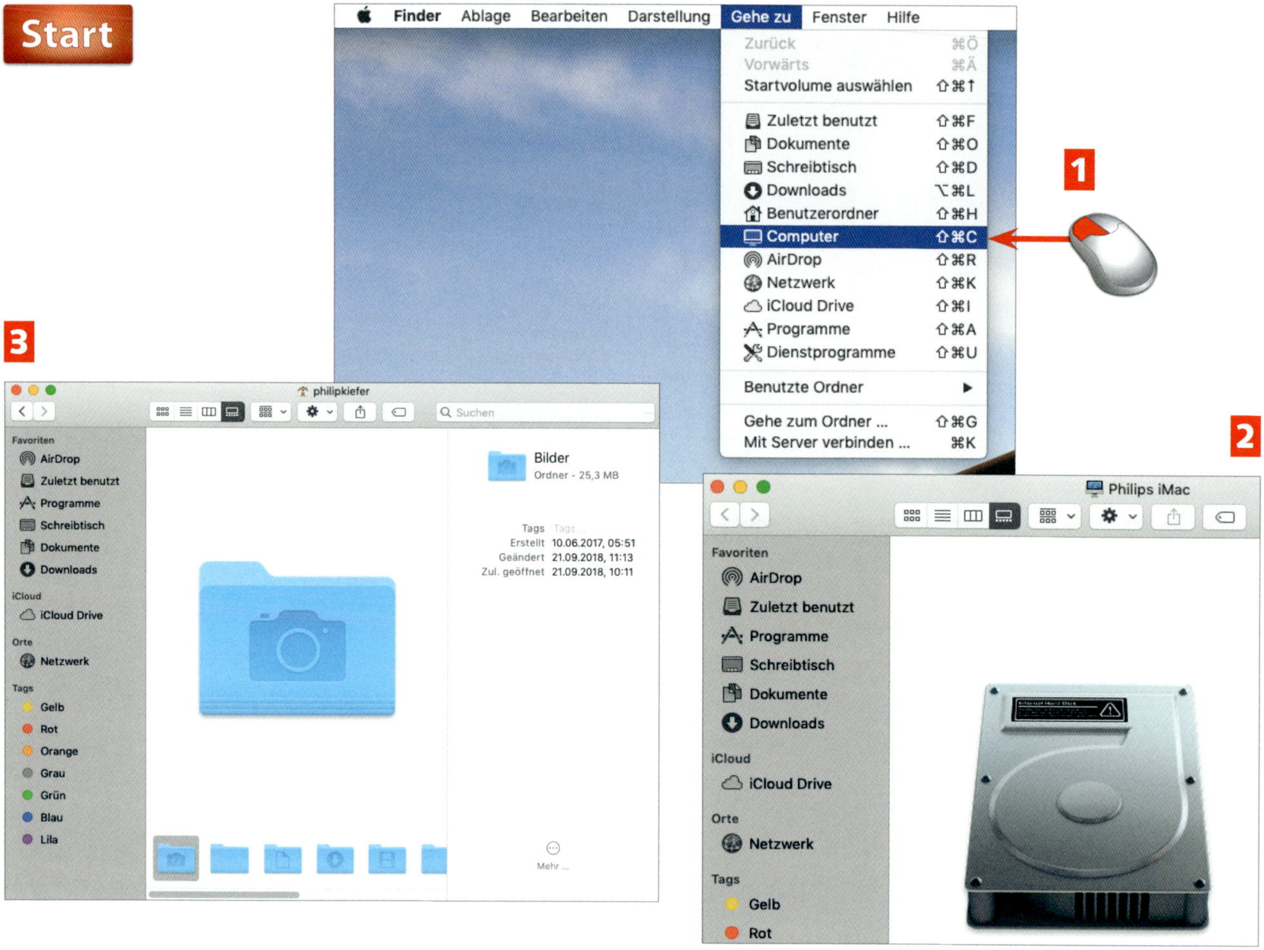

1 Für den Zugriff auf wichtige Speicherorte auf Ihrem Mac klicken Sie in der Menüleiste des Finders auf *Gehe zu* und wählen anschließend den gewünschten Speicherort aus.

2 Entscheiden Sie sich für den Speicherort *Computer*, so erhalten Sie einen Überblick über die auf Ihrem Mac zur Verfügung stehenden Laufwerke.

3 Für jeden Benutzer auf Ihrem Mac werden verschiedene Benutzerordner angelegt, in denen die eigenen Dateien gespeichert werden. Wählen Sie den Speicherort *Benutzerordner*, um auf diese Ordner zuzugreifen.

Speicherorte sind die Laufwerke und Ordner, die der Speicherung Ihrer Daten – in Form sogenannter Dateien – dienen. Achten Sie von vornherein darauf, Ihre Dateien am richtigen Speicherort einzuordnen, damit später, wenn Sie viele Dateien gespeichert haben, kein Chaos eintritt. Auf dieser Doppelseite lernen Sie einige besonders wichtige Speicherorte kennen.

WISSEN

4

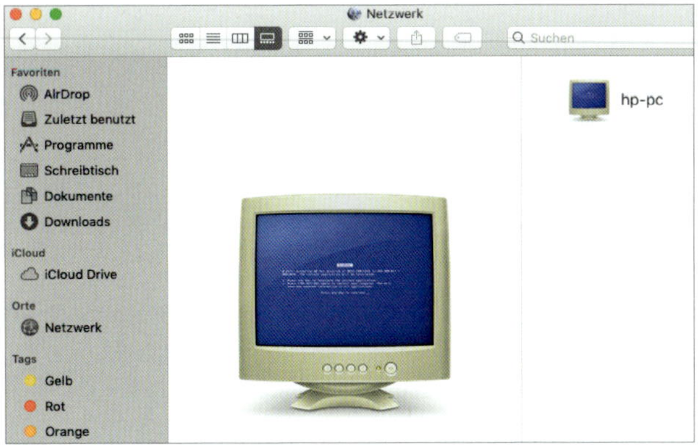

5

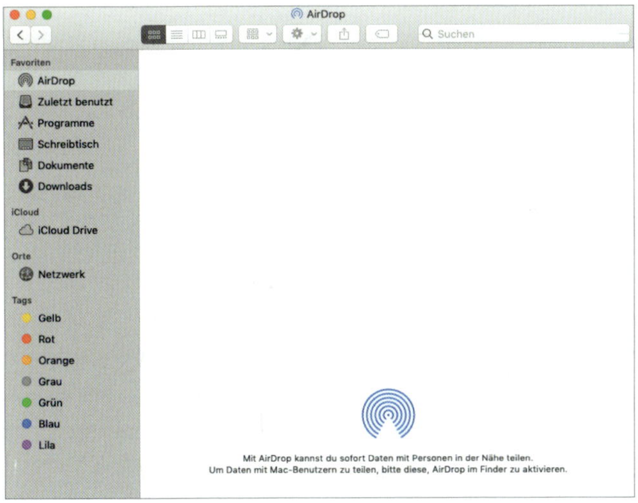

6

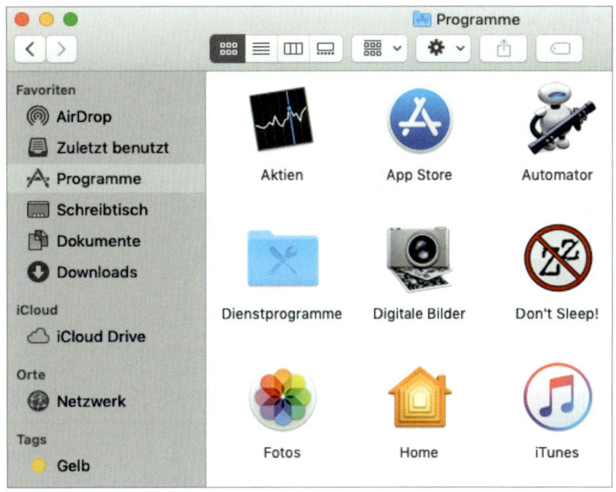

4 Den Speicherort *Netzwerk* kennen Sie bereits aus Kapitel 3 – hier greifen Sie auf freigegebene Dateien anderer Computer im Netzwerk zu.

5 Eine weitere Funktion zum Datenaustausch nennt sich *AirDrop*, die am gleichlautenden Speicherort zur Verfügung steht. Wird ein AirDrop-fähiges Gerät in der Nähe erkannt, wird es hier zur Auswahl angeboten.

6 Auch den Speicherort *Programme* kennen Sie bereits. Hier werden alle auf Ihrem Mac installierten Apps aufgeführt.

Ende

Sie möchten den gerade geöffneten Speicherort der Seitenleiste hinzufügen? Drücken Sie hierzu die Tastenkombination ctrl + cmd ⌘ + T.

TIPP

Als fortgeschrittener User werden Sie später auch hin und wieder auf den Systemordner *Library* zugreifen wollen. Halten Sie in Schritt 1 zusätzlich die alt ⌥-Taste gedrückt, um diesen einzublenden.

HINWEIS

Start

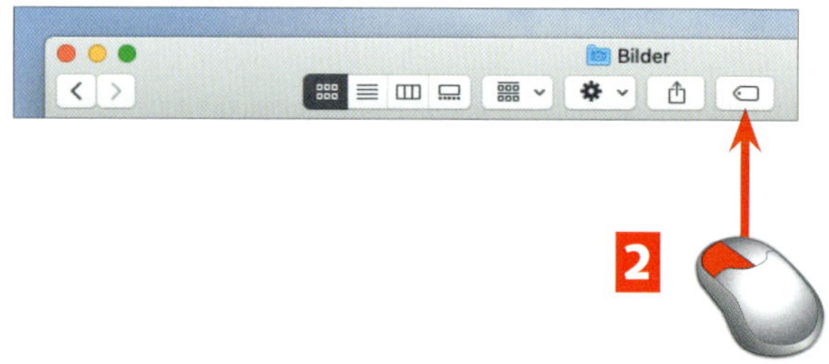

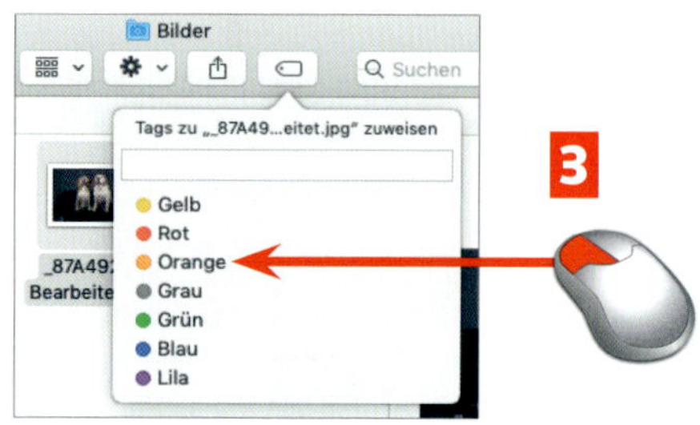

1 Wählen Sie im Finder zunächst eines oder – bei gedrückter cmd ⌘-Taste – mehrere Elemente aus, die Sie taggen möchten.

2 Klicken Sie nun in der Symbolleiste des Finders auf das Symbol . Bereits vorhandene Tags können Sie alternativ auch unter dem Symbol aufrufen.

3 Wählen Sie ein Tag aus. Hier markiere ich das ausgewählte Element beispielsweise mit der Farbe Orange.

Wenn Sie Elemente unabhängig von ihrem Speicherort gliedern möchten, sind Tags das Mittel der Wahl. Dabei werden die einzelnen Elemente einfach durch eine bestimmte Farbe oder aber durch eigene Bezeichnungen markiert und können dann auf der Basis des Tags zusammen aufgerufen werden. Auf dieser Doppelseite erfahren Sie, wie es funktioniert.

WISSEN

4

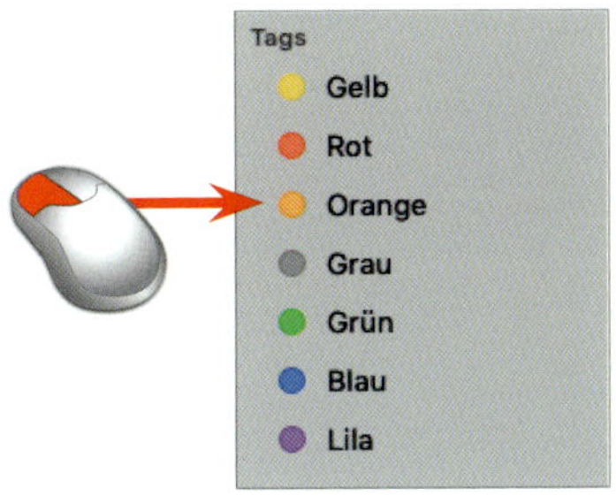

5

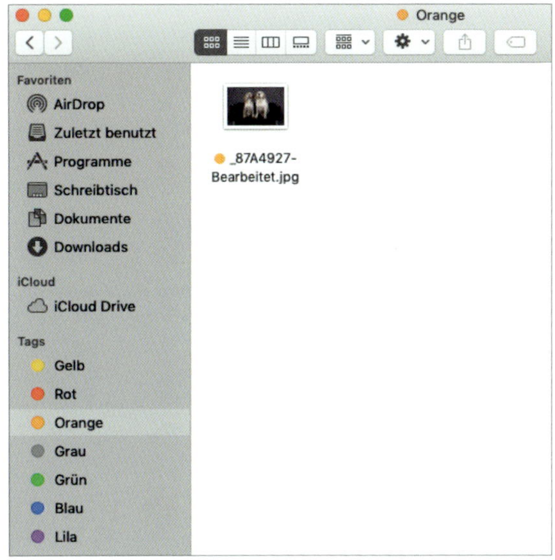

6

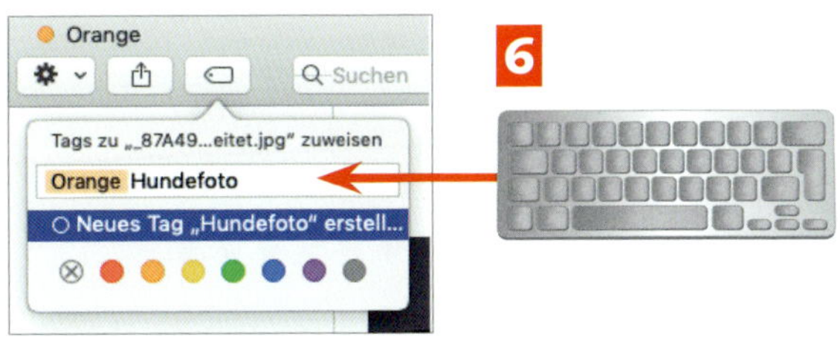

4 Klicken Sie in der Seitenleiste des Finders auf ein Tag.

5 Sie erhalten daraufhin im Anzeigebereich eine Übersicht über alle entsprechend getaggten Elemente.

6 Es lassen sich auch eigene Tags erstellen. Dazu tippen Sie unter dem Symbol ein passendes Schlüsselwort ein und fügen es den Tags hinzu.

Ende

HINWEIS

Die Tags müssen natürlich nicht die Farbbezeichnungen tragen. Um ein Tag umzubenennen, klicken Sie es in der Seitenleiste mit der rechten Maustaste bzw. bei gedrückter ctrl-Taste an. Wählen Sie die *Umbenennen*-Option.

TIPP

Einem selbst erstellten Tag können Sie eine Farbe zuweisen, indem Sie das Tag dazu in der Seitenleiste mit der rechten Maustaste bzw. bei gedrückter ctrl-Taste anklicken und die Farbe auswählen.

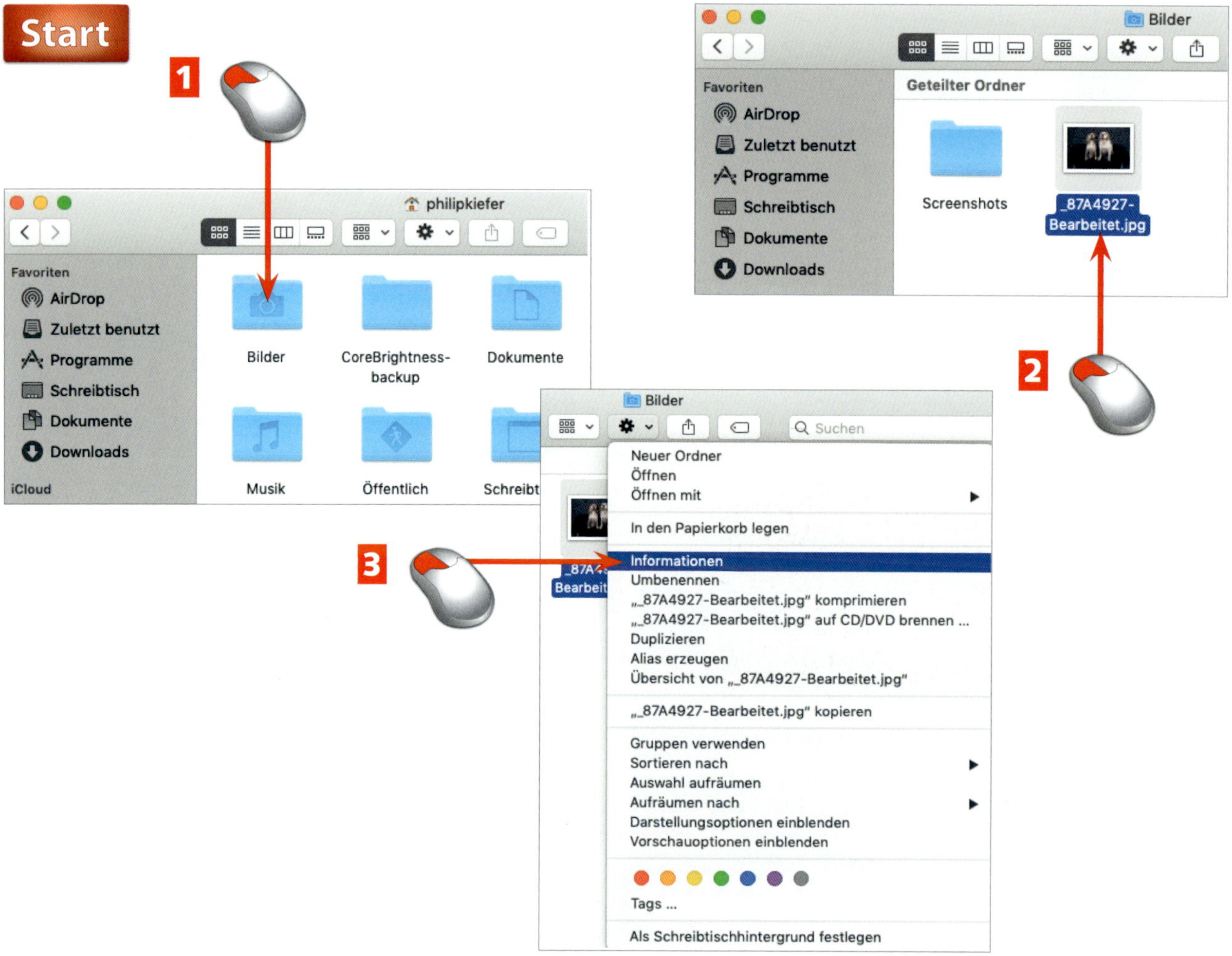

1 Wählen Sie im Finder den Speicherort aus, an dem sich die Datei befindet, zu der Sie Informationen aufrufen möchten.

2 Klicken Sie die Datei an, um sie auszuwählen.

3 Nun klicken Sie in der Symbolleiste auf das Symbol ⚙ und wählen im Menü *Informationen*.

Manchmal benötigen Sie Informationen zu einer Datei oder Sie möchten diese mit Kommentaren oder Zugriffsrechten versehen. Kein Problem: Zu jedem Element im Finder lässt sich das Fenster *Informationen* einblenden, in dem Sie Informationen und Optionen erhalten. Lernen Sie das Fenster *Informationen* auf dieser Doppelseite kennen.

WISSEN

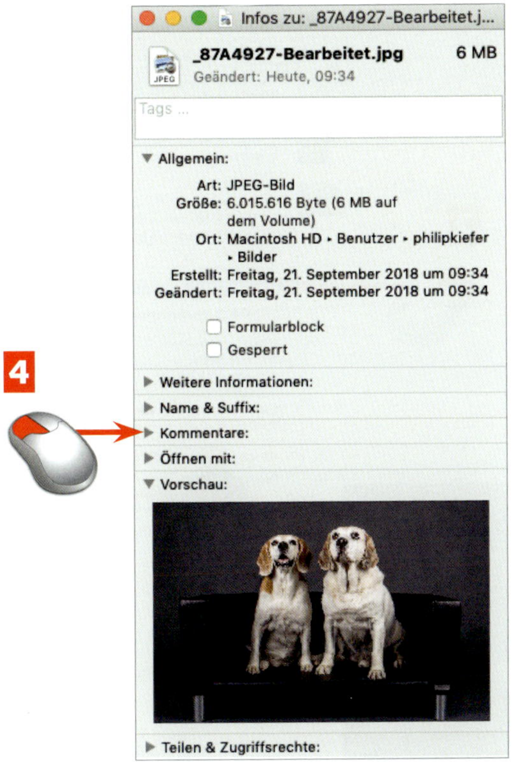

4 Das Fenster *Informationen* wird eingeblendet. Klicken Sie auf den nach rechts weisenden Pfeil ▶, um einen Abschnitt einzublenden, bzw. auf den nach unten weisenden Pfeil ▼, um einen eingeblendeten Abschnitt wieder auszublenden.

5 Sie können direkt im Fenster *Informationen* verschiedene Angaben machen, zum Beispiel wie hier die Datei taggen.

6 Für manche Änderungen sind Administratorrechte erforderlich. Um diese zu erhalten, klicken Sie rechts unten im Fenster *Informationen* auf das Symbol 🔒 und bestätigen mit Ihrem Benutzerpasswort.

Ende

Wenn Sie ein Element mit der rechten Maustaste bzw. bei gedrückter ctrl-Taste anklicken, erhalten Sie die Optionen, die Sie auch unter dem Symbol ⚙⌄ finden.

TIPP

Das Fenster *Informationen* können Sie auch per Tastenkombination aufrufen: Drücken Sie dazu die Tasten cmd ⌘+I.

TIPP

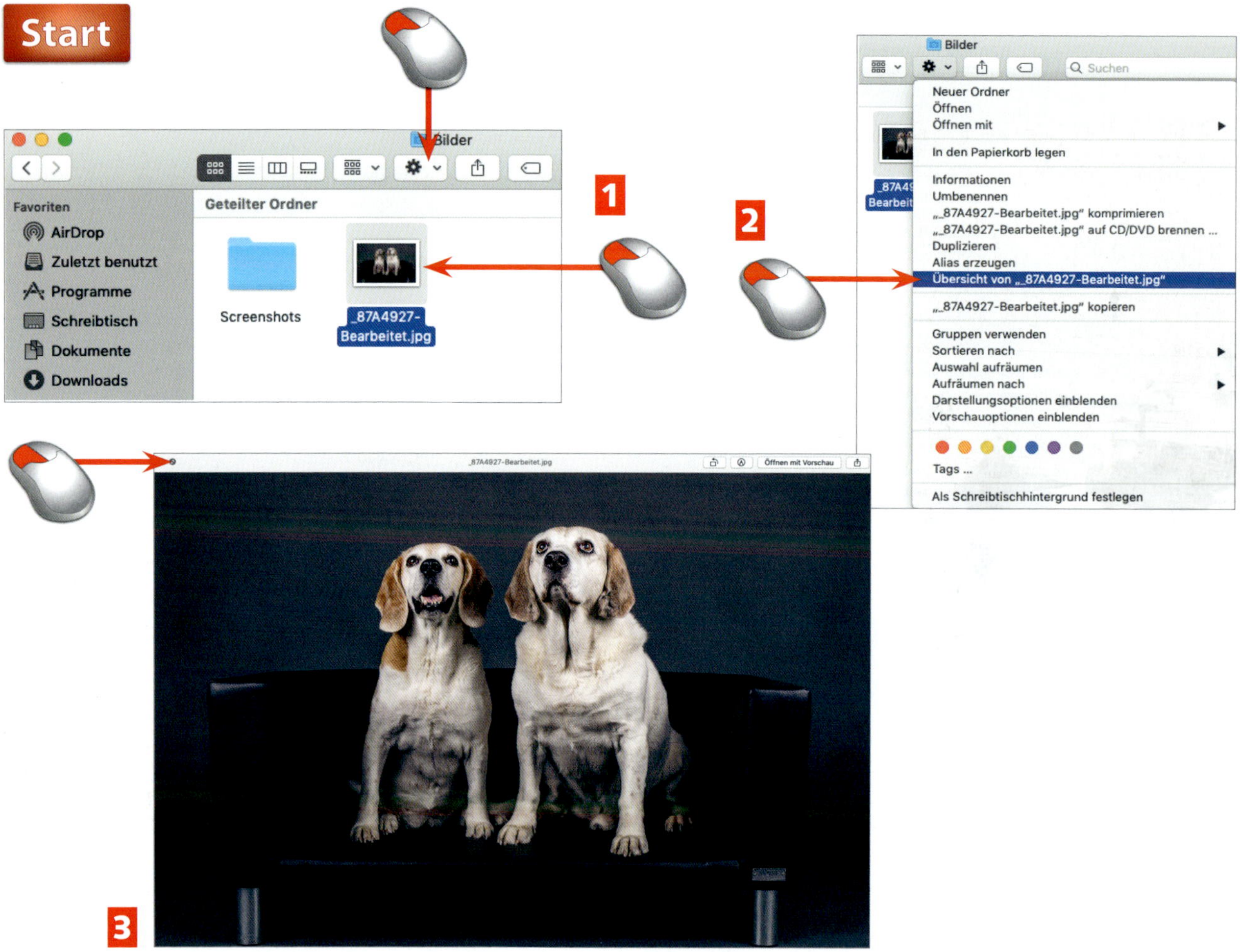

1 Wählen Sie eine Datei durch Anklicken aus und entscheiden Sie sich in der Menüleiste für das Symbol ⚙. Alternativ wählen Sie ein Bild aus und drücken dann einfach die Leer.

2 Im Menü wählen Sie nun den Eintrag *Übersicht von*.

3 Das Übersichtsfenster wird geöffnet. Wünschen Sie eine Darstellung im Vollbild, klicken Sie links oben im Fenster auf das Symbol.

Um auf die Schnelle Einblick in eine Datei zu erhalten, müssen Sie diese nicht gleich öffnen. Ihr Mac bietet die nützliche Funktion *QuickLook*, bei der eine Datei schnell in einem Übersichtsfenster angezeigt werden kann. Besonders bei Bildern ist das äußerst praktisch, um diese im Großformat zu betrachten.

WISSEN

5

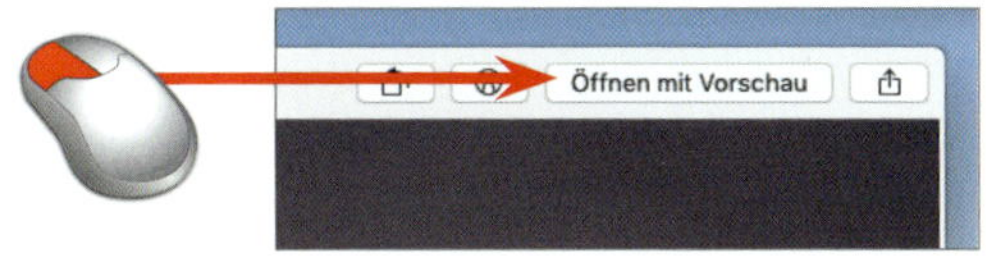

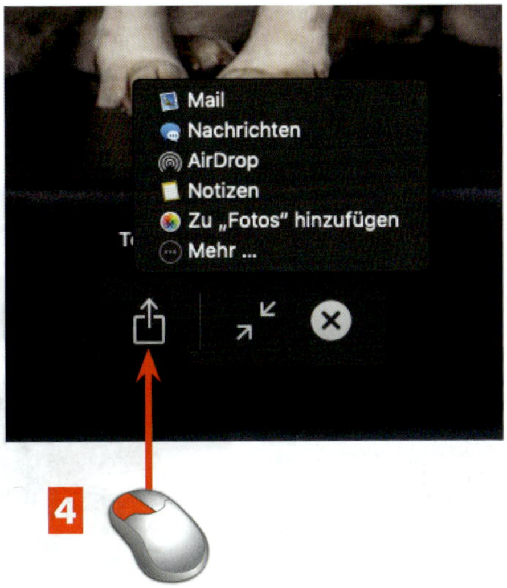

4

6

4 Wenn Sie eine Datei weiterreichen möchten, klicken Sie im Übersichtsfenster auf das Symbol . Um den Vollbildmodus zu beenden, wählen Sie das Symbol . Um das Fenster zu schließen, klicken Sie auf das Symbol .

5 Die Datei lässt sich direkt aus dem Übersichtsfenster heraus in der dafür vorgesehenen App öffnen. Hierzu finden Sie rechts oben die Schaltfläche *Öffnen mit*.

6 In diesem Fall wurde das Foto in der App *Vorschau* geöffnet, die weitere Optionen rund um die Datei bietet.

Ende

HINWEIS

Um zu bestimmen, mit welcher App eine Datei generell geöffnet werden soll, wählen Sie diese im Fenster *Informationen* im Abschnitt *Öffnen mit* aus.

HINWEIS

Mehrere Bilder in einem Ordner lassen sich im Übersichtsfenster komfortabel durchsehen. Blättern Sie diese bei geöffnetem Übersichtsfenster mit der Taste → durch.

Start

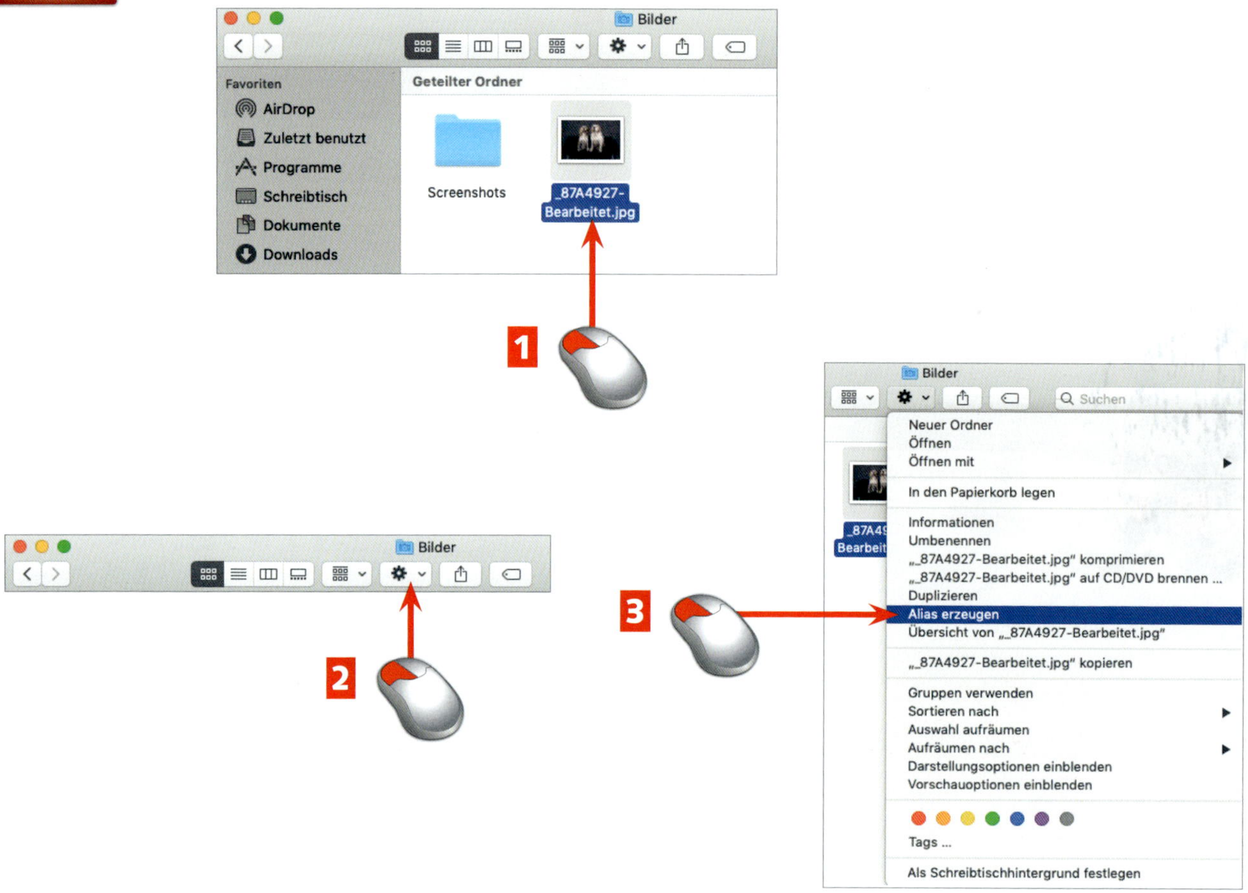

1 Um einen Alias zu erzeugen, wählen Sie das Element im Finder aus.

2 Klicken Sie in der Symbolleiste auf das Symbol ⚙︎.

3 Wählen Sie im Menü den Eintrag *Alias erzeugen*. Der Alias wird im gleichen Ordner angelegt, in dem sich auch das Element befindet.

Aus jedem Element im Finder lässt sich ein sogenannter Alias erzeugen. Hierbei handelt es sich einfach um eine Verknüpfung, die auf das eigentliche Element verweist, d. h., Sie können per Doppelklick auf einen Alias das verknüpfte Element öffnen. Wenn Sie den Alias löschen, bleibt das Element aber selbstverständlich erhalten. Der Alias ist besonders praktisch, um ein Element auf dem Schreibtisch verfügbar zu machen.

WISSEN

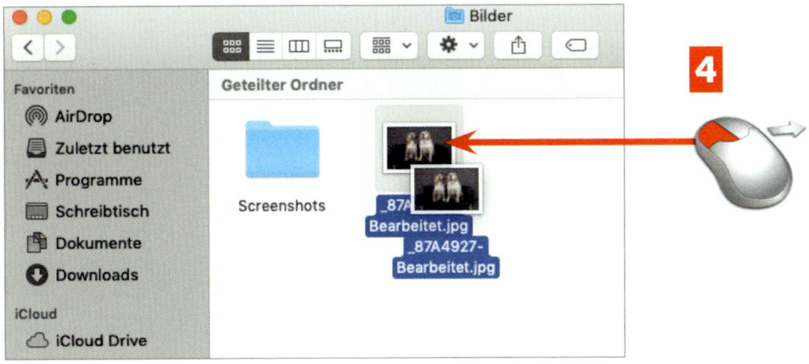

5

6

4 Um einen Alias direkt auf dem Schreibtisch zu erzeugen, gibt es noch eine einfachere Möglichkeit: Klicken Sie das Element an und drücken Sie gleichzeitig die Tasten alt ⌥+cmd ⌘.

5 Ziehen Sie das Element nun bei gedrückten Tasten aus dem Fenster des Finders heraus auf den Schreibtisch.

6 Lassen Sie zunächst die Maustaste und dann die Tasten los. Sie sehen: Der Alias steht auf dem Schreibtisch zur Verfügung.

Ende

Sie möchten die Originaldatei eines Alias aufrufen? Klicken Sie den Alias dazu mit der rechten Maustaste bzw. bei gedrückter ctrl-Taste an und wählen Sie *Original zeigen*.

TIPP

Oder so: Drücken Sie die Tastenkombination cmd ⌘+R, um sich das Original des ausgewählten Alias anzeigen zu lassen.

TIPP

Start

1

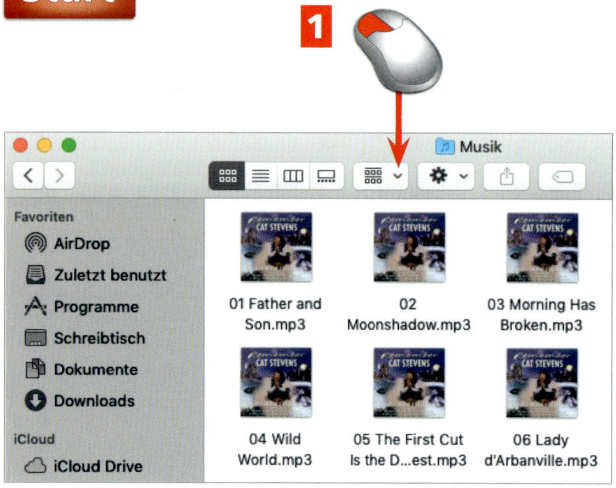

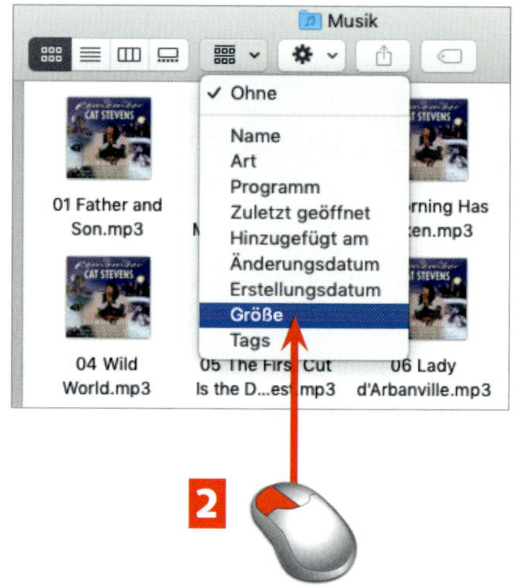

2

3

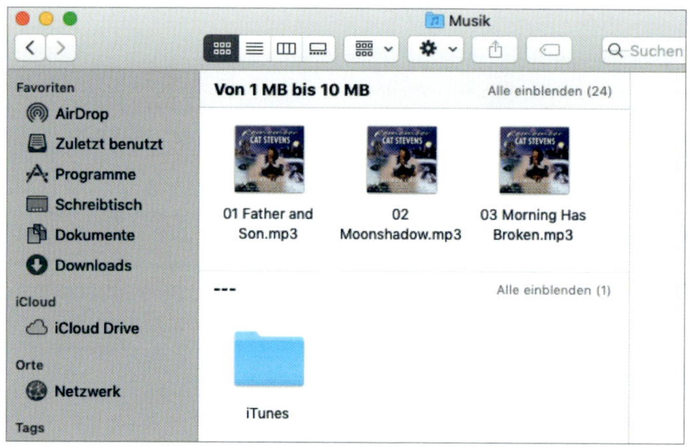

1 Zum Gruppieren der Dateien in einem Ordner klicken Sie in der Symbolleiste auf das Symbol .

2 Wählen Sie ein Kriterium aus, nach dem die Dateien gruppiert werden sollen. In diesem Fall entscheide ich mich für den Eintrag *Größe*.

3 Die Dateien im Ordner werden prompt nach ihrer Größe gruppiert.

Um mehr Übersicht in Ihre Dateien zu bringen, lassen sich diese in einem Ordner nach bestimmten Kriterien gruppieren (»ausrichten«) bzw. sortieren (»aufräumen«). Wie einfach das im Finder geht, erkläre ich Ihnen auf dieser Doppelseite.

WISSEN

4

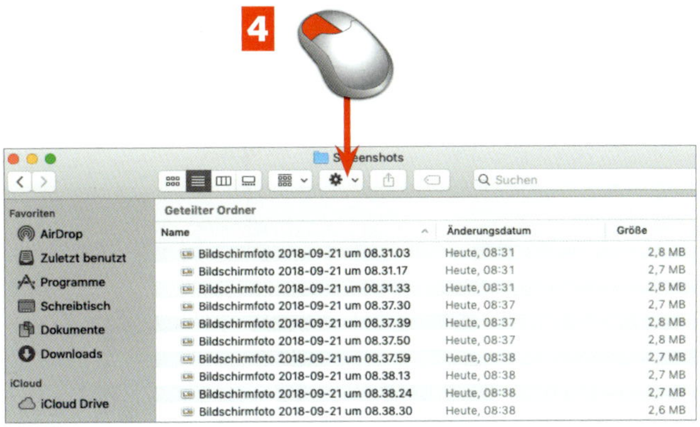

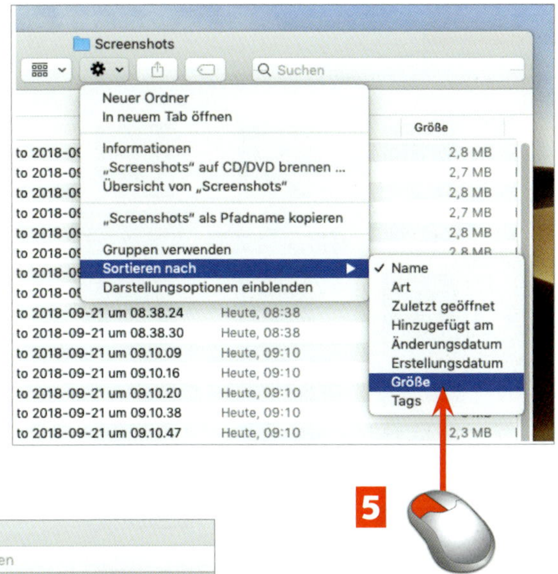

5

6

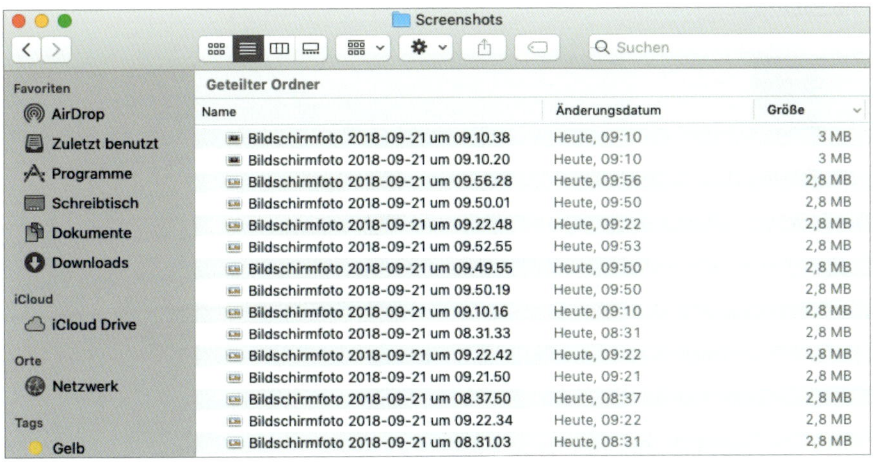

4 Zum Sortieren der Dateien klicken Sie auf das Symbol [⚙ ⌄].

5 Wählen Sie im Menü *Sortieren nach* und dann wieder das gewünschte Kriterium, in diesem Fall wiederum *Größe*.

6 Die Dateien werden im Ordner nach dem ausgewählten Kriterium sortiert.

Ende

Blenden Sie mit dem Tastenkürzel [cmd ⌘]+[J] die Darstellungsoptionen ein, um dort ebenfalls Menüs zum Gruppieren und Sortieren zu erhalten.

TIPP

Auf dem Schreibtisch lassen sich Dateien auch automatisch stapeln. Klicken Sie dazu mit der rechten Maustaste bzw. bei gedrückter [ctrl]-Taste auf den Schreibtisch und wählen Sie *Stapel verwenden*. Unter *Stapel gruppern nach* legen Sie die Kriterien für die Stapelung fest.

HINWEIS

Entscheiden Sie sich in der Symbolleiste des Finders für die Listenansicht [≣], um eine nützliche Sortierleiste einzublenden.

TIPP

Start

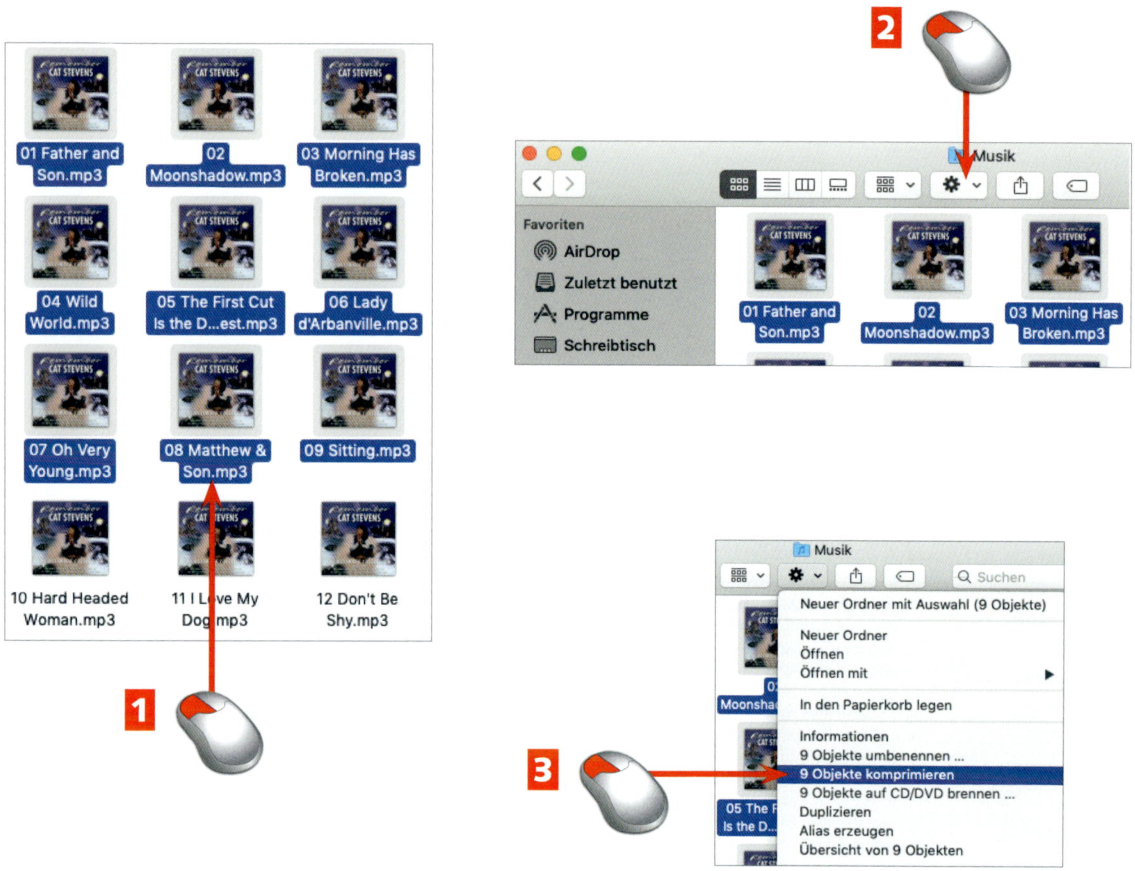

1 Markieren Sie im ersten Schritt die Dateien, die Sie komprimieren möchten. Sind es mehrere Dateien, klicken Sie diese bei gedrückter cmd ⌘-Taste an.

2 Entscheiden Sie sich in der Symbolleiste für das Symbol ⚙ ⌄.

3 Im Menü klicken Sie nun auf den Eintrag *Objekte komprimieren*.

Das Komprimieren von Dateien im ZIP-Format bietet nicht nur eine gute Möglichkeit, selten benötigte Dateien auf dem Computer zu archivieren. Das Komprimieren ist insbesondere auch zum Weiterreichen mehrerer Dateien als einzelnes Element äußerst praktisch. ZIP-Archive lassen sich nicht nur auf einem Mac, sondern auch auf anderen Plattformen wieder »entpacken«.

WISSEN

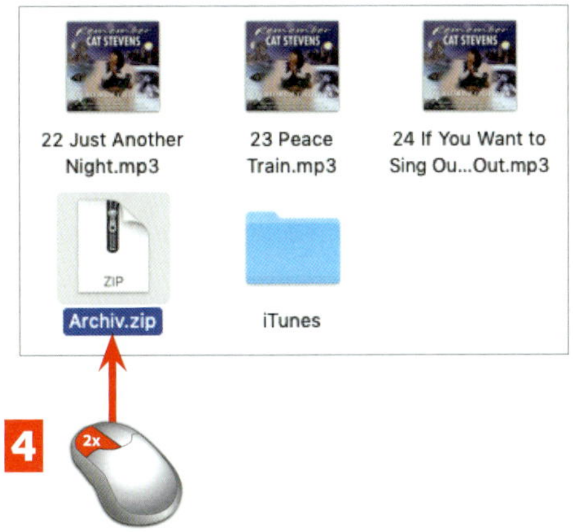

4

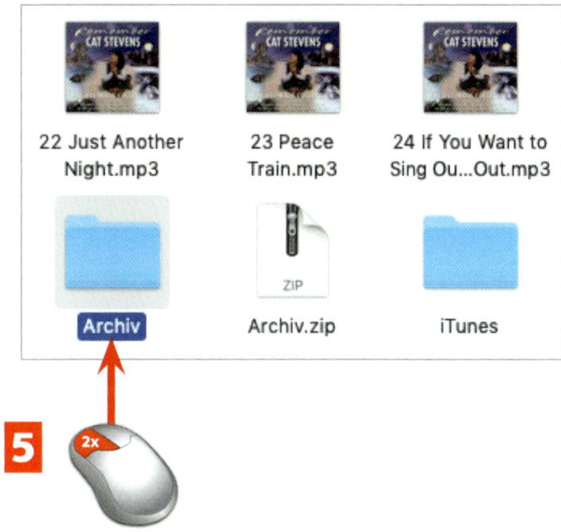

5

6

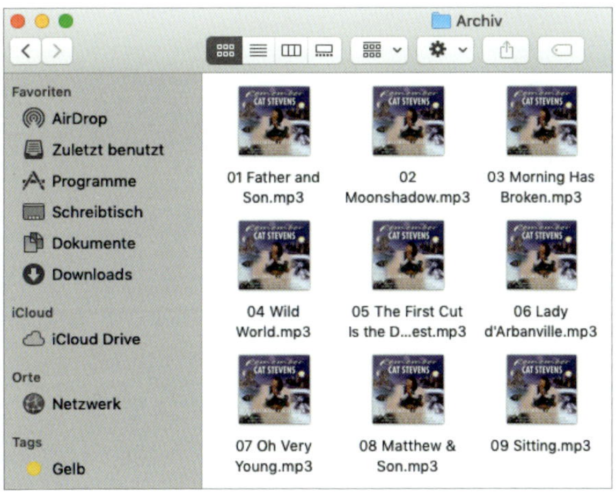

4 Das ZIP-Archiv wird am gleichen Speicherort angelegt. Um ein ZIP-Archiv wieder zu entpacken, doppelklicken Sie darauf.

5 Doppelklicken Sie anschließend auf den zum Vorschein kommenden Ordner, um diesen zu öffnen.

6 Prompt erhalten Sie Zugriff auf die enthaltenen Dateien. Genauso gehen Sie zum »Entpacken« auch vor, wenn Sie selbst ein ZIP-Archiv zugeschickt bekommen. Entpacken Sie aus Sicherheitsgründen aber nur die Archive bekannter Absender!

Ende

HINWEIS

Um ein Archiv – aber auch sonstige Elemente – umzubenennen, klicken Sie zweimal langsam hintereinander darauf und geben den gewünschten neuen Namen ein.

TIPP

Um mehrere Archivtypen entpacken zu können, entscheiden Sie sich für eine Zusatzsoftware wie etwa die kostenlose App *The Unarchiver*. Zum Download neuer Apps dann alles in Kapitel 5.

Neue Ordner erstellen

Start

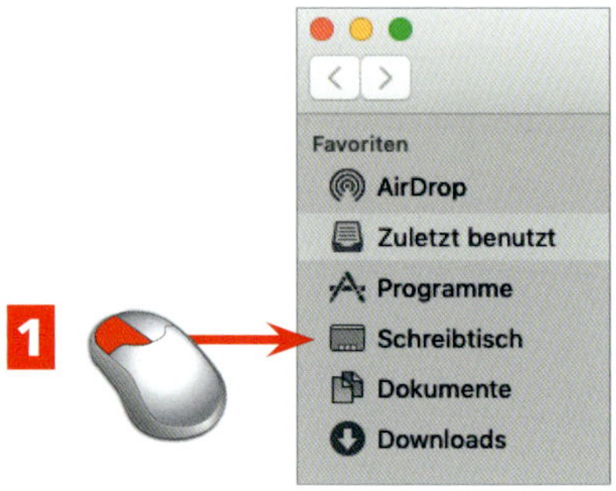

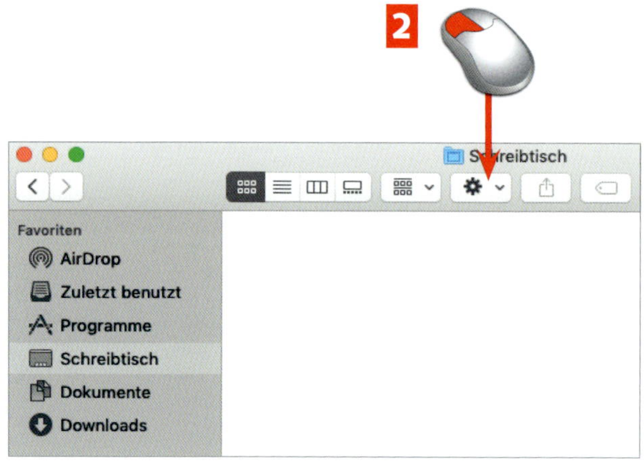

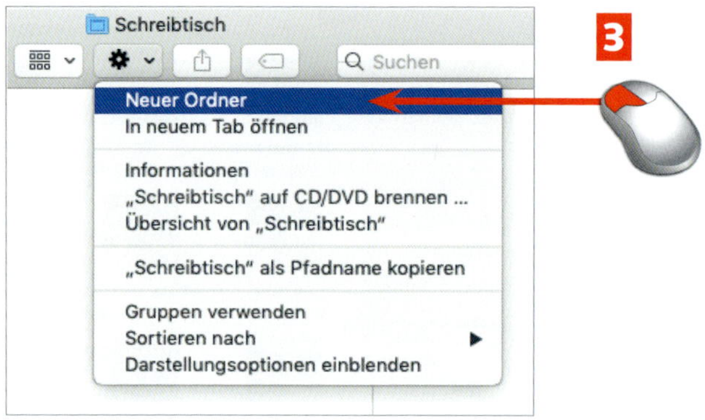

1 Wählen Sie den Speicherort aus, an dem der neue Ordner erstellt werden soll. Hier entscheide ich mich beispielsweise für den Speicherort *Schreibtisch*.

2 Klicken Sie in der Symbolleiste auf das Symbol .

3 Im sich öffnenden Menü entscheiden Sie sich für den Eintrag *Neuer Ordner*.

Genauso wie Sie in Ihrem Aktenschrank verschiedene Ordner anlegen, um Unterlagen zu sortieren, legen Sie im Finder Ordner an – und wenn gewünscht weitere Ordner innerhalb eines Ordners. Die Möglichkeiten, Ihre Dateien thematisch zu sortieren, sind dadurch unbegrenzt, und Sie finden so auch bei vielen gespeicherten Dateien stets die gesuchte.

WISSEN

5

6

4 Der neue Ordner wird am ausgewählten Speicherort erstellt. Tippen Sie einen schlüssigen Ordnernamen ein.

5 Bestätigen Sie Ihre Eingabe mit der [↵]-Taste.

6 Schon ist der Ordner aufnahmebereit für die passenden Dateien.

Ende

TIPP

Einen neuen Ordner per Tastenkombination erstellen: Drücken Sie dazu [⇧]+[cmd ⌘]+[N].

HINWEIS

Einen Ordner gegen Änderungen schützen: Öffnen Sie dazu – wie bereits kennengelernt – das Fenster *Informationen* und aktivieren Sie das Kontrollkästchen *Geschützt*.

Start

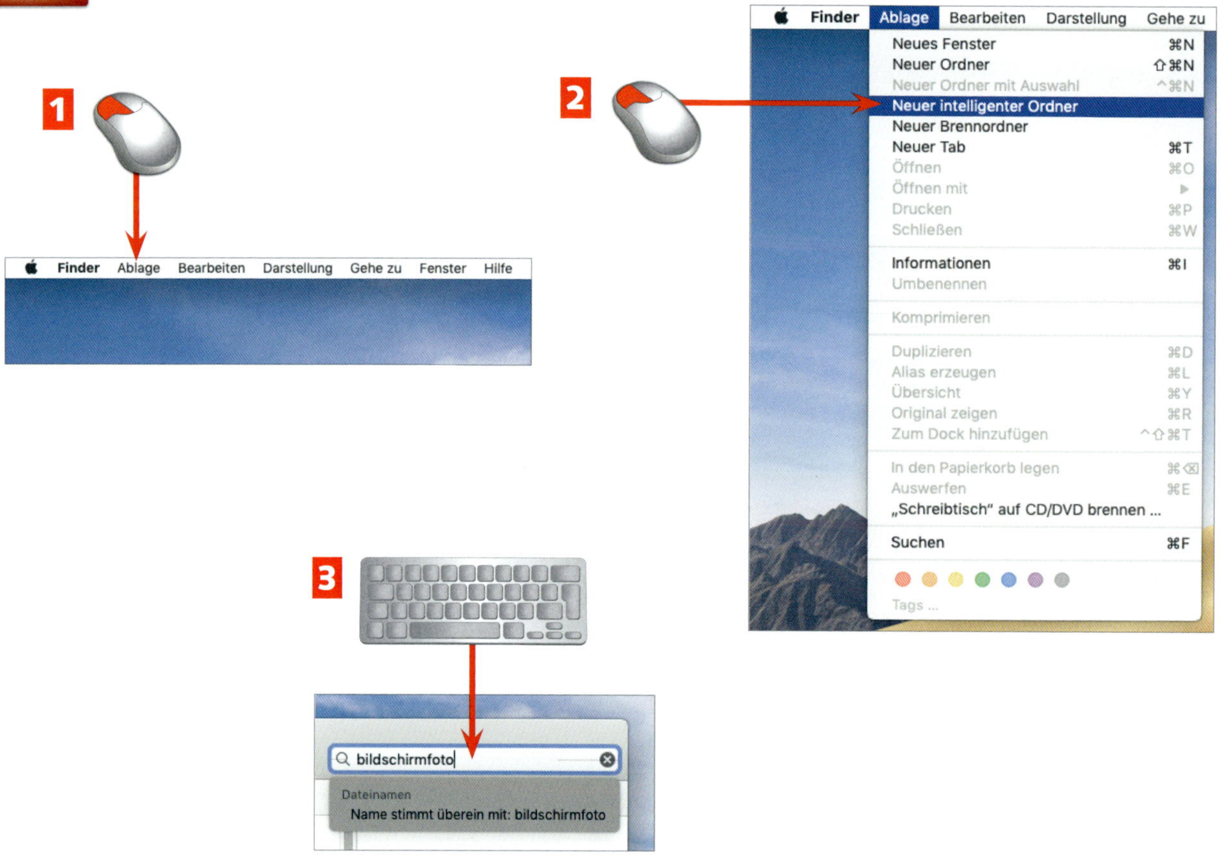

1 Entscheiden Sie sich in der Menüleiste des Finders für *Ablage*. – Auch in der Menüleiste lassen sich alle bisher kennengelernten Optionen aufrufen.

2 Im sich öffnenden Menü wählen Sie den Eintrag *Neuer intelligenter Ordner*.

3 Geben Sie einen oder mehrere Suchbegriffe ein – die Suche dient als Basis für den intelligenten Ordner.

Eine Alternative zum herkömmlichen Ordner bietet der »intelligente Ordner«, bei dem einfach eine Suche durchgeführt wird – die passenden Elemente werden in den Ordner aufgenommen, ohne dass deren ursprünglicher Speicherort verändert wird. Neue Dateien, die von der Suche erfasst werden, nimmt der intelligente Ordner automatisch auf.

WISSEN

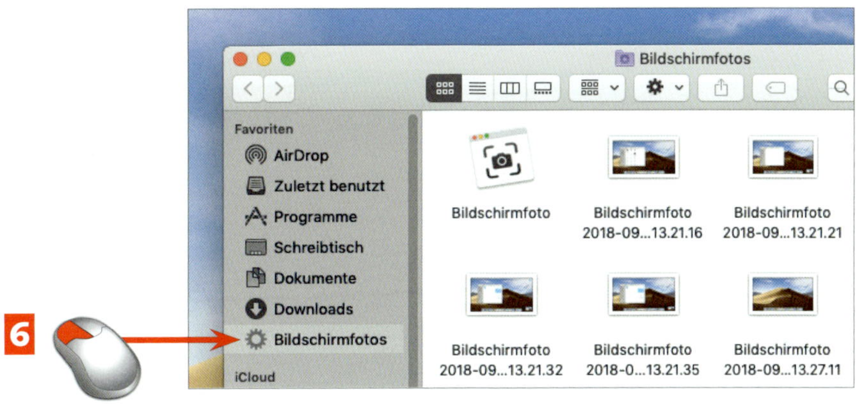

4 Liefert die Suche das gewünschte Ergebnis? Dann klicken Sie unterhalb des Suchfeldes auf die Schaltfläche *Sichern*.

5 Geben Sie dem intelligenten Ordner eine schlüssige Bezeichnung und bestätigen Sie mit *Sichern*.

6 Um die durchgeführte Suche jederzeit erneut aufzurufen, klicken Sie den intelligenten Ordner in der Seitenleiste des Finders an.

Ende

Möchten Sie weitere Suchkriterien eingeben? Dazu klicken Sie rechts neben der Schaltfläche *Sichern* auf das Symbol [+].

HINWEIS

Auch für das Anlegen eines neuen intelligenten Ordners gibt es eine Tastenkombination, nämlich [alt ⌥]+[cmd ⌘]+[N].

TIPP

Start

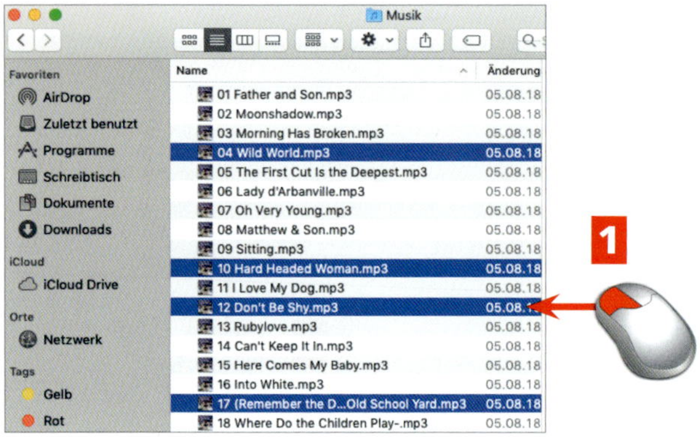

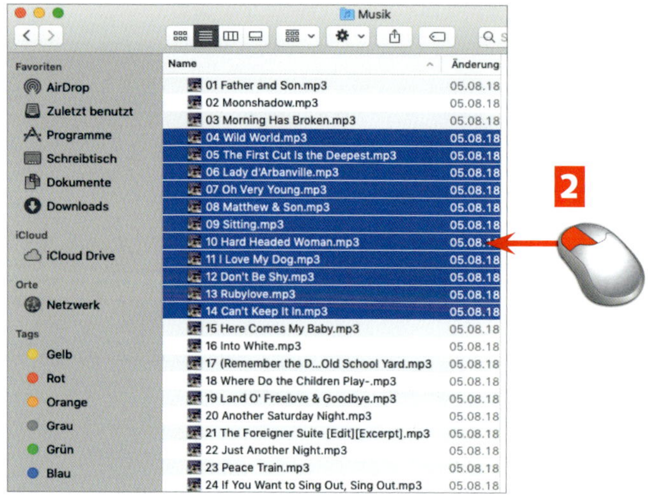

3

1 Markieren Sie zunächst die Dateien, die Sie kopieren oder verschieben möchten. Mehrere Dateien klicken Sie dazu bei gedrückter [*cmd* ⌘]-Taste an.

2 Oder wollen Sie mehrere Dateien in einer Reihe auswählen? Dazu klicken Sie zunächst die erste Datei an und dann, bei gedrückter [⇧]-Taste, die letzte Datei. Das funktioniert allerdings nicht in der Symbolansicht.

3 Auch alle Elemente in einem Ordner lassen sich auswählen. Drücken Sie dazu die Tastenkombination [*cmd* ⌘]+[*A*]. Alternativ wählen Sie in der Menüleiste des Finders *Bearbeiten/ Alles auswählen*.

Copy-and-paste – das Kopieren und Einsetzen – verwenden Sie, um Elemente von einem Speicherort zu einem anderen zu transferieren. Sie können dabei entscheiden, ob die Elemente am ursprünglichen Speicherort erhalten bleiben sollen oder nicht. Wie Sie Dateien auswählen und kopieren oder verschieben, zeige ich Ihnen auf dieser Doppelseite.

WISSEN

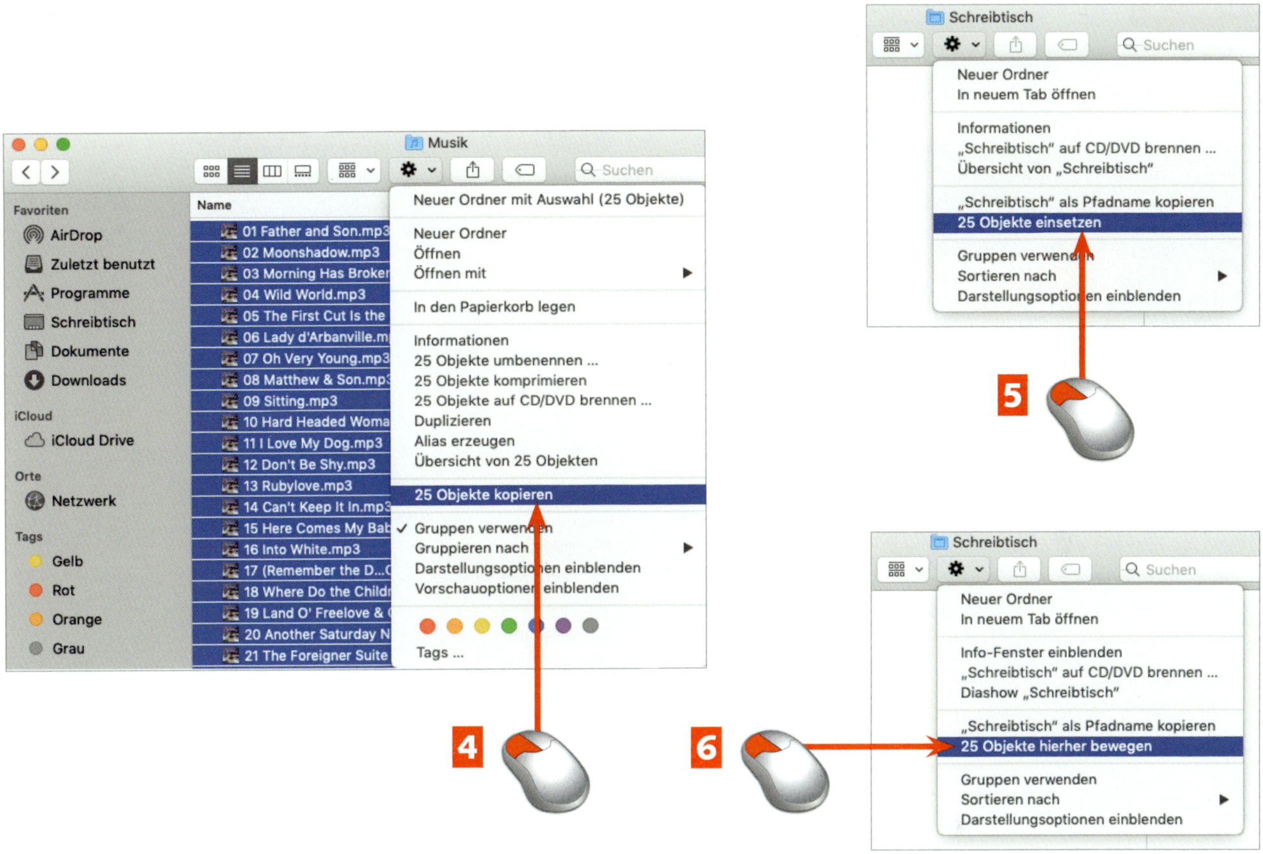

4 Klicken Sie in der Symbolleiste auf das Symbol [⚙ ⌄] und wählen Sie den Eintrag *Objekte kopieren*.

5 Zum Kopieren der Elemente – diese bleiben dann am ursprünglichen Speicherort erhalten – öffnen Sie den gewünschten neuen Speicherort und wählen unter dem Symbol [⚙ ⌄] den Eintrag *Objekte einsetzen*.

6 Zum Verschieben der Elemente – diese werden dann am ursprünglichen Speicherort gelöscht – öffnen Sie den gewünschten neuen Speicherort, klicken auf das Symbol [⚙ ⌄] und drücken gleichzeitig die [alt ⌥]-Taste. Wählen Sie den auf diese Weise eingeblendeten Eintrag *Objekte hierher bewegen*.

Ende

Das Ganze geht ebenfalls per Tastenkombination: Drücken Sie [cmd ⌘]+[C] zum Kopieren, [cmd ⌘]+[V] zum Einsetzen bzw. [alt ⌥]+[cmd ⌘]+[V] zum Verschieben.

TIPP

Wenn Sie in der Menüleiste ein Menü öffnen und die [alt ⌥]-Taste drücken, ändern sich häufig einige Optionen. Außerdem lassen sich Auslassungszeichen (...) wegzaubern und dadurch Funktionen direkt ausführen.

HINWEIS

Start

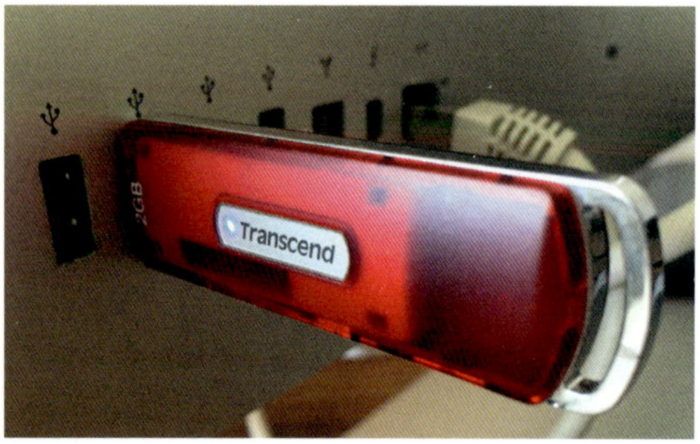

1

2

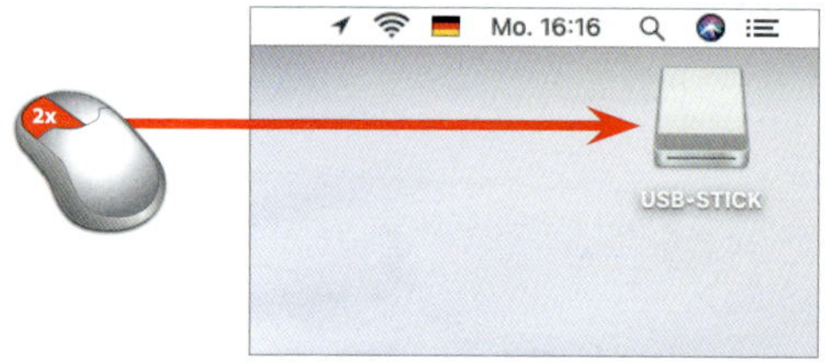

3

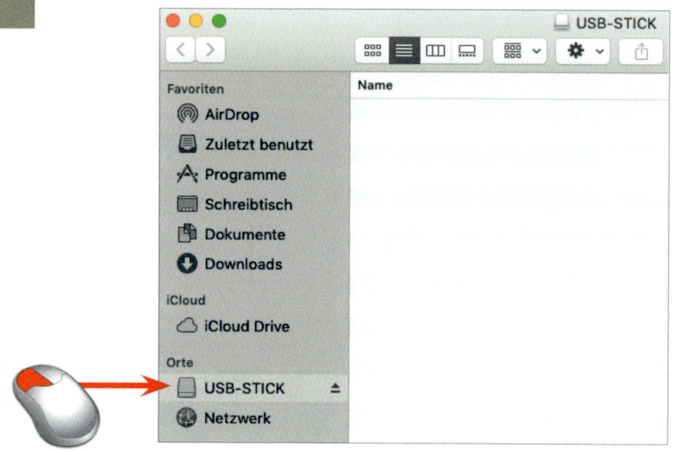

1 Stöpseln Sie den USB-Speicherstick in einen der USB-Anschlüsse Ihres Macs ein.

2 Auf dem Schreibtisch wird ein Symbol für den USB-Speicherstick eingeblendet. Doppelklicken Sie darauf, um die Inhalte im Finder zu öffnen.

3 Wenn der USB-Speicherstick Daten enthält, können Sie diese nun wie aus einem lokalen Ordner herauskopieren. Da der USB-Speicherstick hier leer ist, möchte ich ihn nun mit Daten füttern und wähle dazu den Speicherort aus, an dem sich die zu kopierenden Elemente befinden.

USB-Speichersticks sind auch im Cloud-Zeitalter eine nützliche Sache, um Daten von A nach B zu tragen, etwa Fotos, die Sie auf dem Smart-TV eines Freundes vorführen möchten. Die kennengelernte Copy-and-paste-Funktion nutzen Sie auch bei USB-Sticks. Hier möchte ich Ihnen aber noch eine weitere Methode vorstellen: Drag-and-drop – Ziehen und Loslassen.

WISSEN

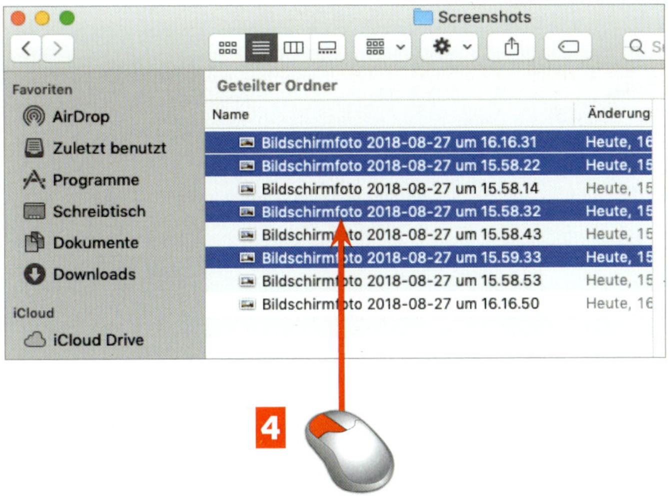

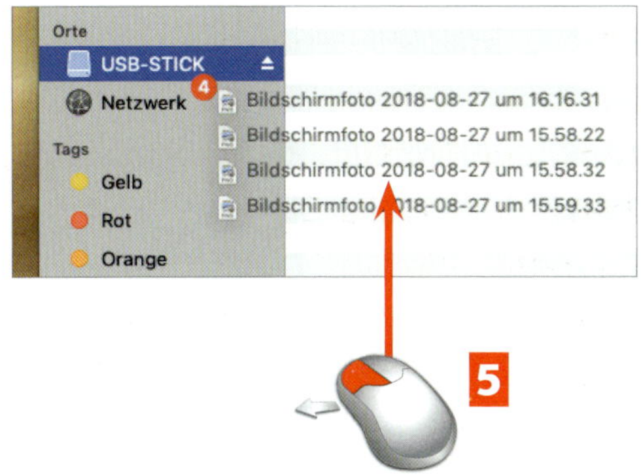

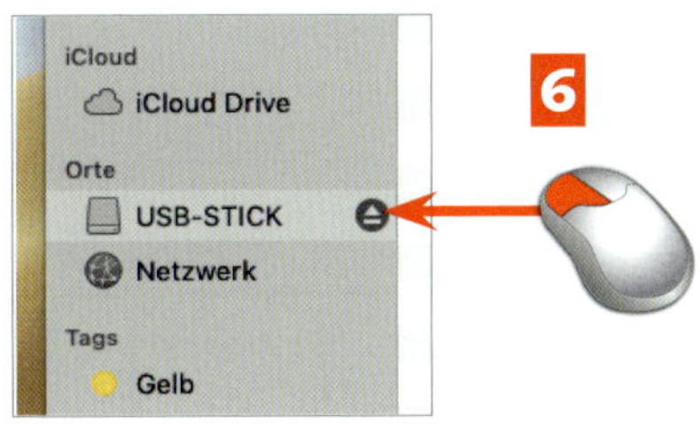

4 Die Auswahl erfolgt wie gehabt per Mausklick.

5 Nun geht es ans Drag-and-drop: Ziehen Sie die ausgewählten Elemente bei gedrückter Maustaste auf den Eintrag des USB-Sticks in der Seitenleiste und lassen Sie dann die Maustaste los.

6 Sie können auch noch Elemente von anderen Speicherorten auf den USB-Speicherstick kopieren. Wenn Sie fertig sind, klicken Sie neben dem entsprechenden Eintrag in der Seitenleiste auf das Symbol ⏏, um den USB-Speicherstick auszuwerfen.

Ende

Wenn Sie den USB-Speicherstick vom Mac entfernen, ohne ihn vorher auszuwerfen, erscheint ein Fehlerhinweis. In den meisten Fällen passiert aber sonst nichts Schlimmes, Sie sollten es aber dennoch vermeiden, um etwaigem Datenverlust vorzubeugen.

HINWEIS

Den USB-Speicherstick umbenennen oder Informationen dazu aufrufen: Klicken Sie den Eintrag in der Seitenleiste mit der rechten Maustaste bzw. bei gedrückter ctrl-Taste an, um entsprechende Optionen zu erhalten.

TIPP

Start

1

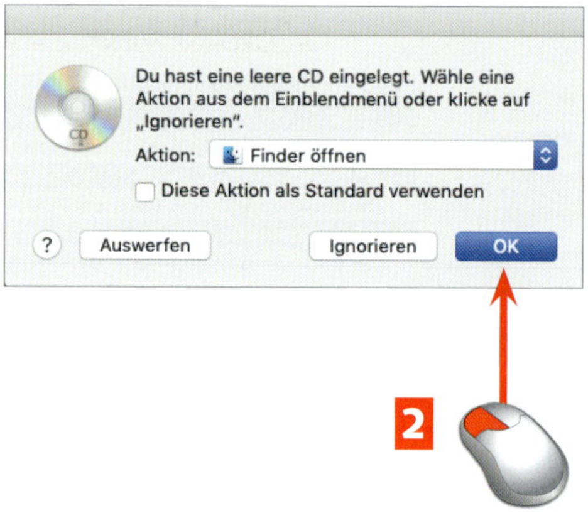

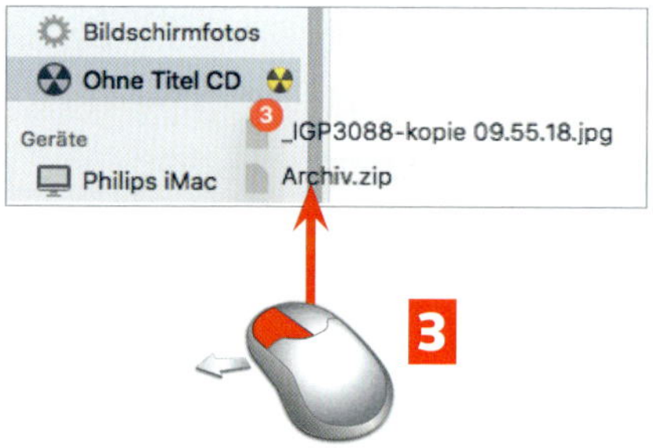

1 Legen Sie eine leere CD- oder DVD-ROM ins integrierte oder angeschlossene optische Laufwerk ein.

2 Nun wird automatisch ein Hinweisfenster geöffnet. Bestätigen Sie die Aktion *Finder öffnen* hier mit *OK*.

3 Gehen Sie nun vor wie bei einem USB-Speicherstick, ziehen Sie also die von Ihnen ausgewählten Elemente bei gedrückter Maustaste auf den CD-/DVD-Eintrag im Finder.

Vorausgesetzt, dass Ihr Mac über ein Brennlaufwerk verfügt bzw. Sie ein Brennlaufwerk per USB-Anschluss mit dem Mac verbunden haben, lassen sich Daten auch auf eine CD oder DVD brennen. Da diese Datenträger ein relativ hohes Speichervolumen haben, aber trotzdem überall günstig zu haben sind, eignen sie sich gut, um Daten an andere Personen weiterzureichen.

WISSEN

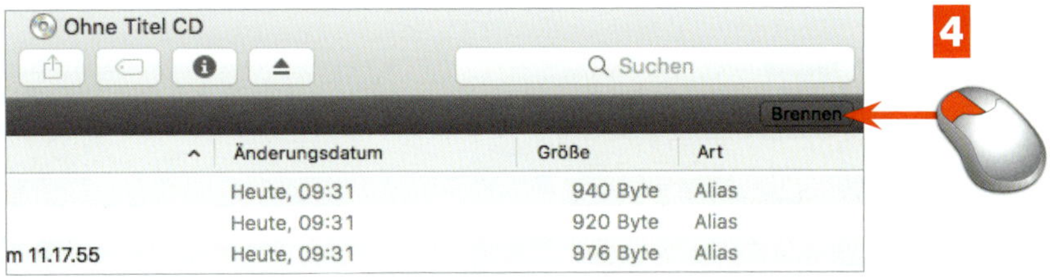

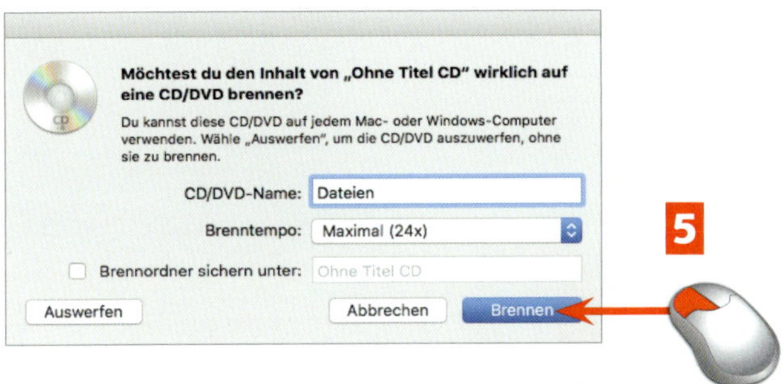

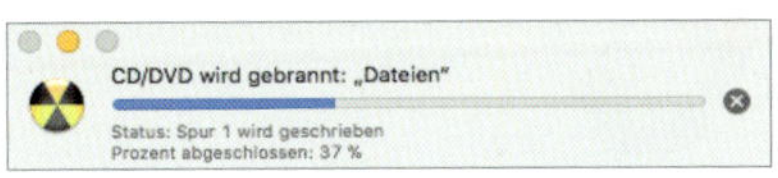

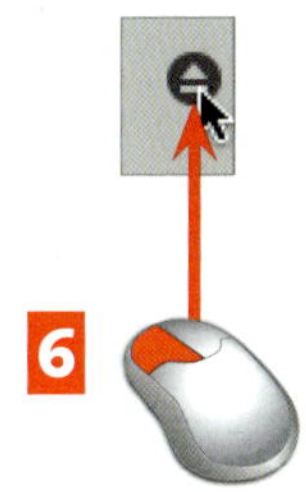

4 Nachdem Sie alle gewünschten Elemente hinzugefügt haben, klicken Sie den CD-/DVD-Eintrag an und wählen dann rechts oben die Schaltfläche *Brennen*.

5 Geben Sie dem Datenträger eine schlüssige Bezeichnung und bestätigen Sie erneut mit *Brennen*. Der Datenträger wird daraufhin gebrannt.

6 Der Datenträger wird anschließend in der Seitenleiste des Finders im Abschnitt *Geräte* angezeigt. Das Auswerfen erfolgt wie beim USB-Speicherstick über das Symbol ⏏.

Ende

Die gebrannte CD oder DVD schöner gestalten, das geht mit wenigen Mausklicks online, und zwar unter der Webadresse *http://cd-cover.info*.

HINWEIS

Beim Brennen wird eine CD oder DVD mit einem Laser beschrieben, die Daten werden also tatsächlich eingebrannt.

HINWEIS

Start

1

2

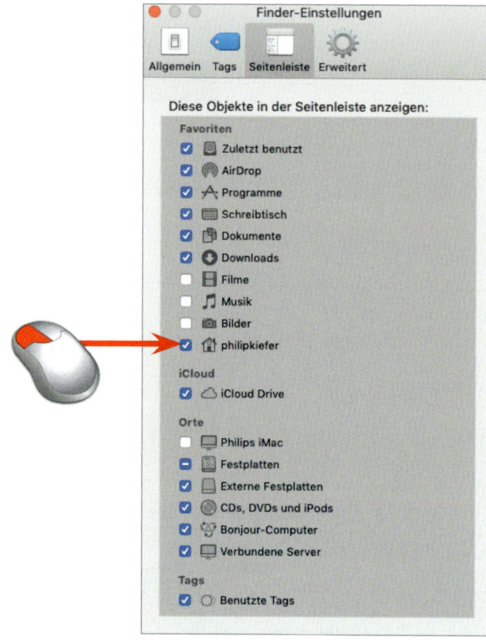

3

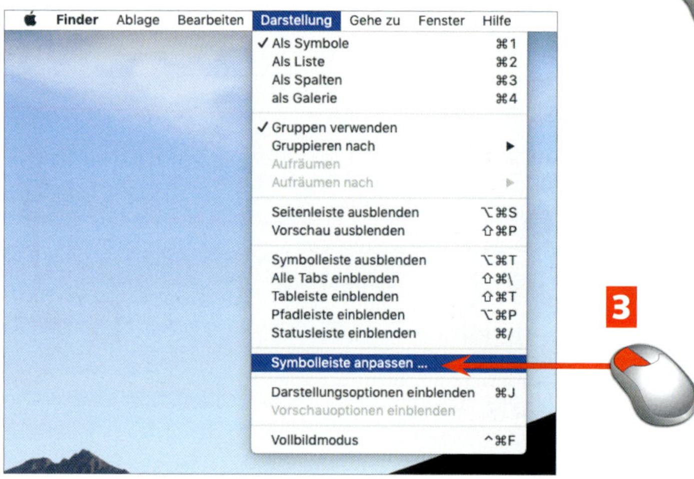

1. Um die Einstellungen des Finders zu bearbeiten, klicken Sie in der Menüleiste des Finders auf *Finder* und dann auf *Einstellungen*.
2. Hier passe ich beispielsweise unter *Seitenleiste* an, welche Elemente in der Seitenleiste des Finders angezeigt werden sollen und welche nicht.
3. Sie möchten die Symbolleiste anpassen? Dazu klicken Sie – bei geöffnetem Finder-Fenster – auf *Darstellung* und dann auf *Symbolleiste anpassen*.

Bestimmte Elemente in der Seitenleiste des Finders ein- oder ausblenden, per Symbol einen neuen Ordner erstellen und mehr: Der Finder lässt sich individuell anpassen. Wie Sie dazu vorgehen, zeige ich Ihnen auf dieser Doppelseite.

WISSEN

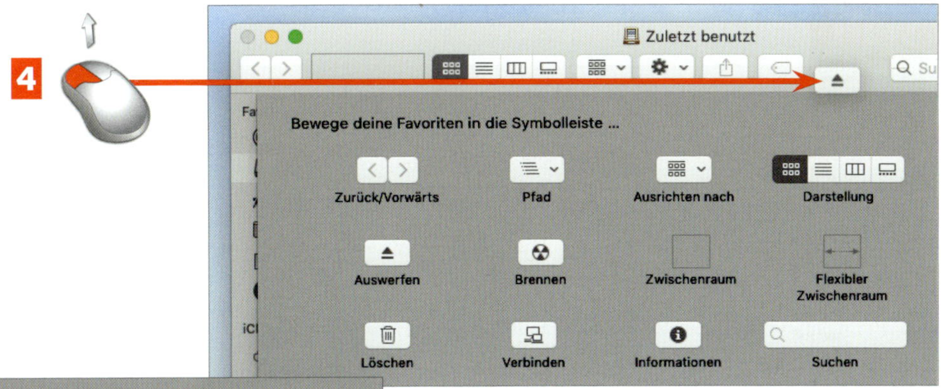

4 Ziehen Sie die gewünschten Symbole bei gedrückter Maustaste in die Symbolleiste.

5 Bestätigen Sie Ihre Auswahl anschließend mit *Fertig*. Auf ähnliche Weise lässt sich die Symbolleiste übrigens auch in weiteren Apps anpassen.

6 Die neuen Symbole stehen zur Verfügung. Klicken Sie ein Symbol an, um die entsprechende Funktion auszuführen.

Ende

Um ein Symbol aus der Symbolleiste zu entfernen, ziehen Sie es einfach bei gedrückter Maustaste zurück ins Fenster *Symbolleiste anpassen*.

TIPP

Sie wünschen eine andere Anordnung in der Symbolleiste? Ziehen Sie ein Symbol bei gedrückter Maustaste in eine andere Position.

TIPP

Start

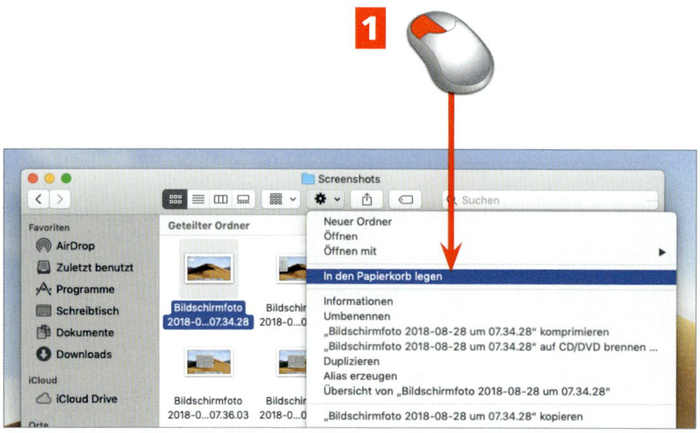

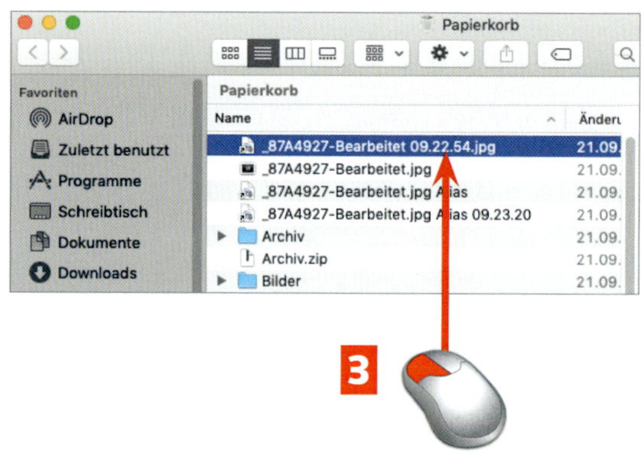

1 Zum Löschen eines Elements wählen Sie die Option *In den Papierkorb legen* für die ausgewählten Elemente unter dem Symbol ⚙ aus oder Sie ziehen die Elemente einfach bei gedrückter Maustaste auf das Papierkorbsymbol.

2 Um sich die Inhalte des Papierkorbs anzusehen, klicken Sie auf das Papierkorbsymbol rechts im Dock.

3 Möchten Sie ein Element aus dem Papierkorb am ursprünglichen Speicherort wiederherstellen, wählen Sie dieses aus.

Zu einer gesunden Ordnung gehört bekanntlich auch ein Papierkorb. Auf Ihrem Mac finden Sie einen solchen im Dock. Wie Sie Elemente dorthin verschieben und den Papierkorb leeren oder aber versehentlich gelöschte Elemente aus dem Papierkorb wiederherstellen, erfahren Sie hier.

WISSEN

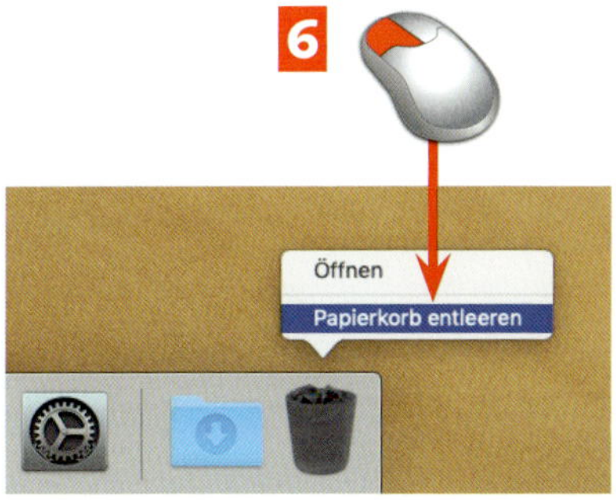

4 Klicken Sie anschließend in der Symbolleiste auf das Symbol [⚙ ⌄] und wählen Sie im Menü den Eintrag *Zurücklegen*.

5 Wenn Sie sämtliche Elemente aus dem Papierkorb löschen möchten, klicken Sie das Papierkorbsymbol mit der rechten Maustaste bzw. bei gedrückter ctrl-Taste an.

6 Wählen Sie im Kontextmenü *Papierkorb entleeren*.

Ende

Auch so können Sie die ausgewählten Elemente löschen oder am ursprünglichen Speicherort wiederherstellen: Drücken Sie die Tasten cmd ⌘+←.

TIPP

Um Elemente nach einem Monat automatisch aus dem Papierkorb zu entfernen, öffnen Sie mit *Finder/Einstellungen* die Finder-Einstellungen, wählen *Erweitert* und aktivieren das Kontrollkästchen *Objekte nach 30 Tagen aus dem Papierkorb löschen*.

HINWEIS

Für besseres Zeitmanagement
Fantastical 2
Produktivität
54,99 €
Focus - Produktivitätstimer
Pomodoro Zeitmanagement
LADEN
Gestimer
Produktivität
4,49 €
Agenda – A new take on notes
Produktivität
LADEN

Hinzufügen
Standard
IP
Windows
Suchen
Name
Typ
Samsung ML-2010
USB
Name: Samsung ML-2010 2
Standort: Philips iMac
Verwenden: Samsung ML-2010
Hinzufügen

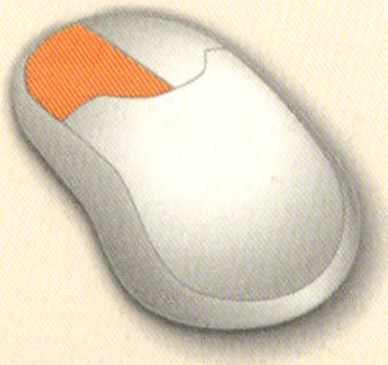

Systemeinstellungen
Suchen
Mission Control
Sprache & Region
Sicherheit
Spotlight
Mitteilungen
Tastatur
Maus
Trackpad
Drucker & Scanner
Ton

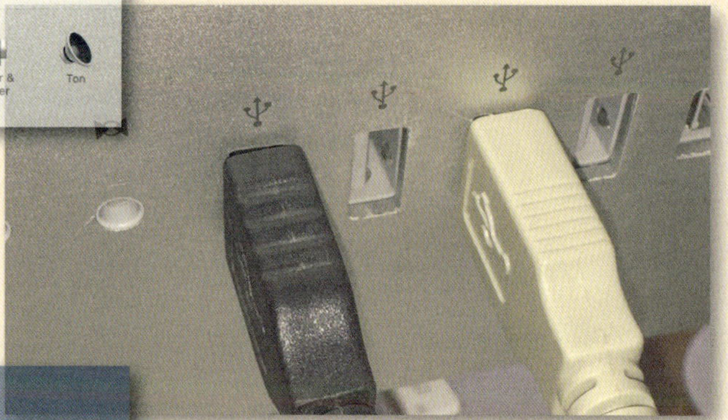

Erinnerungen
Notizen
Karten
iTunes
Bücher
Vorschau
Mission Control
Dashboard
Numbers
Focus
Firefox

Neue Apps und Geräte installieren 5

Auf Ihrem Mac sind bereits zahlreiche Apps vorinstalliert. Um weitere Apps zu installieren, nutzen Sie in der Regel den App Store, der ebenfalls bereits zur Verfügung steht. Natürlich lassen sich Apps (Programme) auch auf konventionelle Weise installieren – seien es Dateien aus dem Internet oder von einer Installations-DVD. Schließlich lassen sich auch Zusatzgeräte, beispielsweise ein Drucker, installieren. Alle Anleitungen, Tipps und Infos zu diesem Thema finden Sie hier. Auch zeige ich Ihnen, wie Sie nicht mehr benötigte Apps wieder vollständig loswerden.

Start

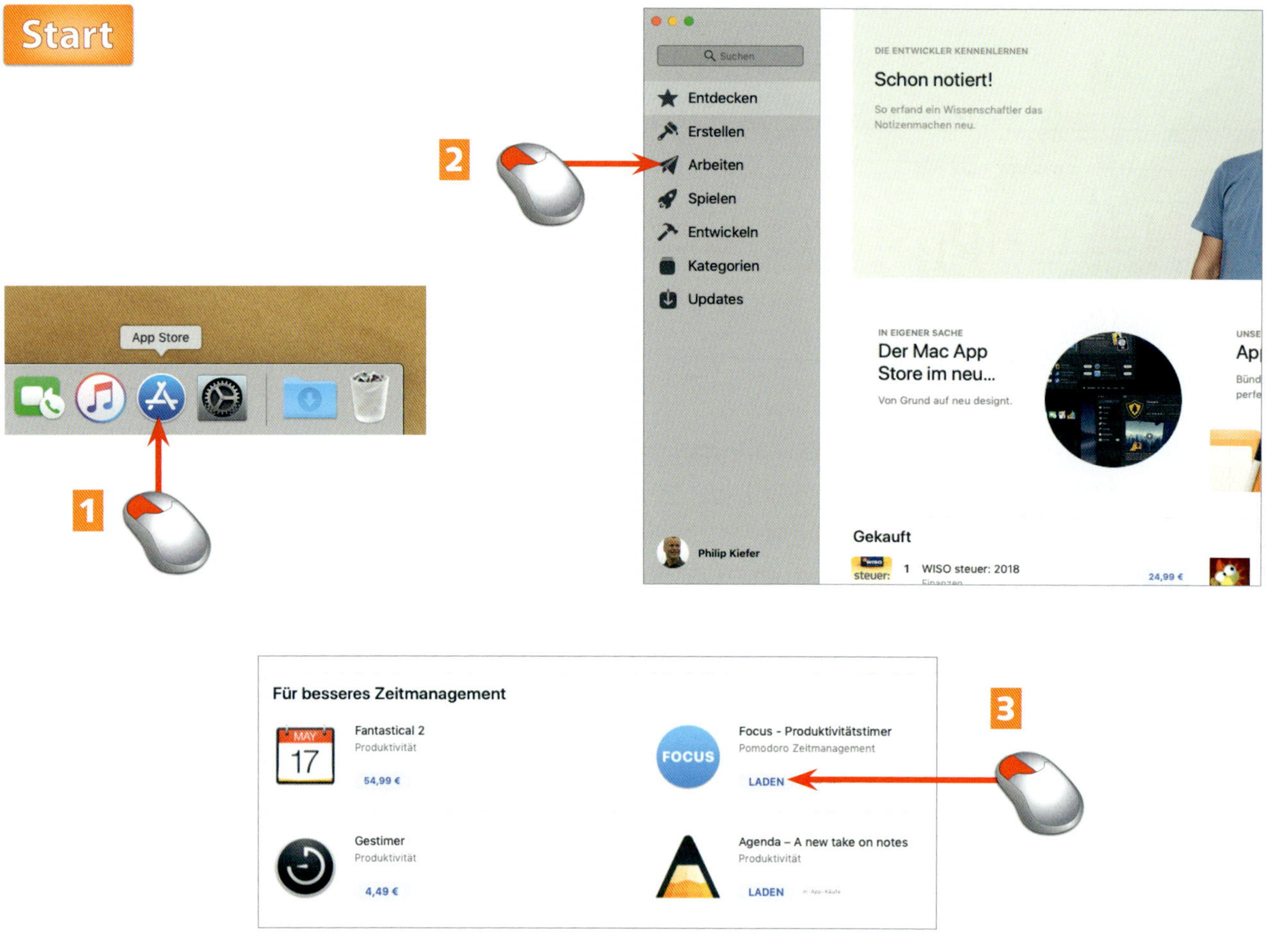

1 Entscheiden Sie sich im Dock für das Öffnen des App Stores.

2 Im App Store werden Ihnen verschiedene Rubriken angeboten, die Sie oben auswählen. Hier klicke ich beispielsweise auf die Rubrik *Arbeiten*.

3 Für weitere Informationen zu einer App, die Sie interessiert, klicken Sie sie an. Um sie herunterzuladen, klicken Sie auf *Laden* – bzw. bei einer kostenpflichtigen App auf den angezeigten Preis.

Über den Mac App Store lassen sich neue Apps auf dem Mac völlig problemlos installieren. Inzwischen können Sie die meisten wirklich benötigten Apps auf diese Weise installieren. Viele Apps werden kostenlos angeboten bzw. sind in der Basisvariante kostenlos und lassen sich durch sogenannte In-App-Käufe aufrüsten. Hier zeige ich Ihnen den App-Download aus dem Mac App Store.

WISSEN

4

5

6

4 Um eine App schließlich auf den Mac zu bringen, klicken Sie auf *Installieren*.

5 Melden Sie sich gegebenenfalls mit Ihrer Apple-ID an, um den Download zu starten. Der Download-Verlauf wird Ihnen angezeigt. Da der Download im Hintergrund erfolgt, können Sie am Mac ganz normal weiterarbeiten.

6 Die heruntergeladene App rufen Sie, wie die anderen Apps auch, im Launchpad auf. Neue oder aktualisierte Apps werden dort mit einem blauen Punkt versehen.

Ende

HINWEIS

Einmal erworbene Apps lassen sich jederzeit erneut herunterladen. Eine Übersicht über Ihre Apps finden Sie im App Store, wenn Sie links unten auf Ihren Benutzernamen klicken.

TIPP

Gekaufte Apps, die nicht Ihren Vorstellungen entsprechen, geben Sie wieder zurück. Die Reklamation erfolgt unter *https://reportaproblem.apple.com*.

Start

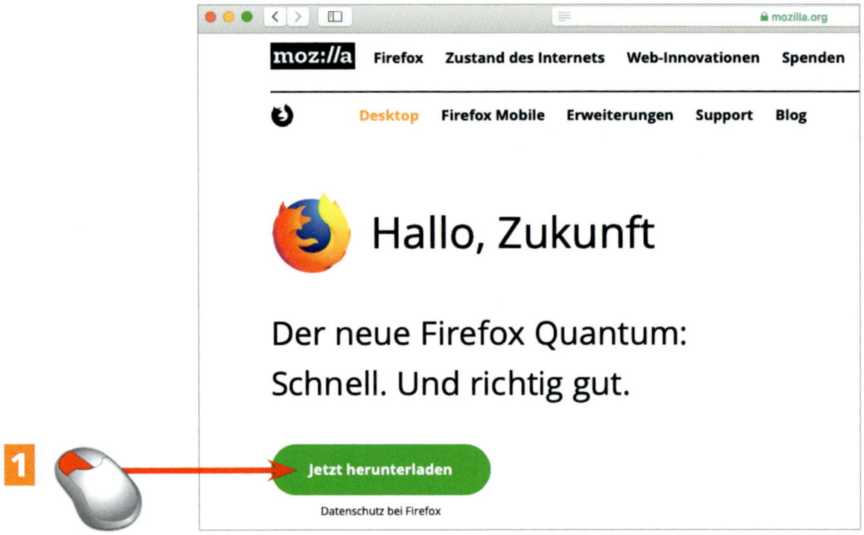

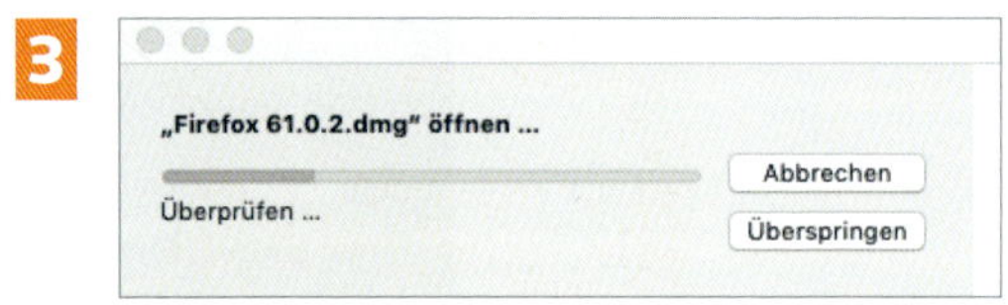

1 In diesem Fall möchte ich die App *Firefox* zum Betrachten von Webseiten installieren. Zunächst besorge ich die entsprechende Datei im Internet, und zwar unter der Webadresse *https://www.mozilla.org/de/firefox*.

2 Wenn sich die Datei auf dem Mac befindet, doppelklicken Sie darauf.

3 Die App wird geöffnet, was je nach Größe der App ein paar Sekunden mehr oder weniger dauern kann.

Auch auf Apps, die nicht im Mac App Store zur Verfügung stehen, müssen Sie nicht verzichten. Es lassen sich auch Apps aus dem World Wide Web sowie gegebenenfalls von DVD installieren. Das ist kein Hexenwerk, wie Ihnen diese Doppelseite beweist.

WISSEN

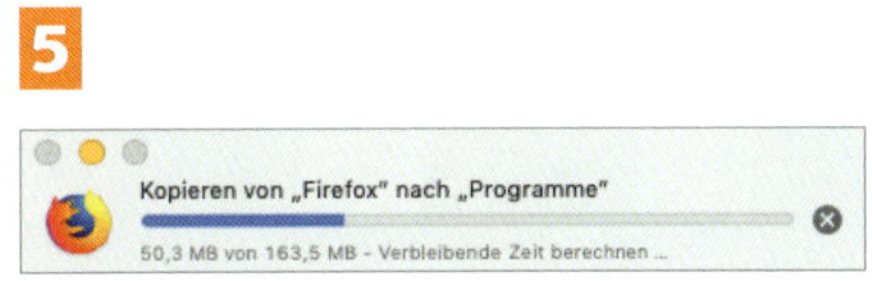

4 In vielen Fällen müssen Sie nun einfach bei gedrückter Maustaste die App in den Programmordner ziehen; in einigen Fällen starten Sie hingegen einen Installationsassistenten.

5 Ihr Mac kopiert die App anschließend in den Programmordner bzw. führt in einigen Fällen eine Installation durch.

6 Anschließend steht die App im Launchpad zur Verfügung und kann dort per Mausklick gestartet werden.

Ende

Wird eine heruntergeladene Datei nach dem Doppelklick direkt geöffnet, ziehen Sie sie im Finder aus dem Download-Ordner in den Programmordner.

TIPP

Die Endung *.dmg* bei den App-Dateien steht übrigens für Apple Disc Image. Es handelt sich um ein Format für Speicherabbilder.

FACHWORT

Start

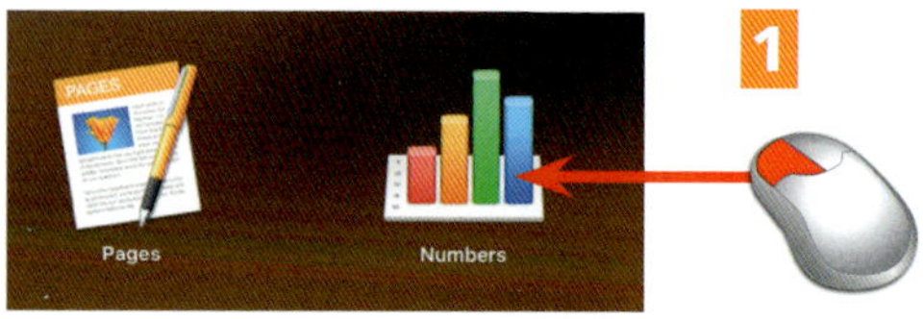

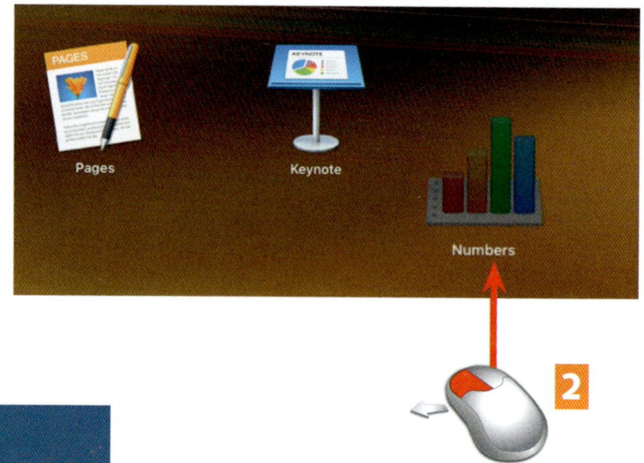

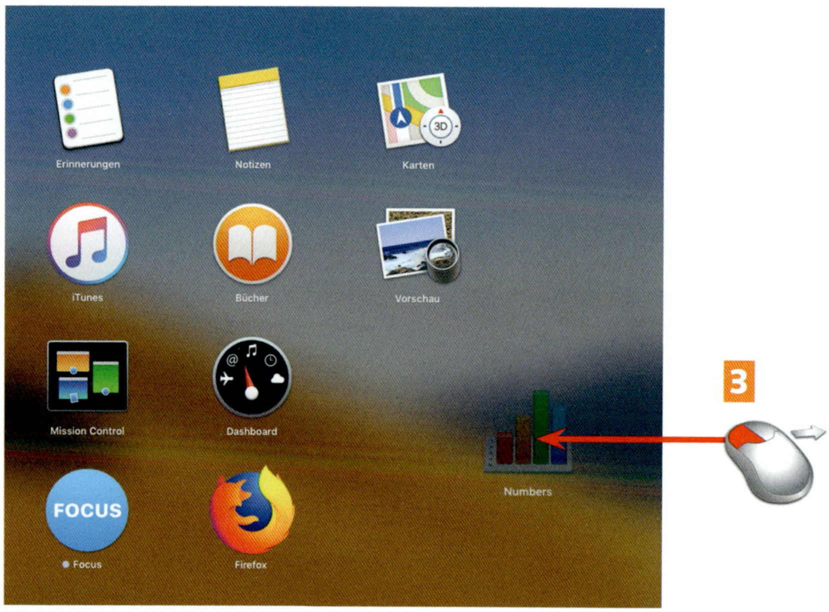

1 Öffnen Sie das Launchpad und klicken Sie auf eine App, die Sie anders positionieren möchten. Halten Sie die App gedrückt.

2 Ziehen Sie die App nun einfach bei gedrückter Maustaste an die gewünschte Position.

3 Eine App lässt sich auch auf einer anderen Seite des Launchpads platzieren. Hierzu bewegen Sie die App bei gedrückter Maustaste zum Bildschirmrand.

Ihre Apps lassen sich im Launchpad beliebig anordnen und thematisch in App-Ordnern sortieren – so wissen Sie stets sofort, wo eine bestimmte App zu finden ist. Eine genaue Anleitung, wie Sie zum Ordnen Ihrer Apps vorgehen, erhalten Sie auf dieser Doppelseite.

WISSEN

4

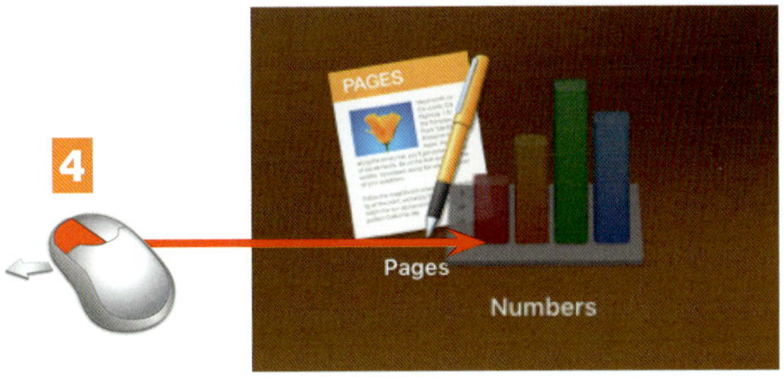

5

6

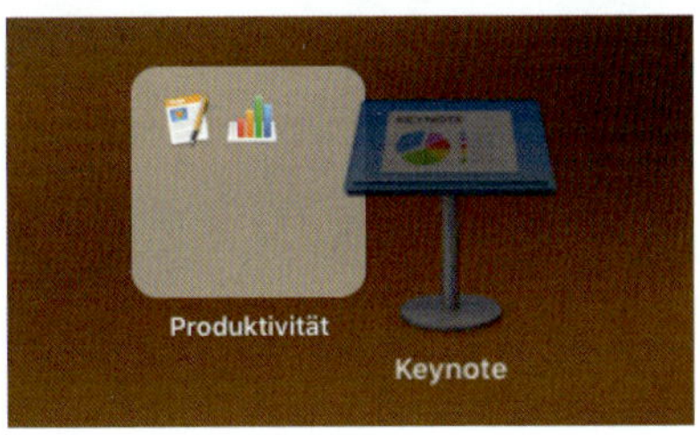

4 Um einen App-Ordner zu erstellen, ziehen Sie eine App bei gedrückter Maustaste auf eine andere thematisch passende App.

5 Der App-Ordner wird prompt erstellt. Ändern Sie gegebenenfalls noch die automatische Bezeichnung.

6 Der App-Ordner steht nun zur Verfügung. Diesem können Sie noch weitere Apps hinzufügen, indem Sie sie bei gedrückter Maustaste auf den Ordner ziehen.

Ende

HINWEIS

Möchten Sie einen Ordner wieder entfernen, ziehen Sie bei gedrückter Maustaste alle enthaltenen Apps heraus.

TIPP

Auch die Standard-Apps lassen sich verschieben: Machen Sie selten benötigte Apps in einem Ordner »unsichtbar«, um mehr Überblick im Launchpad zu erhalten.

Start

1 Zum Löschen einer App, die Sie aus dem Mac App Store heruntergeladen haben, halten Sie eine beliebige App im Launchpad gedrückt. Alle App-Symbole beginnen zu wackeln. Klicken Sie bei der zu löschenden App auf das zugehörige Kreuzsymbol ⊗.

2 Bestätigen Sie mit der Schaltfläche *Löschen*.

3 Um eine anderweitig installierte App zu entfernen, wählen Sie diese im Finder im Ordner *Programme* aus.

Wie Sie eine App löschen, hängt davon ab, wie Sie diese installiert haben. Lassen Sie mich Ihnen auf dieser Doppelseite drei Methoden vorstellen, um nicht mehr benötigte Apps sicher und vollständig wieder von Ihrem Mac zu entfernen. Neben den Standardfunktionen gehört dazu auch die Nutzung der sehr empfehlenswerten App *AppCleaner*.

WISSEN

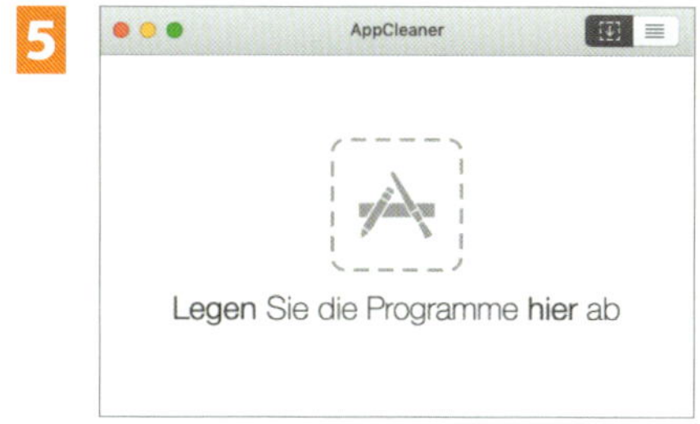

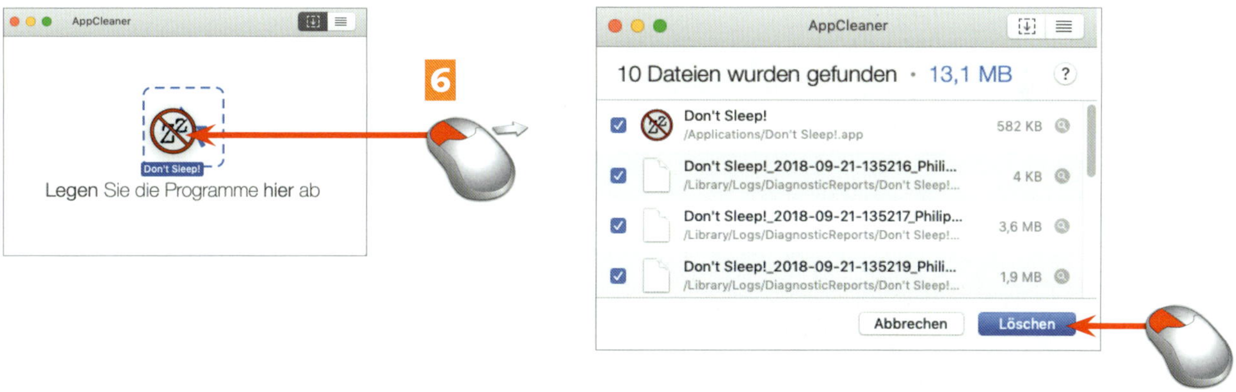

4 Ziehen Sie die App bzw. einen App-Ordner nun bei gedrückter Maustaste auf das Papierkorbsymbol im Dock. Achtung: Es müssen gegebenenfalls auch noch von der App angelegte Programmreste in anderen Ordnern entfernt werden!

5 Eine App mitsamt etwaigen Programmresten entfernen: Das ist kein Problem mit dem *AppCleaner*, den Sie unter der Webadresse *www.freemacsoft.net/appcleaner* herunterladen und anschließend öffnen. (Webadresse? Herunterladen? Dazu alles in Kapitel 6.)

6 Ziehen Sie eine App aus dem Programmordner in den *AppCleaner*. Die App sammelt alle damit verbundenen Elemente, und diese können per Klick auf die Schaltfläche *Löschen* entfernt werden.

Ende

Sie haben eine App in den Papierkorb verschoben? Wie andere Dateien auch, lässt sie sich, sofern der Papierkorb noch nicht geleert wurde, wieder an den ursprünglichen Speicherort zurücklegen.

HINWEIS

Installieren Sie generell nur Apps aus sicheren Quellen und stets nur Apps, die Sie wirklich benötigen. So vermeiden Sie von vornherein Programmballast.

TIPP

Start

1

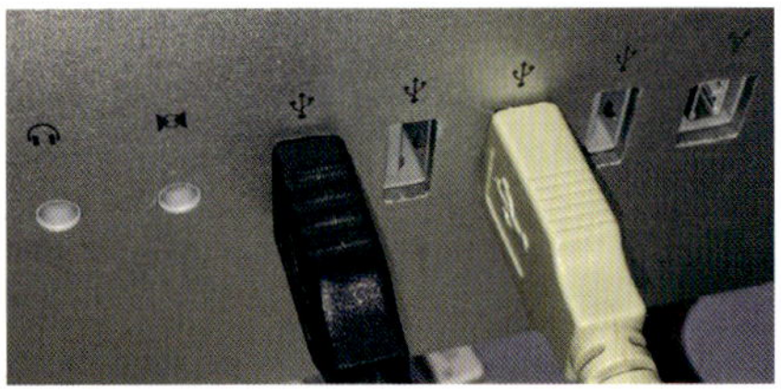

2

3

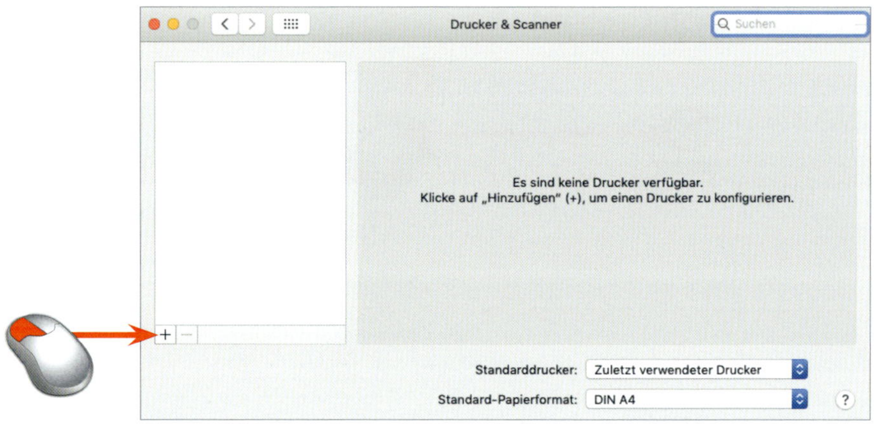

1 Verbinden Sie den Drucker mit Ihrem Mac – in den meisten Fällen erfolgt die Verbindung per USB-Kabel. Schalten Sie den Drucker ein.

2 Öffnen Sie die *Systemeinstellungen* und wählen Sie die Kategorie *Drucker & Scanner*.

3 Es steht noch kein Drucker zur Verfügung? Um einen hinzuzufügen, klicken Sie auf das Plussymbol [+].

Ein Drucker ist neben dem Bildschirm das wichtigste Ausgabegerät Ihres Macs. Damit bringen Sie Dokumente, Fotos etc. zu Papier. Um einen Drucker am Mac nutzen zu können, müssen Sie diesen aber zuerst einrichten. Wie das geht, lesen Sie Schritt für Schritt auf dieser Doppelseite.

WISSEN

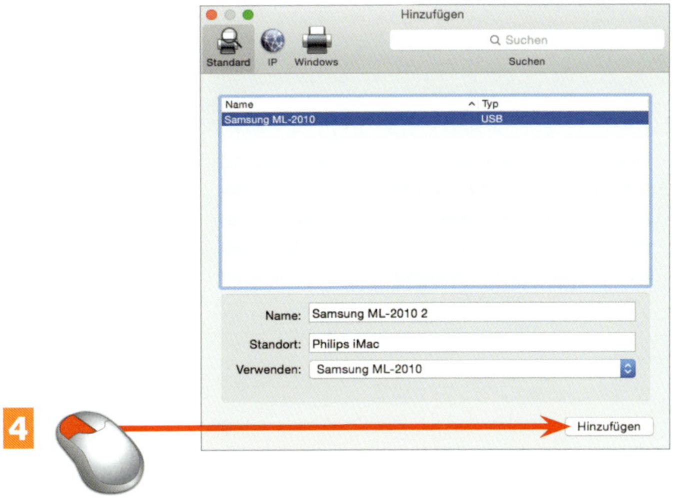

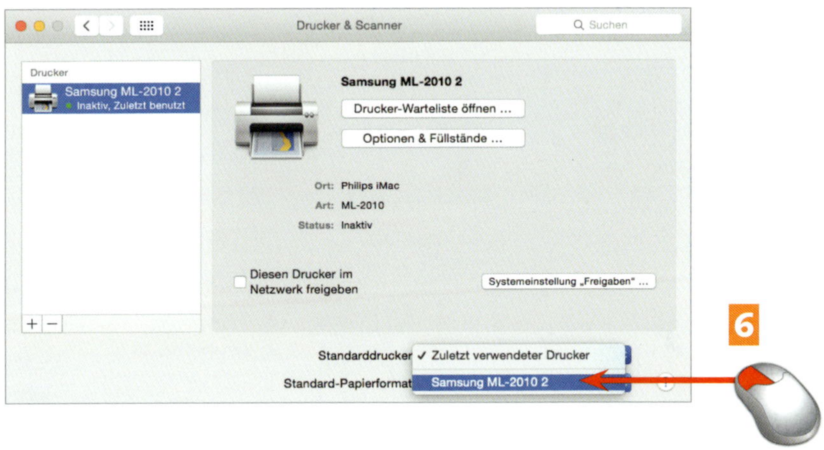

4 Wählen Sie den Drucker aus, machen Sie Angaben zur benötigten Treibersoftware und bestätigen Sie mit *Hinzufügen*.

5 Der Drucker wird nun in der Liste aufgeführt.

6 Falls mehrere Drucker verbunden sind, wählen Sie im Menü *Standarddrucker* aus, welcher Drucker standardmäßig für Ihre Ausdrucke verwendet werden soll.

Ende

Falls Sie mit dem Drucker keinen passenden Gerätetreiber erhalten haben, werden Sie in der Regel auf der Webseite des Druckerherstellers fündig.

TIPP

Besonders empfehlenswert für den Mac, aber auch für iPhone und iPad sind Drucker mit AirPrint-Funktion, die völlig komplikationslos drahtloses Drucken ermöglichen.

HINWEIS

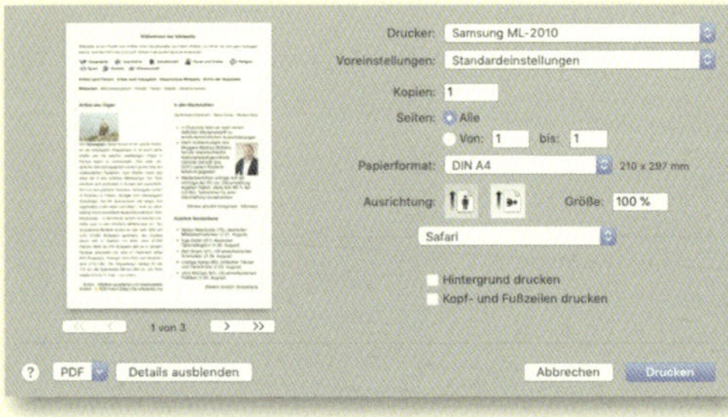
Drucker: Samsung ML-2010
Voreinstellungen: Standardeinstellungen
Kopien: 1
Seiten: Alle
Von: 1 bis: 1
Papierformat: DIN A4
210 x 297 mm
Ausrichtung:
Größe: 100 %
Safari
Hintergrund drucken
Kopf- und Fußzeilen drucken
1 von 3
PDF
Details ausblenden
Abbrechen
Drucken

de.wikipedia.org
Wikipedia
Die freie Enzyklopädie
Flusspferd

mut.de
Markt+Technik
Klarna
Software
Bücher
Papier
Games
BeckerCAD
DEAL
Rechnungs-Druckerei 2018
Rechnungen, Angebote & Co. erstellen, drucken, versenden & archivieren
Zum Produkt
Fotografie
Der Deutschen liebstes Hobby! Mit unseren Fachbüchern machen Sie mehr aus Ihren Fotos.
Druckerei
Das Original ist zurück! Über 2 Millionen Installationen sprechen für sich
Office
40 Jahre Office-Fachbuch-Kompetenz. Die erfahrensten Autoren sind der Garant für die Qualität der M+T Office-Bücher

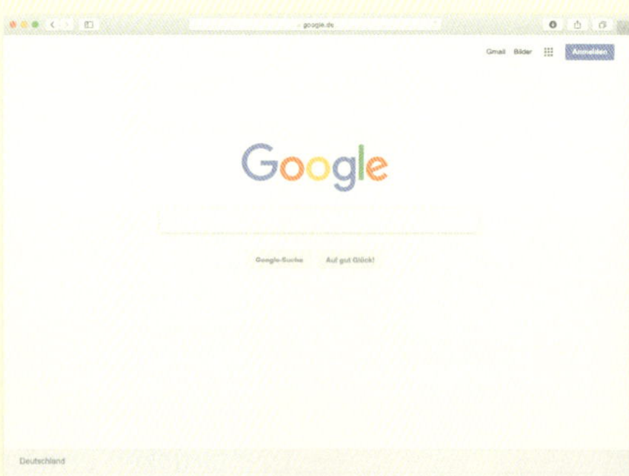
google.de
Gmail
Bilder
Anmelden
Google
Deutschland

Clever und sicher im Internet surfen

6

Natürlich möchten Sie mit Ihrem Mac auch im Internet surfen. Lassen Sie mich Ihnen in diesem Kapitel zeigen, wie Sie zu diesem Zweck die bereits verfügbare App *Safari* einsetzen. Webseiten aufrufen und das World Wide Web durchsuchen, Links öffnen und Tabs verwalten, Lesezeichen speichern, Dateien herunterladen – alles gar kein Problem! Lernen Sie in diesem Kapitel diese und weitere wichtige Funktionen des Webbrowsers Safari Schritt für Schritt und Bild für Bild kennen.

Start

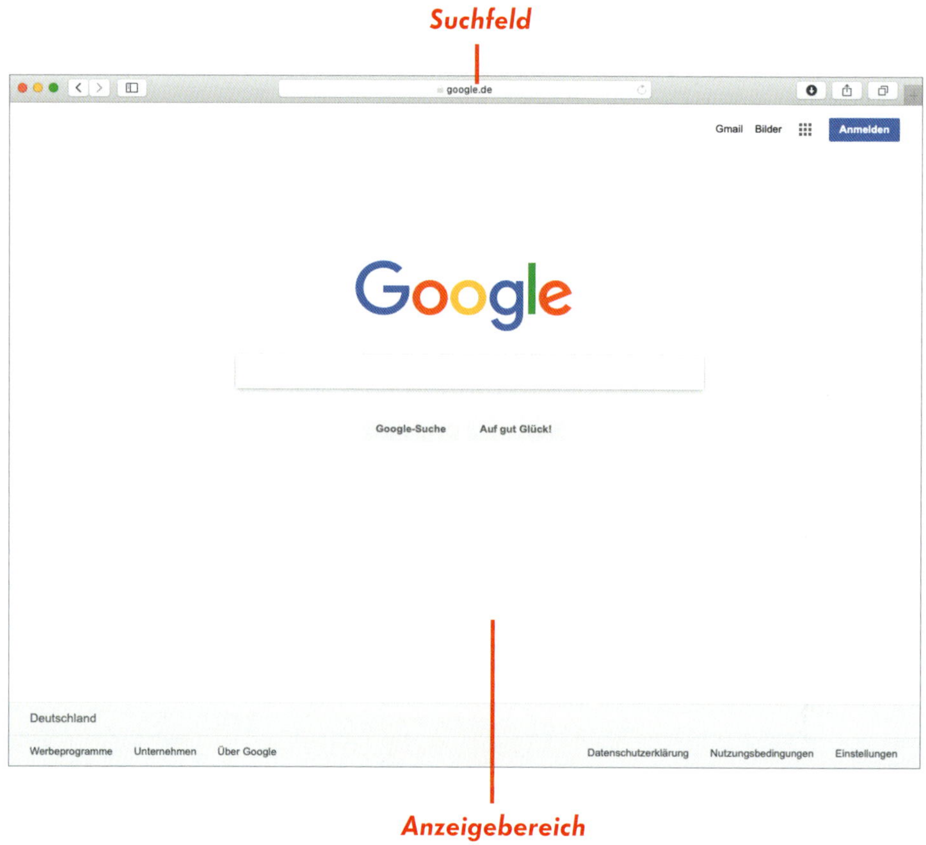

1 Klicken Sie im Dock auf das Symbol der App *Safari*, um diese zu öffnen. Die Bedienoberfläche ist sehr einfach strukturiert: Sie besteht aus einem Suchfeld ganz oben im Fenster – hier werden Webadressen eingetragen, aber auch Suchbegriffe. Im großen Anzeigebereich wird jeweils dargestellt, was Sie aufgerufen haben, also Webseiten wie in diesem Fall die bekannte Suchmaschine Google. Links und rechts neben dem Suchfeld sehen Sie darüber hinaus ein paar Symbole, um verschiedene App-Funktionen aufzurufen – diese finden Sie wie immer auch in der Menüleiste.

Um auf Ihrem Mac Webseiten aufzurufen – man spricht auch von »Surfen im Internet« – verwenden Sie einen sogenannten Webbrowser oder kurz Browser. Ein solcher Browser steht mit der App *Safari* bereits auf dem Mac zur Verfügung. Lernen Sie zunächst die Bedienoberfläche der App kennen und rufen Sie erstmals eine Webadresse auf.

WISSEN

2

3

4

2 Um eine Webadresse in der App *Safari* aufzurufen, tippen Sie diese nun einfach in das Suchfeld ein, beispielsweise eine Adresse, die Ihnen in den Nachrichten empfohlen wurde.

3 Während der Eingabe werden Ihnen Vorschläge gemacht und Sie können einen Vorschlag per Mausklick auswählen. Ansonsten geben Sie die Webadresse fertig ein und bestätigen mit der ⏎-Taste.

4 Die Webseite wird prompt geladen und Ihnen angezeigt, in diesem Fall die Webseite des Markt+Technik-Verlags unter *www.mut.de*.

Ende

Das *http://* in einer Webadresse – es steht für **H**yper**t**ext **T**ransfer **P**rotocol – müssen Sie zum Öffnen der Webadresse nicht eingeben.

HINWEIS

Und wofür steht *www* in der Webadresse? Ganz einfach: für **W**orld **W**ide **W**eb.

FACHWORT

Start

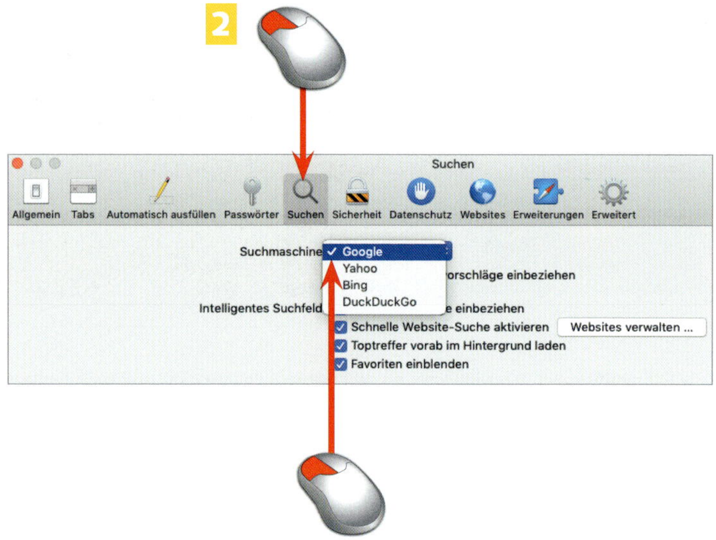

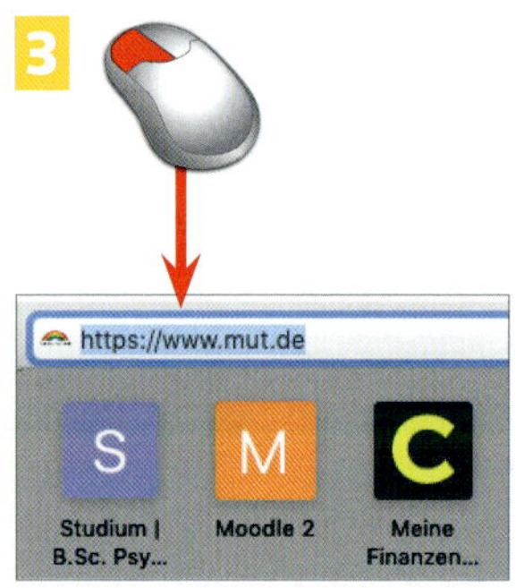

1 Um zunächst den Standardsuchanbieter festzulegen, wählen Sie in der Menüleiste von Safari *Safari* und dann *Einstellungen*.

2 Klicken Sie auf den Reiter *Suchen* und wählen Sie einen Suchanbieter aus. Google und Bing sind für die Suche im World Wide Web am besten geeignet. DuckDuckGo bietet mehr Datenschutz, dafür sind allerdings die Suchergebnisse nicht ganz so gut.

3 Um eine Websuche durchzuführen, klicken Sie in das Suchfeld oben in Safari.

Sie müssen selbstverständlich nicht mit einem Katalog von Webadressen im Kopf herumlaufen. Das World Wide Web lässt sich bequem mithilfe von Suchmaschinen nach beliebigen Suchbegriffen durchforsten. Webseiten, in denen der gesuchte Begriff vorkommt, werden Ihnen angezeigt. Auf dieser Doppelseite führen Sie eine Websuche in der App *Safari* durch.

WISSEN

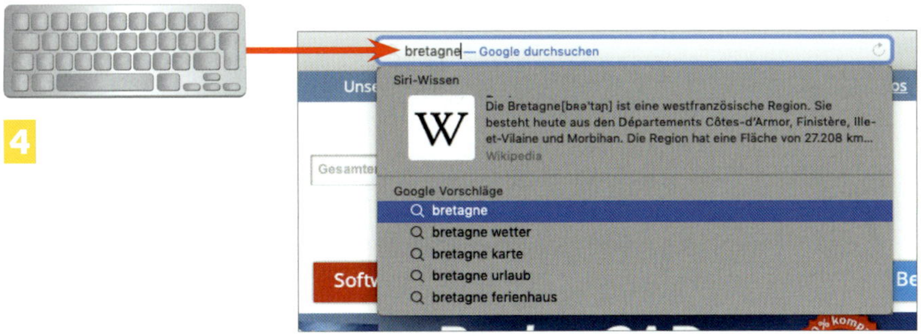

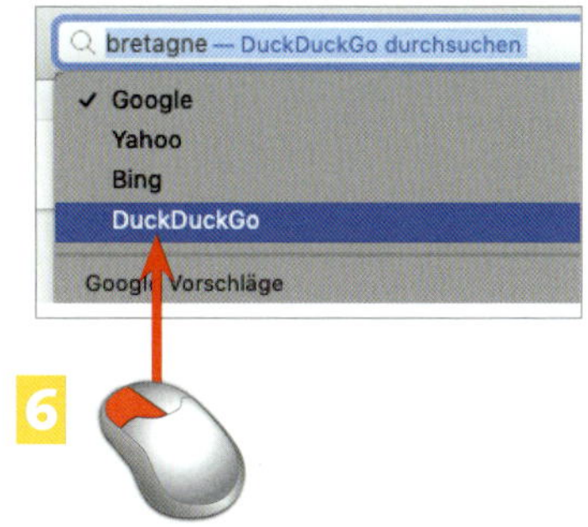

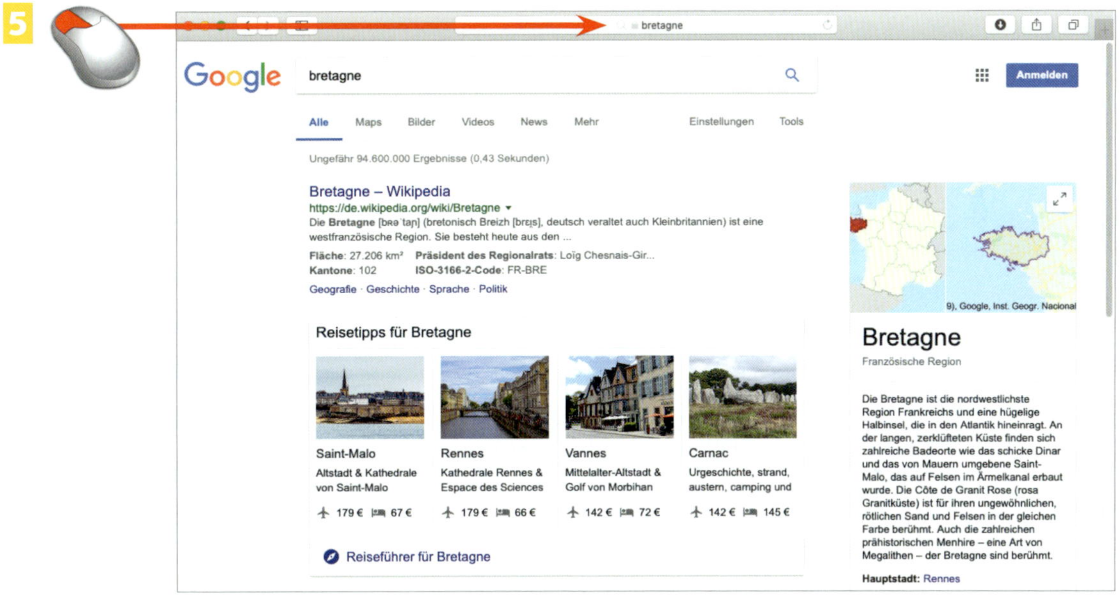

4 Geben Sie Ihren Suchbegriff ein und bestätigen Sie mit der [↵]-Taste. Wiederum können Sie alternativ einen Vorschlag per Mausklick auswählen.

5 Die Suche wird mit dem Standardsuchanbieter durchgeführt, und die Treffer werden Ihnen angezeigt. Falls Sie mit einem anderen Anbieter suchen möchten, klicken Sie links neben dem Suchbegriff auf das Symbol 🔍.

6 Klicken Sie auf einen Suchanbieter, um Ihre Suche mit diesem zu wiederholen.

Ende

Auch innerhalb einer Webseite lässt sich eine Suche starten. Dazu blenden Sie mit der Tastenkombination [cmd ⌘]+[F] ein zusätzliches Suchfeld ein.

TIPP

Sie erinnern sich: Auch mit der Spotlight-Suche, die Sie rechts oben auf der Mac-Bedienoberfläche unter dem Symbol 🔍 aufrufen, lässt sich eine Websuche starten.

HINWEIS

Start

1

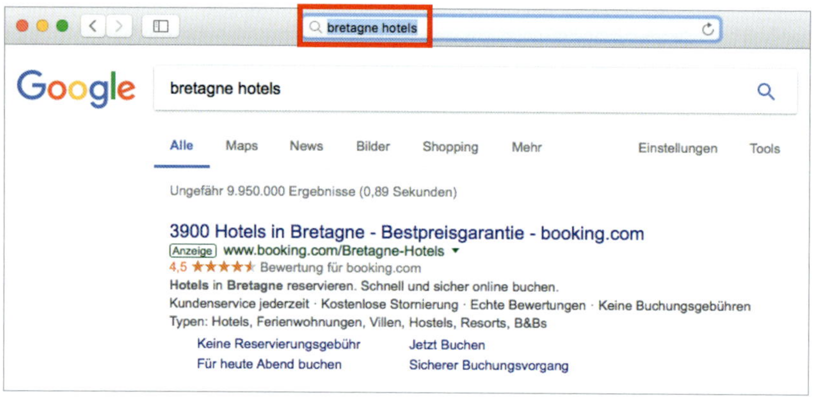

2

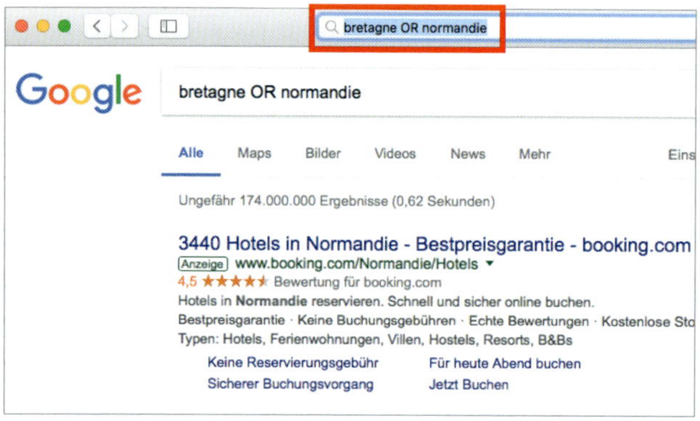

3

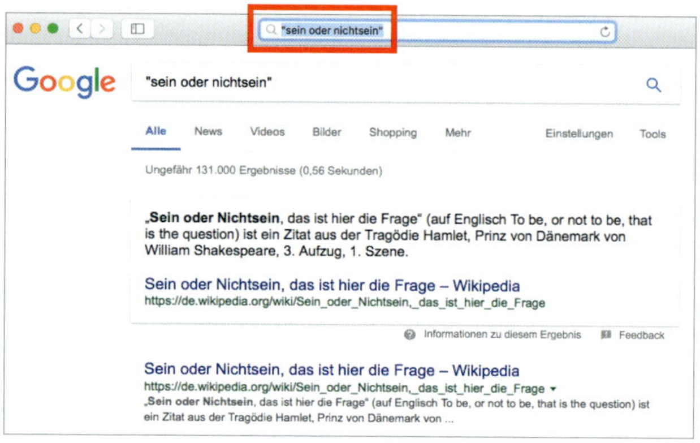

1 Geben Sie mehrere Suchbegriffe – durch Leerzeichen getrennt – ein. Diese werden automatisch durch ein unsichtbares *UND* verknüpft, d. h., alle eingegebenen Begriffe müssen auf einer Webseite vorhanden sein.

2 Soll entweder der eine oder der andere Suchbegriff auf einer Webseite vorkommen, verknüpfen Sie die Suchbegriffe hingegen durch den Operator *OR*.

3 Sollen Wörter in einer festgelegten Reihenfolge gesucht werden, beispielsweise ein Zitat oder ein Buchtitel, so geben Sie diese in Anführungszeichen ein.

Wenn Sie eine Websuche starten, kann es durchaus passieren, dass Sie Millionen Treffer erhalten. Meistens platzieren die Suchanbieter die wichtigsten Webseiten ganz oben. Sie können die Suche jedoch auch noch weiter einschränken, wie ich es Ihnen auf dieser Doppelseite anhand der Suchmaschine Google vorstelle.

WISSEN

4

5

6

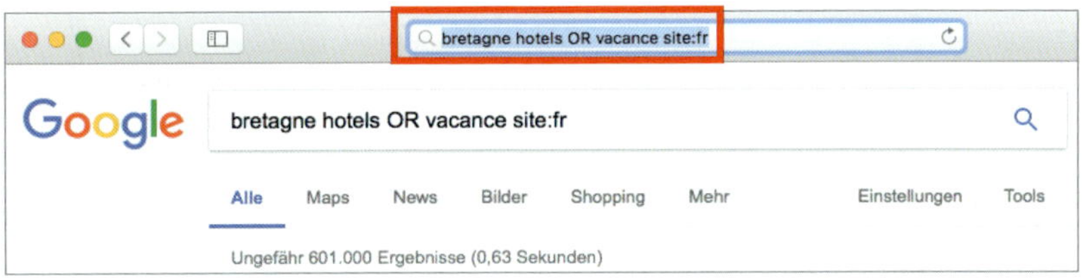

4 Um einen störenden Begriff von der Suche auszuschließen, stellen Sie dem Begriff ein Minuszeichen voran. Webseiten, auf denen dieser Begriff vorkommt, werden dann nicht angezeigt.

5 Die Suche können Sie auch auf eine bestimmte Domain – hier eine Top-Level-Domain – begrenzen: Dazu geben Sie nach dem Befehl *site*, durch einen Doppelpunkt getrennt, die Domain an. Diese Suchfunktion eignet sich auch für die Volltextsuche innerhalb einer Website.

6 Selbstverständlich lassen sich die einzelnen Suchfunktionen auch kombinieren – so werden Sie garantiert fündig!

Ende

Mit Google lassen sich sogar Berechnungen durchführen. Verwenden Sie die Zeichen +, -, * und / für die Grundrechenarten.

HINWEIS

Wenn Sie die Google-Seite unter *www.google.de* aufrufen, finden Sie rechts unten die Schaltfläche *Einstellungen*. Wählen Sie dort *Erweiterte Suche*, um weitere Suchfunktionen zu erhalten.

TIPP

Start

1

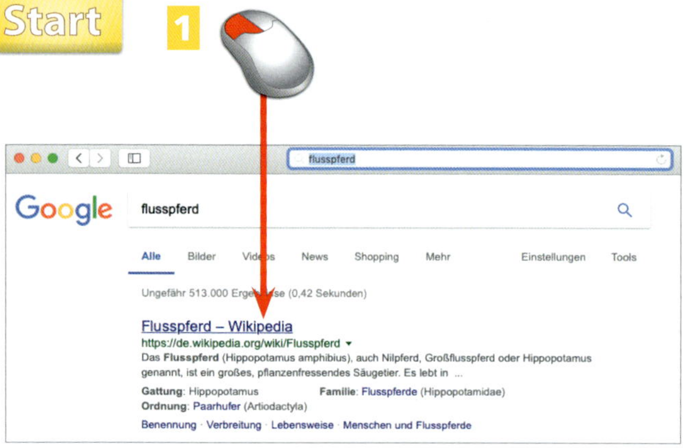

2

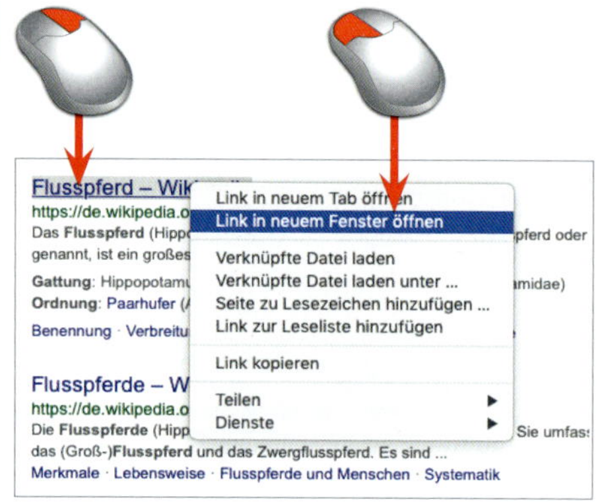

3

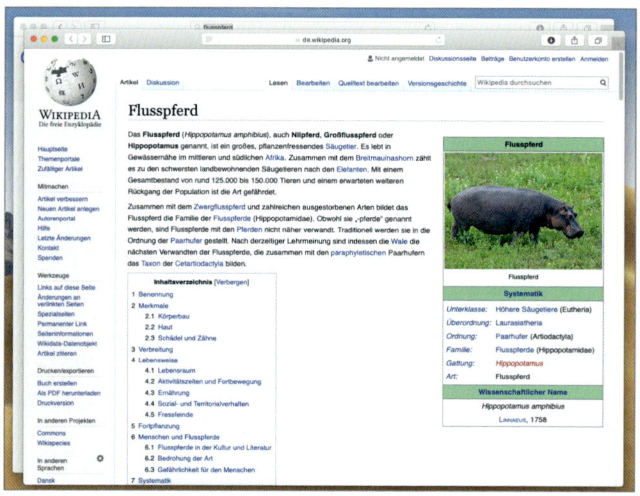

1 Um einen Link im gleichen Fenster oder im gleichen Tab (in der gleichen Registerkarte) zu laden, klicken Sie ihn einfach an.

2 Möchten Sie den Link in einem neuen Fenster aufrufen, klicken Sie ihn mit der rechten Maustaste bzw. bei gedrückter ctrl-Taste an und wählen im Menü den Eintrag *Link in neuem Fenster öffnen*.

3 Die mit dem Link verknüpfte Webseite wird in diesem Fall in einem neuen Fenster der App *Safari* geladen.

Die Navigation zwischen den Webseiten erfolgt durch Links – Verknüpfungen. Diese werden häufig durch unterstrichenen oder anderweitig kenntlich gemachten Text gekennzeichnet, können sich aber auch hinter Bildern oder weiteren Elementen verbergen. Auf dieser Doppelseite stelle ich Ihnen mehrere Möglichkeiten vor, einen Link zu öffnen.

WISSEN

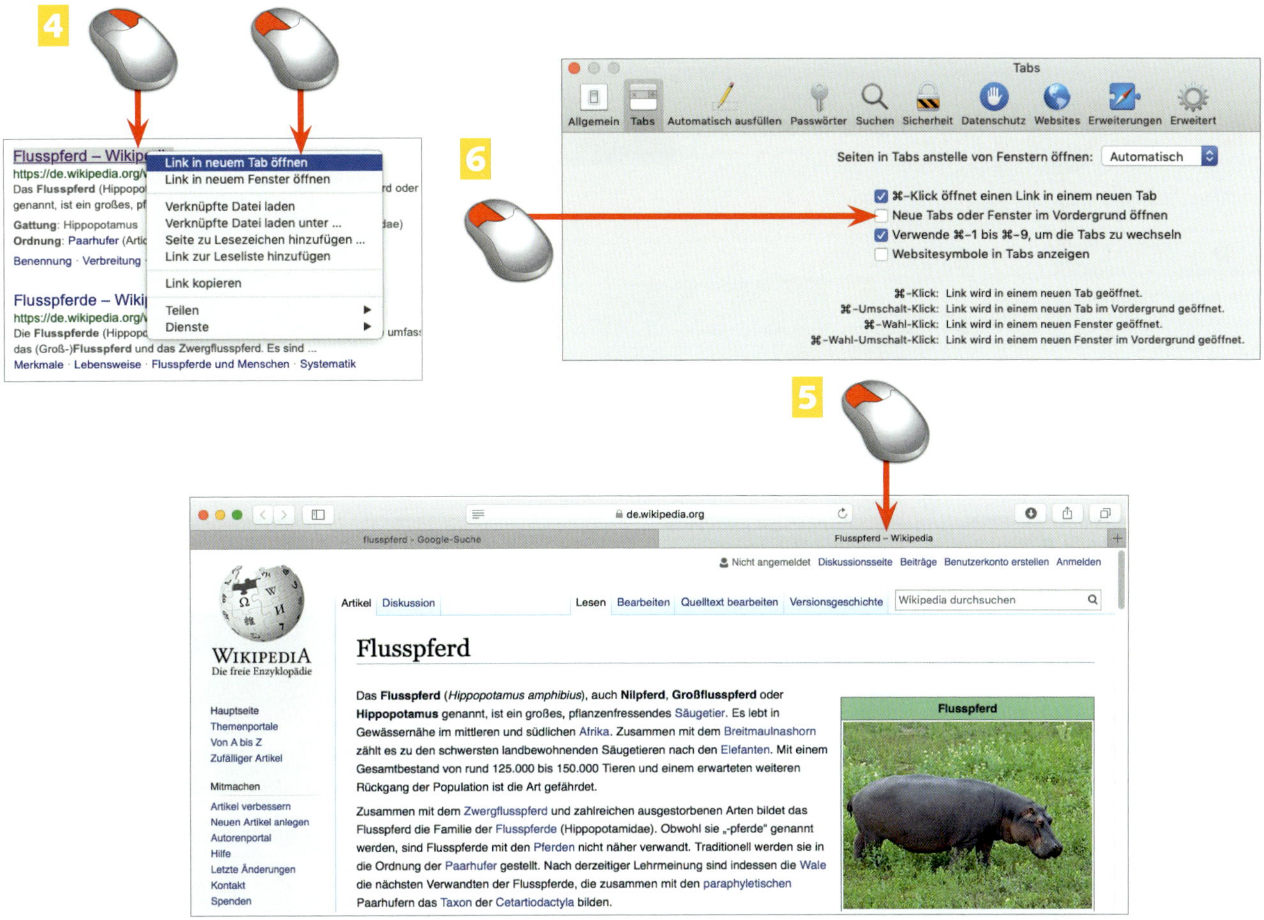

4 Oder soll das Aufrufen des Links in einem neuen Tab innerhalb des Fensters erfolgen? Dazu klicken Sie den Link mit der rechten Maustaste bzw. bei gedrückter ctrl-Taste an und wählen im Menü *Link in neuem Tab öffnen*.

5 Der neue Tab wird standardmäßig im Hintergrund geöffnet. Klicken Sie ihn an, um sich die geöffnete Webseite anzusehen.

6 Wenn Sie möchten, dass neue Tabs im Vordergrund geöffnet werden sollen, aktivieren Sie in den Safari-Einstellungen unter *Tabs* das Kontrollkästchen *Neue Tabs oder Fenster im Vordergrund öffnen*.

Ende

Um einen Link in einem neuen Tab zu öffnen, können Sie diesen auch einfach bei gedrückter cmd ⌘-Taste anklicken.

TIPP

Zum Öffnen eines Links in einem neuen Fenster halten Sie alternativ beim Anklicken die Tasten alt ⌥+cmd ⌘ gedrückt.

TIPP

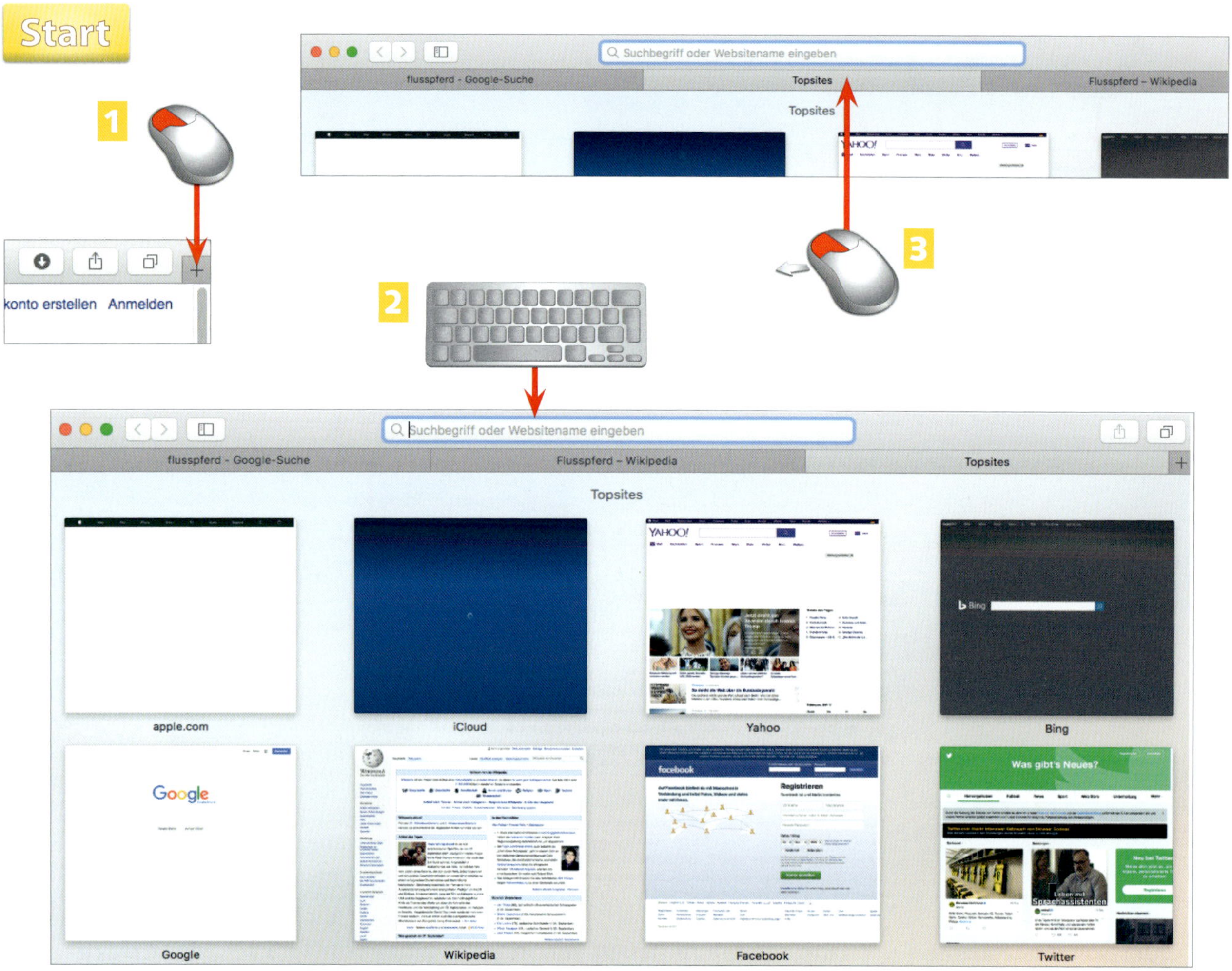

1 Um einen neuen Tab zu erstellen, klicken Sie rechts in der Tableiste auf das Symbol +.

2 In diesem Fall wird die Seite *Topsites* angezeigt und Sie können, wie bereits kennengelernt, in das Suchfeld eine Webadresse oder einen Suchbegriff eintippen.

3 Die Tabs lassen sich in der Tableiste anders anordnen. Klicken Sie dazu einen Tab an und ziehen Sie ihn bei gedrückter Maustaste in die gewünschte Position.

Im World Wide Web verirrt man sich schnell mal, deshalb sind Tabs das perfekte Mittel, um bei Webrecherchen wichtige Webseiten geöffnet zu halten. Der Umgang mit den Tabs ist das reinste Kinderspiel. Auf dieser Doppelseite lernen Sie die wichtigsten Funktionen rund um die Tabs kennen.

WISSEN

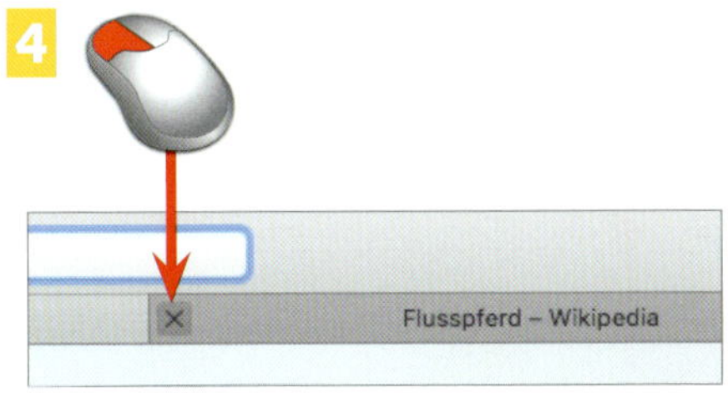

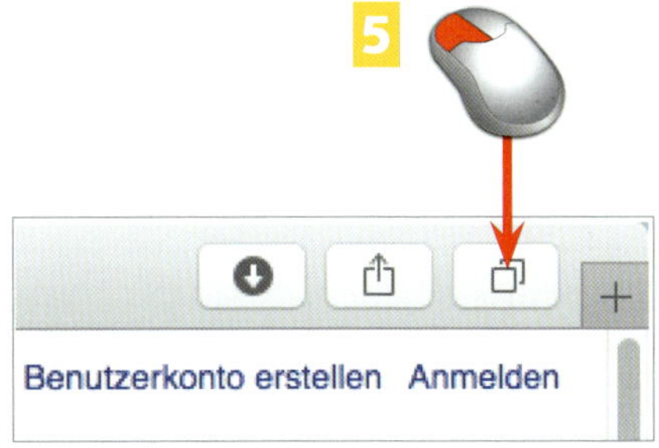

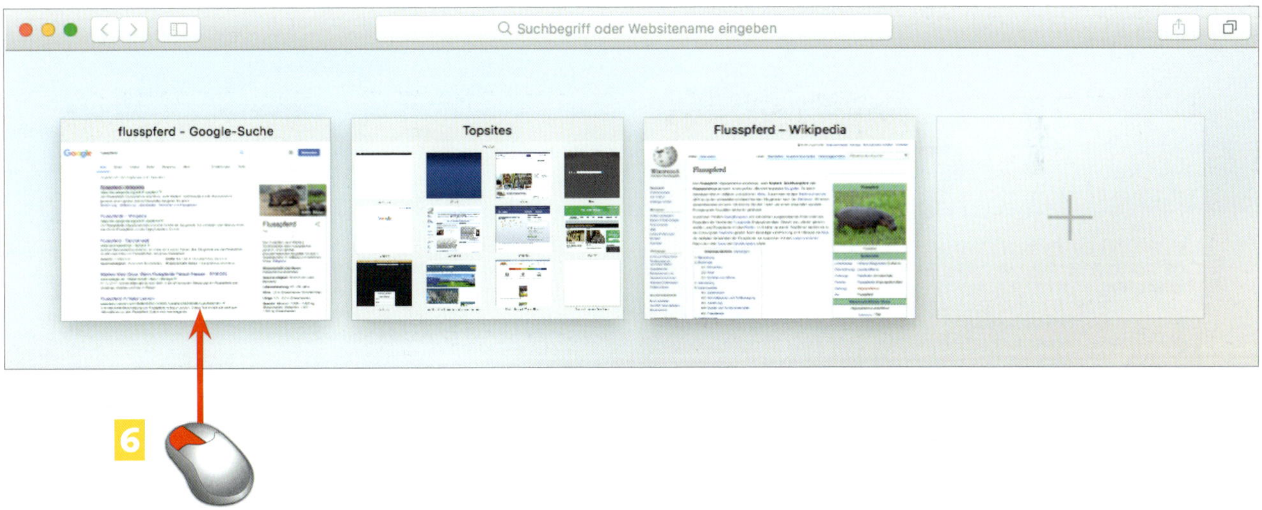

4 Um einen Tab zu schließen, bewegen Sie den Mauszeiger auf einen Tab und klicken auf das eingeblendete Kreuzsymbol ×.

5 Wünschen Sie sich eine bessere Übersicht über die geöffneten Tabs, so klicken Sie rechts oben im Safari-Fenster auf das Symbol ⧉.

6 Klicken Sie einen Tab in der Übersicht an, um die Webseite in den Vordergrund zu holen.

Ende

Klicken Sie bei gedrückter alt ⌥-Taste auf das ×-Symbol eines Tabs, werden alle Tabs außer diesem geschlossen.

TIPP

Die Tab-Übersicht erhalten Sie alternativ auch mit der Tastenkombination ⇧+cmd ⌘+7.

TIPP

Start

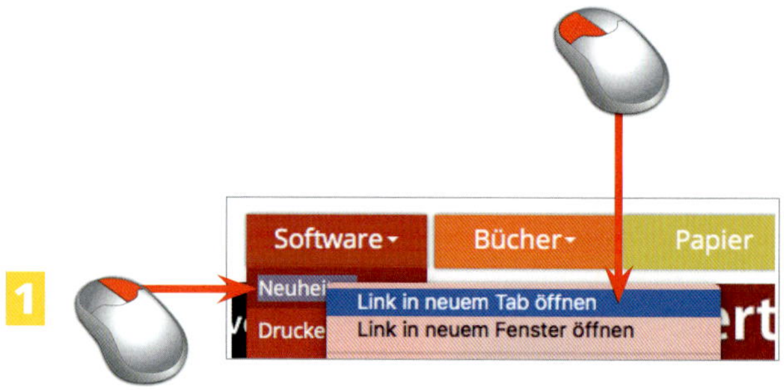

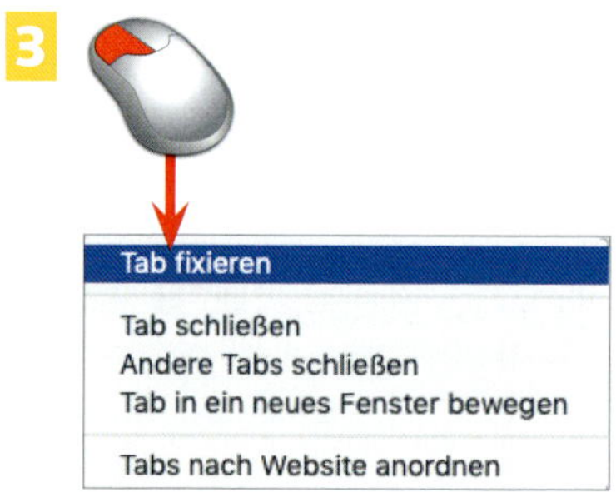

1 Öffnen Sie ganz normal eine Webseite in einem Tab, beispielsweise per Kontextmenü-Auswahl *Link in neuem Tab öffnen*.

2 Klicken Sie den Tab bei gedrückter ctrl-Taste bzw. mit der rechten Maustaste an.

3 Entscheiden Sie sich im Kontextmenü nun für den Eintrag *Tab fixieren*.

Ein Tab mit einer von Ihnen geöffneten Webseite soll auch dann zur Verfügung stehen, wenn Sie alle Tabs schließen bzw. den Webbrowser neu starten? Ihnen wird für diesen Zweck das Fixieren eines Tabs angeboten. Wie es funktioniert, erklärt Ihnen diese Doppelseite.

WISSEN

4

5

6

4 Der Tab wird links in der Tableiste als Symbol angeheftet. Die Webseite wird durch Anklicken des Symbols geöffnet.

5 Um einen fixierten Tab wieder zu entfernen, klicken Sie ihn mit der rechten Maustaste bzw. bei gedrückter ctrl-Taste an und wählen entweder *Tab loslösen* oder *Tab schließen*.

6 Wenn Sie einen fixierten Tab loslösen, wird er wieder ein normaler Tab.

Ende

So geht's auch: Ziehen Sie einen fixierten Tab bei gedrückter Maustaste nach rechts, um ihn loszulösen.

TIPP

Ist die Tableiste nicht eingeblendet, wählen Sie in der Menüleiste *Fenster/Tab fixieren*, um den gerade geöffneten Tab zu fixieren.

HINWEIS

Start

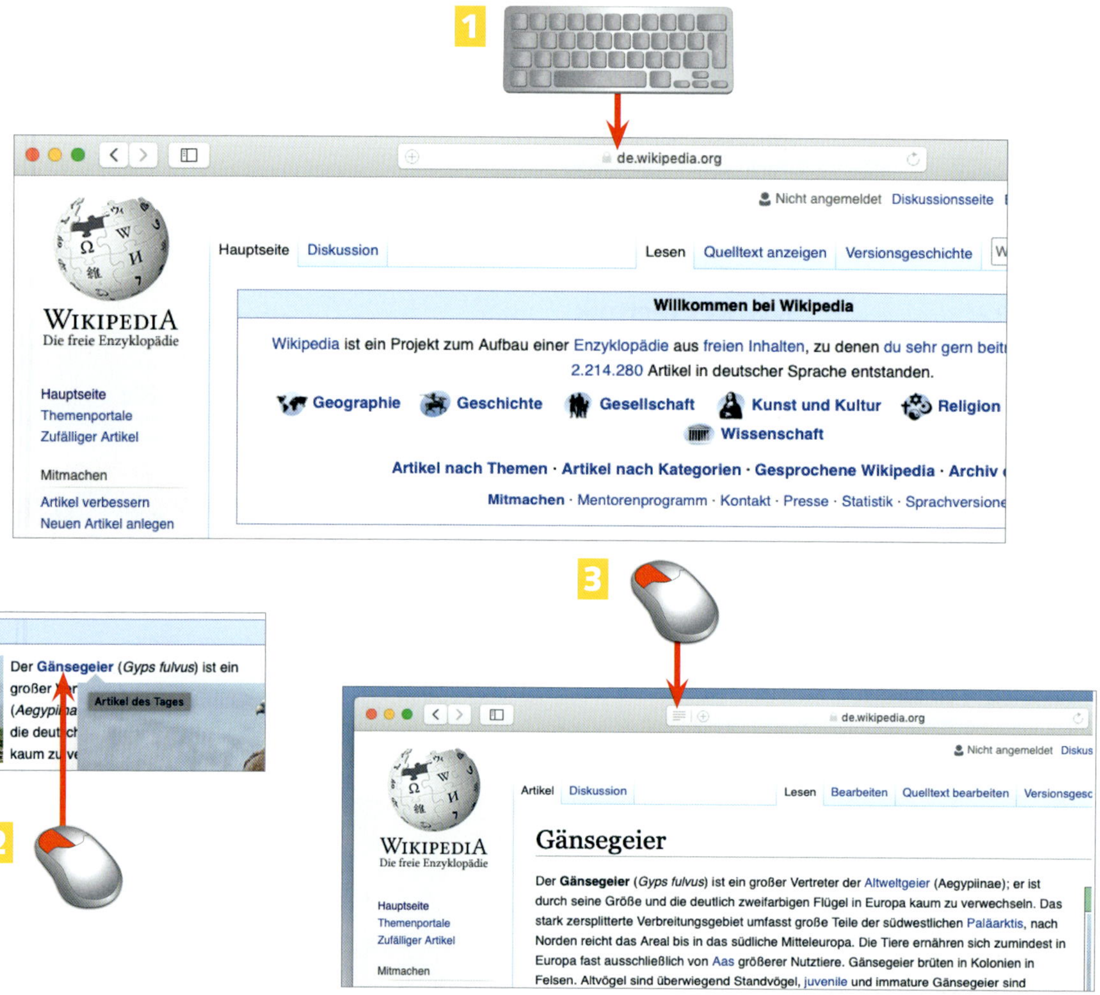

1 Öffnen Sie zunächst, wie bereits kennengelernt, eine Webseite – entweder durch das Anklicken eines Links oder die Eingabe einer Webadresse.

2 Für die erste Seite eines Webauftritts wird häufig noch keine Reader-Ansicht angeboten. Wählen Sie auf der Startseite einen Artikel aus.

3 Die Verfügbarkeit der Reader-Ansicht wird im Suchfeld oben in Safari durch das Symbol ☰ dargestellt. Um die Reader-Ansicht zu öffnen, klicken Sie dieses Symbol an.

Störende Navigationsleisten oder blinkende Werbung – das Lesen von Webartikeln kann manchmal richtig verwirrend sein. Dank der in Safari angebotenen Reader-Ansicht lässt sich dieses Problem jedoch beheben. In der Reader-Ansicht wird Ihnen tatsächlich nur der Artikel mit den zugehörigen Bildern angezeigt, störende Elemente auf einer Webseite werden ausgeblendet.

WISSEN

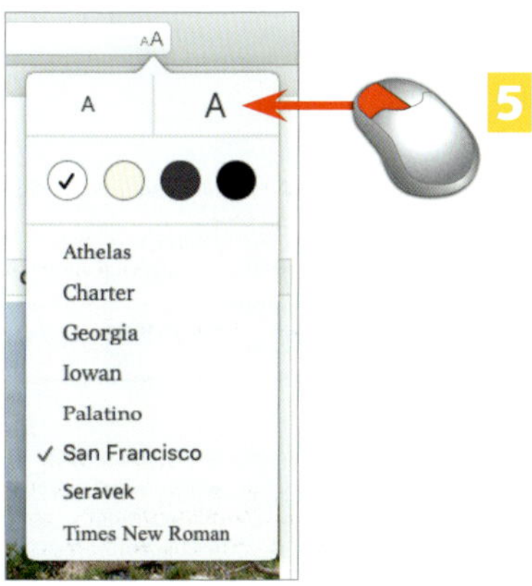

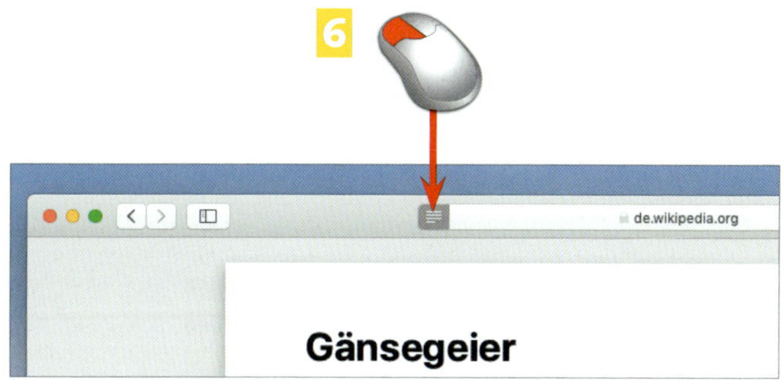

4 Ist Ihnen die Schrift zu klein, wünschen Sie eine andere Schriftart oder eine andere Hintergrundfarbe? Zum Ändern klicken Sie in der Reader-Ansicht auf das Symbol AA.

5 Schon erhalten Sie die gewünschten Optionen.

6 Um schließlich die Reader-Ansicht wieder zu beenden, klicken Sie im Suchfeld auf das Symbol oder drücken alternativ auf der Tastatur die esc-Taste.

Ende

Schrift vergrößern per Tastenkombination: Drücken Sie dazu die Tasten cmd ⌘ + +. Mit cmd ⌘ + - verkleinern Sie die Schrift, mit cmd ⌘ + 0 erhalten Sie wieder die ursprüngliche Schriftgröße.

HINWEIS

Die Reader-Ansicht können Sie bei Verfügbarkeit auch per Tastenkombination aufrufen: Verwenden Sie dazu die Tasten ⇧ + cmd ⌘ + R.

TIPP

Start

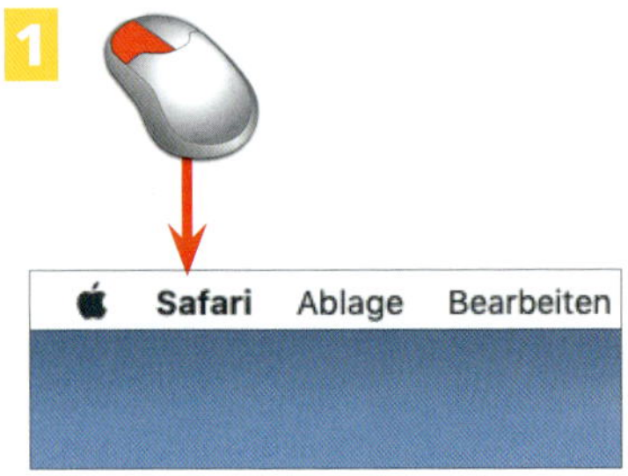

1 Rufen Sie die Website auf, für die Sie die Einstellungen vornehmen möchten. Entscheiden Sie sich dann in der Menüleiste für *Safari*.

2 Klicken Sie im sich öffnenden Menü auf *Einstellungen für diese Website*.

3 Es öffnet sich ein Fenster, in dem Sie per Kontrollkästchen festlegen, ob beim Aufrufen der Website automatisch der Reader oder der Inhaltsblocker aktiviert werden soll oder nicht.

Mit dem Safari-Browser unter macOS Mojave können Sie bestimmte Einstellungen für jede Website einzeln festlegen. Soll der Reader verwendet werden? Soll eine bestimmte Zoomstufe eingestellt werden? Wie Sie diese und weitere Website-Einstellungen vornehmen, erfahren Sie auf dieser Doppelseite.

WISSEN

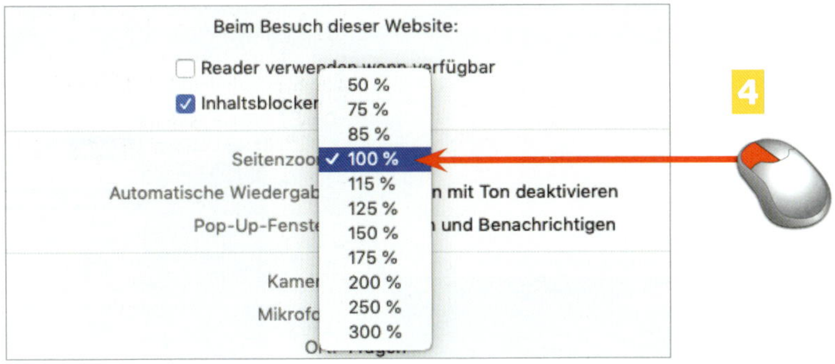

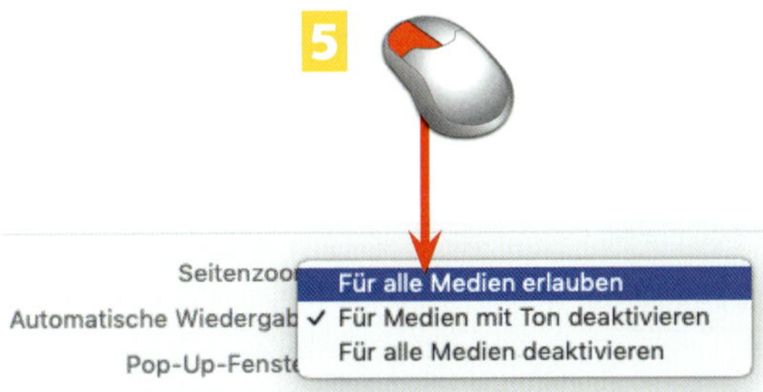

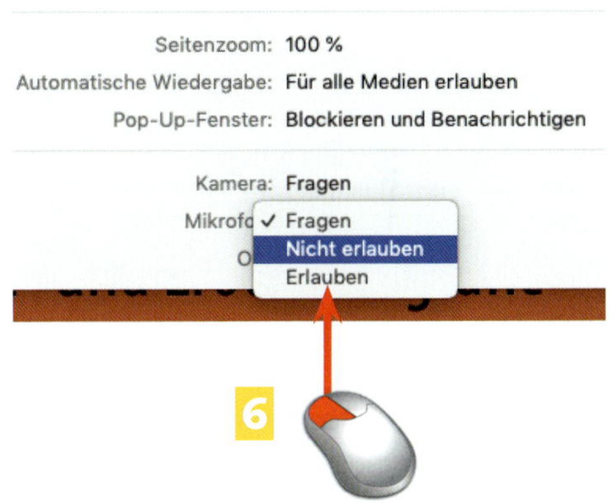

4 Mit dem Menü *Seitenzoom* bestimmen Sie die Zoomstufe beim Aufrufen der Website.

5 Sollen Medien auf der Website automatisch wiedergegeben werden? Dies legen Sie mit dem Menüpunkt *Automatische Wiedergabe* fest.

6 Schließlich lassen sich auch noch verschiedene Datenschutzeinstellungen für die Website individuell festlegen: Entscheiden Sie mit den Menüs *Kamera*, *Mikrofon* und *Orte*, ob Sie den Zugriff auf die jeweilige Funktion erlauben wollen oder nicht.

Ende

Um die Einstellungen für die einzelnen Websites zu verwalten, wählen Sie *Safari/Einstellungen* und entscheiden sich anschließend für *Websites*.

HINWEIS

Oder so: Klicken Sie mit der rechten Maustaste bzw. bei gedrückter ctrl-Taste ins Adressfeld und wählen Sie im Kontextmenü *Einstellungen für diese Website*.

TIPP

Start

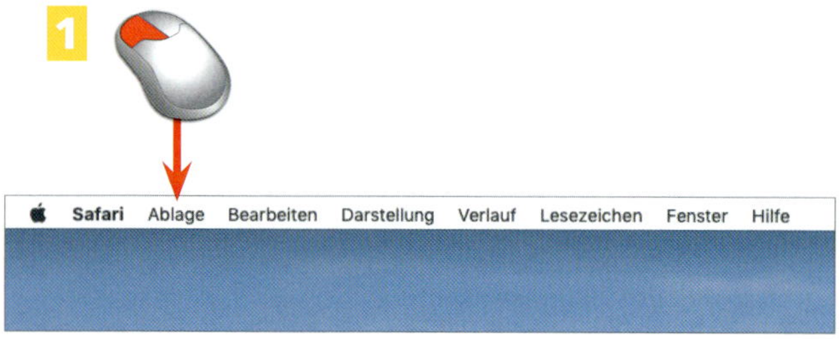

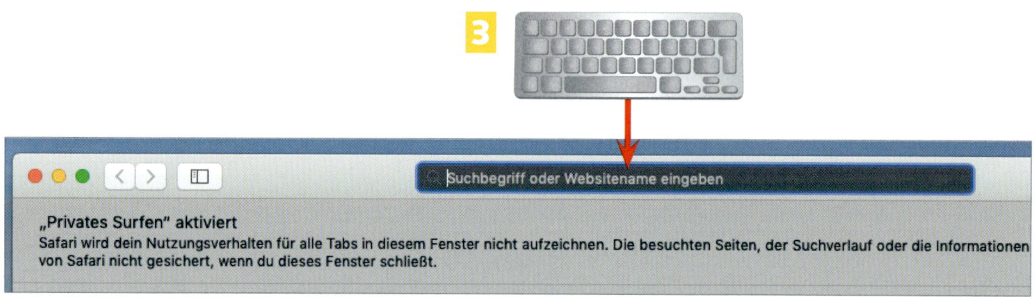

1 Um ein »privates Fenster« zu öffnen, entscheiden Sie sich in der Menüleiste von Safari für *Ablage*.

2 Im sich öffnenden Menü klicken Sie auf den Eintrag *Neues privates Fenster*.

3 Das private Fenster wird geöffnet und durch ein grau unterlegtes Suchfeld angezeigt. Geben Sie wie gewohnt eine Webadresse oder einen Suchbegriff ein, um im Internet zu surfen.

In manchen Fällen werden Sie nicht wollen, dass Daten zu den von Ihnen besuchten Webseiten auf Ihrem Mac gespeichert werden. In der Safari-App lässt sich dies ganz einfach durch das Surfen in einem »privaten Fenster« verhindern. Beachten Sie aber, dass dadurch keine Anonymität im Internet entsteht – durch die sogenannte IP-Adresse ist Ihr Mac jederzeit identifizierbar!

WISSEN

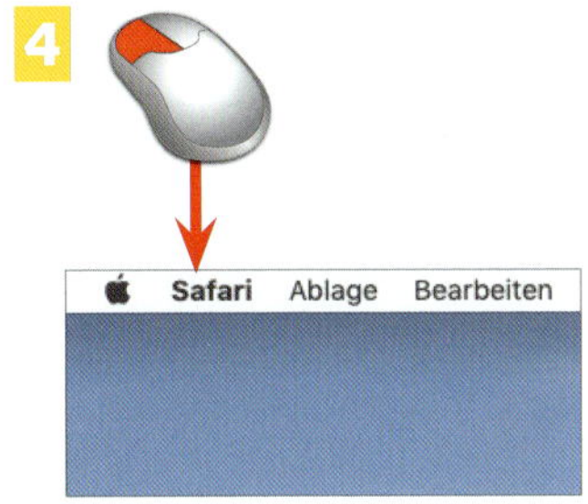

4 Bereits gespeicherte Daten lassen sich selbstverständlich jederzeit beseitigen. Dazu klicken Sie in der Safari-Menüleiste auf *Safari*.

5 Entscheiden Sie sich nun im Menü für den Eintrag *Verlauf löschen*.

6 Wählen Sie im letzten Schritt eine Löschoption aus und bestätigen Sie mit *Verlauf löschen*.

Ende

Auch so können Sie ein privates Fenster öffnen, sofern bereits ein Fenster geöffnet wurde: Klicken Sie mit der rechten Maustaste auf das Safari-Symbol im Dock (bzw. bei gedrückter *ctrl*-Taste anklicken oder Symbol gedrückt halten) und wählen Sie *Neues privates Fenster*.

HINWEIS

So geht's per Tastenkombination: Drücken Sie ⇧+*cmd* ⌘+*N*, um ein neues privates Fenster aufzurufen.

TIPP

Start

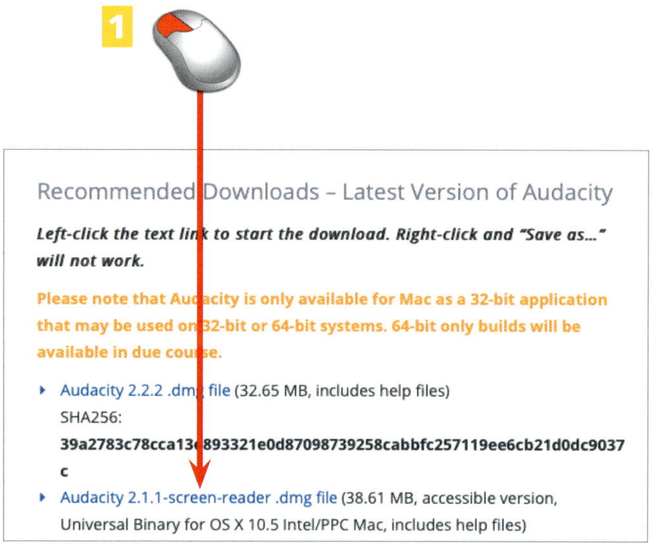

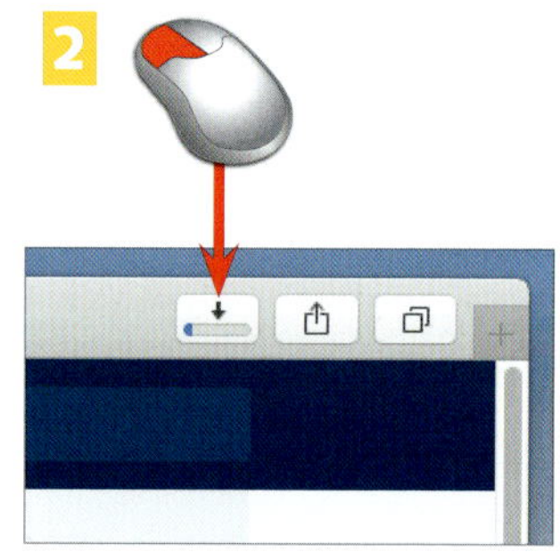

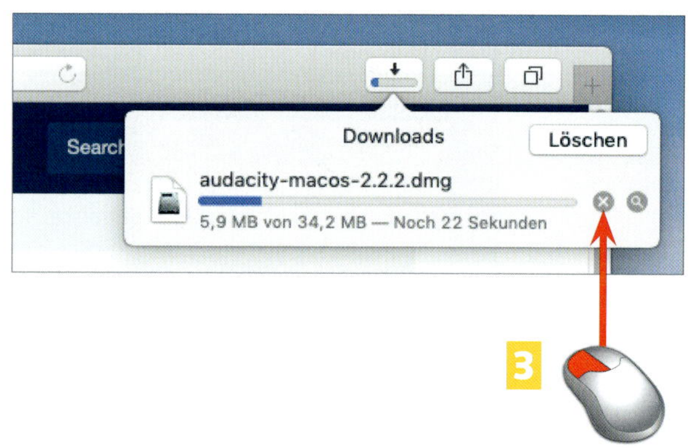

1 Um einen Download zu tätigen, klicken Sie auf einer Webseite auf einen Download-Link – in der Regel wird dieser durch eine entsprechende Angabe gekennzeichnet.

2 Der Download wird automatisch gestartet. Sie erhalten per Symbol rechts oben in Safari eine Information über den Download-Fortschritt. Für weitere Informationen klicken Sie das Symbol an.

3 Sie erhalten detaillierte Informationen zur Dateigröße und zum Download-Fortschritt. Einen versehentlich gestarteten Download brechen Sie mit dem Symbol ab.

Das Herunterladen von Dateien aller Art ist mit Safari kein Problem, egal ob es sich um ein Dokument oder eine App handelt. Achten Sie beim Download aber stets auf seriöse Quellen! Auf dieser Doppelseite zeige ich Ihnen Schritt für Schritt, wie simpel ein Download funktioniert.

WISSEN

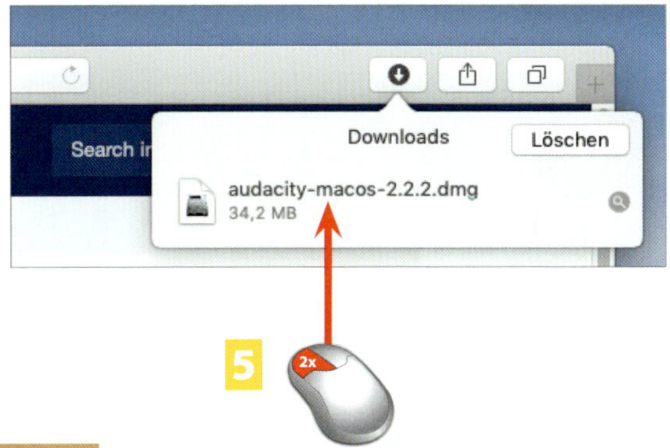

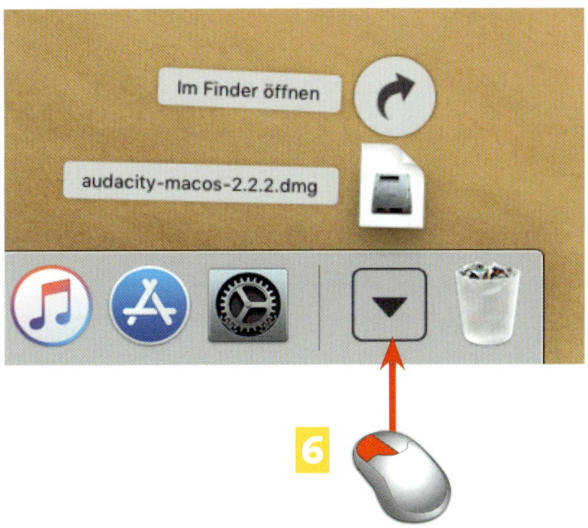

4 Das Herunterladen erfolgt im Hintergrund. Nach dem Abschluss des Downloads klicken Sie rechts oben in Safari auf das Symbol.

5 Doppelklicken Sie auf die heruntergeladene Datei, um sie zu öffnen.

6 Standardmäßig werden die Dateien im Ordner *Downloads* gespeichert – dieser lässt sich wiederum standardmäßig im rechten Bereich des Docks aufrufen.

Ende

Einen anderen Download-Ordner wählen: Klicken Sie dazu mit der rechten Maustaste bzw. bei gedrückter ctrl-Taste auf einen Download-Link und wählen Sie *Verknüpfte Datei laden unter*.

TIPP

Um den Download-Verlauf zu löschen, klicken Sie unter dem Symbol auf die Schaltfläche *Löschen* – die heruntergeladenen Dateien bleiben erhalten.

TIPP

Start

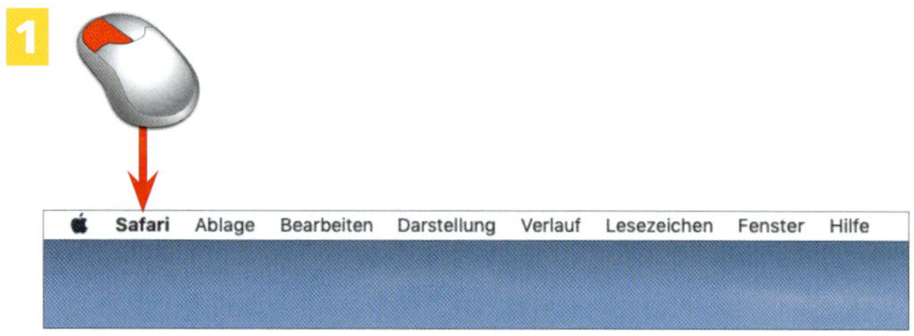

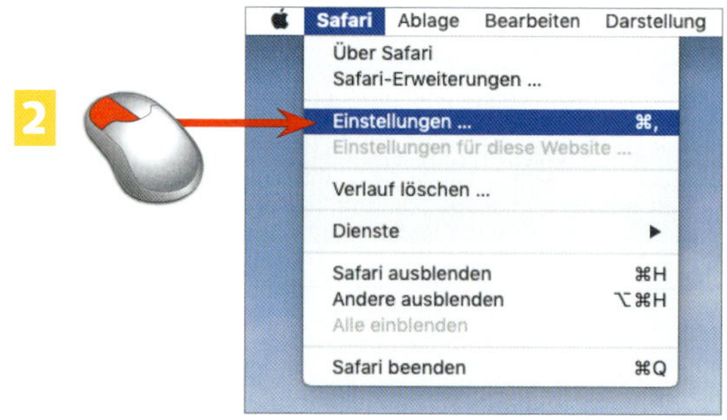

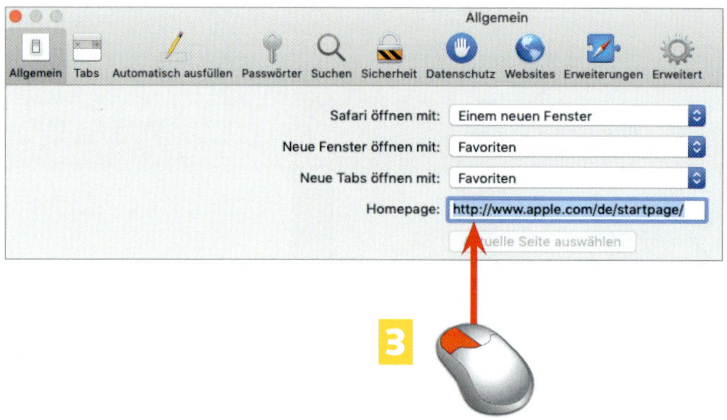

1 Um eine individuelle Startseite festzulegen, klicken Sie zunächst in der Safari-Menüleiste auf *Safari*.

2 Wählen Sie im Menü den Eintrag *Einstellungen*.

3 Klicken Sie nun unter dem Reiter *Allgemein* in das Feld *Homepage*. (Homepage ist ein anderes Wort für Startseite, wobei der Begriff aber auch für einen Webauftritt insgesamt verwendet wird.)

In Safari lässt sich beim Browserstart eine individuelle Startseite aufrufen, etwa die Webseite Ihrer Firma, Ihr Blog oder eine News-Seite. Wie Sie die Startseite einrichten, lesen Sie Schritt für Schritt auf dieser Doppelseite.

WISSEN

4

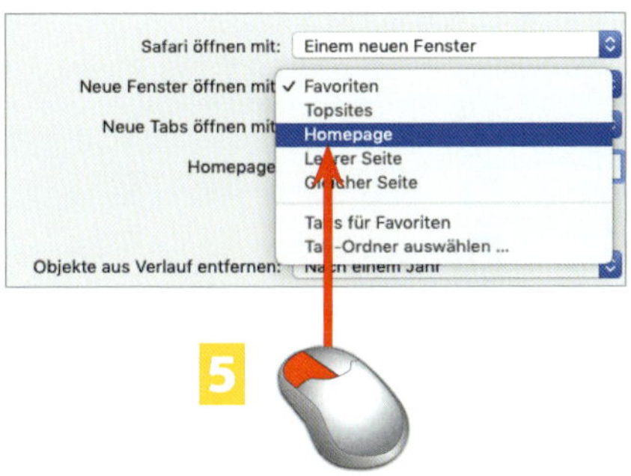

5

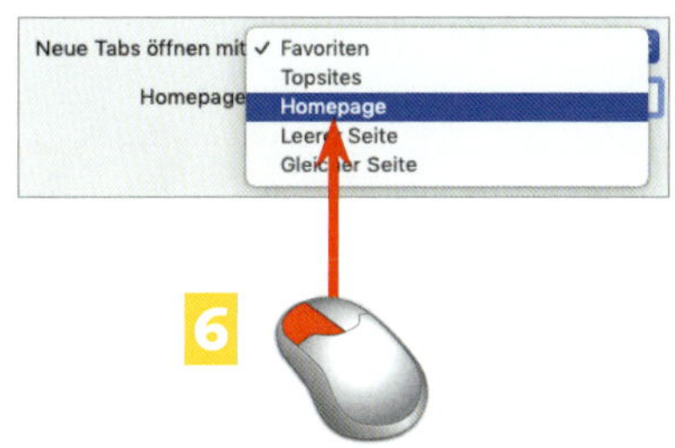

6

4 Überschreiben Sie die vorhandene Webadresse mit einer eigenen.

5 Sollen neue Fenster mit der gewählten Startseite geöffnet werden, klicken Sie nun auf das Menü *Neue Fenster öffnen mit* und wählen den Eintrag *Homepage*.

6 Sollen neue Tabs mit der gewählten Startseite geöffnet werden, klicken Sie auf das Menü *Neue Tabs öffnen mit* und wählen ebenfalls den Eintrag *Homepage*.

Ende

Sie möchten stets in einem privaten Fenster surfen? Dann wählen Sie im Menü *Safari öffnen mit* den Eintrag *Neuem privaten Fenster*.

TIPP

Wenn Sie die gewünschte Startseite bereits geöffnet haben, sparen Sie sich in Schritt 4 Tipparbeit, indem Sie einfach auf *Aktuelle Seite auswählen* klicken.

HINWEIS

Start

1

2

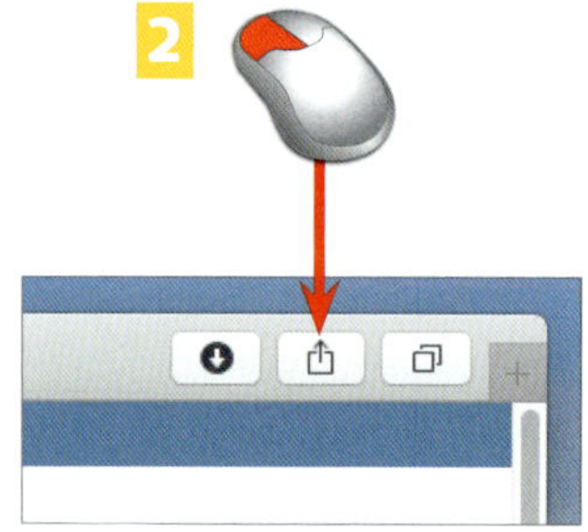

3

1 Öffnen Sie zunächst die Webseite, die Sie Ihren Lesezeichen hinzufügen möchten. Sie stellen dabei fest: Wenn Sie in das Suchfeld klicken, werden Ihnen die bereits vorhandenen Lesezeichen-Favoriten zur Auswahl angeboten.

2 Klicken Sie nun rechts oben in Safari auf das Symbol .

3 Wählen Sie im Menü den Eintrag *Lesezeichen hinzufügen*.

Webadressen, die Sie später erneut aufrufen möchten, fügen Sie Ihren Lesezeichen hinzu – eine Art persönliches Adressbuch, das es Ihnen ermöglicht, entsprechend gespeicherte Webadressen durch Anklicken zu laden. Wie das geht, erfahren Sie auf dieser Doppelseite.

WISSEN

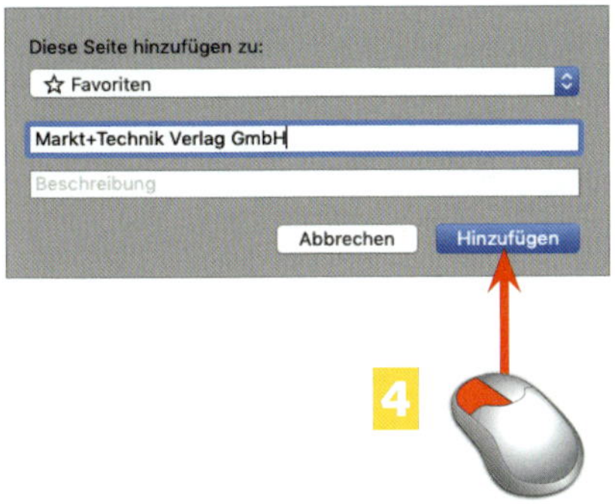

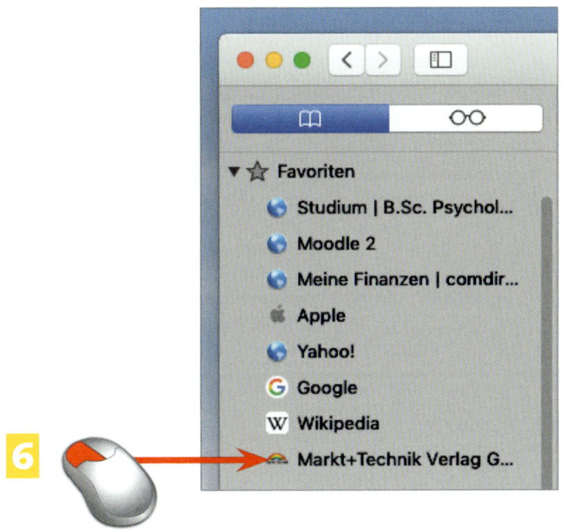

4 Passen Sie gegebenenfalls noch den Speicherort und Lesezeichennamen an und geben Sie, wenn gewünscht, noch eine kurze Beschreibung ein, bevor Sie mit *Hinzufügen* bestätigen.

5 Auf Ihre Favoriten können Sie, wie bereits erwähnt, per Mausklick ins Suchfeld zugreifen. Um Zugriff auf alle Lesezeichen zu erhalten, klicken Sie oben in Safari auf das Symbol .

6 Klicken Sie einen Eintrag in der eingeblendeten Seitenleiste an, um die Webadresse zu laden. Um die Seitenleiste wieder auszublenden, klicken Sie erneut auf das Symbol .

Ende

Haben Sie in iCloud die Option *Safari* aktiviert, werden Ihre Lesezeichen zwischen Ihren verschiedenen Apple-Geräten synchronisiert – und sogar geöffnete Tabs in Form der sogenannten iCloud-Tabs.

HINWEIS

Auch das Hinzufügen eines Lesezeichens gelingt per Tastenkombination, nämlich *cmd ⌘*+*D*.

TIPP

Start

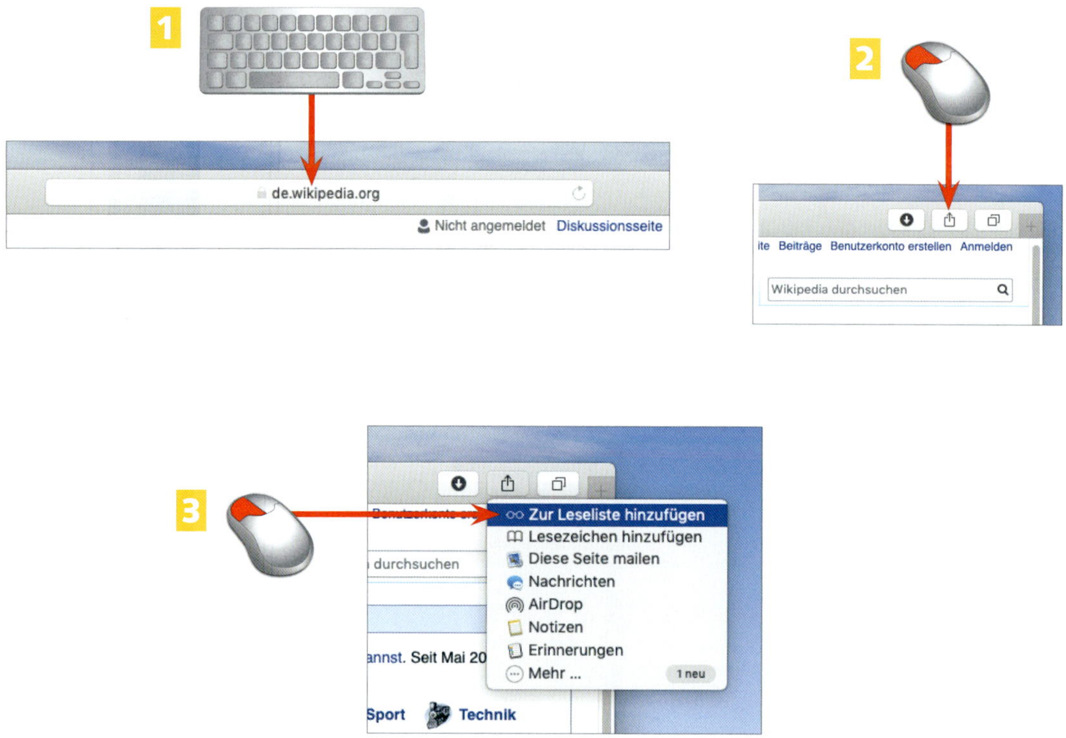

1 Zunächst gehen Sie wie beim Hinzufügen eines Lesezeichens vor, d. h., Sie rufen die gewünschte Webseite auf.

2 Klicken Sie dann rechts oben in Safari auf das Symbol . Alternativ klicken Sie auf das Symbol ⊕, das eingeblendet wird, wenn Sie den Mauszeiger auf das Suchfeld bewegen.

3 Entscheiden Sie sich im Menü für den Eintrag *Zur Leseliste hinzufügen*.

Bei Lesezeichen werden nur die Webadressen gespeichert. Sie können aber auch eine Leseliste verwenden, bei der tatsächlich die Webseiten gespeichert werden, um diese später auch ohne Internetverbindung lesen zu können. Die Leseliste lässt sich sehr einfach verwenden, wie Sie auf dieser Doppelseite erfahren.

WISSEN

4

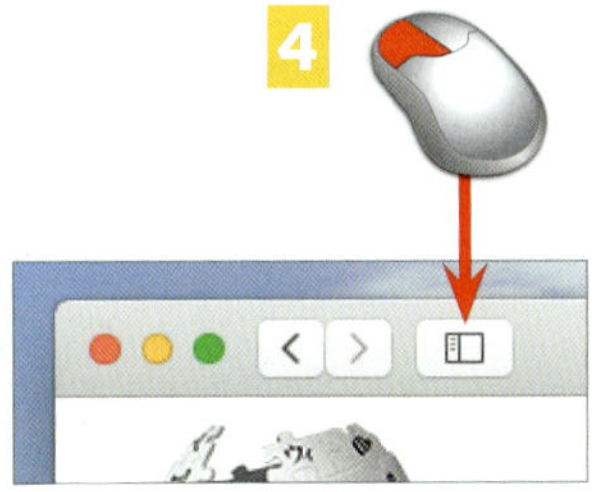

5

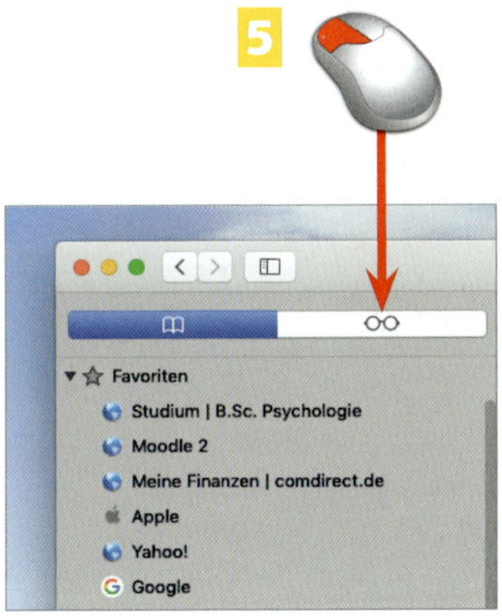

6

4 Zum Aufrufen Ihrer Leseliste blenden Sie wieder über das Symbol die Seitenleiste ein.

5 Wechseln Sie gegebenenfalls per Brillensymbol zur Leseliste.

6 Klicken Sie einen Eintrag in der Leseliste an, um die entsprechende Webseite zu lesen. Sofern keine Internetverbindung besteht, wird im Suchfeld der Hinweis *Nicht aktiv* eingeblendet.

Ende

Ein Eintrag kann wieder aus der Leseliste entfernt werden: Klicken Sie ihn dazu mit der rechten Maustaste bzw. bei gedrückter ctrl-Taste an und wählen Sie *Objekt entfernen*.

HINWEIS

Und auch das Hinzufügen zur Leseliste funktioniert per Tastenkombination: Dazu drücken Sie die Tasten ⇧+cmd ⌘+D.

TIPP

Start

1

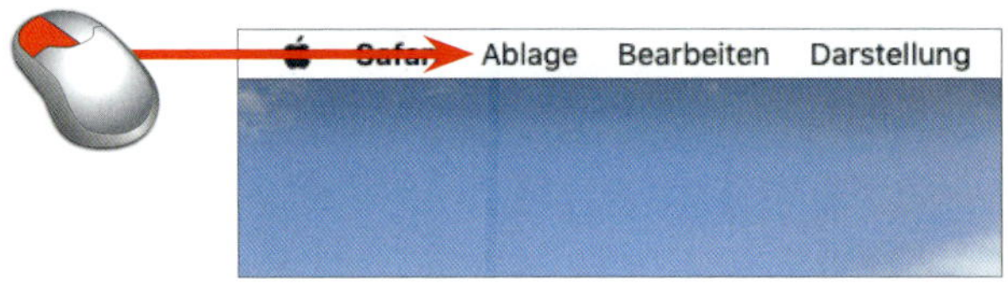

2

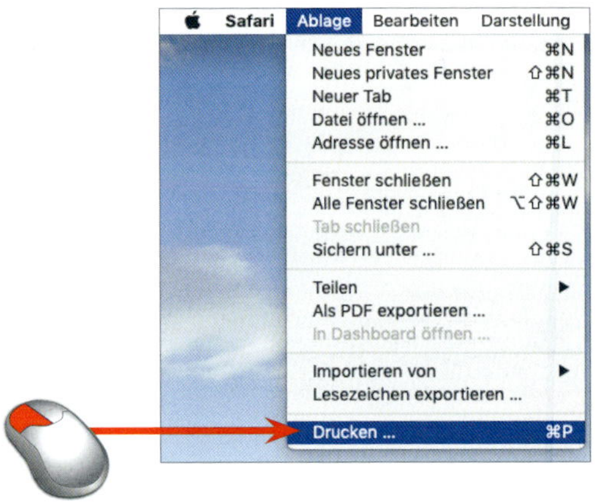

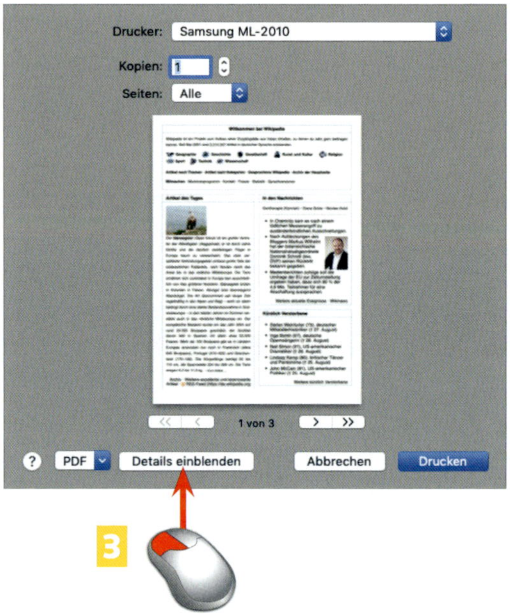

3

1 Um eine Webseite zu Papier zu bringen, klicken Sie in der Menüleiste auf *Ablage*. Die Druckoption finden Sie nicht nur in Safari, sondern auch in anderen Apps unter *Ablage*.

2 Entscheiden Sie sich im Menü für den Eintrag *Drucken*. Alternativ können Sie den Ausdruck auch per Tastenkombination *cmd ⌘*+*P* starten.

3 Im sich öffnenden Fenster erhalten Sie eine Druckvorschau. Klicken Sie hier zunächst auf die Schaltfläche *Details einblenden*.

Manchmal werden Sie eine Webseite mit interessanten oder wichtigen Informationen zu Papier bringen wollen. Sofern ein Drucker eingerichtet wurde, ist das eine Sache weniger Handgriffe. Drucken Sie aber wirklich nur benötigte Webseiten aus, denn gerade Farbausdrucke kosten viel Geld!

WISSEN

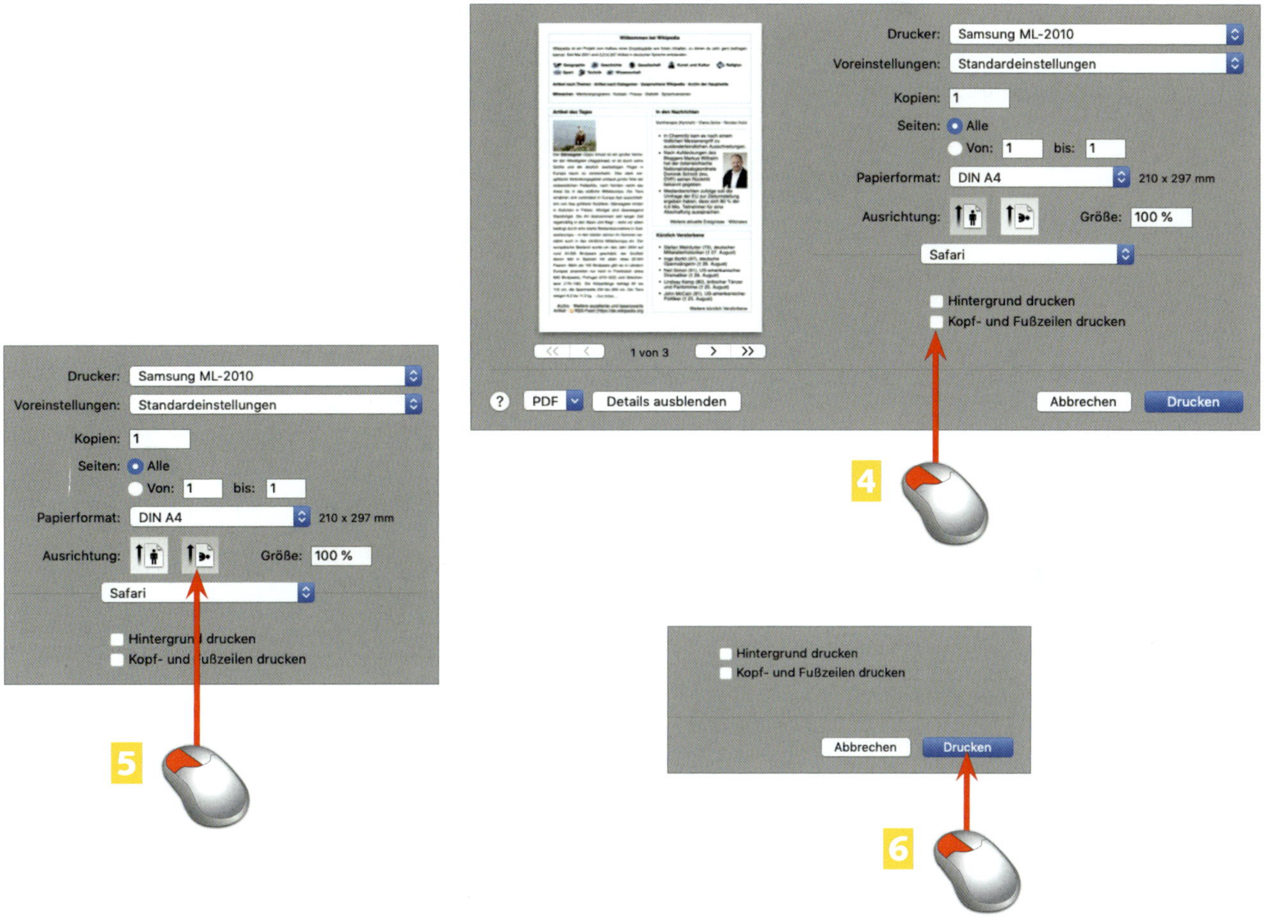

4 Deaktivieren Sie in den Details zum Beispiel das Kontrollkästchen *Kopf- und Fußzeilen drucken*, um vielleicht störende Angaben auszublenden.

5 Oder möchten Sie vom Hoch- ins Querformat umschalten? Dazu klicken Sie in den Details auf das Symbol .

6 Sie können auch noch die Seitenzahl etc. festlegen. Klicken Sie schließlich auf die Schaltfläche *Drucken*, um die Webseite zu Papier zu bringen.

Ende

HINWEIS

Eine Webseite können Sie auch als Datei (Webarchiv) speichern: Dazu wählen Sie *Ablage* und dann *Sichern unter*.

TIPP

Eine Webseite als PDF-Datei speichern: Hierzu entscheiden Sie sich für *Ablage* und dann für *Als PDF exportieren*. Eine PDF-Option erhalten Sie alternativ auch in der Druckvorschau.

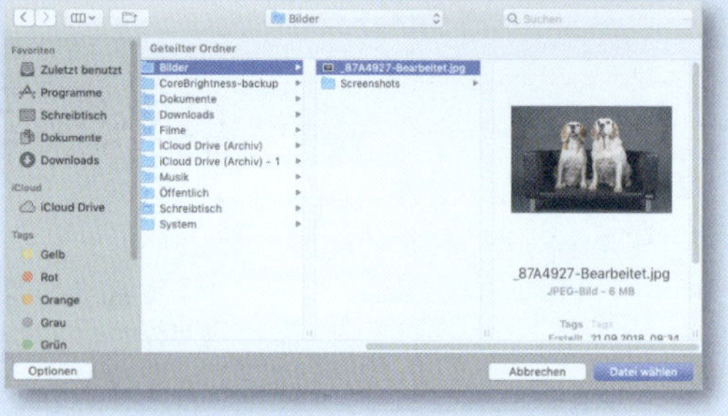
Bilder
Suchen
Favoriten
Zuletzt benutzt
Programme
Schreibtisch
Dokumente
Downloads
iCloud
iCloud Drive
Tags
Gelb
Rot
Orange
Grau
Grün
Geteilter Ordner
Bilder
CoreBrightness-backup
Dokumente
Downloads
Filme
iCloud Drive (Archiv)
iCloud Drive (Archiv) - 1
Musik
Öffentlich
Schreibtisch
System
_87A4927-Bearbeitet.jpg
Screenshots
_87A4927-Bearbeitet.jpg
JPEG-Bild - 6 MB
Optionen
Abbrechen
Datei wählen

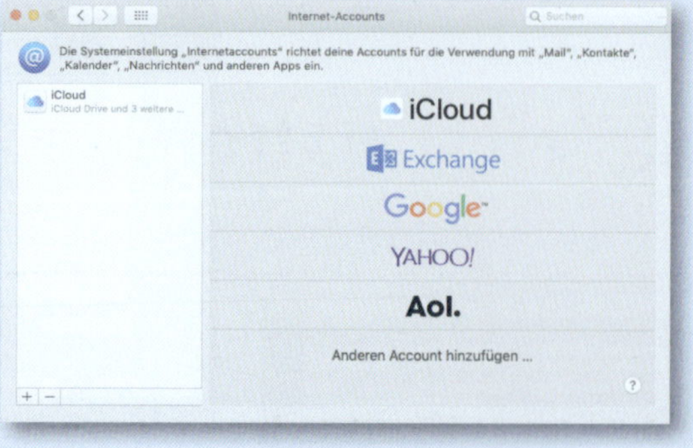
Internet-Accounts
Suchen
Die Systemeinstellung „Internetaccounts" richtet deine Accounts für die Verwendung mit „Mail", „Kontakte", „Kalender", „Nachrichten" und anderen Apps ein.
iCloud
iCloud Drive und 3 weitere ...
iCloud
Exchange
Google
YAHOO!
Aol.
Anderen Account hinzufügen ...

Mitteilungen
Suchen
Die Mitteilungszentrale zeigt im Bildschirm oben rechts Hinweise, ohne deine Arbeit zu unterbrechen. Zum Ein- und Ausblenden der Mitteilungszentrale klicke auf ihr Symbol in der Menüleiste.
Nicht stören
Bücher
Kennzeichen, Töne, Banner
Erinnerungen
Kennzeichen, Töne, Hinweise
FaceTime
Kennzeichen, Töne, Banner
Fotos
Kennzeichen, Töne, Banner
Home
Kennzeichen, Töne, Banner
iTunes
Kennzeichen, Töne, Banner
Kalender
Kennzeichen, Töne, Hinweise
Karten
„Nicht stören" in der Mitteilungszentrale aktivieren
Banner und Hinweise werden ausgeblendet und akustische Mitteilungen stummgeschaltet.
„Nicht stören" aktivieren:
Von: 22:00 bis: 07:00
Wenn Bildschirm im Ruhezustand
Bei der Synchronisation auf TVs und Projektoren
Bei aktivierter Option „Nicht stören":
Anrufe von allen erlauben
Wiederholte Anrufe erlauben
Bei Aktivierung wird ein zweiter Anruf vom selben Anrufer innerhalb von drei Minuten nicht stumm geschaltet.
Sortierreihenfolge für die Mitteilungszentrale
Neue zuerst

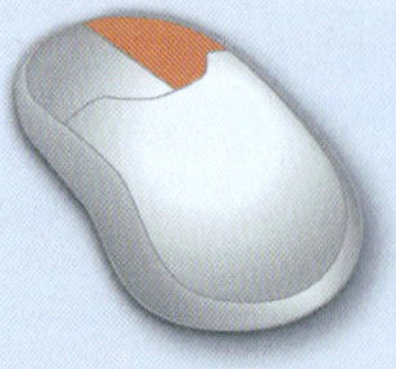

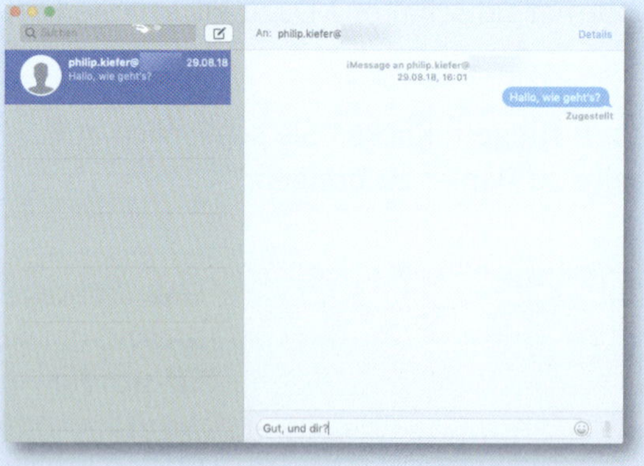
Suchen
philip.kiefer@
29.08.18
Hallo, wie geht's?
An: philip.kiefer@
Details
iMessage an philip.kiefer@
29.08.18, 16:01
Hallo, wie geht's?
Zugestellt
Gut, und dir?

Mailen, Chatten und Telefonieren

7

Für die Kommunikation übers Internet bieten sich Ihnen auf dem Mac gleich mehrere Möglichkeiten: Senden, empfangen und verwalten Sie E-Mails oder tauschen Sie, nach Art eines Chats, kurze Nachrichten aus. Selbst Telefonate übers Internet lassen sich mit Ihrem Mac kinderleicht realisieren – wenn gewünscht, sogar mit Videoübertragung. Wie das Ganze funktioniert, erarbeiten Sie sich in diesem Kapitel.

Start

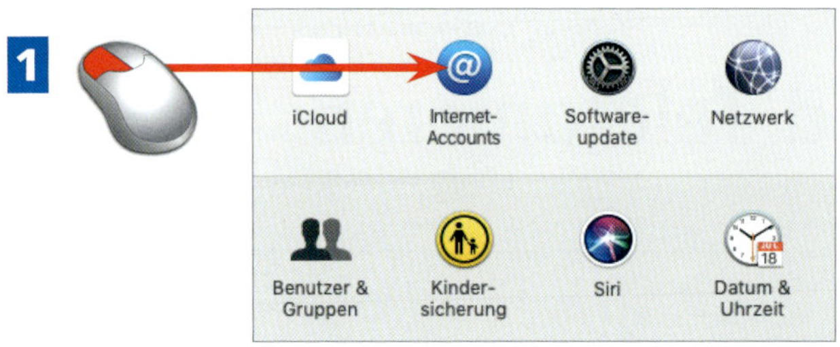

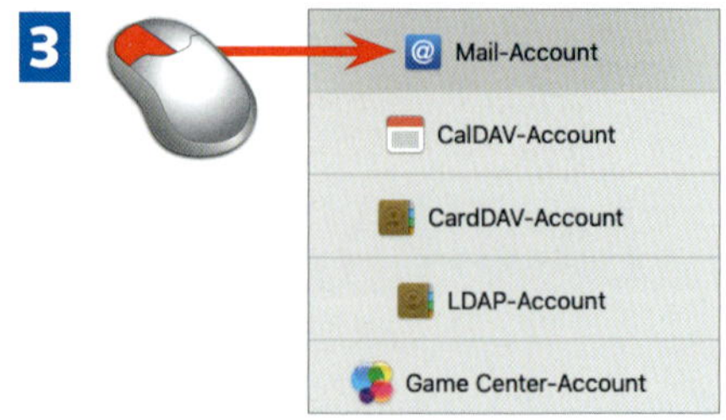

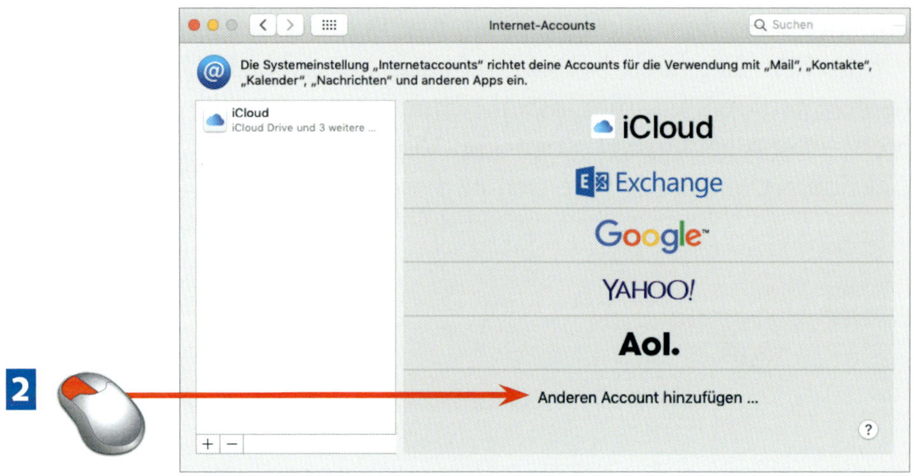

1 Um ein neues E-Mail-Konto anzulegen, öffnen Sie auf Ihrem Mac die *Systemeinstellungen* und wählen die Kategorie *Internet-Accounts*.

2 Wählen Sie einen der vorgeschlagenen Anbieter in der Liste aus. Wenn Ihr Anbieter nicht aufgeführt wird, klicken Sie unten in der Liste auf *Anderen Account hinzufügen*.

3 Entscheiden Sie sich für die Option *Mail-Account*.

Eine E-Mail-Adresse ist heute schon genauso wichtig wie eine Wohnanschrift – na ja, fast. Wenn Sie in iCloud die Option *Mail* aktiviert haben, steht Ihnen direkt ein E-Mail-Konto zur Verfügung. Natürlich lassen sich aber auch beliebige weitere E-Mail-Konten hinzufügen, um in der Mail-App E-Mails senden und empfangen zu können.

WISSEN

4 Es öffnet sich ein Assistent, in dem Sie die geforderten Angaben machen. Falls Sie eine Angabe nicht kennen, erfragen Sie diese bei Ihrem E-Mail-Anbieter.

5 Nachdem Sie das E-Mail-Konto hinzugefügt haben, klicken Sie es in der Liste links an.

6 In vielen Fällen können Sie neben E-Mails noch weitere Daten synchronisieren – entscheiden Sie dies per Kontrollkästchen.

Ende

TIPP

Um einen E-Mail-Account wieder aus der Liste zu entfernen, klicken Sie ihn in der Liste an und wählen anschließend das Symbol [–].

HINWEIS

Manchmal haben Sie die Wahl zwischen einer IMAP- und einer POP-Verbindung. Der Unterschied: Bei IMAP bleiben die E-Mails auf dem E-Mail-Server gespeichert, bei POP werden sie auf den Mac heruntergeladen.

Start

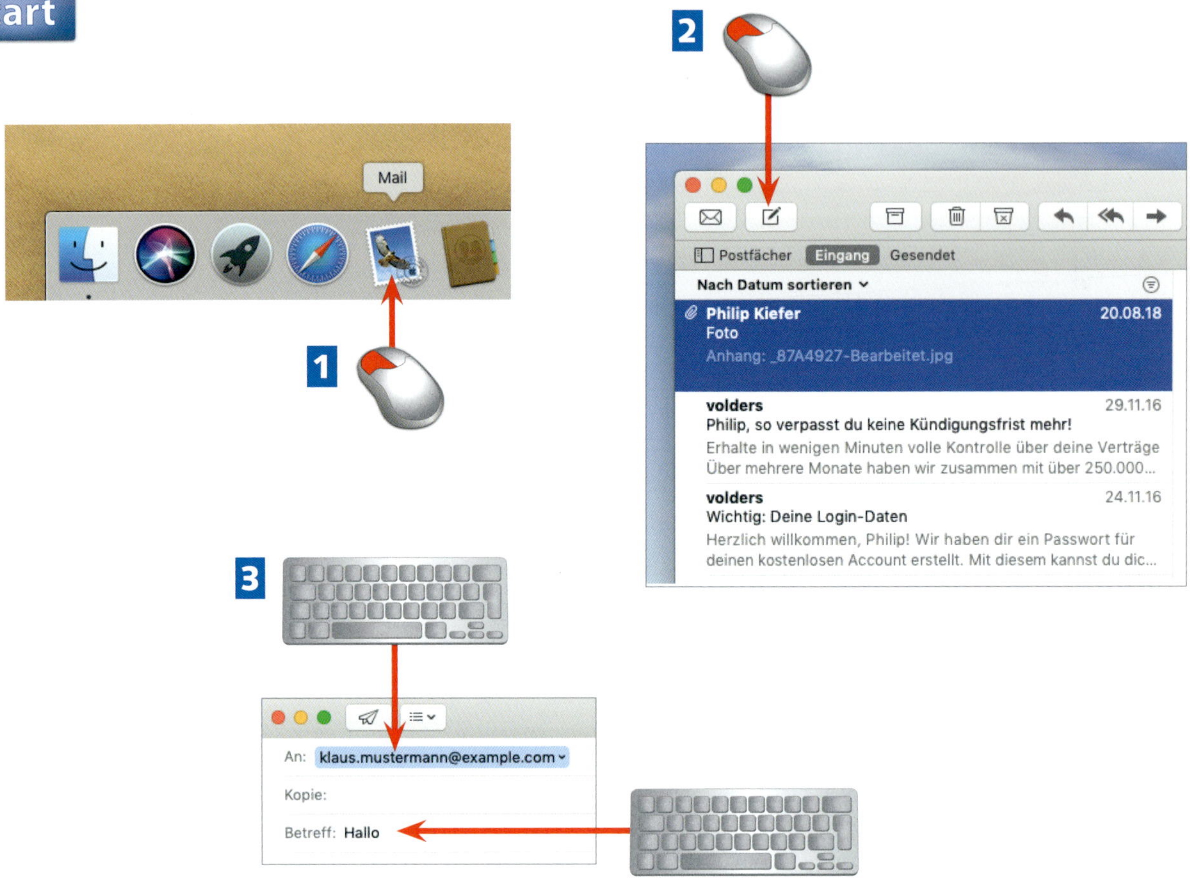

1 Klicken Sie im Dock auf das Briefmarkensymbol, um die App *Mail* zu öffnen.

2 Um eine neue E-Mail zu erstellen, klicken Sie oben in der App *Mail* auf das Symbol .

3 Geben Sie in das Feld *An* eine oder mehrere E-Mail-Adressen ein. Im Feld *Betreff* machen Sie eine kurze Inhaltsangabe zur E-Mail, damit der Empfänger sofort sieht, um welches Thema es geht.

Wer bereits einmal eine E-Mail verschickt hat, wird mit der App *Mail* keinerlei Probleme haben. Lassen Sie mich Ihnen auf dieser Doppelseite dennoch auch die Basics vorstellen – denn ein paar Abweichungen gegenüber anderen E-Mail-Programmen oder -Webseiten gibt es doch.

WISSEN

4 Sie haben mehrere E-Mail-Konten hinzugefügt? Dann bestimmen Sie im Menü *Von*, welche Absender-Mailadresse verwendet werden soll. Den Standard bestimmen Sie unter *Mail/Einstellungen* und dort unter *Verfassen* im Menü *Neue E-Mails senden von*.

5 Jetzt kommt das Wichtigste: der E-Mail-Text. Tippen Sie diesen in das große Eingabefeld ein.

6 Um die E-Mail schließlich auf den Weg zu bringen, tippen Sie oben im E-Mail-Fenster auf das Symbol .

Ende

Wenn Sie einen E-Mail-Empfänger Ihren Kontakten hinzugefügt haben, klicken Sie in das Feld *An* und wählen den Kontakt dann unter dem Symbol ⊕ aus.

HINWEIS

Außer *Kopie* noch weitere optionale Adressfelder einblenden: Wählen Sie diese dazu unter dem Symbol aus.

HINWEIS

Start

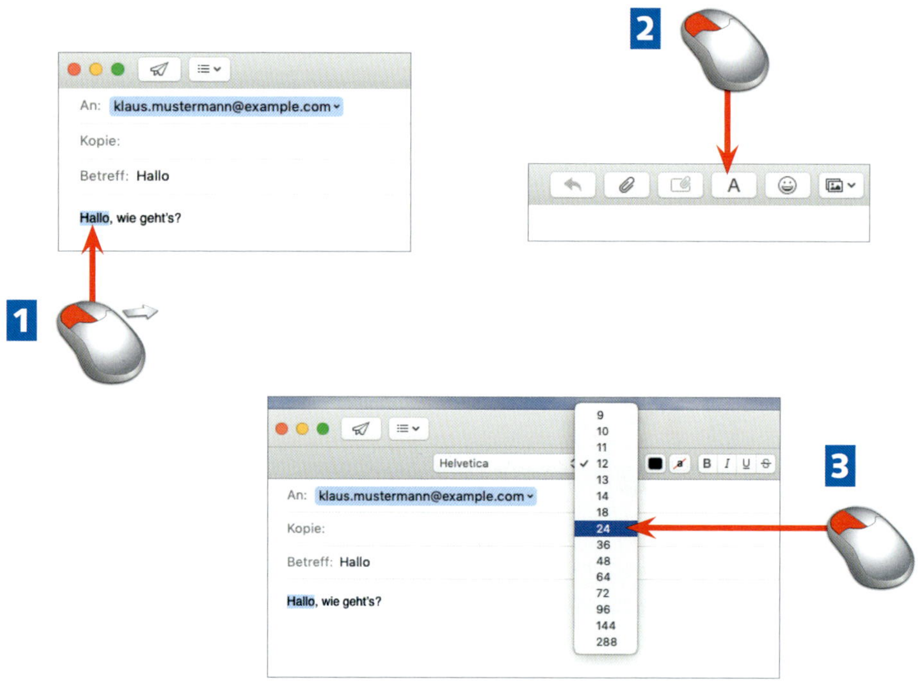

1 Möchten Sie den E-Mail-Text formatieren, markieren Sie zunächst bei gedrückter Maustaste den zu formatierenden Text.

2 Klicken Sie nun rechts oben im E-Mail-Fenster gegebenenfalls zunächst auf das Symbol A, um die Optionen für die Formatierung einzublenden.

3 Wählen Sie eine oder mehrere Formatieroptionen aus. Hier entscheide ich mich beispielsweise per Menü für das Vergrößern der Schrift.

Ihre E-Mails lassen sich vor dem Versand noch schöner gestalten sowie bei Bedarf mit Dateianhängen versehen – Dateien, die der Empfänger dann auf seinem eigenen Computer abspeichern kann. Lassen Sie mich Ihnen auf dieser Doppelseite die in diesem Zusammenhang wichtigsten Funktionen aufzeigen.

WISSEN

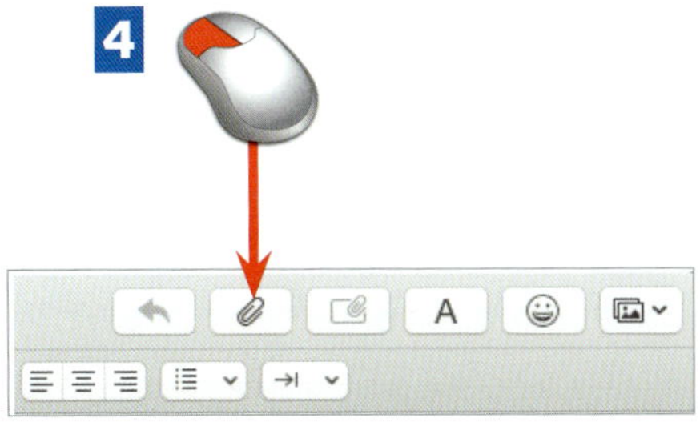

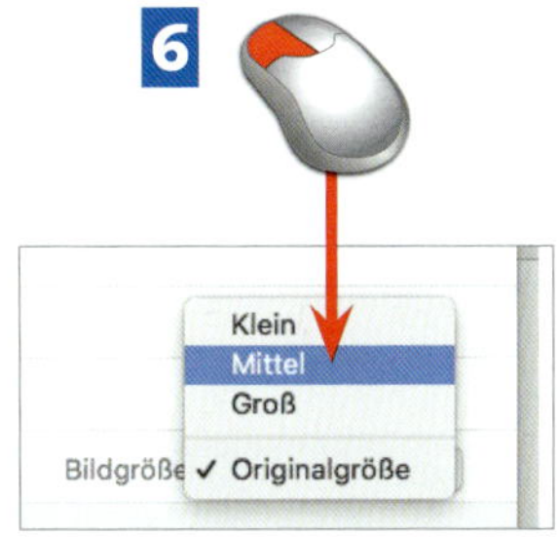

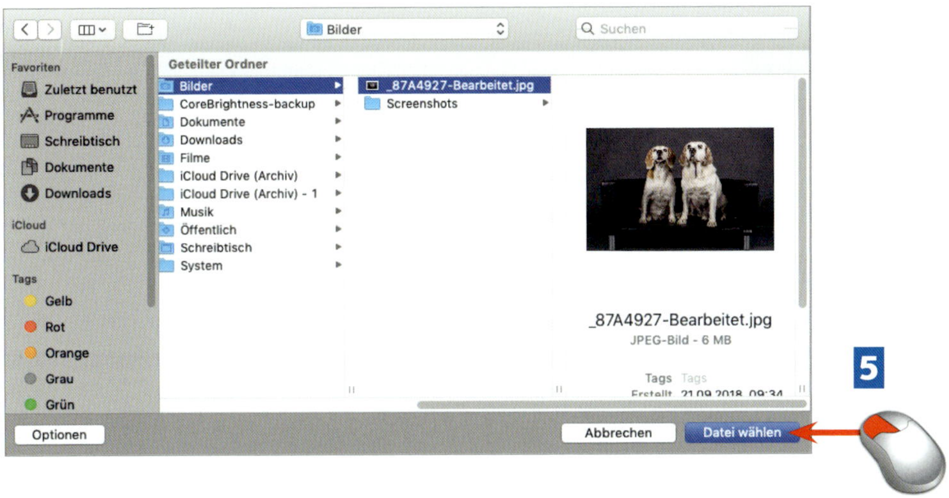

4 Um einen Dateianhang hinzuzufügen, klicken Sie auf das Symbol [📎].

5 Wählen Sie anschließend eine oder – bei gedrückter [cmd ⌘]-Taste – mehrere Dateien aus.

6 Besonders praktisch bei Bildern: Mithilfe des Menüs *Bildgröße* lassen sich große Bilddateien kinderleicht in der Größe reduzieren.

Ende

HINWEIS

Bunt formatierte E-Mails können zwar ganz schön anzusehen sein, beachten Sie aber, dass diese nicht bei jedem Empfänger so schön dargestellt werden!

TIPP

Die Größe eingehender und ausgehender E-Mails darf bei iCloud Mail die Größe von 20 MByte nicht überschreiten; bei anderen Anbietern können andere Werte gelten.

Start

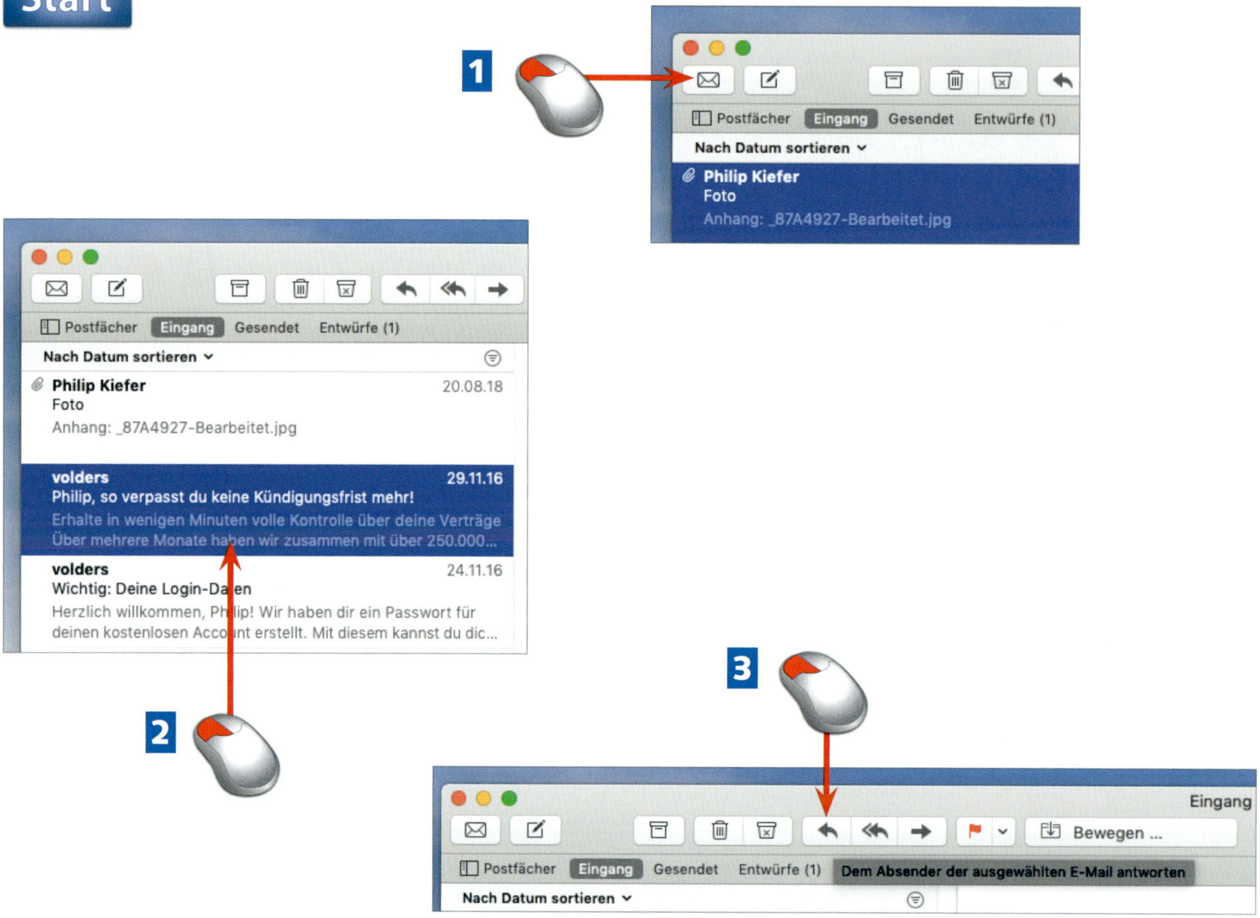

1 E-Mails werden standardmäßig automatisch empfangen. Sie können E-Mails jedoch auch manuell empfangen, indem Sie oben in der App *Mail* auf das Symbol klicken.

2 Um eine E-Mail zu lesen, klicken Sie diese im Posteingang an.

3 Sie möchten eine ausgewählte E-Mail beantworten? Dazu klicken Sie oben in der App *Mail* auf das Symbol (*Antworten*) bzw. (*Allen Empfängern antworten*).

Wenn Sie selbst E-Mails empfangen, können Sie diese nicht nur lesen, sondern auch beantworten, weiterleiten etc. Auf dieser Doppelseite stelle ich Ihnen nur die wichtigsten Funktionen rund um den Umgang mit empfangenen E-Mails vor. Unter *Mail/Einstellungen* finden Sie noch viele weitere Optionen – vom Anzeigen ungelesener E-Mails im Dock bis hin zu Ansichtsoptionen für die Mail-App.

WISSEN

4

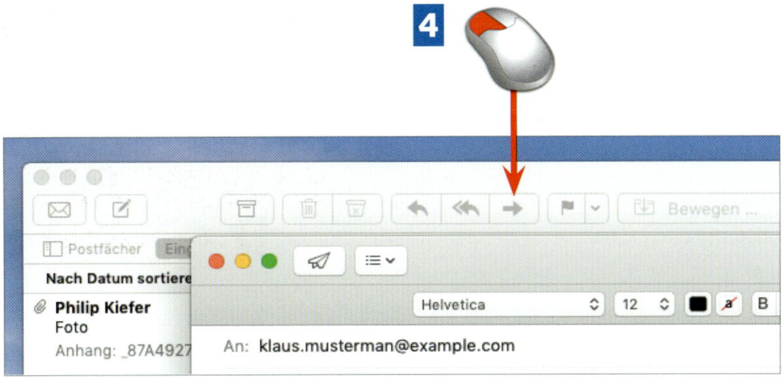

5

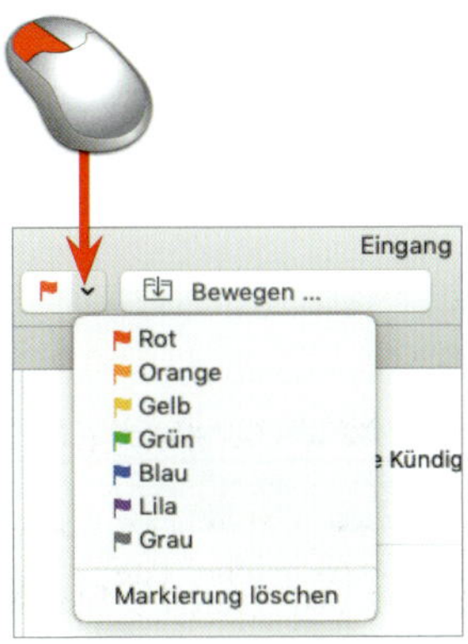

6

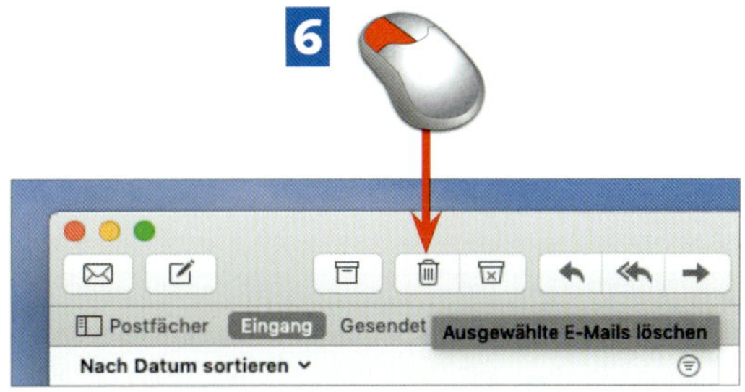

4 Eine E-Mail an eine andere Person weiterleiten: Dazu klicken Sie auf das Symbol ➔ und machen anschließend im E-Mail-Fenster die erforderlichen Angaben.

5 Eine ausgewählte E-Mail zum leichteren Wiederfinden markieren: Klicken Sie dazu auf den zum Symbol gehörenden Pfeil und wählen Sie eine Etikettfarbe aus.

6 Eine ausgewählte E-Mail löschen oder archivieren: Diesem Zweck dienen die Symbole (*Löschen*) bzw. (*Archivieren*).

Ende

TIPP

Enthält eine E-Mail ungewünschte Werbung, klicken Sie auf das Symbol , um sie entsprechend zu markieren. Beim nächsten Mal wird die Werbung dann direkt aussortiert.

TIPP

Klicken Sie oberhalb der E-Mail-Liste auf das Symbol , um Optionen zum Filtern der E-Mails aufzurufen.

HINWEIS

Wie mit ungewünschter Werbung allgemein verfahren werden soll, legen Sie unter *Mail/Einstellungen* und dort unter *Werbung* fest.

Start

1

2

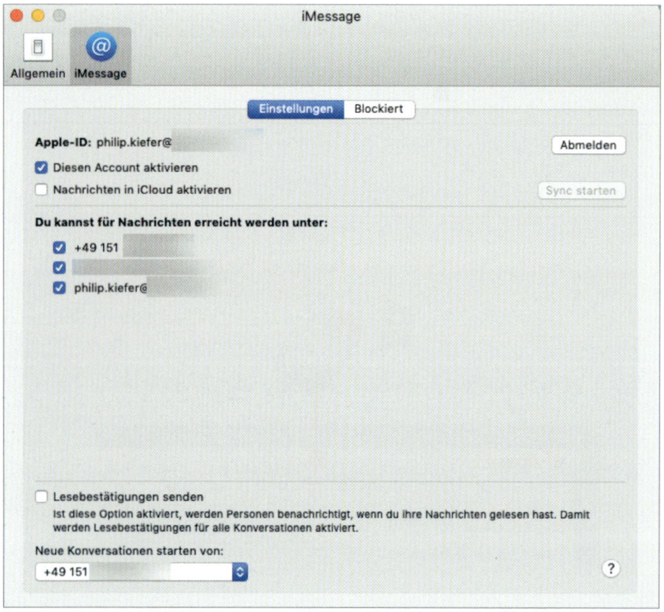

3

1 Dem Austausch von Kurznachrichten – man kann in diesem Zusammenhang auch von Chatten sprechen – dient die App *Nachrichten*, die Sie per Mausklick auf das Sprechblasensymbol im Dock aufrufen.

2 Um zunächst festzulegen, wie Sie selbst erreichbar sein möchten, wählen Sie in der Menüleiste *Nachrichten/Einstellungen* und dann *iMessage*. Legen Sie nun die gewünschten Einstellungen fest.

3 Geben Sie nun zunächst die Adresse des Nachrichtenempfängers ein – für Apples Nachrichtendienst iMessage verwenden Sie die Apple-ID des Empfängers.

Kurznachrichten senden und chatten – mit der App *Nachrichten*, die auf Ihrem Mac ebenfalls bereits zur Verfügung steht, macht das richtig Spaß! Wenn Sie Apples Dienst iMessage nutzen, lassen sich auch Nachrichten, die auf dem iPhone oder iPad begonnen wurden, auf dem Mac weiterführen. Eine gute Alternative zum etwas umständlicheren E-Mail-Versand.

WISSEN

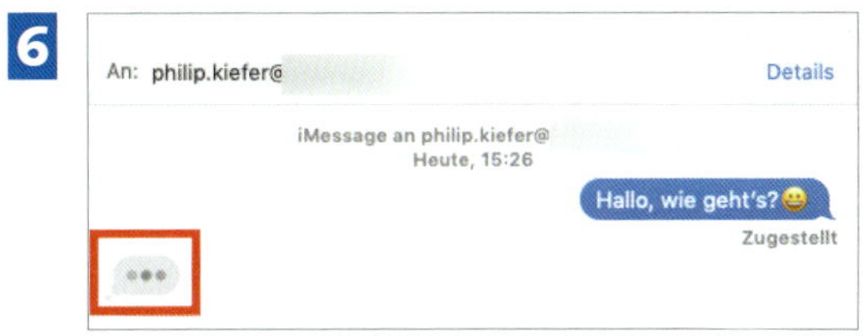

4 Tippen Sie als Nächstes Ihre Nachricht in das Feld unten im Nachrichten-Fenster ein.

5 Möchten Sie vielleicht noch ein Smiley oder ein anderes Symbol einfügen? Dazu klicken Sie rechts im Eingabefeld auf das Smiley ☺ und wählen anschließend das passende Symbol aus.

6 Drücken Sie die ⏎-Taste, um die Nachricht auf den Weg zu bringen. Wenn der Empfänger antwortet, wird Ihnen dies im Nachrichten-Fenster durch das Symbol ••• angezeigt.

Ende

HINWEIS

Mit iMessage lassen sich auch Sprachnachrichten versenden. Klicken Sie rechts unten im Nachrichten-Fenster auf das Symbol 🎙, um eine Sprachnachricht aufzuzeichnen.

TIPP

Lesebestätigungen aktivieren und weitere Optionen zu einer Konversation einstellen können Sie, wenn Sie rechts oben im Nachrichten-Fenster auf *Details* klicken.

Start

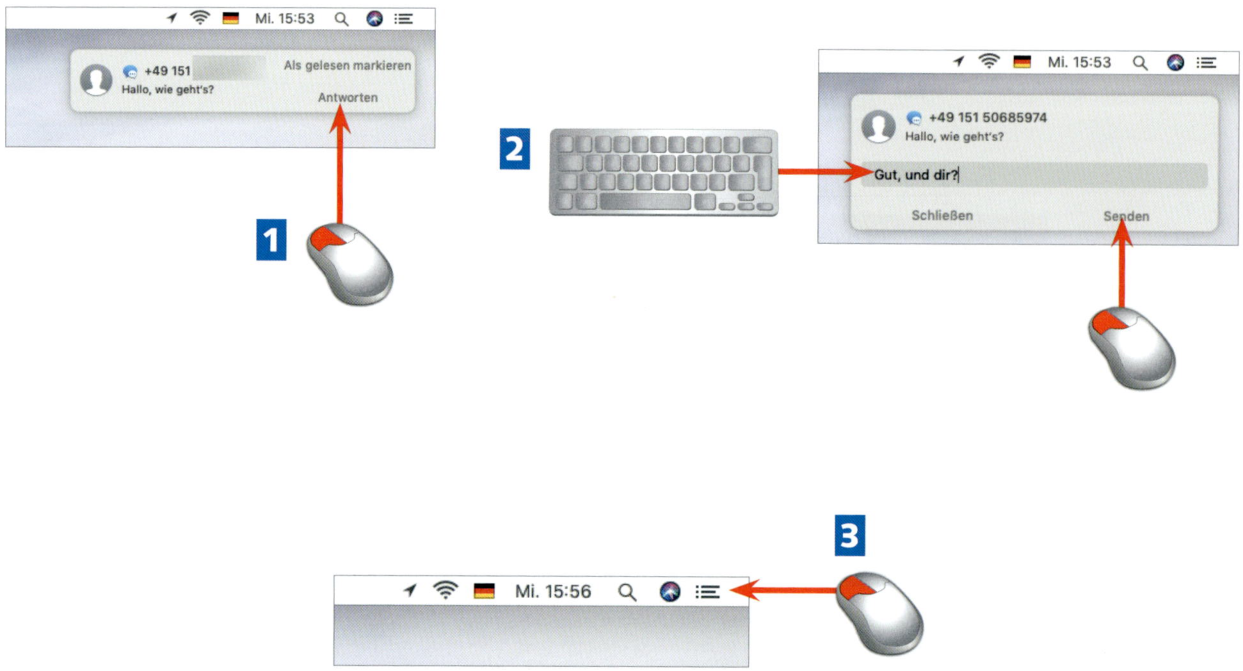

1 Kurznachrichten sowie weitere Benachrichtigungen werden Ihnen auch rechts oben auf dem Bildschirm angezeigt. Um eine Nachricht direkt zu beantworten, bewegen Sie den Mauszeiger auf den Hinweis und wählen *Antworten*.

2 Tippen Sie anschließend die Antwortnachricht ein und bringen Sie diese mit *Senden* auf den Weg.

3 Ungelesene Benachrichtigungen finden Sie auch in der Mitteilungszentrale. Um diese einzublenden, klicken Sie auf das Symbol ☰ ganz rechts oben auf dem Bildschirm.

Kurznachrichten sofort lesen und beantworten und auf die nützliche Mitteilungszentrale mit Hinweisen und weiteren Informationen zugreifen – wie das geht, erfahren Sie Schritt für Schritt und Bild für Bild auf dieser Doppelseite.

WISSEN

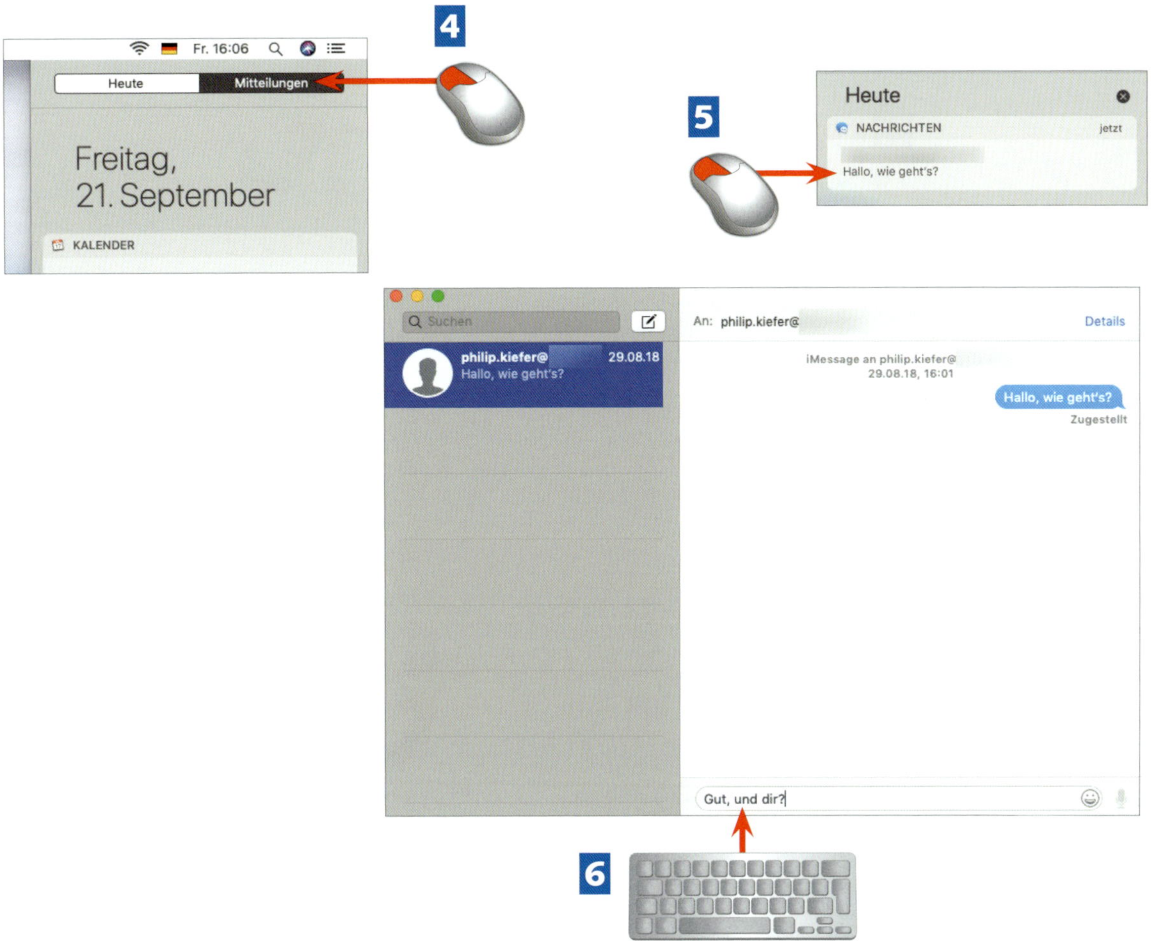

4 Sie erhalten zunächst die Ansicht *Heute*. Um auf Ihre Hinweise zuzugreifen, wählen Sie *Mitteilungen*.

5 Sie können eine Nachricht auch hier lesen. Um sie zu beantworten, klicken Sie sie an.

6 Es öffnet sich die App *Nachrichten* und Sie können Ihre Antwortnachricht nun wie bereits kennengelernt eintippen und absenden.

Ende

In der Ansicht *Heute* lassen sich weitere Funktionen hinzufügen. Wählen Sie ganz unten in dieser Ansicht die Schaltfläche *Bearbeiten*, um eine Auswahl zu erhalten.

TIPP

Auf einem Trackpad können Sie die Mitteilungszentrale auch einblenden, indem Sie mit zwei Fingern vom rechten Rand zur Mitte streichen.

TIPP

Start

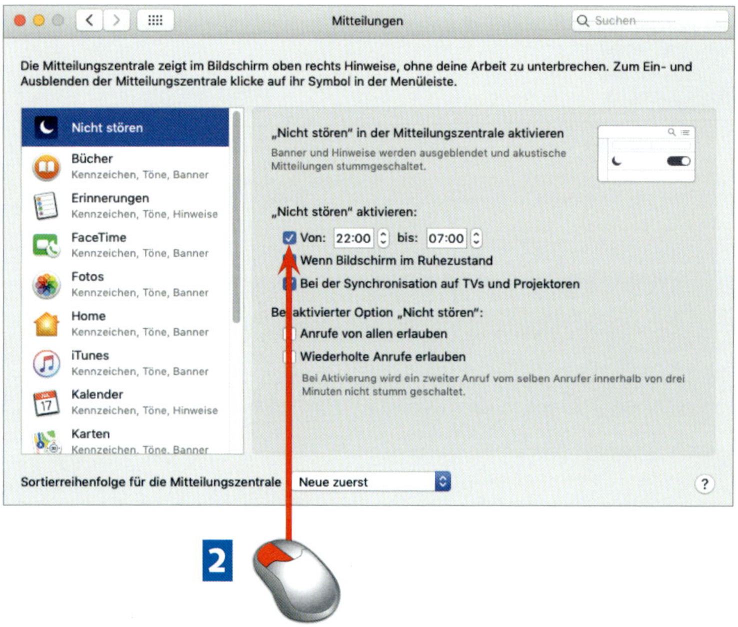

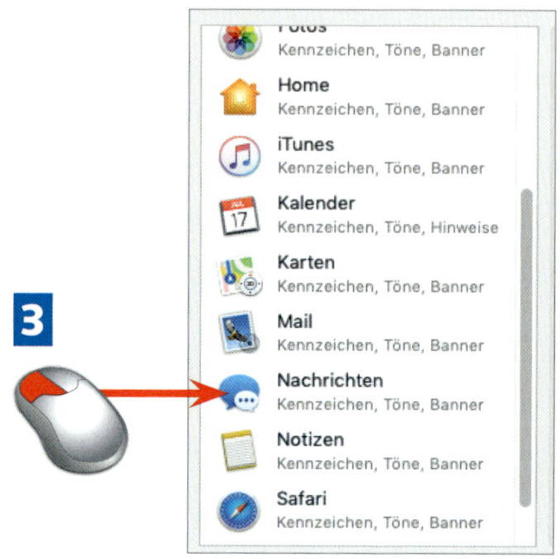

1 Um das Mitteilungsverhalten anzupassen, öffnen Sie die *Systemeinstellungen* und wählen die Kategorie *Mitteilungen*.

2 Entscheiden Sie zunächst unter *Nicht stören*, ob Sie den Nicht-stören-Modus automatisch zu einer bestimmten Uhrzeit aktivieren möchten – er verhindert, dass Sie zu Unzeiten durch Hinweistöne geweckt werden.

3 Als Nächstes klicken Sie links im Fenster eine App an, deren Mitteilungsverhalten Sie anpassen möchten, also etwa die App *Nachrichten*.

Das Mitteilungsverhalten Ihres Macs bzw. der von Ihnen verwendeten Apps lässt sich individuell anpassen: Sorgen Sie durch den automatischen Nicht-stören-Modus dafür, dass Sie nachts nicht durch Hinweistöne geweckt werden, und stellen Sie die Mitteilungen für jede entsprechende App so ein, wie Sie sie brauchen.

WISSEN

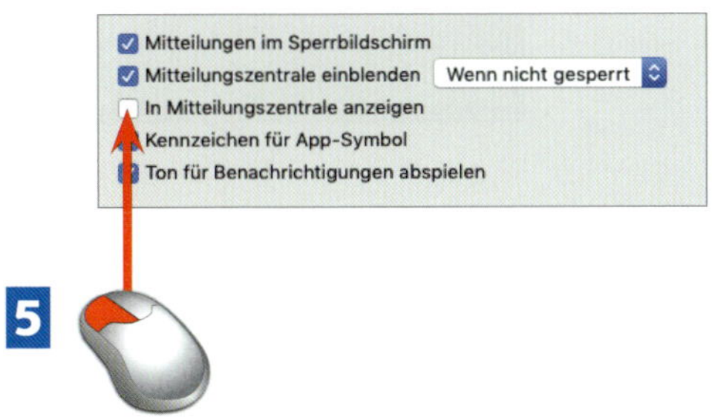

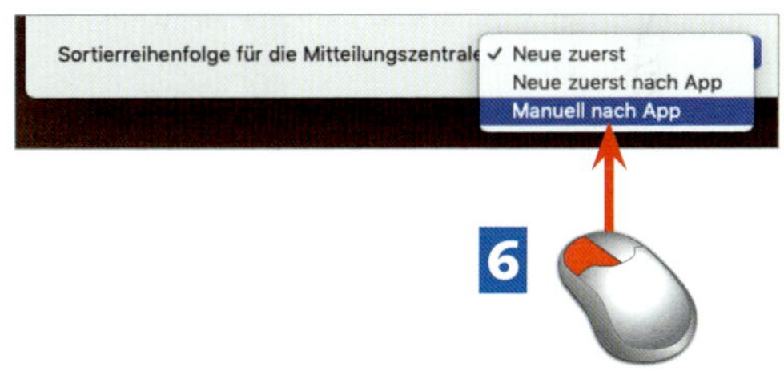

4 Bestimmen Sie, in welchem Stil die Hinweise erfolgen sollen, entscheiden Sie per Kontrollkästchen, ob Hinweise der App in die Mitteilungszentrale aufgenommen werden sollen, ob ein Hinweiston abgespielt werden soll etc.

5 Wenn Sie bei einer App das Kontrollkästchen *In Mitteilungszentrale anzeigen* deaktivieren, wird die App nicht mehr in der Mitteilungszentrale angezeigt. Durch Aktivieren des Kontrollkästchens nehmen Sie die App wieder in die Mitteilungszentrale auf.

6 Unten im Fenster finden Sie ein Menü, um die Sortierung der Einträge zu wechseln. Eine manuelle Sortierung erfolgt einfach durch Ziehen bei gedrückter Maustaste.

Ende

Die Option *Kennzeichen für App-Symbol* bedeutet, dass direkt auf dem App-Symbol eine kleine Nummer angezeigt wird, die zum Beispiel über neu eingegangene Nachrichten informiert.

TIPP

Die Option *Mitteilungen im Sperrbildschirm* mag komfortabel sein – aus Datenschutzgründen sollten Sie sie aber lieber deaktivieren.

TIPP

Start

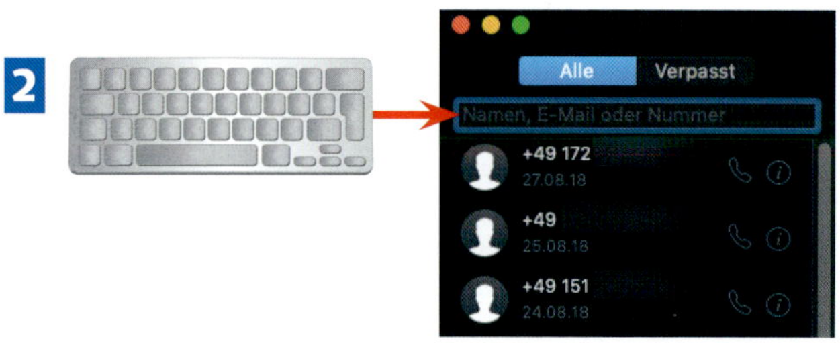

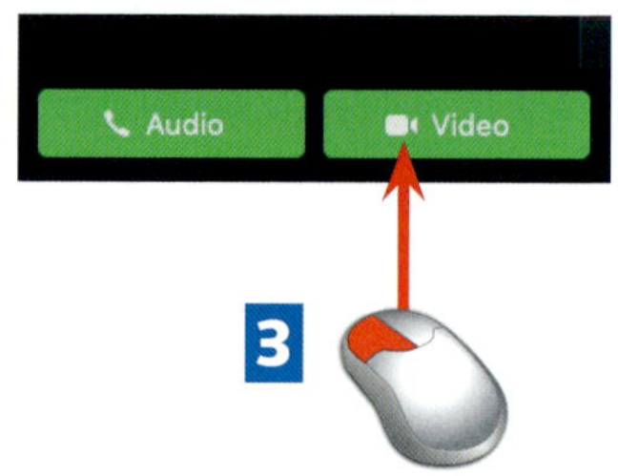

1 Klicken Sie im Dock auf das grün-weiße FaceTime-Symbol, um die App *FaceTime* zu öffnen. Falls Sie noch nicht mit Ihrer Apple-ID angemeldet sein sollten, holen Sie dies nach.

2 Die Kamera schaltet sich ein und Sie sehen zunächst sich selbst. Um jemanden anzurufen, geben Sie die Apple-ID der Person in das Eingabefeld ein bzw. den Namen, falls Sie den Kontakt bereits hinzugefügt haben.

3 Um nun ein Videotelefonat zu starten, klicken Sie auf die Schaltfläche *Video*; zum Starten eines Audiotelefonats klicken Sie auf die Schaltfläche *Audio*.

Mit dem Mac lassen sich ganz leicht Video-, aber auch Audiotelefonate übers Internet starten. Der bereits verfügbare Dienst heißt FaceTime und dient der Kommunikation mit anderen Apple-Nutzern – nicht nur auf dem Mac, sondern auch auf dem iPhone oder iPad. Die Schrittanleitung auf dieser Doppelseite führt Sie in das Thema ein.

WISSEN

4

5

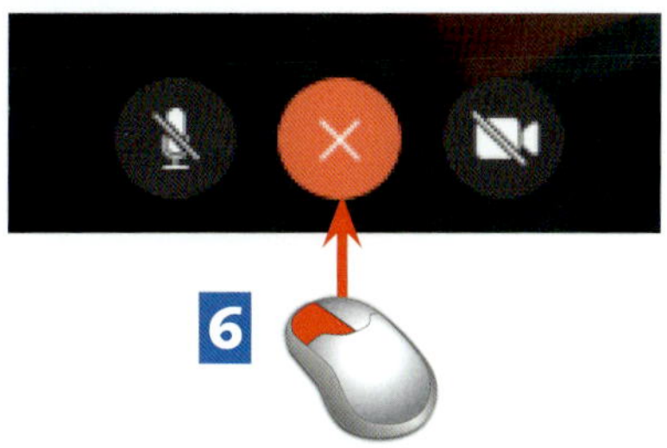

6

4 Die FaceTime-Verbindung wird nun aufgebaut. Solange es bei der anderen Person klingelt, sehen Sie immer noch sich selbst.

5 Hat die andere Person das Gespräch angenommen, verschwindet Ihr eigenes Bild in die Ecke und der Gesprächspartner wird im Großformat angezeigt.

6 Bewegen Sie den Mauszeiger auf das Bild, um verschiedene Optionen etwa zum Beenden eines Anrufs oder Anrufversuchs zu erhalten.

Ende

TIPP

Wenn Sie selbst einen Anruf erhalten, erscheint ein FaceTime-Fenster rechts oben auf dem Bildschirm mit den Optionen zum Annehmen oder Ablehnen des Gesprächs.

HINWEIS

FaceTime gibt es nur für Apple-Nutzer. Für Videotelefonate mit Nutzern anderer Plattformen verwenden Sie die Software Skype, die Sie unter der Webadresse *http://www.skype.com* herunterladen.

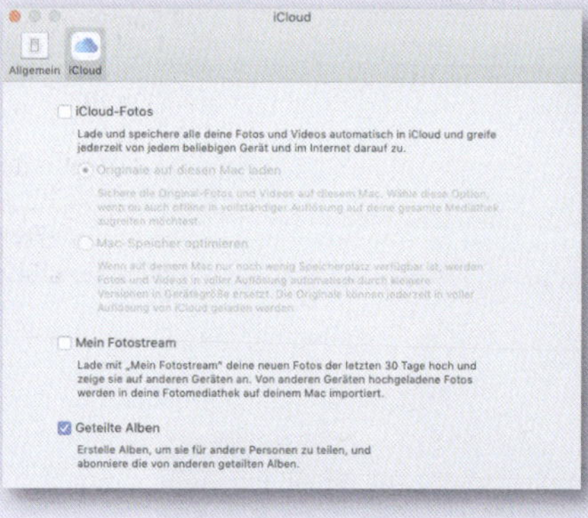
iCloud
Allgemein
iCloud
iCloud-Fotos
Lade und speichere alle deine Fotos und Videos automatisch in iCloud und greife jederzeit von jedem beliebigen Gerät und im Internet darauf zu.
Originale auf diesen Mac laden
Mac-Speicher optimieren
Mein Fotostream
Lade mit „Mein Fotostream“ deine neuen Fotos der letzten 30 Tage hoch und zeige sie auf anderen Geräten an. Von anderen Geräten hochgeladene Fotos werden in deine Fotomediathek auf deinem Mac importiert.
Geteilte Alben
Erstelle Alben, um sie für andere Personen zu teilen, und abonniere die von anderen geteilten Alben.

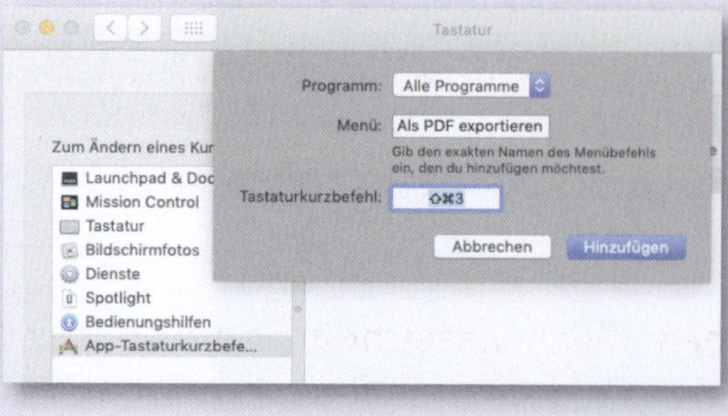
Tastatur
Programm:
Alle Programme
Menü:
Als PDF exportieren
Gib den exakten Namen des Menübefehls ein, den du hinzufügen möchtest.
Tastaturkurzbefehl:
⇧⌘3
Abbrechen
Hinzufügen
Zum Ändern eines Kur
Launchpad & Doc
Mission Control
Tastatur
Bildschirmfotos
Dienste
Spotlight
Bedienungshilfen
App-Tastaturkurzbefe...

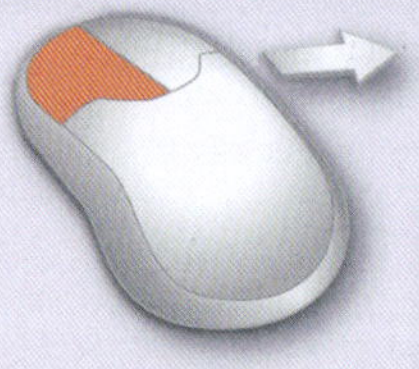

Hundefotos
August–September 2012
4 Fotos
Als Rückblick anzeigen
Diashow

Andere

8 Ihre Fotos auf dem Mac verwalten und bearbeiten

Sie haben Bilder, vielleicht auch Videos mit Ihrer Digitalkamera aufgenommen und möchten diese nun auf Ihren Mac übertragen. Wie Sie hierzu am besten vorgehen, lesen Sie in diesem Kapitel. Lernen Sie außerdem die wichtigsten Funktionen rund um das Bearbeiten, Verwalten und Präsentieren Ihrer Fotos kennen. Oder möchten Sie Ihre Aufnahmen übers Internet mit anderen Personen teilen? Auch dazu gibt es eine erhellende Anleitung.

Start

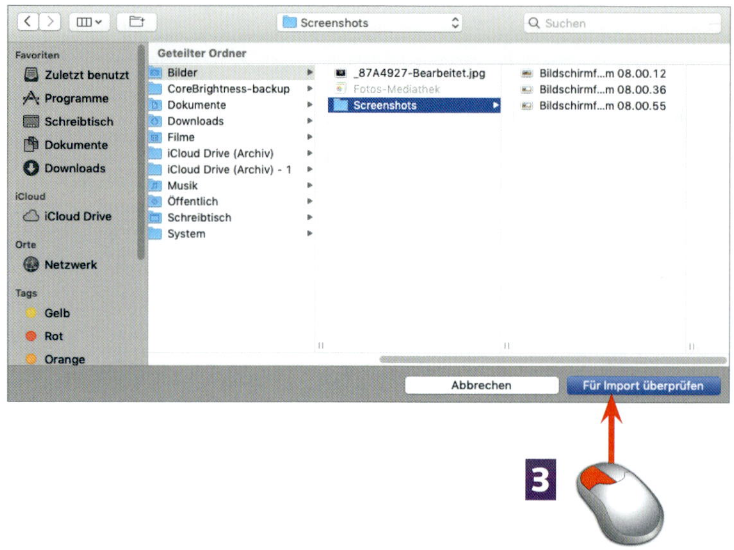

1 Entscheiden Sie sich im Dock für das Öffnen der App *Fotos*.

2 Klicken Sie in der Menüleiste der App auf *Ablage* und wählen Sie im Menü den Eintrag *Importieren*.

3 Wählen Sie einen Bilderordner aus und klicken Sie dann auf *Für Import überprüfen*.

Mit der App *Fotos* lassen sich Ihre Bilder clever verwalten und bearbeiten. Zunächst mal müssen Sie die Bilder aber in der App *Fotos* verfügbar machen. Wie Sie dazu vorgehen, lernen Sie Schritt für Schritt auf dieser Doppelseite.

WISSEN

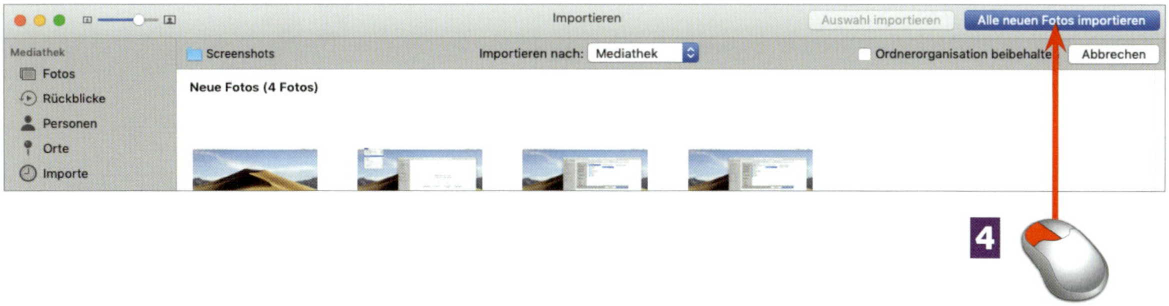

4

5

6

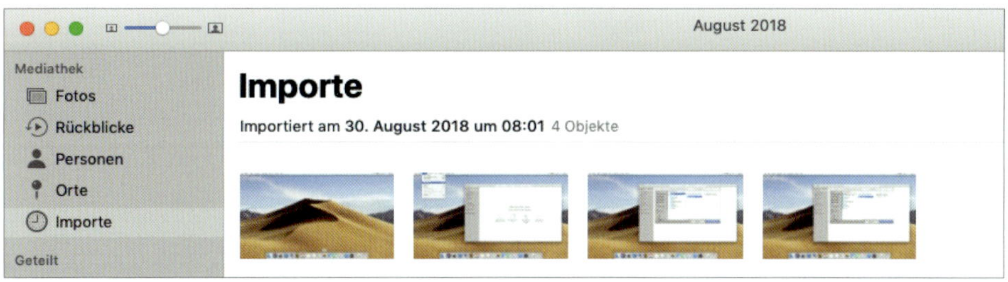

4 Die verfügbaren Fotos werden Ihnen angezeigt. Treffen Sie per Mausklick eine Auswahl bzw. klicken Sie auf *Alle neuen Fotos importieren*, um diese in der App *Fotos* verfügbar zu machen.

5 Die gleichen Optionen haben Sie auch, wenn Ihnen der Import von Bildern von einer angeschlossenen Digitalkamera – hier eines iPhones – angeboten wird.

6 Nachdem der Import erfolgt ist, stehen die Bilder in der App *Fotos* für weitere Schritte zur Verfügung.

Ende

Die Import-Option rufen Sie alternativ auf, indem Sie die Tastenkombination ⇧+cmd ⌘+I drücken.

TIPP

Auch im Zusammenhang mit dem Import von Bildern gilt: Wenn Sie ein iPhone oder iPad an den Mac anschließen, müssen Sie dem Computer erst per Fingertipp auf einen Hinweis »Vertrauen«, um die Verbindung herzustellen.

HINWEIS

Start

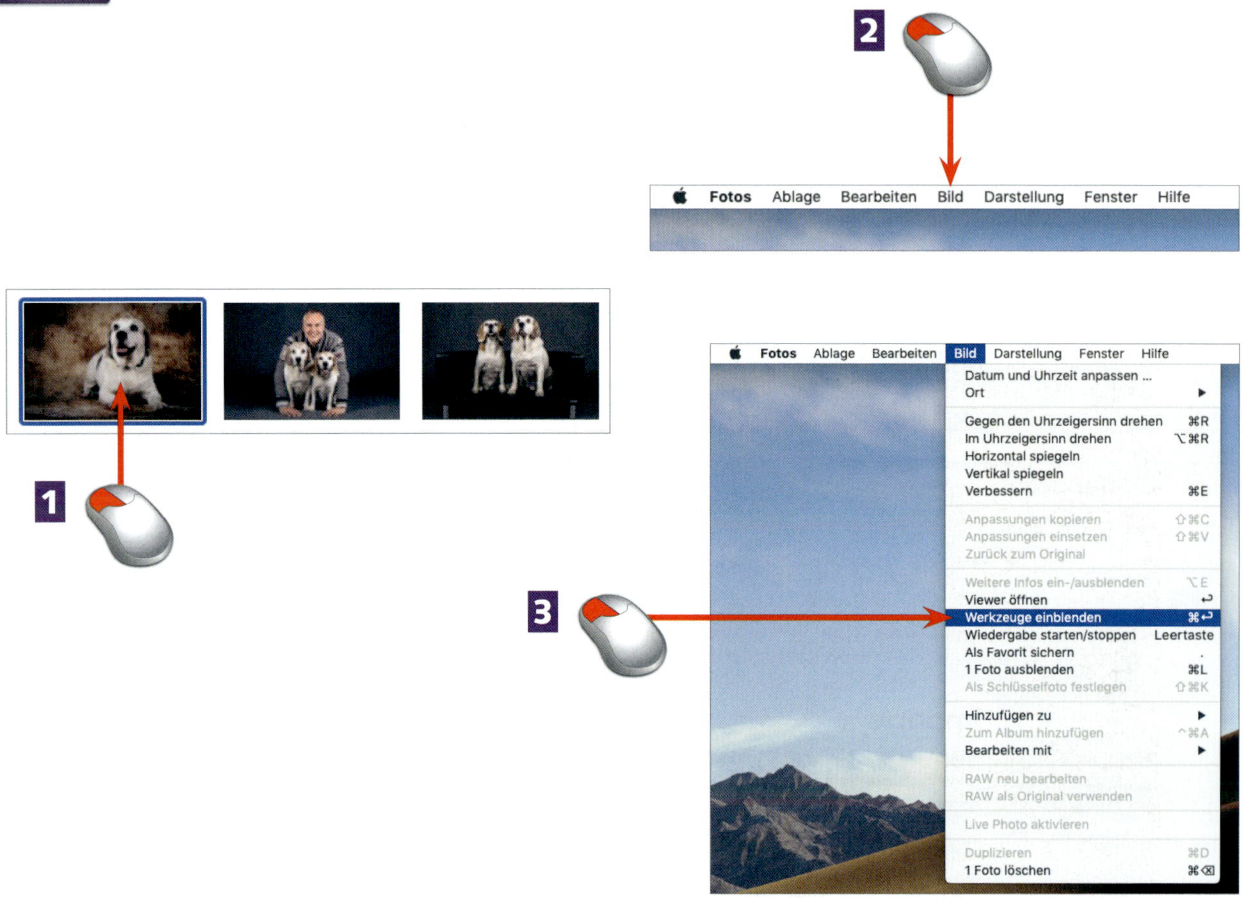

1 Wählen Sie in der App *Fotos* zunächst das Bild aus, das Sie bearbeiten möchten.

2 Entscheiden Sie sich dann in der Menüleiste der App für *Bild*.

3 Im Menü wählen Sie den Eintrag *Werkzeuge einblenden*. Alternativ drücken Sie einfach die ⏎-Taste, um die Bearbeitungsoptionen für das ausgewählte Bild einzublenden. Eine weitere Option: Doppelklicken Sie auf ein Bild, um es zu öffnen, und klicken Sie danach auf die Schaltfläche *Bearbeiten*.

Die App *Fotos* bietet verschiedene Bearbeitungsoptionen, um Ihre Bilder zu optimieren. Möchten Sie beispielsweise störende Ränder beseitigen? Auf dieser Doppelseite zeige ich Ihnen, wie Sie die Bearbeitungsoptionen aufrufen und ein Bild mit wenigen Handgriffen zuschneiden.

WISSEN

4

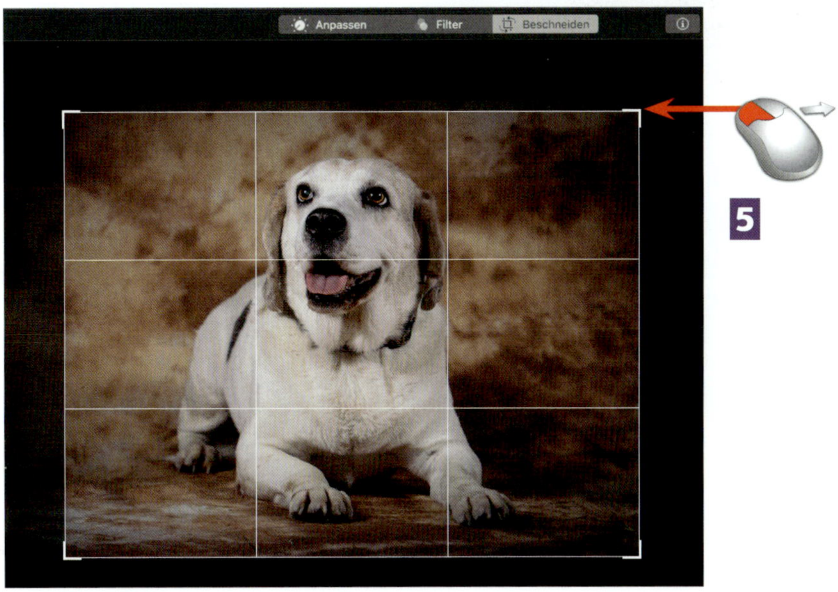

5

6

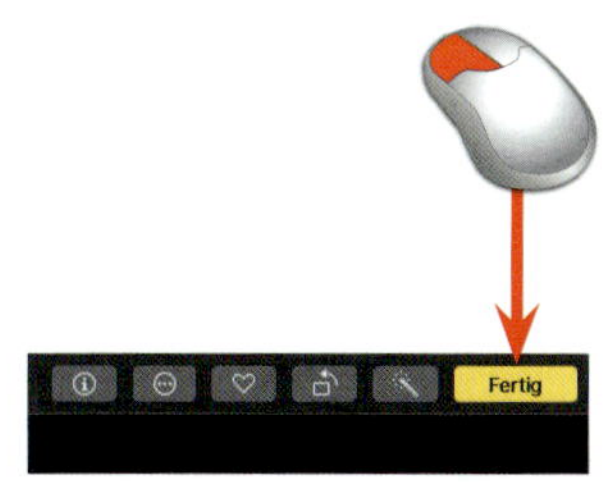

4 Wählen Sie in der Leiste oben *Beschneiden*.

5 Ziehen Sie bei gedrückter Maustaste die Zuschneidemaske in die gewünschte Größe und Position. Um für die Zuschneidemaske ein bestimmtes Seitenverhältnis auszuwählen, klicken Sie auf die Schaltfläche *Verhältnis*.

6 Nehmen Sie gegebenenfalls noch weitere Bearbeitungsschritte vor oder beenden Sie die Bildbearbeitung mit einem Mausklick auf die Schaltfläche *Fertig*.

Ende

Das Ergebnis der Bearbeitung ist nicht so wie gewünscht? Rufen Sie ein Bild auf und wählen Sie links oben *Zurück zum Original*, um den ursprünglichen Zustand wiederherzustellen.

TIPP

Ein Bild um jeweils 90 Grad nach links drehen: Dazu dient in der Leiste oben das Symbol . Optionen zum Drehen sowie zum Spiegeln finden Sie aber auch in der Menüleiste unter *Bild*.

HINWEIS

Start

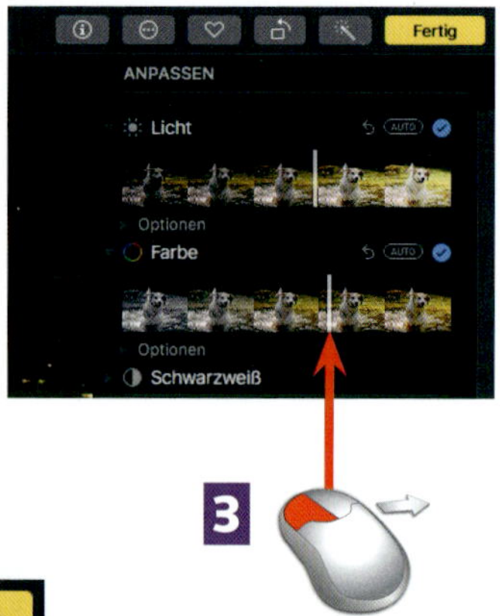

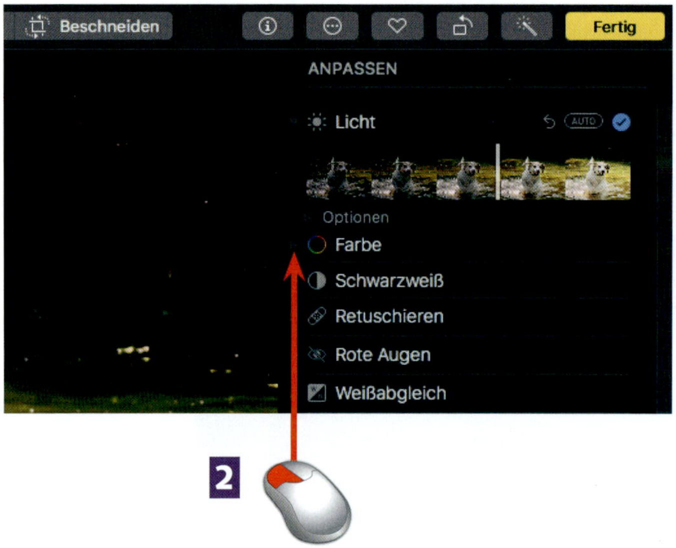

1 Wählen Sie ein Bild aus und öffnen Sie – beispielsweise durch Drücken der ⏎-Taste – die Bearbeitungsoptionen.

2 Die Eigenschaften zum Anpassen des Bildes werden Ihnen rechts neben dem Bild angezeigt. Klicken Sie links neben einer Eigenschaft, die Sie anpassen möchten, auf das kleine Pfeilsymbol.

3 Ziehen Sie den Schieberegler bei gedrückter Maustaste, um – in diesem Fall – die Farben anzupassen.

Ein Bild ist zu hell oder zu dunkel geraten? Die Farben sind nicht perfekt? Nehmen Sie in diesem Fall entsprechende Anpassungen vor – die App *Fotos* bietet in diesem Zusammenhang eine ganze Reihe von Bearbeitungsoptionen. Wie Sie diese nutzen, erfahren Sie auf dieser Doppelseite.

WISSEN

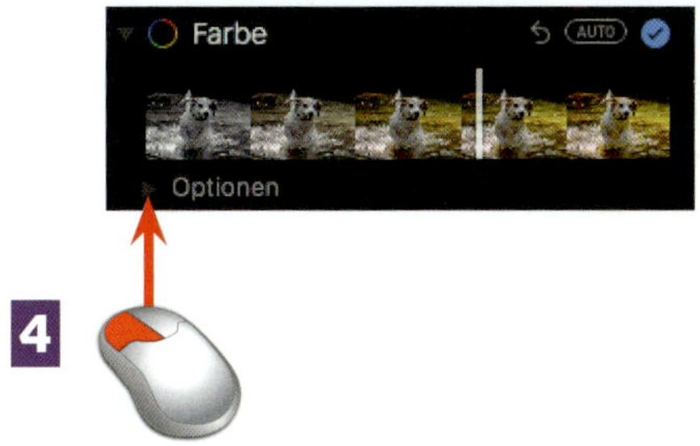

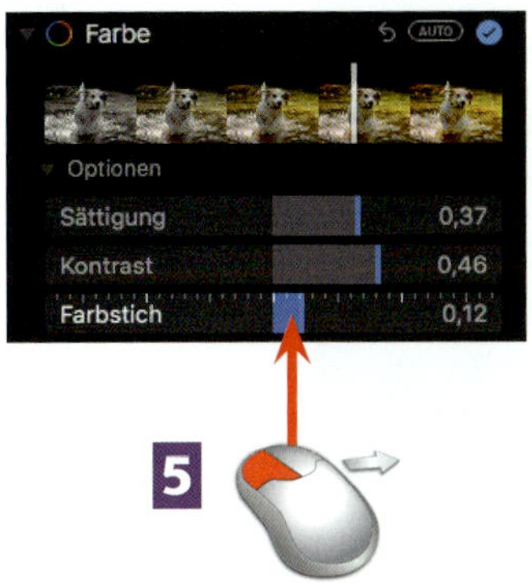

4 Für mehr Bearbeitungsmöglichkeiten bei einer Eigenschaft klicken Sie auf das kleine Pfeilsymbol neben *Optionen*.

5 Außer dem Hauptschieberegler einer Kategorie finden Sie noch untergeordnete Schieberegler, die – ebenfalls durch Ziehen bei gedrückter Maustaste – ein Feintuning ermöglichen.

6 Wie gehabt: Beenden Sie die Bildbearbeitung mit einem Mausklick auf *Fertig*.

Ende

Klicken Sie bei einer Kategorie auf die kleine Schaltfläche *Auto*, um das Bild in dieser Hinsicht automatisch anzupassen.

HINWEIS

Ein Bild automatisch verbessern: Versuchen Sie Ihr Glück mit dem Zauberstab in der Symbolleiste – in vielen Fällen kann sich das Ergebnis sehen lassen.

TIPP

Start

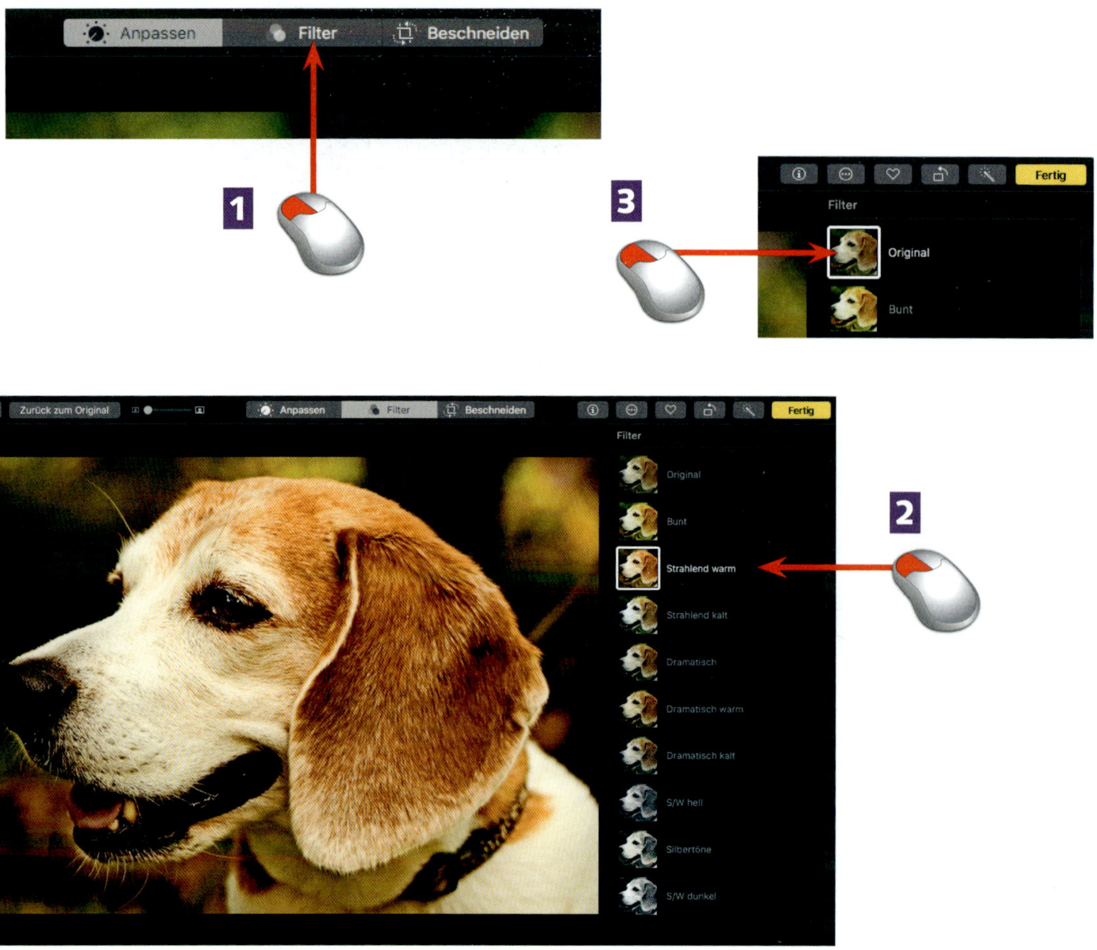

1 Um einen Filter auf ein Bild anzuwenden, treffen Sie oben im Bearbeitungsbereich die Auswahl *Filter*.

2 Klicken Sie nun einfach auf einen Filter, den Sie verwenden möchten, hier wähle ich beispielsweise den Filter *Strahlend warm*.

3 Um den gewählten Filter wieder zurückzusetzen, wählen Sie ganz oben in der Liste die Option *Original* aus.

Um die Farben eines Bildes mit wenigen Handgriffen zu verändern, wenden Sie einen der Filter an, die in der App *Fotos* zur Verfügung stehen. Außerdem lassen sich störende Elemente in einem Bild durch Retuschieren beseitigen. Wie Sie zum Anwenden eines Filters sowie zum Retuschieren vorgehen, lesen Sie auf dieser Doppelseite.

WISSEN

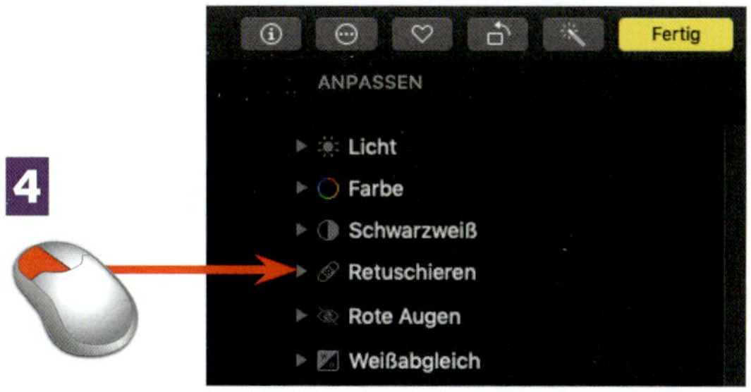

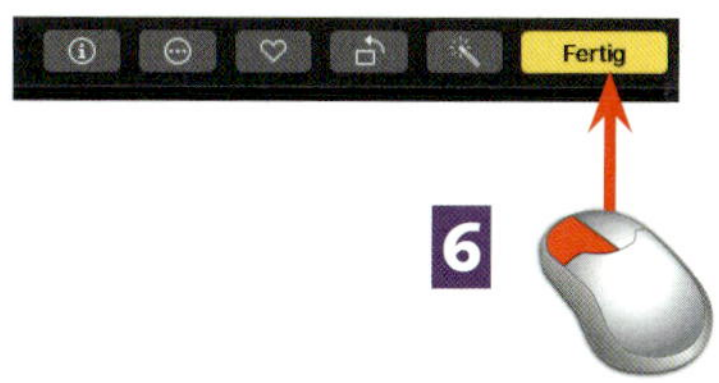

4 Zum Retuschieren störender Elemente in einem Bild entscheiden Sie sich – diesmal wieder unter *Anpassen* – für die Bearbeitungsoption *Retuschieren*.

5 Aktivieren Sie den Pinsel und bestimmen Sie per Schieberegler die »Pinselgröße«. Die Auswahl des Quellbereichs erfolgt mit alt ⌥+Mausklick, das Retuschieren durch Klicken und Bewegen.

6 Wenn Sie die Bearbeitung abschließen möchten, bestätigen Sie auch in diesem Fall mit der Schaltfläche *Fertig*.

Ende

Infos zum ausgewählten Bild anzeigen: Klicken Sie dazu in der Symbolleiste auf das Symbol ⓘ bzw. drücken Sie die Tastenkombination cmd ⌘+I.

TIPP

Auch Funktionen von Drittanbieter-Apps lassen sich in der App *Fotos* nutzen. Auf gegebenenfalls verfügbare Funktionen greifen Sie in der Symbolleiste unter dem Symbol ⊙ zu.

HINWEIS

Im Infofenster lassen sich Bilder auch mit Schlagwörtern taggen. Für schnelleres Taggen nutzen Sie den Schlagwortmanager unter *Fenster/Schlagwortmanager*.

HINWEIS

Start

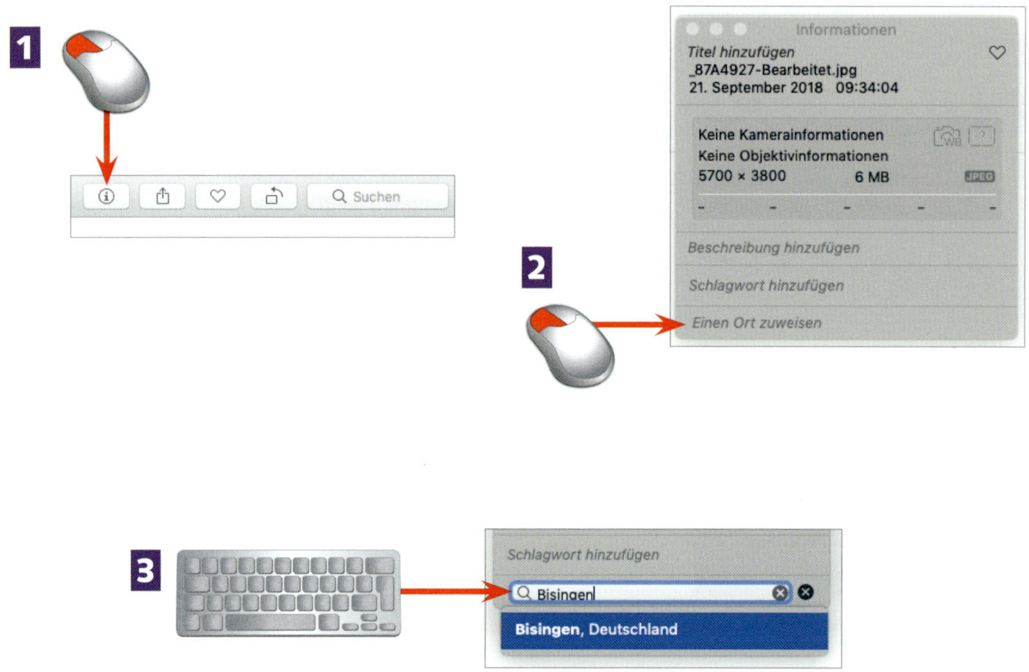

1 Wählen Sie ein Bild aus und klicken Sie oben in der App *Fotos* auf das Symbol .

2 Klicken Sie im sich öffnenden Fenster auf *Einen Ort zuweisen*.

3 Machen Sie anschließend die gewünschte Ortsangabe.

Wenn Sie über eine entsprechende Kamera verfügen, lassen sich die Aufnahmen mit einem Geotag versehen, also einer Angabe zum Aufnahmeort. In der App *Fotos* lässt sich der Aufnahmeort eines Fotos aber auch nachträglich hinzufügen, und das Foto kann dann auf einer Karte dargestellt werden. Wie Sie vorgehen, zeigt diese Doppelseite.

WISSEN

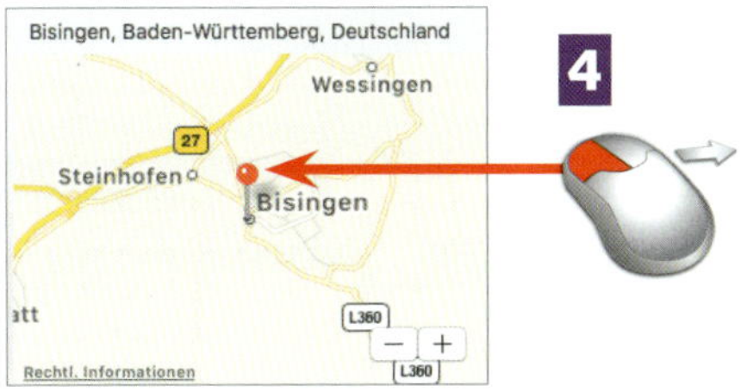

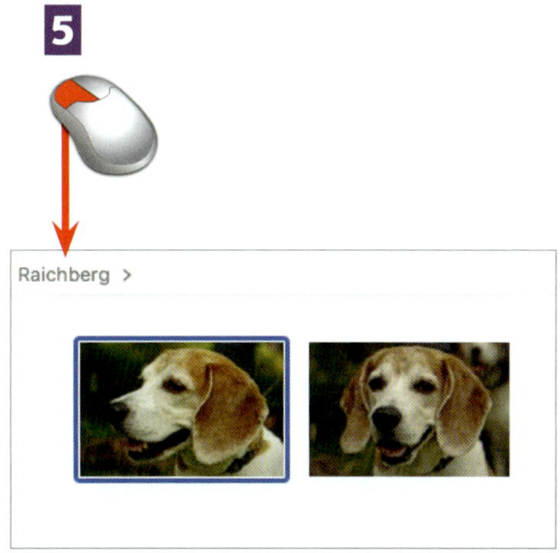

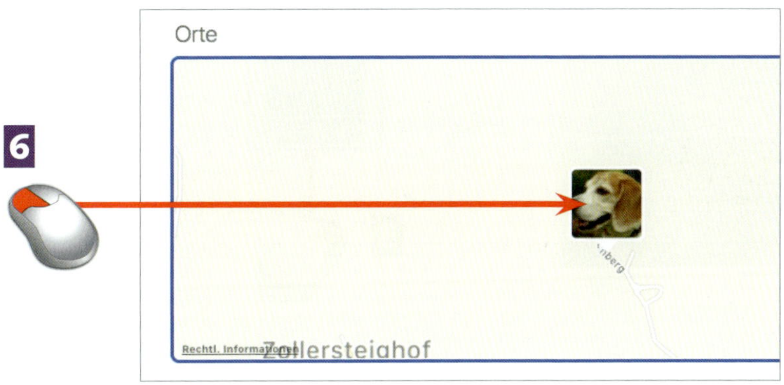

4 Der Ort wird durch eine Stecknadel auf einer Minikarte gekennzeichnet. Zur Feinjustierung können Sie den Stecknadelkopf anklicken und bei gedrückter Maustaste verschieben.

5 Unter *Fotos* wird das Bild nun mit einer Ortsangabe versehen. Klicken Sie diese Ortsangabe an.

6 Sie erhalten unter anderem eine Karte mit den Fotos, die an diesem Ort aufgenommen wurden.

Ende

Wenn Sie eine Ortsangabe ausblenden möchten, klicken Sie ein Bild an und wählen in der Menüleiste *Bild/Ort/Ort ausblenden.*

HINWEIS

Auf einem iPhone oder iPad erlauben Sie der Kamera den Zugriff auf die Ortungsdienste, um die Aufnahmen automatisch mit einem Geotag zu versehen.

TIPP

Start

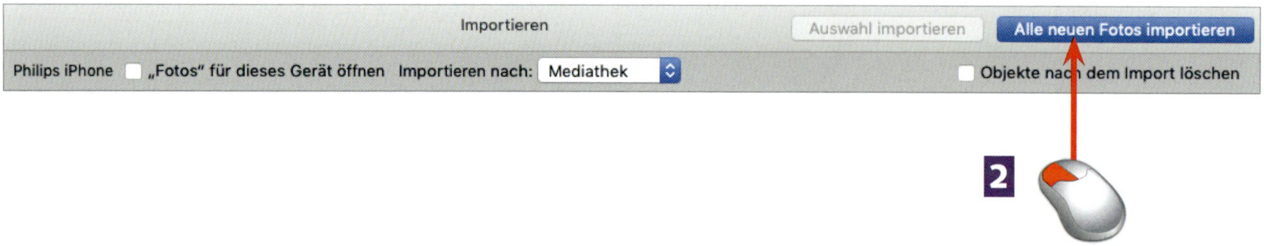

1

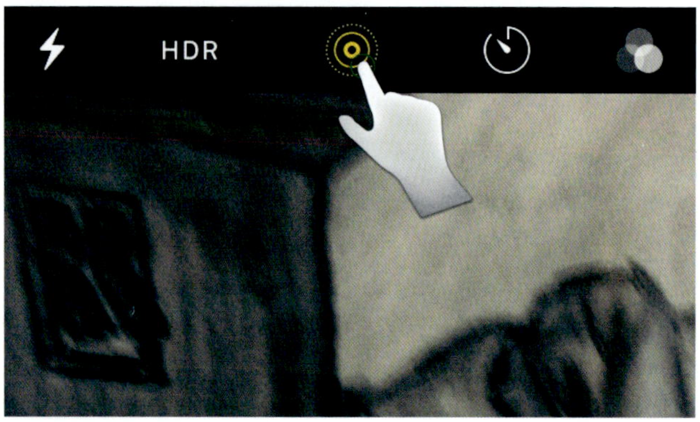

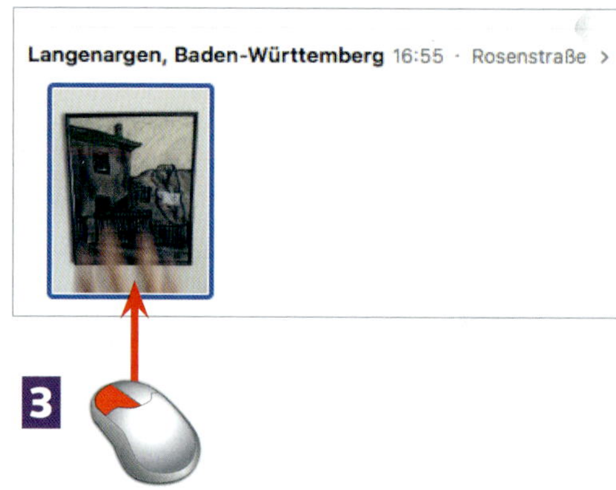

1 Um mit dem iPhone ein Live Photo aufzunehmen, achten Sie darauf, dass in der App *Kamera* die entsprechende Funktion aktiviert ist.

2 Importieren Sie das Live Photo, wie zu Beginn des Kapitels kennengelernt, in die App *Fotos* auf Ihrem Mac.

3 Wie zum Bearbeiten einer herkömmlichen Aufnahme: Wählen Sie das Live Photo aus und drücken Sie die [↵]-Taste.

Wer über ein neueres iPhone verfügt, kann damit Live Photos aufnehmen und diese auf seinen Mac übertragen. Ein Live Photo ist eigentlich eine kleine Videosequenz, die in einer Fotodatei vorliegt. Wie Sie ein Live Photo auf einem Mac mit macOS Mojave bearbeiten, zeige ich Ihnen hier.

WISSEN

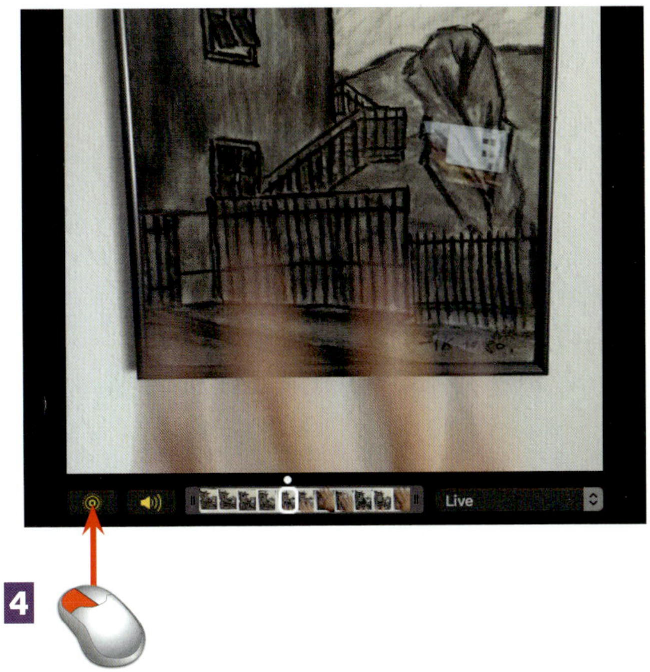

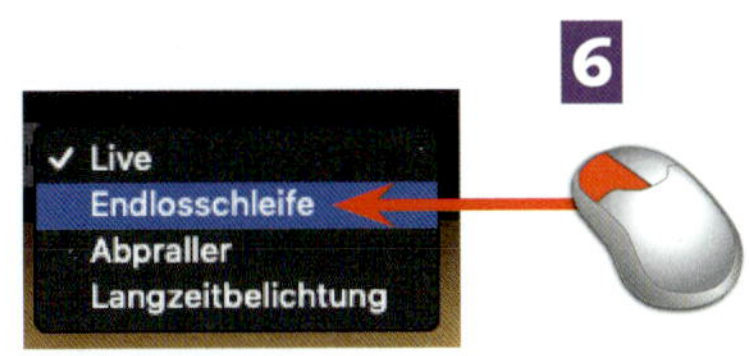

4 Sie erhalten rechts die gleichen Anpassungsoptionen wie beim Bearbeiten eines herkömmlichen Fotos. Unterhalb des Fotos können Sie per Symbol [Symbol] das Live Photo in ein herkömmliches Foto umwandeln.

5 Oder möchten Sie das Live Photo im Gegenteil in ein Video umwandeln, das in Endlosschleife läuft? Dann klicken Sie unterhalb des Live Photos auf das Drop-down-Menü, in dem standardmäßig *Live* steht.

6 Wählen Sie im Menü die gewünschte Option aus, in diesem Fall *Endlosschleife*. Die Wiedergabe des Videos erfolgt per Doppelklick darauf.

Ende

TIPP

Den Ton des Live Photos abschalten: Hierzu klicken Sie unterhalb des Live Photos auf das Symbol [Symbol].

HINWEIS

Ihnen wird unterhalb des Live Photos die Bildsequenz angezeigt. Hier können Sie per Mausklick ein anderes Schlüsselfoto auswählen, das als Basis des Live Photos dient.

Start

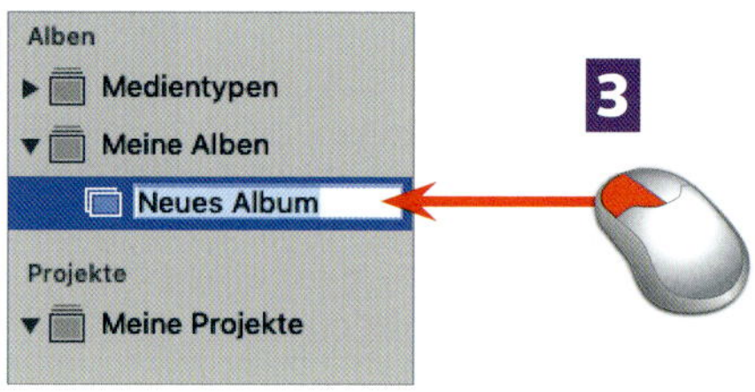

1 Um ein neues Album anzulegen, bewegen Sie den Mauszeiger in der Seitenleiste auf den Eintrag *Meine Alben* und klicken auf das eingeblendete Plussymbol ⊕.

2 Wählen Sie im sich öffnenden Menü den Eintrag *Album* aus.

3 Öffnen Sie gegebenenfalls zunächst mithilfe des kleinen Pfeilsymbols den Ordner *Meine Alben*. Geben Sie dem neuen Album eine schlüssige Bezeichnung und bestätigen Sie mit der ↵-Taste.

Fotos bewahrt man heutzutage nicht mehr in Fotoalben im Schrank auf, sondern auf dem Computer bzw. diversen Datenträgern. Auch auf dem Computer können Sie Fotoalben erstellen, um Ihre Bilder thematisch zu sortieren. Wie einfach das geht, lesen Sie auf dieser Doppelseite.

WISSEN

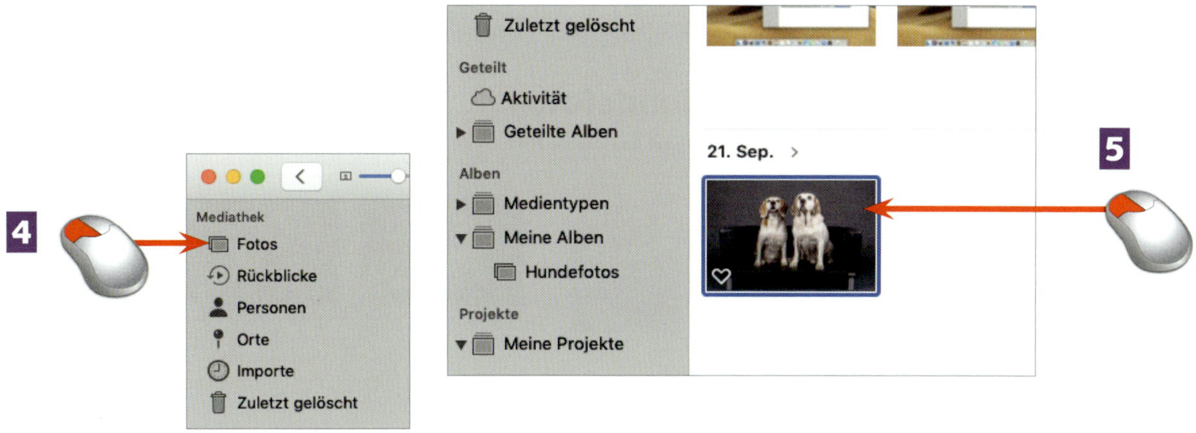

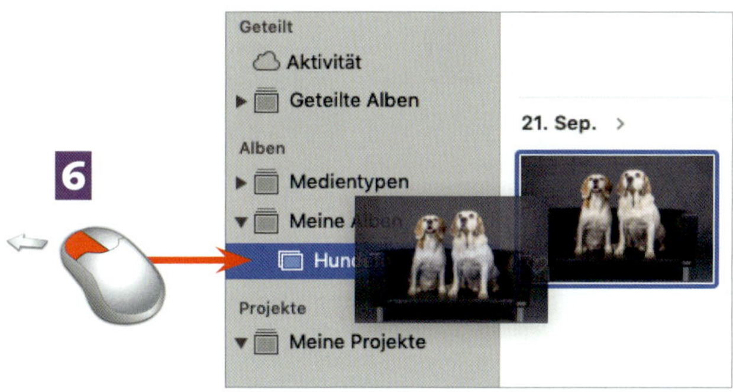

4 Klicken Sie in der Seitenleiste nun auf *Fotos*.

5 Markieren Sie die Aufnahmen, die Sie in das Album einsortieren möchten.

6 Ziehen Sie die Aufnahmen bei gedrückter Maustaste auf das Album in der Seitenleiste und lassen Sie die Maustaste dann los.

Ende

Um einem Album nachträglich Bilder hinzuzufügen, ziehen Sie diese einfach erneut bei gedrückter Maustaste aus dem Anzeigebereich auf das links angezeigte Album.

TIPP

Statt eines herkömmlichen Albums lassen sich unter dem Symbol ⊕ auch »intelligente Alben« erstellen, die – wie intelligente Ordner – Bilder aufnehmen, die von Ihnen festgelegte Kriterien erfüllen.

HINWEIS

Start

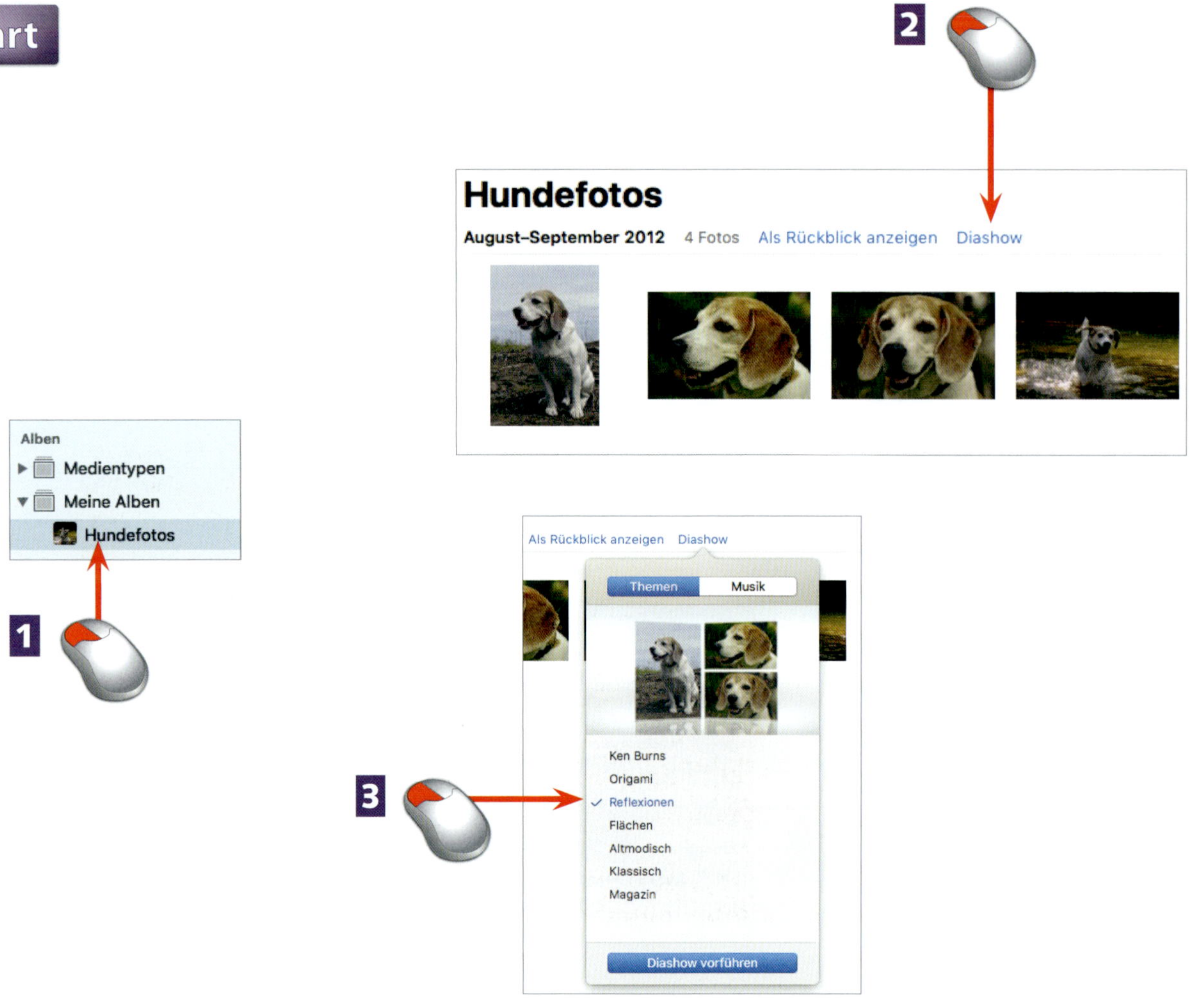

1 Wählen Sie in der Seitenleiste das Album aus, das als Diashow wiedergegeben werden soll.

2 Klicken Sie nun oberhalb der Fotos im Album auf *Diashow*. Alternativ klicken Sie das Album mit der rechten Maustaste bzw. bei gedrückter ctrl-Taste an und wählen im Kontextmenü den Eintrag *Diashow vorführen*.

3 Wählen Sie ein Thema für Ihre Diashow aus – das Ergebnis Ihrer Auswahl wird Ihnen in einem kleinen Vorschaufenster angezeigt.

Um anderen Personen Ihre Bilder vorzuführen oder um diese selbst zu genießen, lassen Sie auf Ihrem Mac eine Diashow ablaufen – oder projizieren diese, wenn gewünscht, auf eine Beamer-Leinwand. Wie Sie in der App *Fotos* eine Diashow mit Musikuntermalung starten, zeige ich Ihnen auf dieser Doppelseite.

WISSEN

4

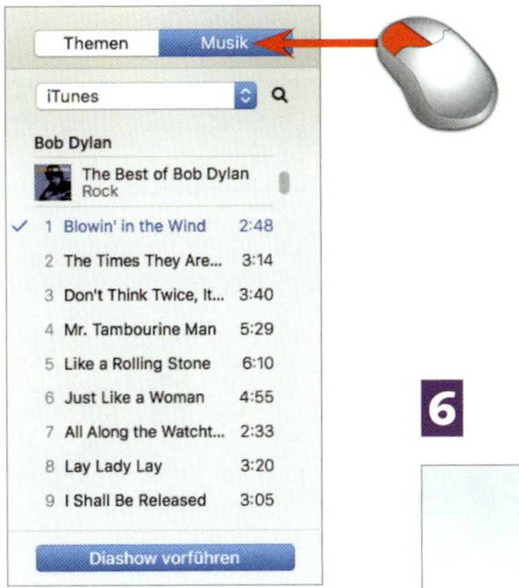

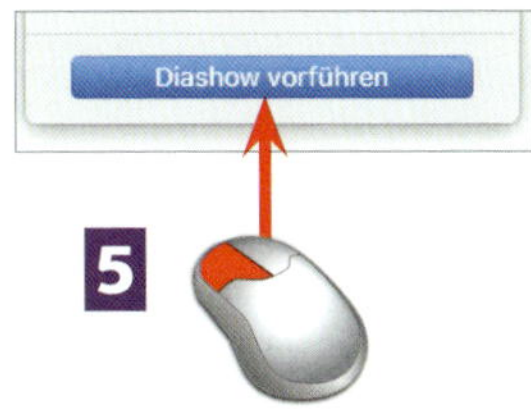

5

6

4 Klicken Sie als Nächstes auf den Reiter *Musik*, um sich ein Musikstück für die Musikuntermalung Ihrer Diashow auszusuchen.

5 Klicken Sie schließlich auf die Schaltfläche *Diashow vorführen*, um die Diashow zu starten.

6 Durch Bewegen des Mauszeigers lässt sich ein Steuerelement für die Diashow einblenden.

Ende

TIPP

Um die Diashow wieder zu beenden, drücken Sie die esc-Taste.

HINWEIS

Oder wünschen Sie eine automatisch generierte Diashow? Dazu wählen Sie in der Seitenleiste der App Fotos den Eintrag *Rückblicke*.

TIPP

Starten Sie eine Diashow im Finder: Wählen Sie dazu die Bilder aus und klicken Sie diese mit der rechten Maustaste bzw. bei gedrückter ctrl-Taste an. Drücken Sie die alt ⌥-Taste, um im Kontextmenü eine *Diashow*-Option zu erhalten.

Start

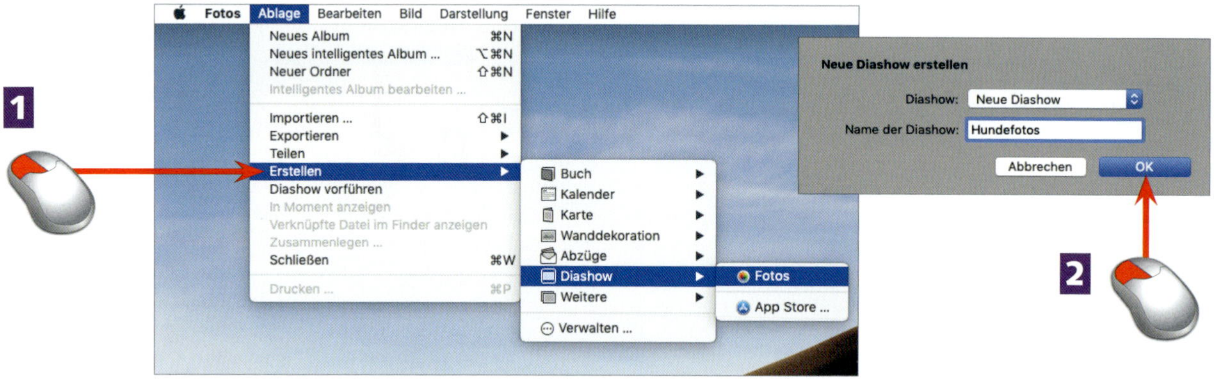

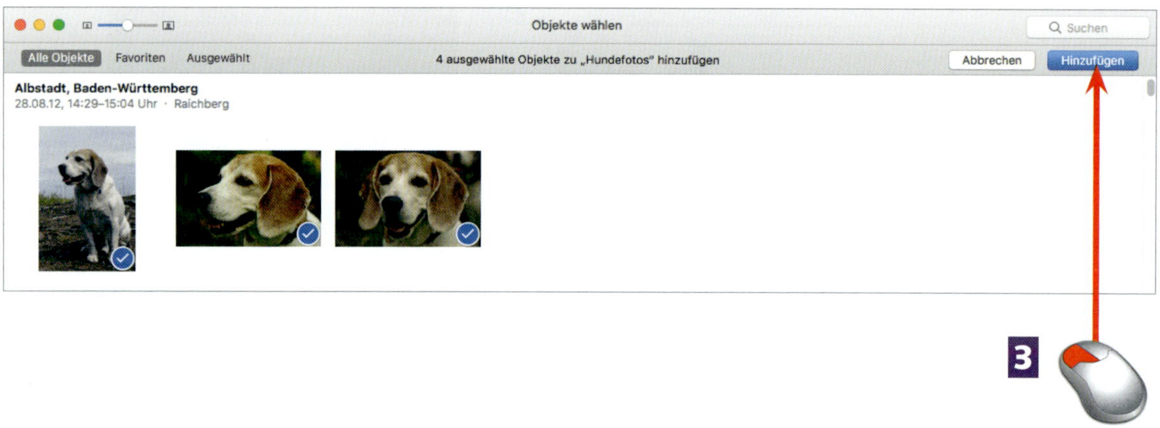

1 Um eine Diashow als Projekt zu erstellen, entscheiden Sie sich in der Menüleiste der App *Fotos* für *Ablage*, bewegen den Mauszeiger auf *Erstellen* und wählen dann unter *Diashow* den Eintrag *Fotos*.

2 Geben Sie der Diashow eine schlüssige Bezeichnung und bestätigen Sie mit der Schaltfläche *OK*.

3 Wählen Sie die gewünschten Bilder aus und bestätigen Sie mit der Schaltfläche *Hinzufügen*.

Eine Diashow lässt sich auch als Projekt erstellen und dadurch als Videodatei auf dem Computer speichern bzw. an andere Personen weiterreichen. Wie Sie in diesem Fall vorgehen, erfahren Sie hier Schritt für Schritt.

WISSEN

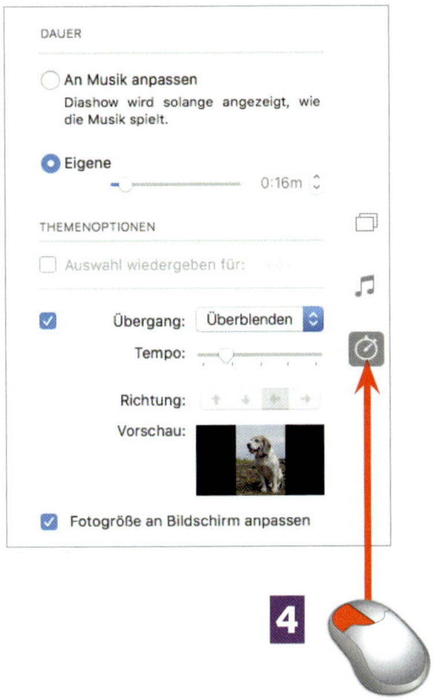

4 Passen Sie die Diashow im Hinblick auf Thema, Musikuntermalung etc. ganz Ihren Wünschen an.

5 Wenn Sie fertig sind, wählen Sie rechts oben die Schaltfläche *Exportieren*.

6 Geben Sie der Videodatei eine schlüssige Bezeichnung. Bestimmen Sie den Speicherordner und die Videoqualität. Bestätigen Sie mit *Sichern*, um den Export zu starten.

Ende

HINWEIS

Die von Ihnen angelegten Projekte lassen sich jederzeit in der App *Fotos* in der Leiste links im Abschnitt *Projekte* aufrufen.

TIPP

Auch Fotobücher, Fotokarten und Fotokalender lassen sich direkt in der App *Fotos* gestalten und in Auftrag geben. In der Menüleiste unter *Ablage/Erstellen* finden Sie die entsprechenden Einträge.

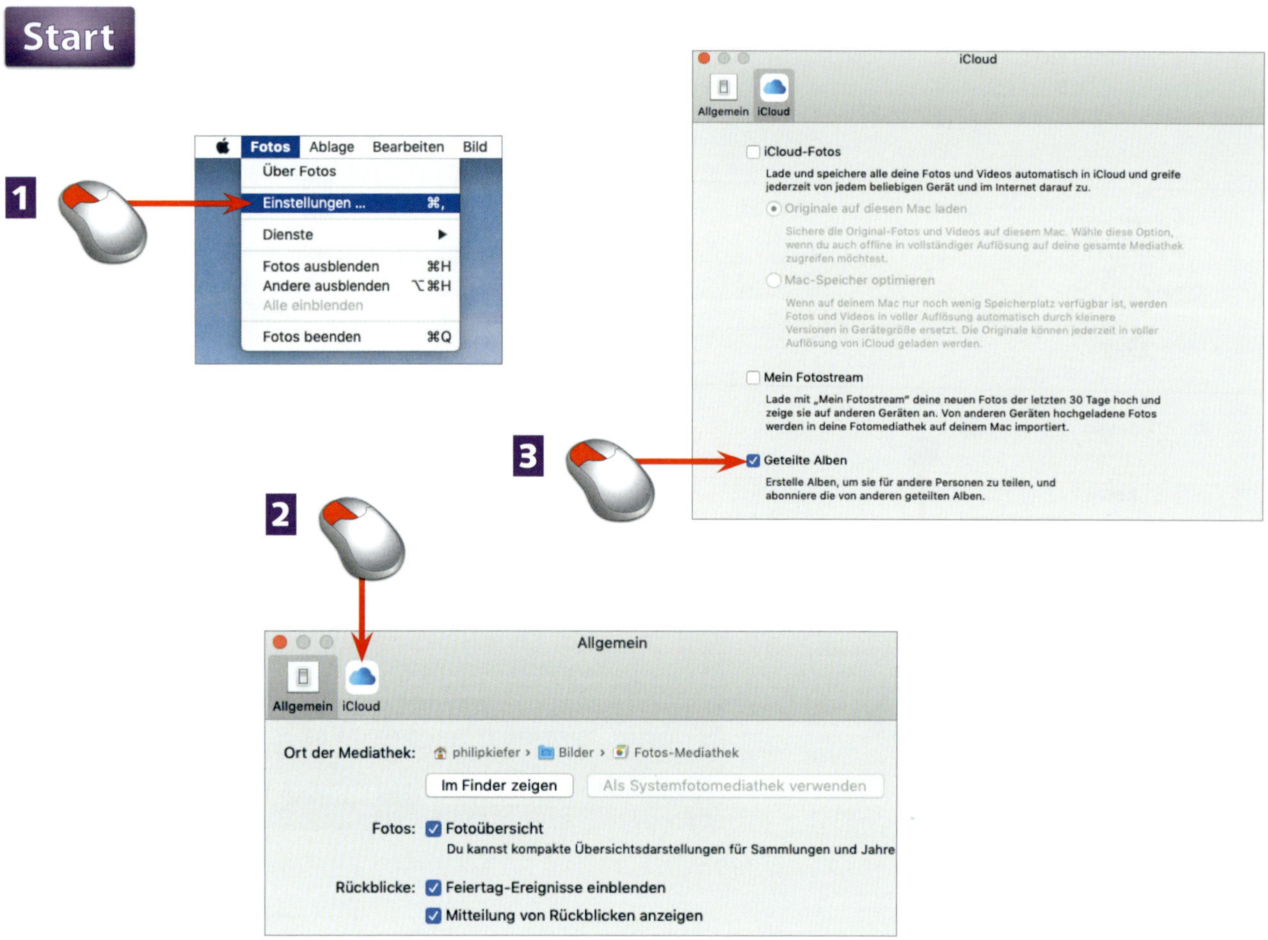

1 Sofern Sie noch nicht bei iCloud angemeldet sind bzw. die iCloud-Fotofunktionen noch nicht aktiviert haben, entscheiden Sie sich zunächst in der Menüleiste für *Fotos* und dann für *Einstellungen*.

2 Wählen Sie im folgenden Fenster die Rubrik *iCloud*.

3 Entscheiden Sie per Kontrollkästchen, welche iCloud-Fotofunktionen Sie verwenden möchten. Für die Freigabe von Fotos an andere muss die Option *Geteilte Alben* aktiviert sein.

Um Ihre Bilder mit anderen zu teilen, bietet sich die Freigabe von Alben via iCloud an – andere Apple-Nutzer können damit die von Ihnen geteilten Bilder ganz leicht bei sich integrieren. Eine kleine Anleitung zu den geteilten Alben erhalten Sie auf dieser Doppelseite.

WISSEN

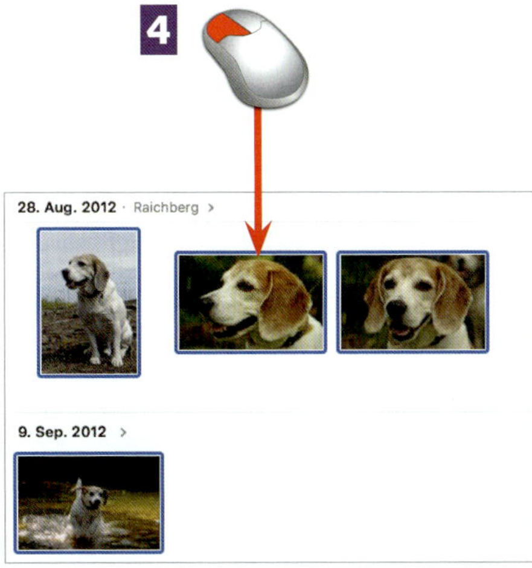

4 Wählen Sie nun die Bilder aus, die Sie für andere Personen freigeben möchten.

5 Klicken Sie oben in der App *Fotos* auf das Symbol . Dieses Symbol dient auch in anderen Apps dem Weiterreichen von Elementen.

6 Entscheiden Sie sich im Menü für den Eintrag *Geteilte Alben* und machen Sie anschließend Ihre individuellen Angaben.

Ende

Sie finden unter dem Symbol auch Optionen zum Versand von Bildern in einer E-Mail oder in einer Nachricht.

HINWEIS

Auch die geteilten Alben werden Ihnen in der Seitenleiste links angezeigt und Sie können Fotos aus Ihrer Mediathek auf das geteilte Album ziehen, um es weiter zu füllen.

TIPP

Start

2

1

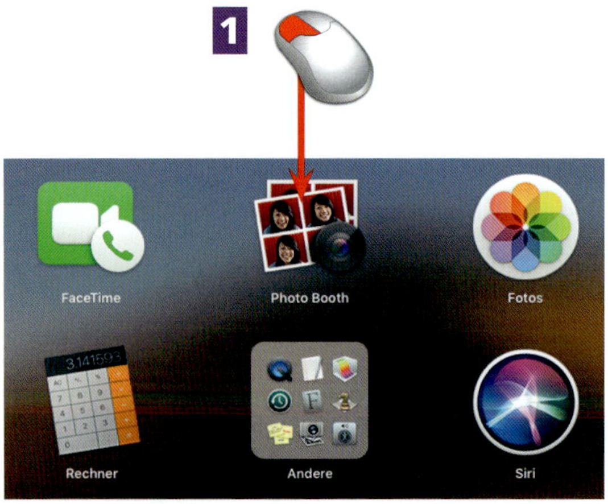

3

1 Öffnen Sie die App *Photo Booth* im Launchpad.

2 Sie können mit Photo Booth sowohl Foto- als auch Videoaufnahmen machen. Die Auswahl treffen Sie links unten im Fenster.

3 Klicken Sie nun rechts unten auf die Schaltfläche *Effekte* und wählen Sie einen Effekt aus, der Ihnen zusagt.

Sie möchten auf Ihrem Mac ein Selfie schießen? Zu diesem Zweck setzen Sie die App *Photo Booth* ein. Damit können Sie nicht nur normale Fotos aufnehmen, sondern Ihre Fotos mit witzigen Effekten versehen. Lassen Sie mich Ihnen die App *Photo Booth* auf dieser Doppelseite vorstellen.

WISSEN

4 Klicken Sie auf den Auslöser, um eine Aufnahme zu tätigen.

5 Klicken Sie mit der rechten Maustaste bzw. bei gedrückter ctrl-Taste auf die gemachte Aufnahme, um diese zu exportieren.

6 Oder möchten Sie die Aufnahme an eine andere Person senden? In diesem Fall wählen Sie unter dem Symbol [Teilen] die gewünschte Option aus.

Ende

Auch mit Ihren Aufnahmen in Photo Booth lässt sich eine Diashow wiedergeben. Wählen Sie dazu in der Menüleiste *Darstellung* und dann *Diashow starten*.

HINWEIS

Apple hält auch eine App für die Videobearbeitung bereit: iMovie. Verwandeln Sie damit Ihre privaten Videoaufnahmen in ansprechende Clips.

TIPP

Start

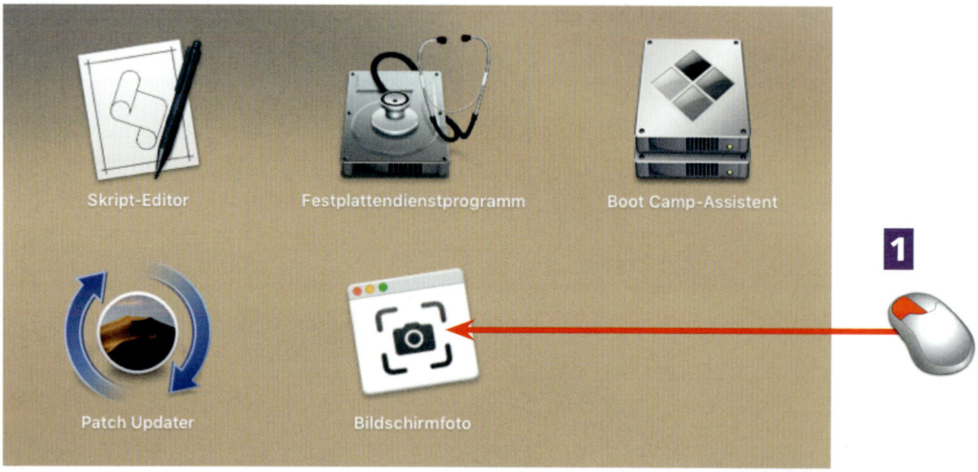

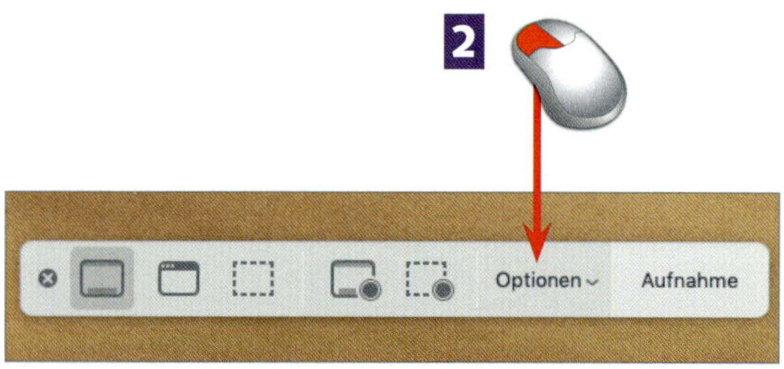

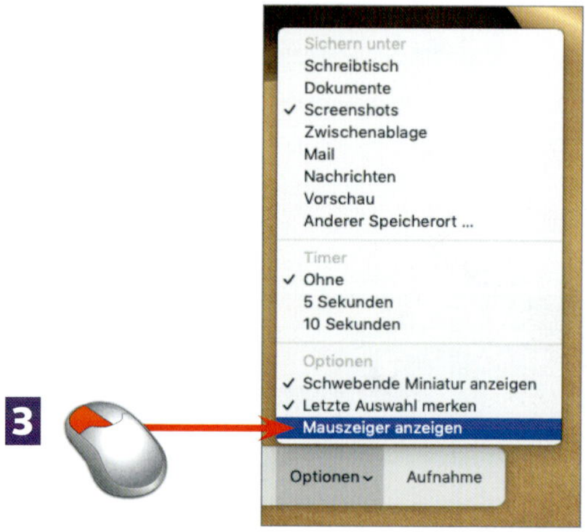

1 Entscheiden Sie sich im Launchpad für den Ordner *Andere* und wählen Sie dort die App *Bildschirmfoto*.

2 Aufnahme mit oder ohne Mauszeiger gewünscht? Um das festzulegen, klicken Sie in der oberhalb des Docks eingeblendeten Leiste auf *Optionen*.

3 In diesem Fall wähle ich die Option, dass der Mauszeiger auf dem Bildschirmfoto zu sehen sein soll.

Bildschirmfotos können für verschiedene Zwecke benötigt werden, etwa um auf die Schnelle eine Info auf einer Webseite abzufotografieren oder um einen Fehler zu dokumentieren. Für die Aufnahme von Bildschirmfotos steht Ihnen auf Ihrem Mac eine hilfreiche App zur Verfügung, die Sie auf dieser Doppelseite kennenlernen.

WISSEN

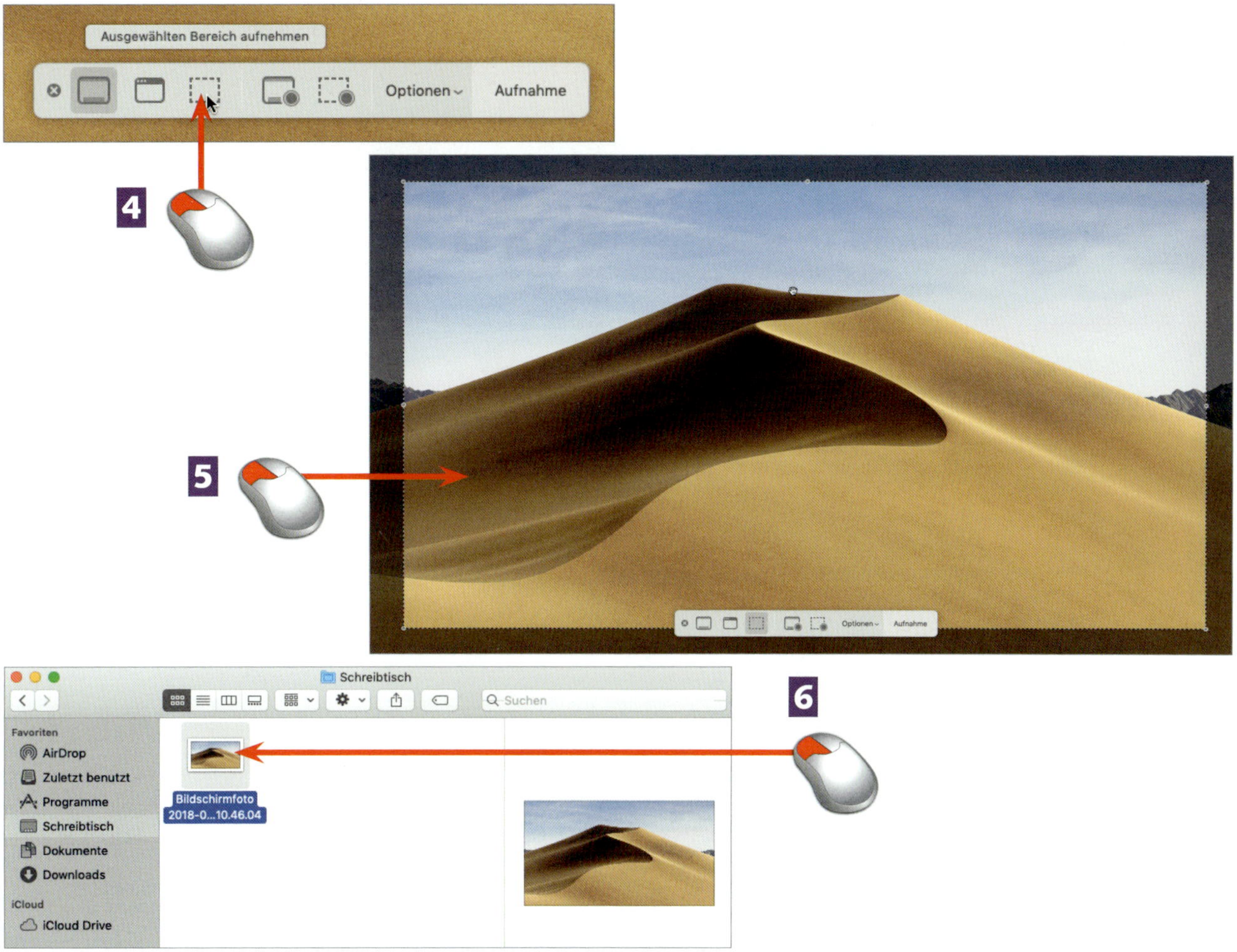

4 Wählen Sie in der Leiste nun, welche Art Bildschirmfoto Sie aufnehmen möchten. Hier entscheide ich mich für die Aufnahme eines ausgewählten Bereichs.

5 In diesem Fall erfolgt die Aufnahme des ausgewählten Bereichs per Mausklick auf *Aufnahme*.

6 Das Bildschirmfoto wird aufgenommen und standardmäßig auf dem Schreibtisch abgelegt.

Ende

TIPP

Ein Bildschirmfoto per Tastenkombination aufnehmen: Drücken Sie dazu die Tasten ⇧+cmd ⌘+3. Weitere Tastenkombinationen für Bildschirmfotos finden Sie in Kapitel 12.

HINWEIS

Um einen beliebigen Speicherort für Ihre Bildschirmfotos festzulegen, wählen Sie diesen im Optionsmenü unter *Anderer Speicherort* aus.

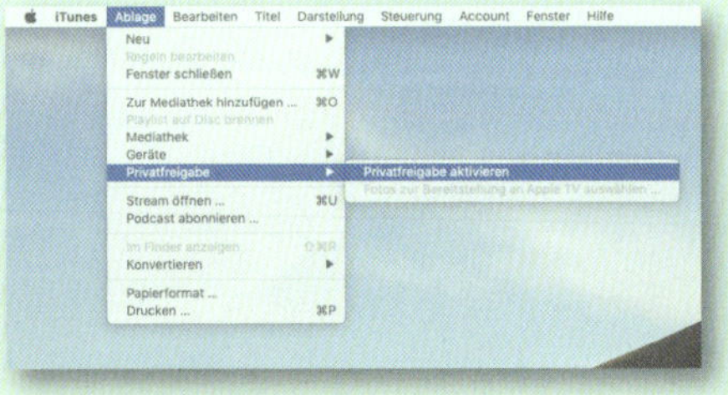
iTunes Ablage Bearbeiten Titel Darstellung Steuerung Account Fenster Hilfe
Neu
Fenster schließen
Zur Mediathek hinzufügen …
Mediathek
Geräte
Privatfreigabe
Privatfreigabe aktivieren
Stream öffnen …
Podcast abonnieren …
Konvertieren
Papierformat …
Drucken …

Mediathek Ungespielt Store
FAZ Essay – der Podcast für die Geschichte hinter den Nachrichten
Frankfurter Allgemeine Zeitung FAZ
Abonnieren
Vom Anbieter

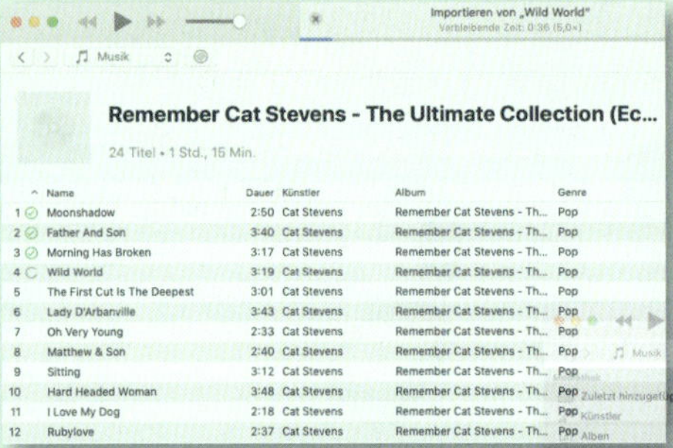
Importieren von „Wild World"
Remember Cat Stevens - The Ultimate Collection (Ec…
24 Titel • 1 Std., 15 Min.
Moonshadow
Father And Son
Morning Has Broken
Wild World
The First Cut Is The Deepest
Lady D'Arbanville
Oh Very Young
Matthew & Son
Sitting
Hard Headed Woman
I Love My Dog
Rubylove

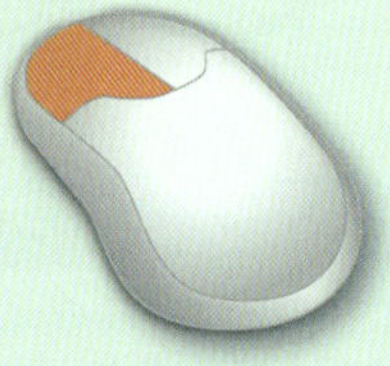

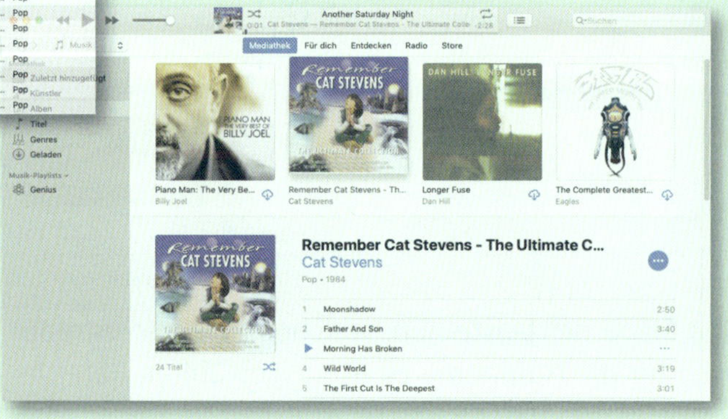
Another Saturday Night
Mediathek Für dich Entdecken Radio Store
Piano Man: The Very Be…
Remember Cat Stevens - Th…
Longer Fuse
The Complete Greatest…
Remember Cat Stevens - The Ultimate C…
Cat Stevens
Moonshadow
Father And Son
Morning Has Broken
Wild World
The First Cut Is The Deepest

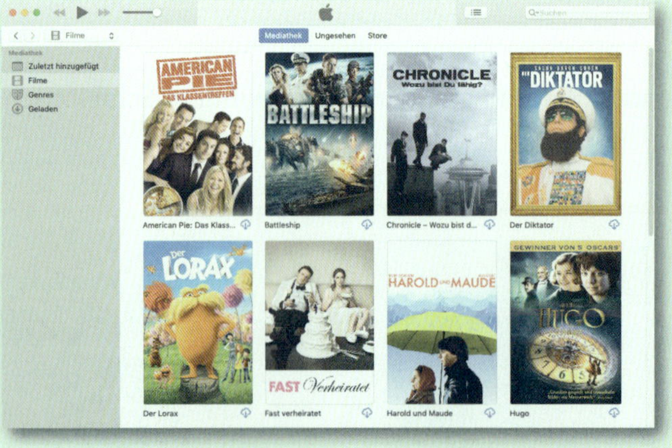
Mediathek Ungesehen Store
Zuletzt hinzugefügt
Filme
Genres
Geladen
American Pie: Das Klass…
Battleship
Chronicle – Wozu bist d…
Der Diktator
Der Lorax
Fast verheiratet
Harold und Maude
Hugo

Musik, Filme und weitere Medien auf dem Mac wiedergeben

9

Mit iTunes steht auf Ihrem Mac eine starke Mediensoftware zur Verfügung. Importieren und verwalten Sie damit Ihre Mediendateien oder kaufen Sie Musik und Filme im integrierten iTunes Store ein. Sie können auch kostenlose Podcasts nutzen – das klappt mit iTunes ebenfalls perfekt. Und wenn Sie die Medien nicht nur auf dem Mac wiedergeben möchten: Geben Sie Ihre Mediathek frei oder streamen Sie Inhalte im Netzwerk auf ein anderes Gerät. Haben Sie viel Spaß mit den spannenden Anleitungen, Tipps und Infos in diesem Kapitel!

Start

1

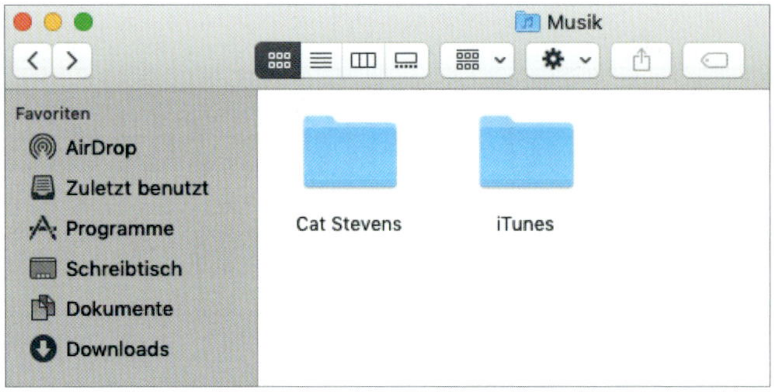

2

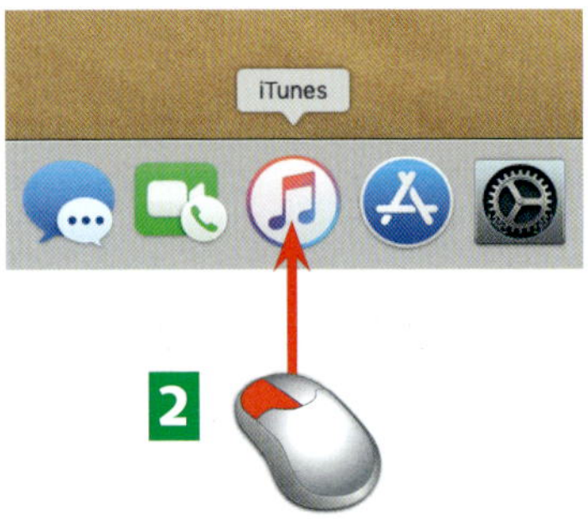

3

1 Mediendateien, die Sie in iTunes aufnehmen möchten, müssen in einem kompatiblen Dateiformat zur Verfügung stehen. In diesem Fall habe ich mehrere Alben im gängigen MP3-Format in den Musikordner kopiert.

2 Öffnen Sie die bereits in anderem Zusammenhang kennengelernte App *iTunes*.

3 Wenn die Mediathek noch leer ist, wird Ihnen das Durchsuchen des Computers nach Mediendateien angeboten. Sie können sich aber auch in der Menüleiste für *Ablage/Zur Mediathek hinzufügen* entscheiden.

Mediendateien, die bereits auf dem Computer zur Verfügung stehen, nehmen Sie in iTunes auf, um sie dort zu verwalten, wiederzugeben, mit Ihrem iPhone oder iPad zu synchronisieren oder aufs TV-Gerät zu streamen. Das Hinzufügen ist eine Sache weniger Handgriffe, wie Sie auf dieser Doppelseite sehen.

WISSEN

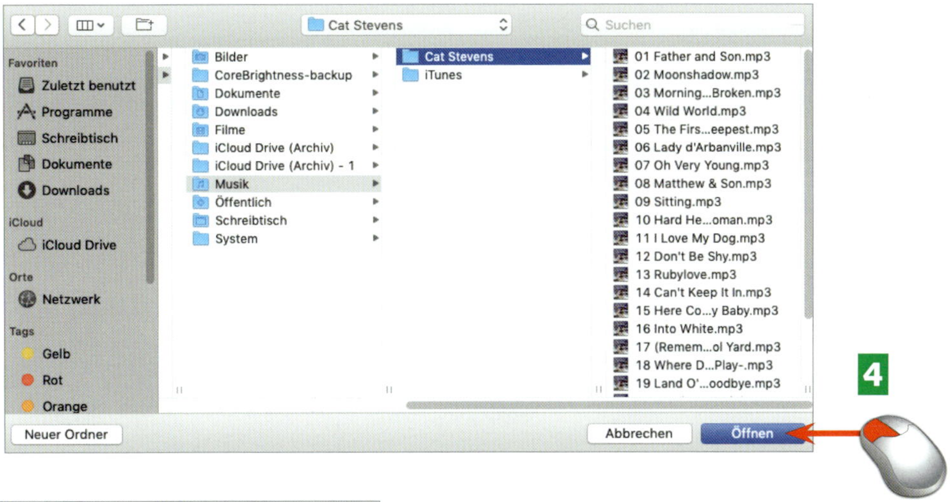

4

5

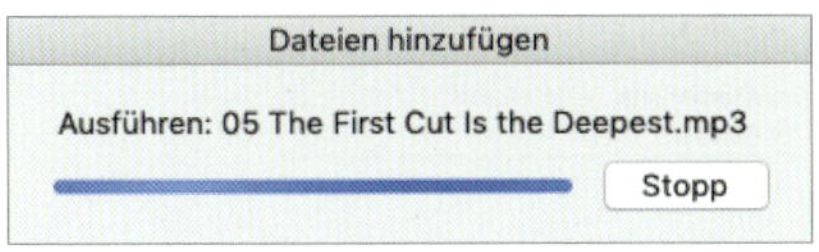

6

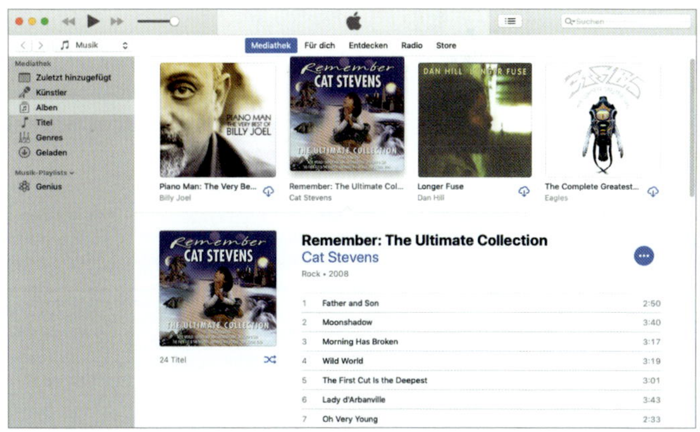

4 Wählen Sie das Element aus, das Sie hinzufügen möchten (in diesem Fall wähle ich einen Ordner mit Musikdateien), und bestätigen Sie mit *Öffnen*.

5 Die Dateien werden nun in die Mediathek kopiert, was eine Zeit lang dauern kann. (Gut zu wissen: Nicht kompatible Dateien werden von iTunes einfach ignoriert.)

6 Anschließend stehen die Mediendateien in iTunes für Wiedergabe und Co. zur Verfügung.

Ende

Dem Wechsel zwischen den verschiedenen Medienarten dient in iTunes das Menü links oben im Programmfenster.

HINWEIS

Für Ihre Musik stehen unterschiedliche Darstellungsoptionen zur Verfügung, die Sie in der Seitenleiste aufrufen. Standard ist die Darstellungsoption *Alben*.

TIPP

Start

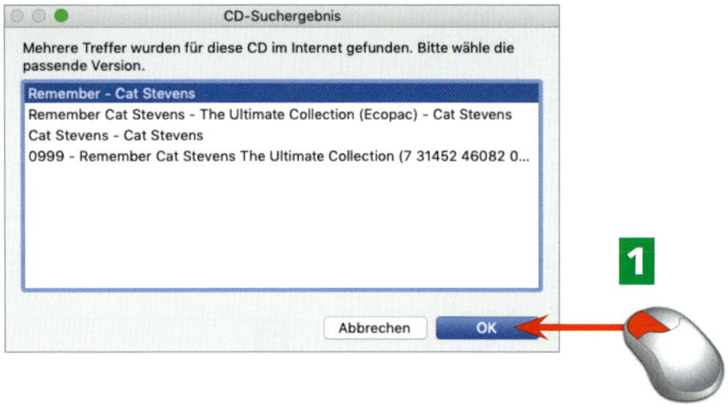

1 Öffnen Sie iTunes und legen Sie eine Audio-CD ins Laufwerk ein. Gegebenenfalls werden zunächst die CD-Infos gesucht. Bestätigen Sie in diesem Fall mit *OK*.

2 Nun wird Ihnen der Import der Audio-CD angeboten. Klicken Sie auf *Ja*, um den Import zu starten.

3 Sie können den Import verfolgen. Wenn Sie nicht die gesamte Audio-CD importieren möchten, treffen Sie per Kontrollkästchen eine Titelauswahl.

Vorausgesetzt natürlich, dass ein optisches Laufwerk zur Verfügung steht, können Sie Ihre ganze CD-Sammlung auf den Mac importieren und in iTunes verfügbar machen. Staub und Kratzer gehören damit der Vergangenheit an. Wie das Importieren von Audios-CDs vonstattengeht, zeige ich Ihnen Schritt für Schritt auf dieser Doppelseite.

WISSEN

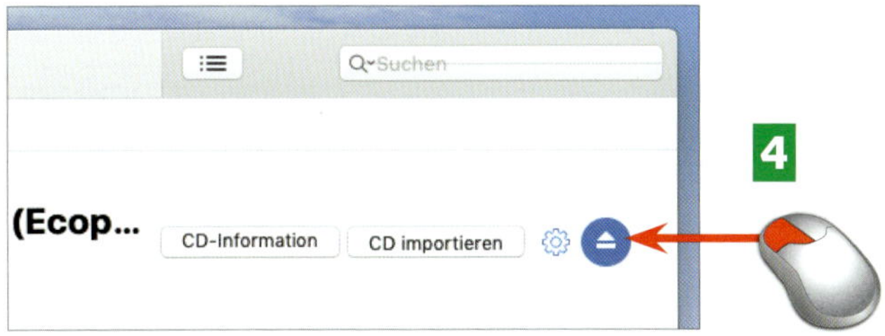

4

5

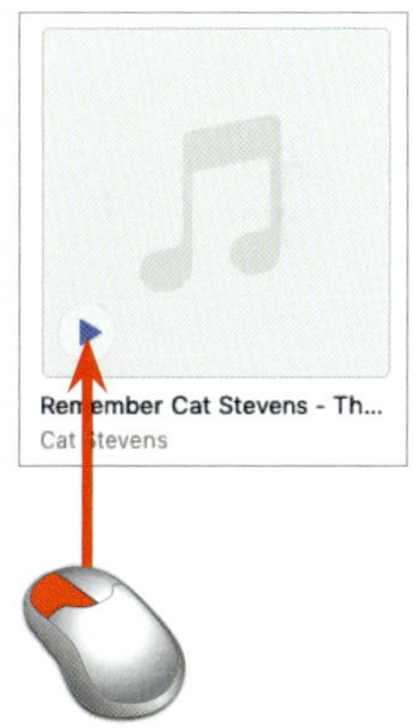

6

4 Wenn der Import beendet ist, erfolgt ein Hinweiston. Klicken Sie auf das Symbol, um die Audio-CD auszuwerfen.

5 Ihnen wird nun automatisch die Musik-Mediathek angezeigt, und Sie stellen fest, dass sich auch das importierte Album darin befindet.

6 Bewegen Sie den Mauszeiger auf das Album, um eine Option für die Wiedergabe zu erhalten. (Zur Wiedergabe von Mediendateien in iTunes später aber noch mehr.)

Ende

Das CD-Cover fehlt? Klicken Sie mit der rechten Maustaste bzw. bei gedrückter ctrl-Taste auf das Album und wählen Sie *CD-Cover laden*, um das CD-Cover aus dem Internet zu ergänzen.

TIPP

Das Importieren der Audio-CDs erfolgt standardmäßig im AAC-Format. Falls Sie das gängigere MP3-Format bevorzugen, ändern Sie die Importeinstellungen wie auf der folgenden Doppelseite beschrieben.

HINWEIS

Start

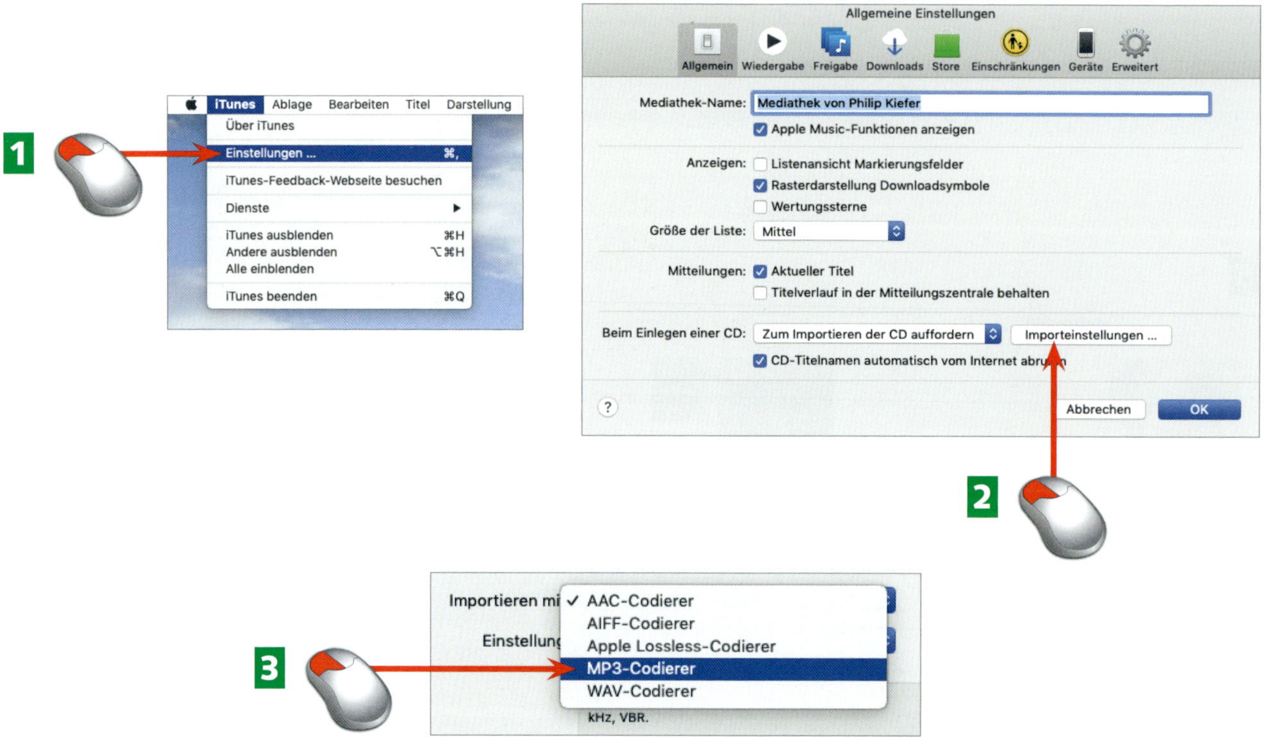

1 Wählen Sie in der Menüleiste *iTunes* und dann *Einstellungen*.

2 Klicken Sie in den Einstellungen unter *Allgemein* auf die Schaltfläche *Importeinstellungen*.

3 Entscheiden Sie sich im Menü *Importieren mit* für den Eintrag *MP3-Codierer*.

Das standardmäßige AAC-Format bietet eine bessere Musikqualität, jedoch kann nicht jedes Gerät AAC-Dateien abspielen. Eine Konvertierung in das gängigere MP3-Format lässt sich aber leicht bewerkstelligen. Wie Sie vorgehen, zeigt Ihnen die Schrittanleitung auf dieser Doppelseite.

WISSEN

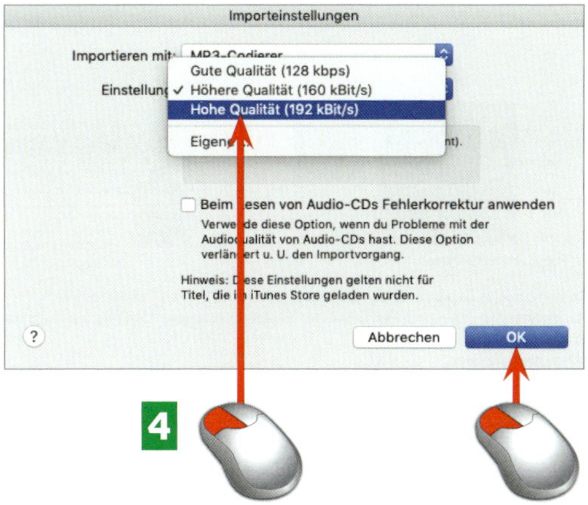

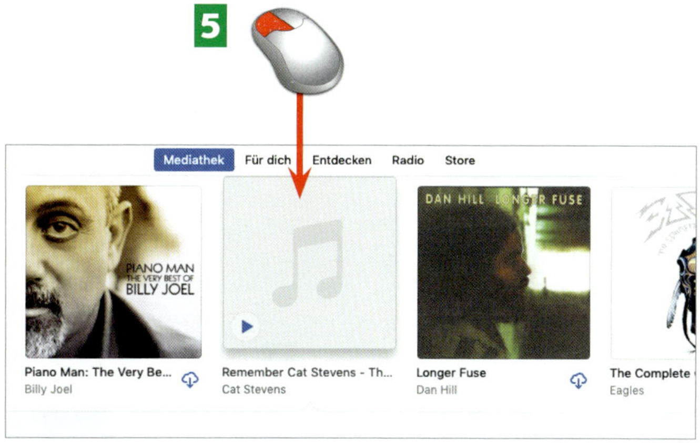

4 Wählen Sie anschließend noch im Menü *Einstellungen* den Eintrag *Hohe Qualität*, bevor Sie zweimal mit *OK* bestätigen.

5 Um alle Titel in einem Album ins MP3-Format zu konvertieren, klicken Sie zunächst ein Album an, um es zu öffnen.

6 Wählen Sie dann in der Menüleiste *Ablage/Konvertieren/MP3-Version erstellen*.

Ende

Im Finder finden Sie Ihre iTunes-Mediathek standardmäßig im Benutzerordner *Musik* und dort im Ordner *iTunes*.

HINWEIS

Sie können mehrere iTunes-Mediatheken für unterschiedliche Zwecke nutzen. Das Erstellen bzw. später das Auswählen erfolgt, indem Sie beim Anklicken des iTunes-Symbols die alt ⌥-Taste gedrückt halten.

HINWEIS

Start

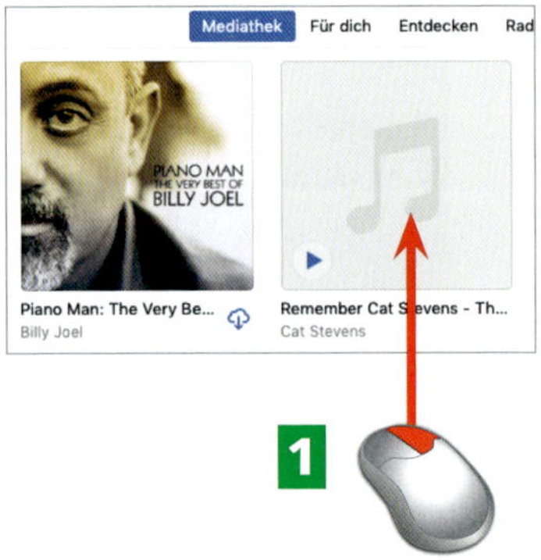

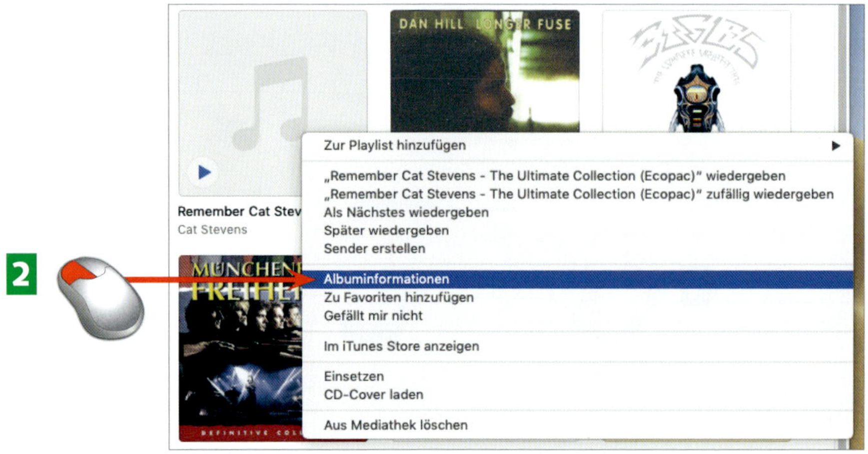

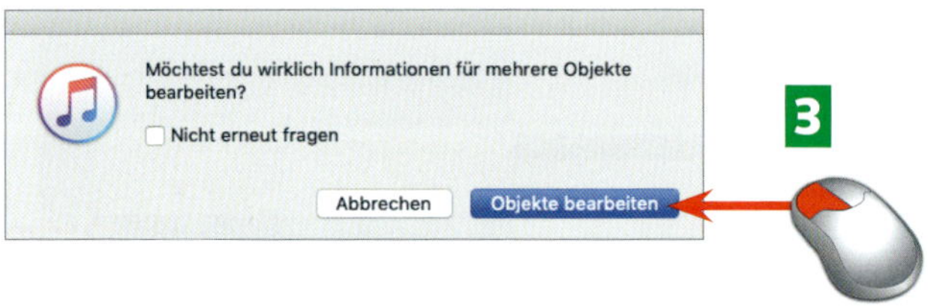

1 Klicken Sie mit der rechten Maustaste bzw. bei gedrückter ctrl-Taste auf ein Album, dessen Informationen Sie bearbeiten möchten.

2 Entscheiden Sie sich im Kontextmenü für den Eintrag *Albuminformationen*.

3 Bestätigen Sie bei einem Album das Bearbeiten der Informationen für mehrere Titel mit *Objekte bearbeiten*.

Wenn Sie Mediendateien in iTunes importieren, möchten Sie vielleicht noch die Informationen anpassen, also beispielsweise Angaben zum Interpreten oder Genre ändern oder manuell ein Albumcover einfügen. Mit iTunes ist das wirklich eine einfache Sache!

WISSEN

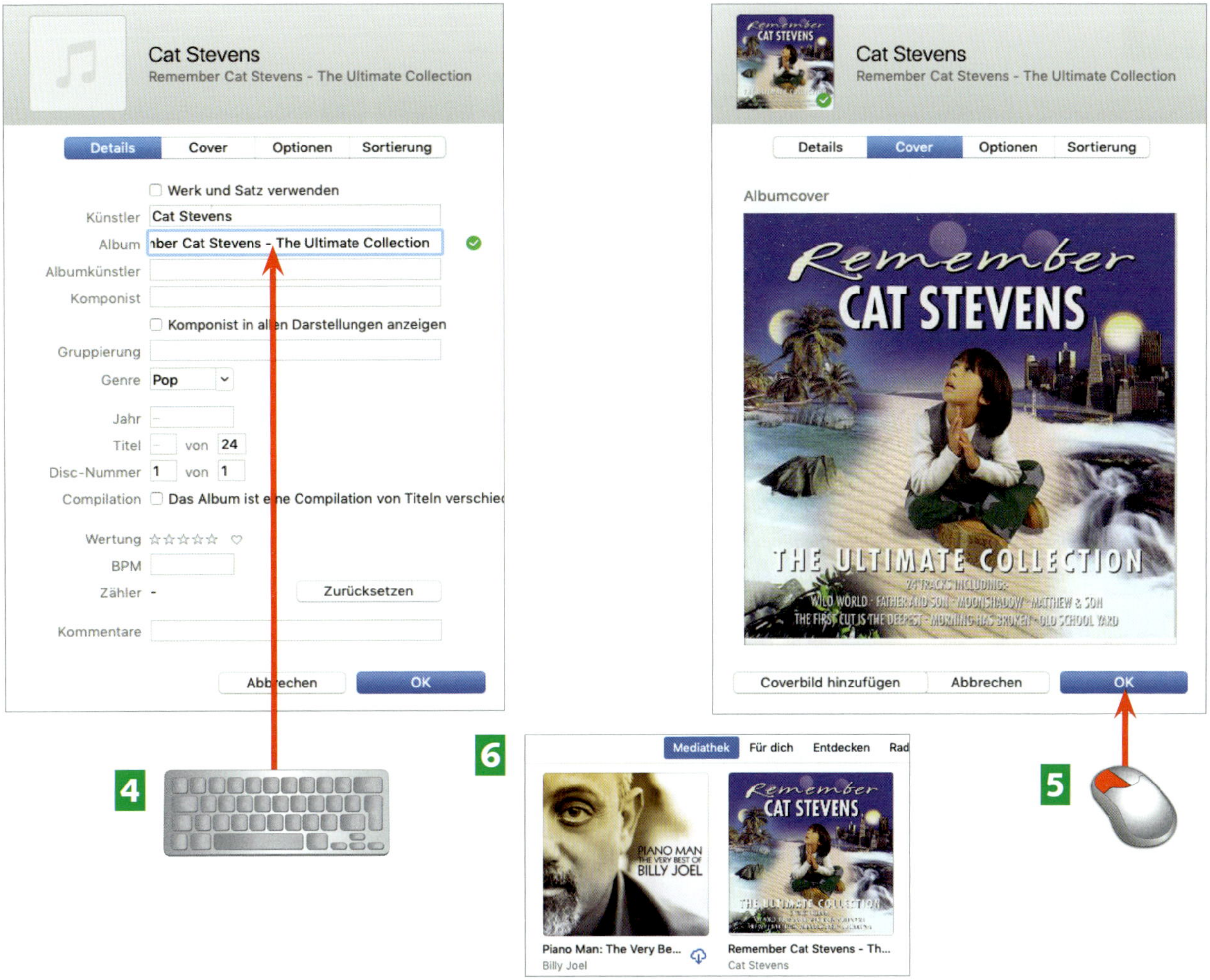

4 Tragen Sie zunächst unter *Details* die gewünschten Angaben ein.

5 Machen Sie gegebenenfalls auch noch unter den anderen Reitern Angaben. In diesem Fall füge ich beispielsweise unter *Cover* noch manuell ein CD-Cover ein. Bestätigen Sie zum Schluss mit *OK*.

6 Ihre Anpassungen werden in iTunes prompt übernommen.

Ende

Das Infofenster zu einem ausgewählten Element per Tastenkombination herzaubern: Drücken Sie dazu auch in iTunes [cmd ⌘]+[I].

TIPP

Damit ein importiertes Hörbuch von iTunes als solches erkannt wird, stellen Sie im Infofenster unter *Optionen* die *Medienart* auf *Hörbuch*.

TIPP

Start

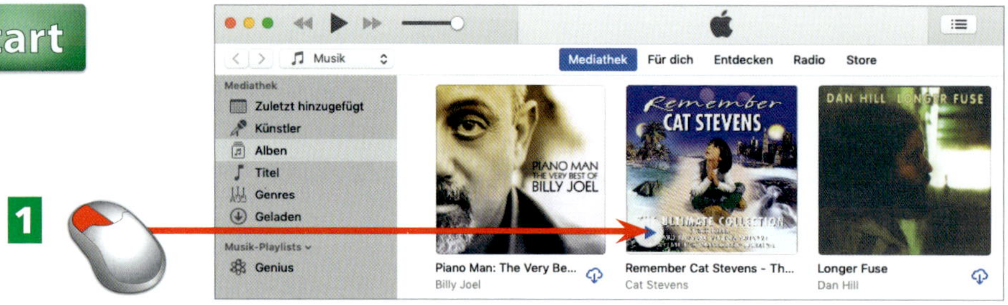

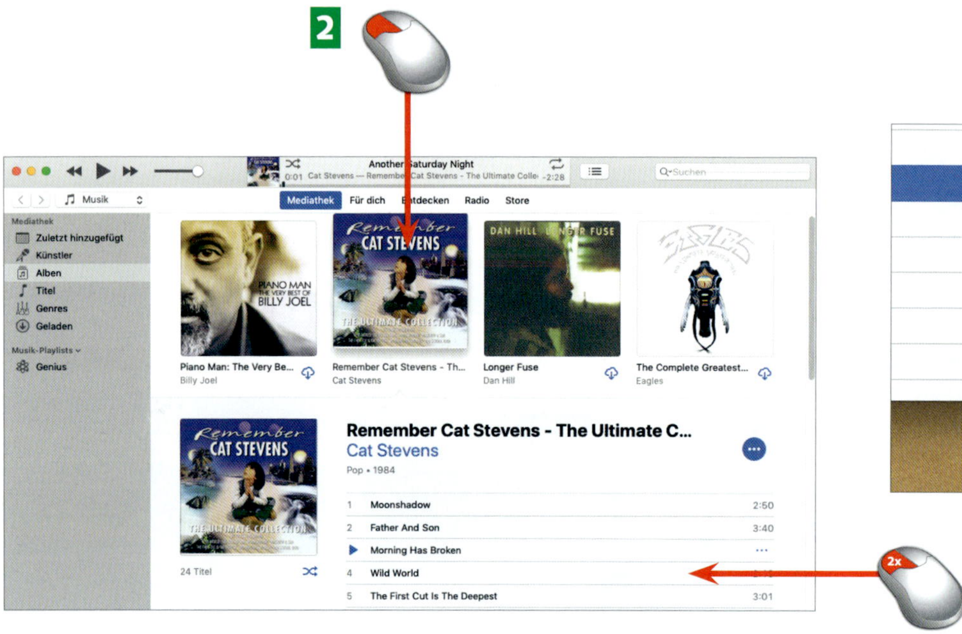

1 Möchten Sie ein ganzes Album wiedergeben, bewegen Sie den Mauszeiger darauf und klicken auf den eingeblendeten Play-Button.

2 Soll die Wiedergabe bei einem bestimmten Titel im Album beginnen, klicken Sie auf ein Album, um sich die enthaltenen Titel anzeigen zu lassen. Doppelklicken Sie dann auf einen Titel.

3 Sie können einen Titel einer Liste der wiederzugebenden Titel hinzufügen. Bewegen Sie den Mauszeiger auf einen Titel, klicken auf das eingeblendete Symbol ··· und wählen *Als Nächstes wiedergeben*.

Ihre Musiktitel stehen in iTunes zur Verfügung. Wie Sie zu deren Wiedergabe am besten vorgehen, zeige ich Ihnen auf dieser Doppelseite. Wie Sie sehen werden, gibt es im Vergleich mit der Musikwiedergabe auf einem CD-Player einige Besonderheiten.

WISSEN

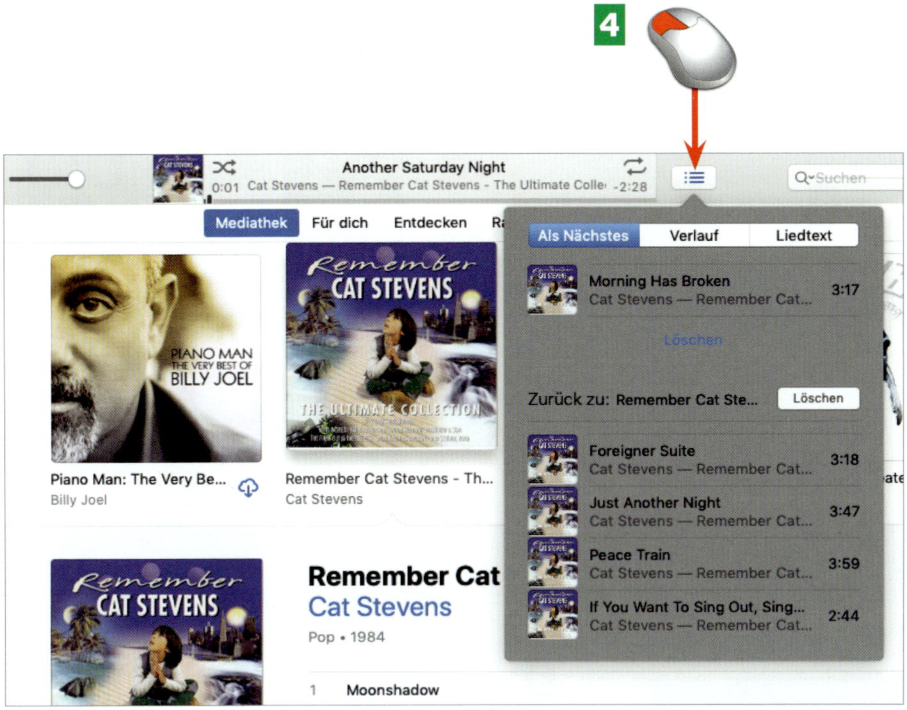

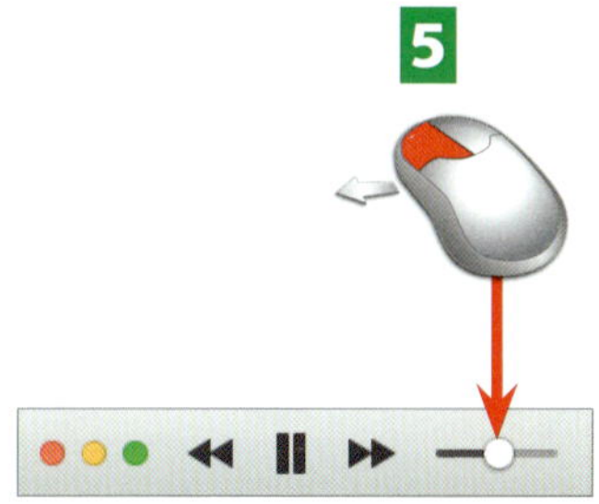

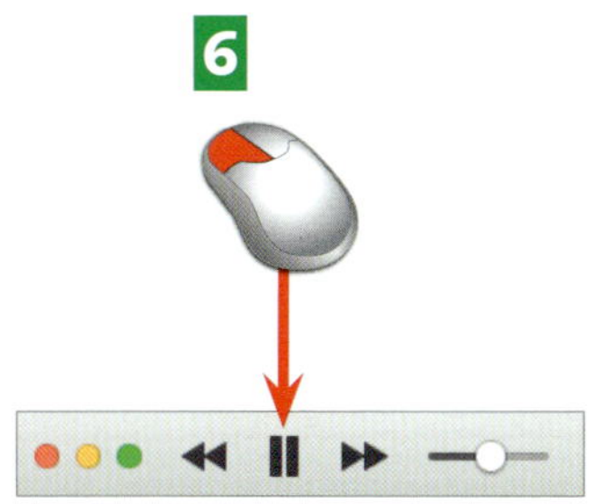

4 Der gerade wiedergegebene Titel wird Ihnen jeweils oben in iTunes angezeigt. Die *Nächste Titel-Liste* rufen Sie per Mausklick auf das Symbol ≡ auf.

5 Andere Lautstärke gewünscht? Verwenden Sie den Schieberegler oben in iTunes, um diese für die Wiedergabe – unabhängig von der Systemlautstärke – anzupassen.

6 Um die Wiedergabe zu pausieren, klicken Sie – wie bei einem CD-Player – auf das Symbol ❚❚. Die Wiedergabe lässt sich später an der gleichen Stelle fortsetzen.

Ende

In iTunes wird immer eine ganze Wiedergabeliste oder ein komplettes Album wiedergegeben.

HINWEIS

Zufällige Wiedergabe gewünscht? Um diese zu aktivieren – und auch wieder zu deaktivieren – klicken Sie oben in iTunes auf das Symbol ⤨.

TIPP

Start

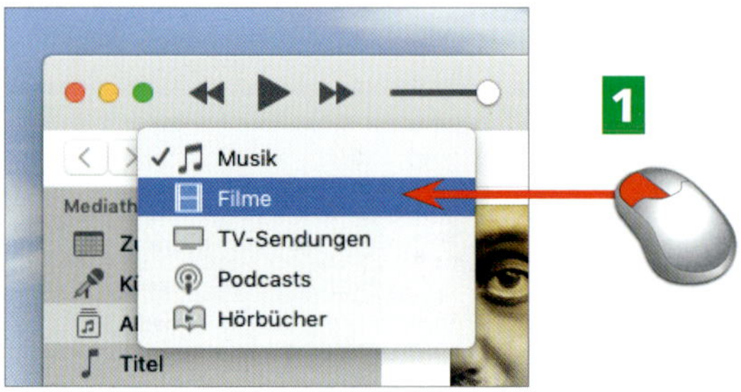

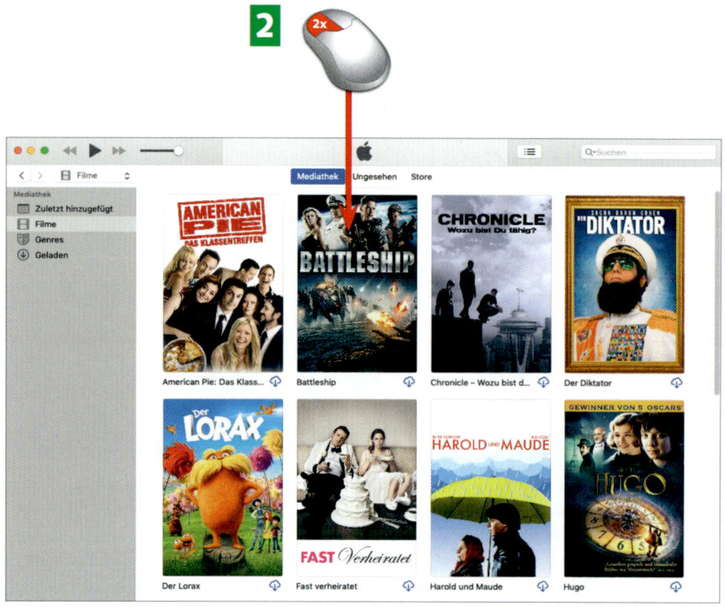

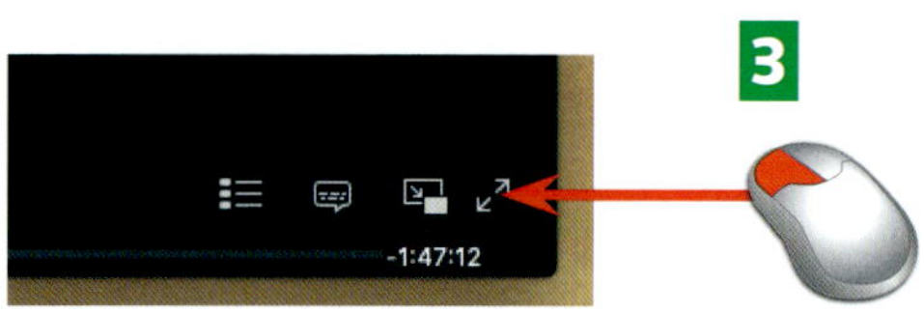

1 Wählen Sie links oben in iTunes die Option *Filme*, um zur Film-Mediathek zu wechseln.

2 Doppelklicken Sie auf einen Film, um die Wiedergabe zu starten.

3 Sie wünschen die Wiedergabe im Vollbildmodus? Dazu klicken Sie rechts unten auf das Symbol .

Genauso einfach wie die Musikwiedergabe funktioniert auch die Wiedergabe von Filmen bzw. eigenen Videos. Wie Sie Inhalte aus dem integrierten iTunes Store ziehen, zeige ich Ihnen später in diesem Kapitel. Auf dieser Doppelseite lesen Sie zunächst, wie Sie zur Wiedergabe eines Films vorgehen.

WISSEN

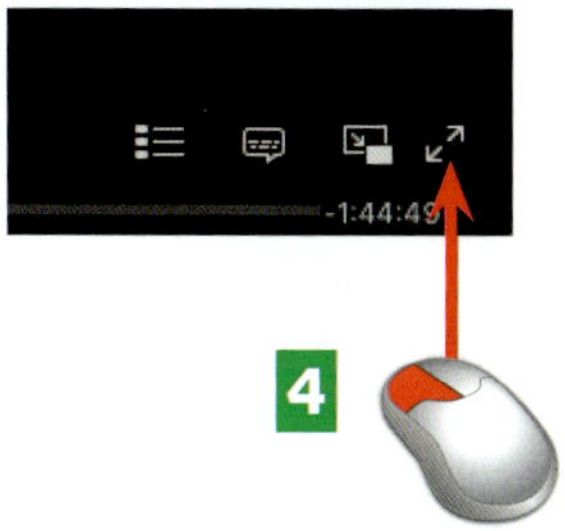

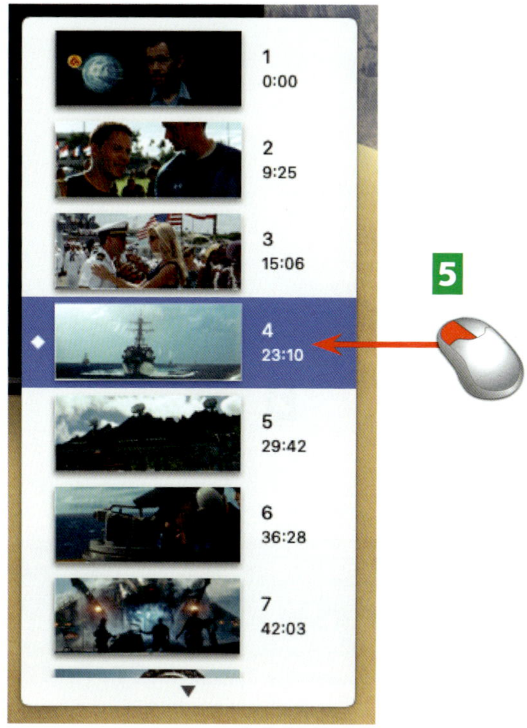

4 Auch die Wiedergabe in einem kleinen, im Vordergrund bleibenden Fenster ist möglich. Dazu klicken Sie auf das Symbol .

5 Die Kapitelauswahl treffen Sie – sofern verfügbar – unter dem Symbol .

6 Andere Tonspur gewünscht? Diese Auswahl nehmen Sie gegebenenfalls über das Symbol vor.

Ende

TIPP

Sie können, wie zu Beginn dieses Kapitels beschrieben, auch eigene Videos in iTunes importieren. Diese finden Sie dann, wenn Sie in der Rubrik *Filme* auf *Eigene Videos* klicken.

HINWEIS

Filme, die Sie übers Internet wiedergeben, werden standardmäßig in der besten Auflösung wiedergegeben. Das lässt sich in den iTunes-Einstellungen unter *Wiedergabe* ändern, falls die Wiedergabe bei zu langsamer Internetverbindung stocken sollte.

Start

1

2

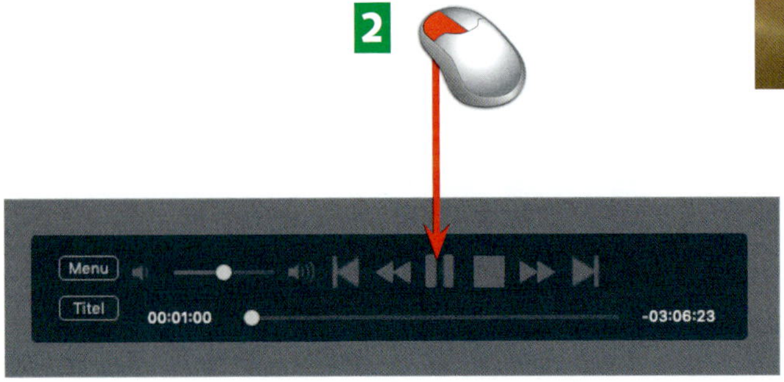

3

1 Legen Sie eine Film-DVD ins Laufwerk ein.

2 Die DVD-Wiedergabe wird automatisch in der App *DVD-Player* gestartet und kann über die eingeblendete Funktionsleiste gesteuert werden, etwa um die Wiedergabe zu pausieren.

3 Möchten Sie zu einem bestimmten Kapitel des Films wechseln? Dazu klicken Sie in der Menüleiste der App *DVD-Player* auf *Gehe zu*.

Steht ein DVD-Laufwerk zur Verfügung? Dann lassen sich auf einem Mac selbstverständlich auch Film-DVDs wiedergeben. Dafür steht die App *DVD-Player* bereit, die sich wirklich sehr einfach nutzen lässt, wie diese Doppelseite beweist.

WISSEN

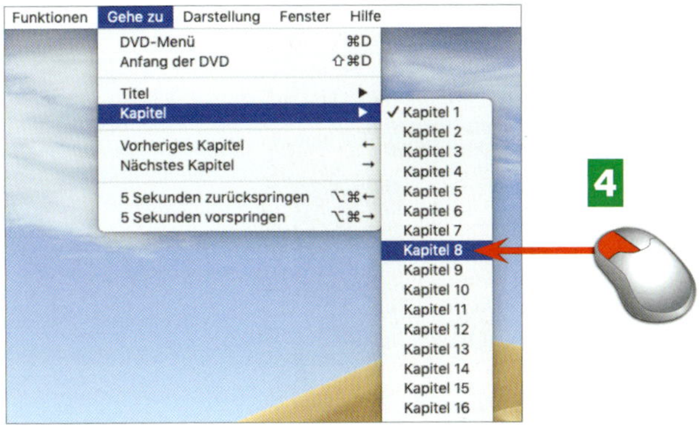

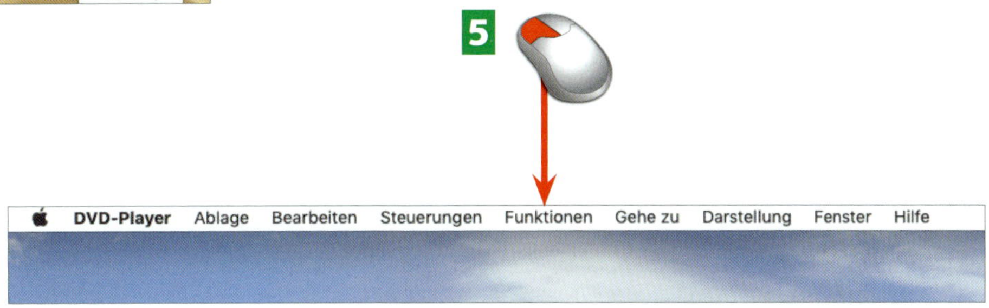

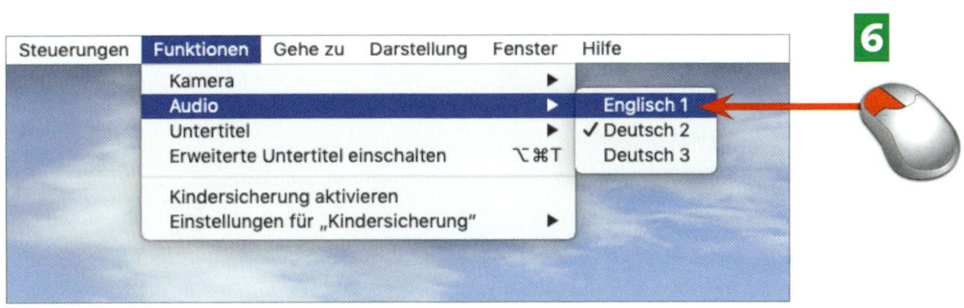

4 Bewegen Sie den Mauszeiger im Menü auf *Kapitel* und wählen Sie anschließend im Ausklappmenü das gewünschte Filmkapitel aus.

5 Oder möchten Sie einen Film in der Originalsprache betrachten? Dann wählen Sie in der Menüleiste *Funktionen*.

6 Wählen Sie im Menü unter *Audio* die gewünschte Tonspur aus.

Ende

Den Vollbildmodus ein- bzw. wieder ausschalten: Am schnellsten gelingt dies mit der Tastenkombination ctrl + cmd ⌘ + F.

TIPP

Um während der Filmwiedergabe zurück zum DVD-Menü zu springen, drücken Sie die Tastenkombination cmd ⌘ + D.

TIPP

Start

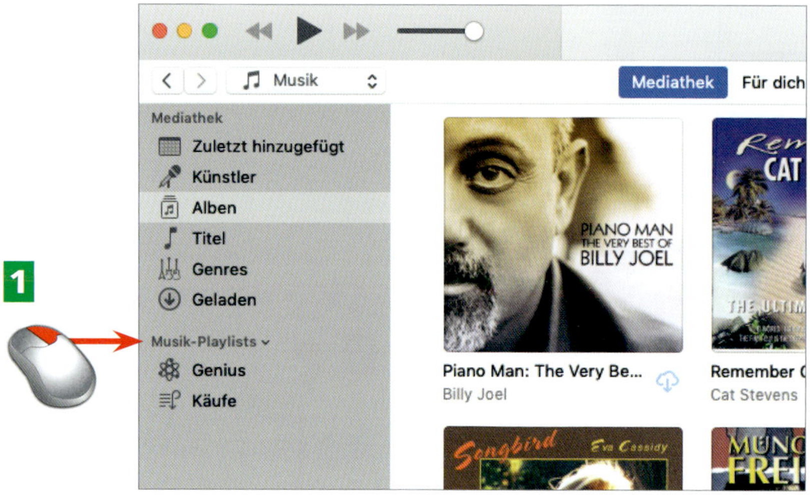

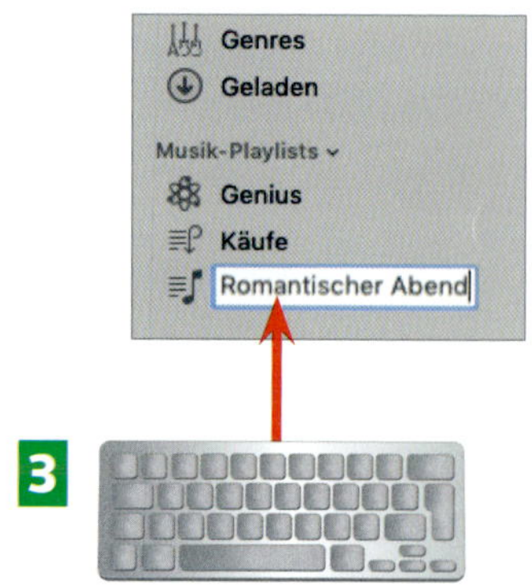

1 Klicken Sie in der Seitenleiste der Musik-Mediathek mit der rechten Maustaste bzw. bei gedrückter ctrl-Taste auf den Eintrag *Musik-Playlists* (Playlist ist das englische Wort für Wiedergabeliste).

2 Klicken Sie im Kontextmenü auf den Eintrag *Neue Playlist*.

3 Die Wiedergabeliste wird erstellt. Tippen Sie zunächst eine schlüssige Bezeichnung dafür ein und bestätigen Sie mit der ↵-Taste.

Mithilfe von Wiedergabelisten können Sie Ihre in iTunes verfügbaren Musiktitel individuell organisieren. Erstellen Sie beispielsweise eine Liste für das nächste Candle-Light-Dinner oder eine Wiedergabeliste, die Sie im Hintergrund bei der Arbeit laufen lassen wollen. Diese Doppelseite zeigt Ihnen die Vorgehensweise.

WISSEN

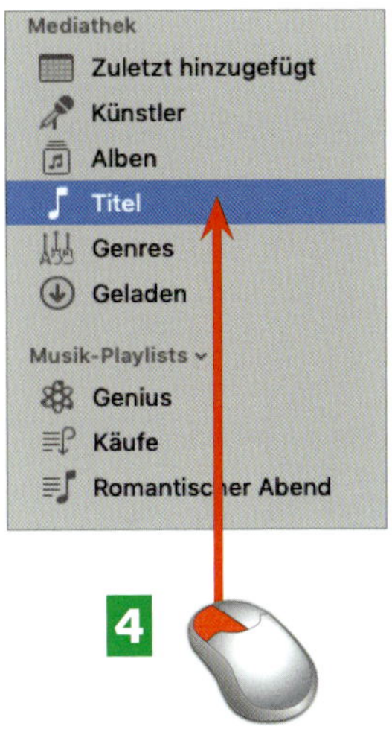

4

5

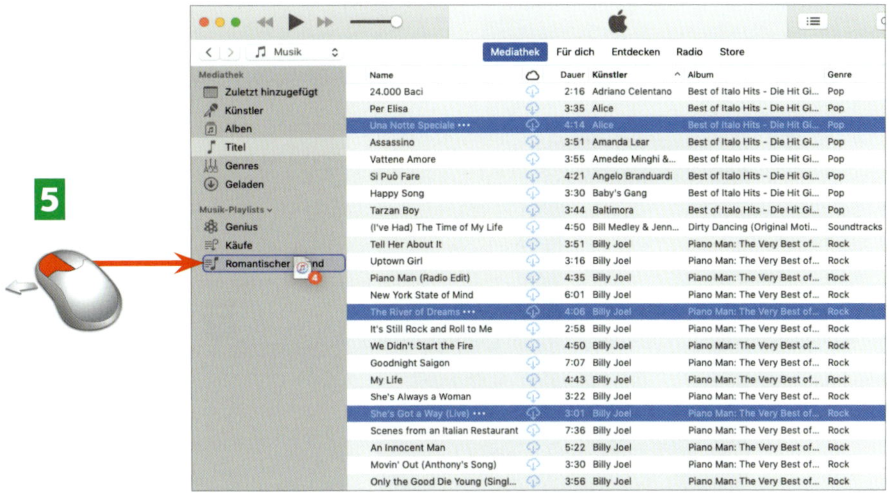

6

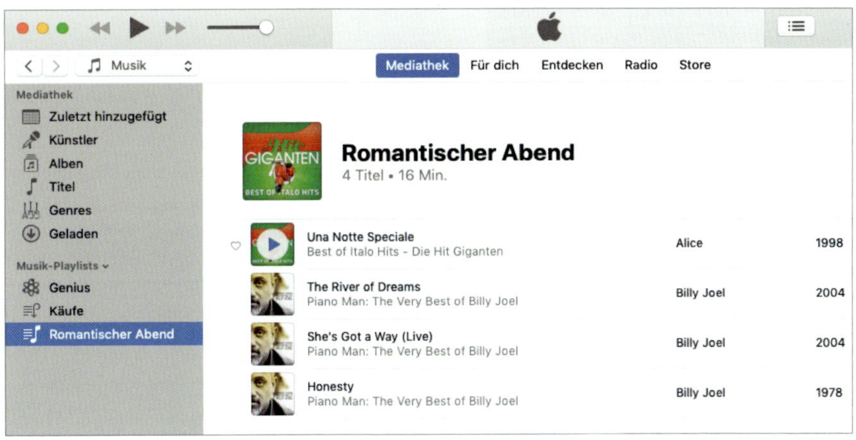

4 Wählen Sie in der Seitenleiste die Anzeige der Titel aus.

5 Ziehen Sie nun einfach die gewünschten Titel bei gedrückter Maustaste in die Wiedergabeliste links.

6 Die Titel stehen daraufhin in der Wiedergabeliste zur Verfügung und lassen sich abspielen.

Ende

Wie intelligente Ordner und intelligente Alben lassen sich per Kontextmenü aus Schritt 2 auch intelligente Wiedergabelisten anlegen, die Titel nach von Ihnen festgelegten Kriterien aufnehmen.

HINWEIS

Um einer Wiedergabeliste später einen weiteren Titel hinzuzufügen, klicken Sie bei einem Titel auf das Symbol ••• und bestimmen dann unter *Zur Playlist hinzufügen* die gewünschte Wiedergabeliste.

TIPP

Start

1

2

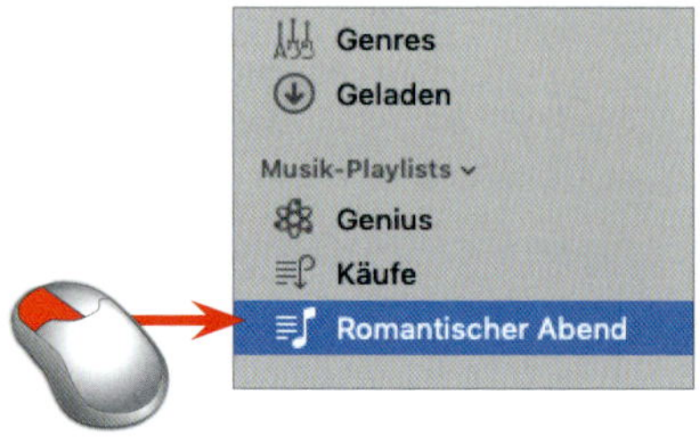

3

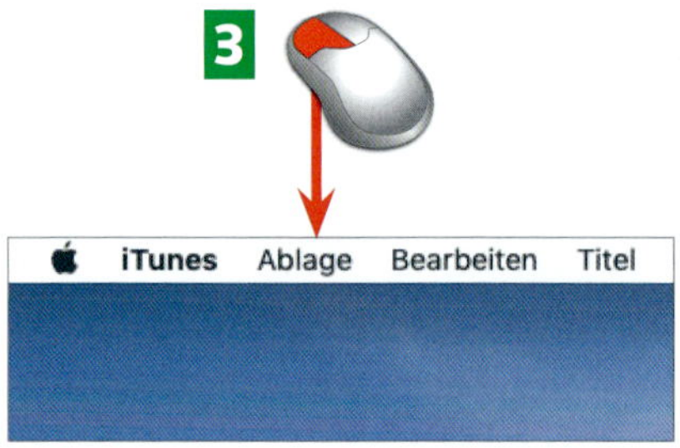

1. Legen Sie zunächst eine leere CD ins Brennlaufwerk ein. Ignorieren Sie das automatisch geöffnete Fenster.
2. Klicken Sie in iTunes Ihre Wiedergabeliste in der Musik-Mediathek an. Achten Sie auf eine der CD angepasste Spieldauer!
3. Entscheiden Sie sich in der iTunes-Menüleiste für *Ablage*. Alternativ klicken Sie die Wiedergabeliste mit der rechten Maustaste bzw. bei gedrückter [*ctrl*]-Taste an.

Sofern ein Brennlaufwerk zur Verfügung steht, erlauben es Ihnen die Wiedergabelisten, auf einfache Weise eigene Audio-CDs mit Ihrer Wunschmusik zu brennen. Das ist für Ihre persönlichen Zwecke selbstverständlich völlig legal. CD-Rohlinge, die Sie zum Brennen einsetzen können, gibt es inzwischen in jedem Discounter.

WISSEN

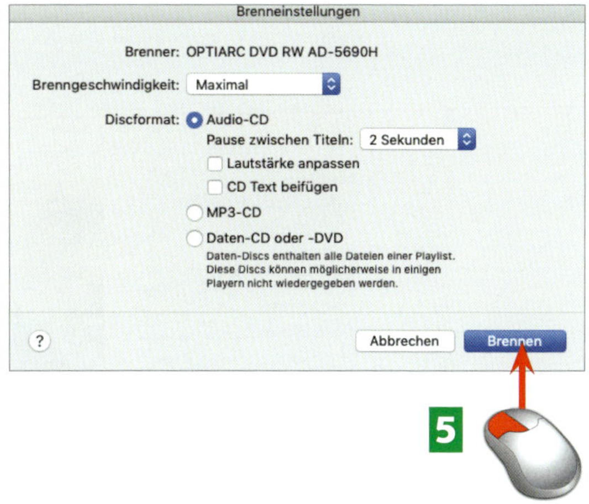

4 Entscheiden Sie sich im Menü für den Eintrag *Playlist auf Disc brennen*.

5 Im folgenden Fenster bestätigen Sie die Option *Audio-CD* mit der Schaltfläche *Brennen*.

6 Die Audio-CD wird nun gebrannt, was ein paar Minuten dauern kann. Anschließend wird Ihnen die CD angezeigt und Sie können diese wiedergeben oder auswerfen.

Ende

Jetzt noch den passenden Einleger drucken: Dazu wählen Sie in der iTunes-Menüleiste *Ablage* und dann *Drucken*. Wählen Sie anschließend die gewünschte Darstellung aus.

TIPP

Sie finden in der Seitenleiste der Musik-Mediathek einige vorgefertigte Wiedergabelisten. Möchten Sie eine Wiedergabeliste entfernen, klicken Sie diese mit der rechten Maustaste bzw. bei gedrückter ctrl-Taste an und wählen im Kontextmenü *Aus Mediathek löschen*.

HINWEIS

Start

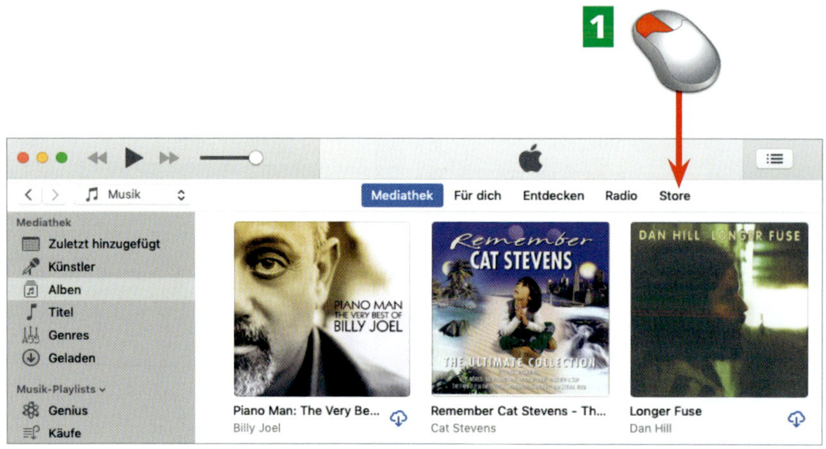

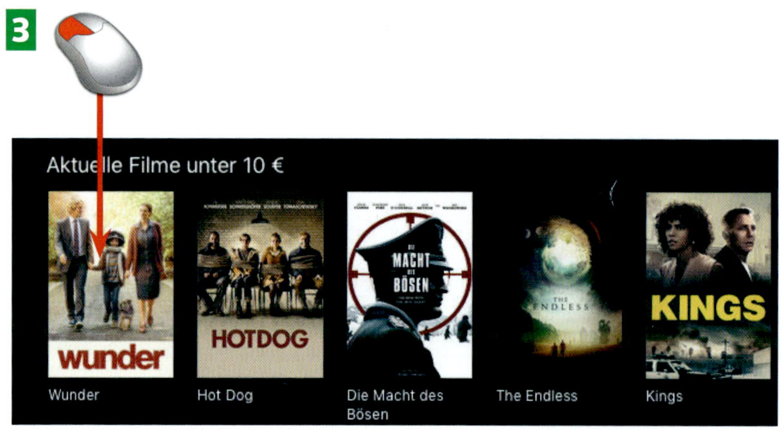

1 Um Einkäufe bei iTunes zu tätigen, klicken Sie oben in iTunes auf *Store*.

2 Wie in Ihrer lokalen Mediathek wechseln Sie auch im iTunes Store mithilfe des Menüs links oben zwischen den verschiedenen Medienarten. In diesem Fall wähle ich das Anzeigen von Filmen.

3 Klicken Sie einen Film – bzw. ein Album etc. – an, um nähere Informationen dazu zu erhalten.

Falls Sie auf Ihrem Computer noch nicht über Mediendateien verfügen sollten, bietet es sich an, diese im integrierten iTunes Store einzukaufen. Besonders attraktiv: Auf einmal gekaufte Artikel können Sie später jederzeit erneut zugreifen, auch von Ihren anderen Geräten aus. Wie einfach Sie einen Kauf im iTunes Store tätigen, lesen Sie hier.

WISSEN

4

5

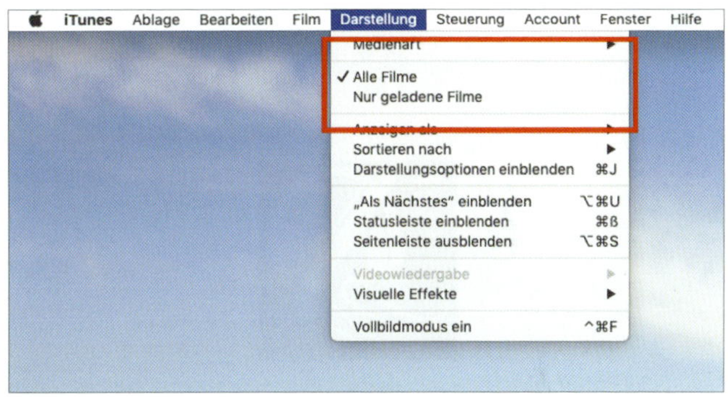

6

4 Wenn Ihnen der Artikel zusagt, klicken Sie auf den angezeigten Preis, um ihn zu kaufen. Filme können Sie in vielen Fällen auch für 24 Stunden ausleihen.

5 Machen Sie die erforderlichen Angaben zu Ihrer Apple-ID und bestätigen Sie mit *Kaufen*. Voraussetzung ist selbstverständlich, dass Sie Ihrer Apple-ID eine Zahlungsmethode hinzugefügt haben, wie ich es bereits in Kapitel 3 beschrieben habe.

6 Käufe müssen nicht unbedingt auf den Computer heruntergeladen werden, sondern Sie können diese ebenfalls streamen. Damit die Käufe angezeigt werden, muss bei ausgewählter Mediathek in der iTunes-Menüleiste unter *Darstellung* die Option *Alle Filme* bzw. *Alle Musikdateien* usw. aktiviert sein.

Ende

HINWEIS

Die *Genius*-Funktion gibt Ihnen Empfehlungen für Musik, Filme und TV-Sendungen, die auf Ihrer bisherigen Nutzung basieren.

TIPP

Wunschmusik als Flatrate? Klicken Sie oben in der Musik-Mediathek auf *Für dich*, um den Dienst *Apple Music* einen Monat kostenlos zu testen. Apple Music ermöglicht den Zugriff auf Millionen Musiktitel – da ist auch Ihre Wunschmusik dabei!

HINWEIS

Ihre nicht heruntergeladenen Einkäufe werden in iTunes nur angezeigt, wenn Sie mit Ihrer Apple-ID angemeldet sind. Die Anmeldung erfolgt in der iTunes-Menüleiste unter *Account/Anmelden*.

Start

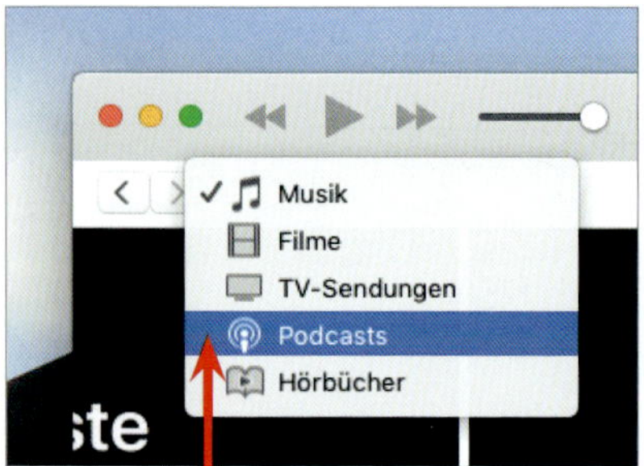

1 Wählen Sie bei geöffnetem iTunes Store die Mediathek *Podcasts*.

2 Klicken Sie auf einen Podcast, der Sie interessiert – es stehen Unmengen sowohl von Audio-Podcasts als auch von Video-Podcasts zu allen möglichen Themen zur Verfügung. Alle Podcasts sind kostenlos.

3 Sie haben nun mehrere Möglichkeiten: Klicken Sie auf *Laden*, um eine Folge auf den Mac herunterzuladen, oder doppelklicken Sie auf eine Folge, um diese zu streamen. Wählen Sie *Abonnieren*, um zukünftige Folgen des Podcasts automatisch herunterzuladen.

Hörbücher, Motivationsseminare, Radiosendungen zum Nachhören und mehr – Sie finden mit iTunes viele interessante Podcasts, die von Radio- und Fernsehsendern, Unternehmen, Organisationen, aber auch von Privatleuten ins Internet hochgeladen wurden. Meistens gibt es in mehr oder weniger regelmäßigen Abständen neue Folgen. Erfahren Sie auf dieser Doppelseite, wie es funktioniert.

WISSEN

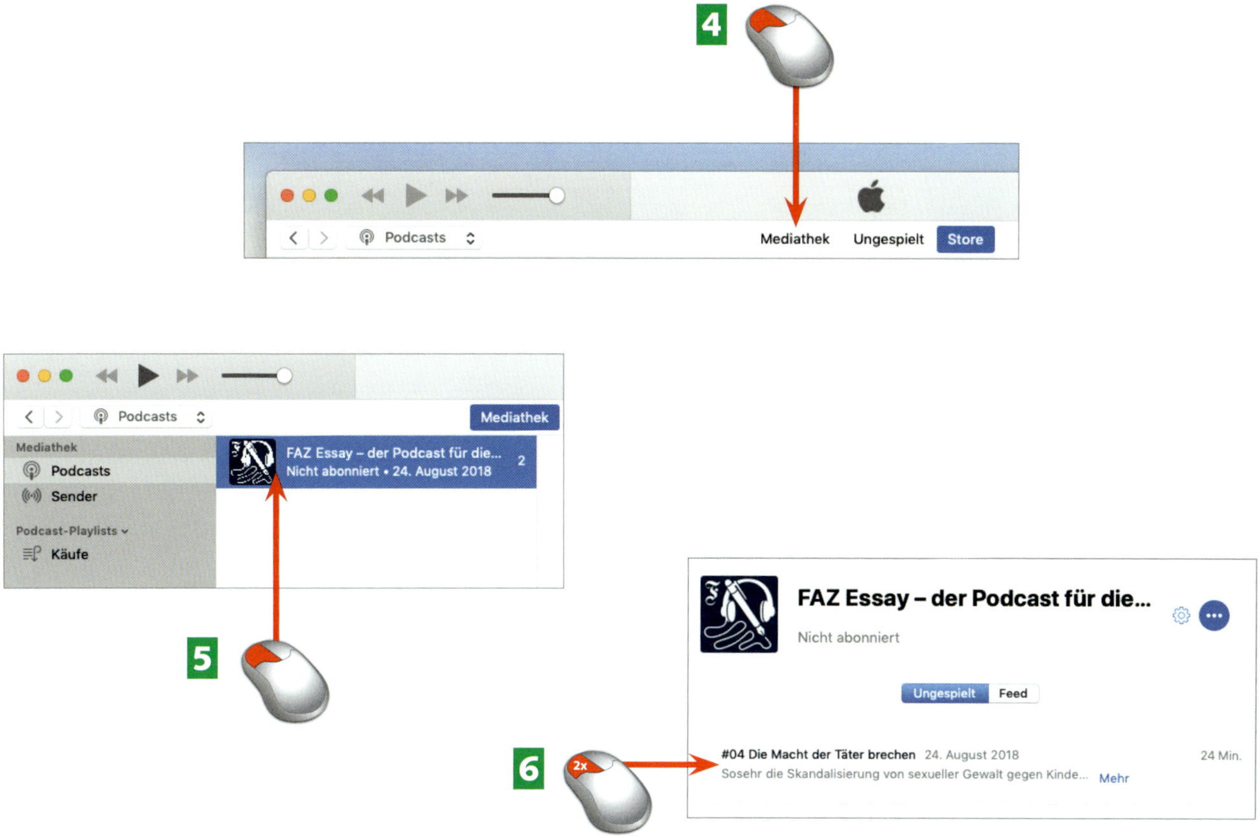

4 Um auf Ihre Podcasts zuzugreifen, klicken Sie oben in iTunes auf *Mediathek*.

5 Wählen Sie in der Spalte links einen Podcast aus.

6 Doppelklicken Sie rechts auf eine Podcast-Folge, um diese in iTunes wiederzugeben.

Ende

FACHWORT

Podcast ist übrigens ein Kofferwort aus »iPod« (Apples Mediaplayer) und »Broadcast« (dem englischen Wort für Rundfunk).

HINWEIS

Auf Ihrem iPhone oder iPad steht für die Podcasts – sowohl zum Herunterladen als auch zum Wiedergeben – eine extra Podcast-App zur Verfügung.

Privatfreigabe nutzen

Start

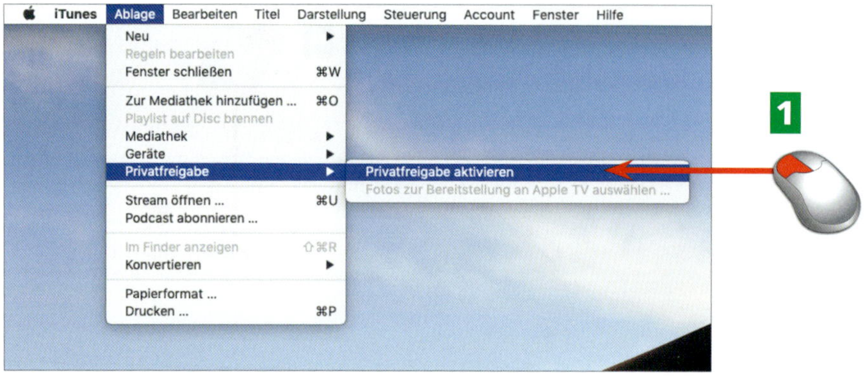

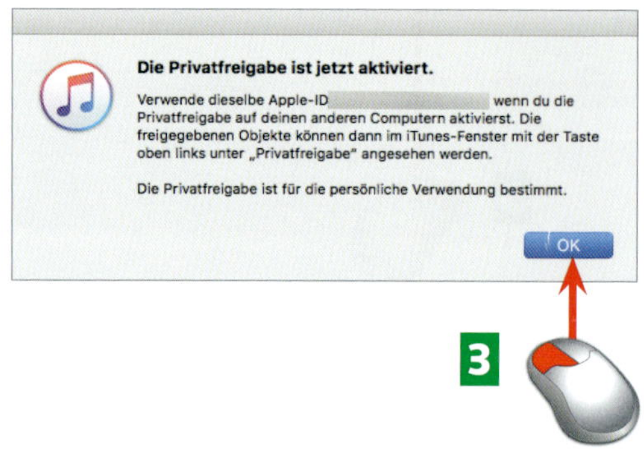

1 Um die Privatfreigabe zu aktivieren, klicken Sie in der Menüleiste auf *Ablage* und wählen dann *Privatfreigabe/Privatfreigabe aktivieren.*

2 Geben Sie die zu Ihrer Apple-ID gehörenden Daten ein und bestätigen Sie mit der Schaltfläche *Privatfreigabe aktivieren.*

3 Schließen Sie den folgenden Hinweis mit *OK.*

Sie möchten die auf Ihrem Mac gespeicherten Mediendateien auch auf anderen Apple-Geräten wie dem iPhone oder iPad nutzen? Mit der Privatfreigabe, die Sie in iTunes aktivieren, ist dies eine wirklich simple Sache. Diese Doppelseite liefert den Beweis.

WISSEN

4

5
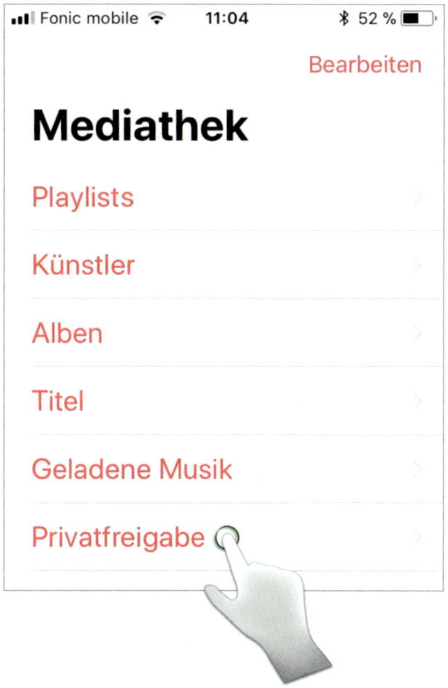

6

4 Nun geht es auf dem iPhone oder iPad weiter. Aktivieren Sie die Privatfreigabe in den dortigen *Einstellungen* unter *Musik* oder alternativ unter *TV*.

5 Entscheiden Sie sich in der App *Musik* für den Eintrag *Privatfreigabe*. In der App *TV* wählen Sie die Rubrik *Mediathek*.

6 Nun können Sie die freigegebene Mediathek auswählen und Inhalte auf iPhone, iPad oder auch ein Apple TV streamen. Logisch: Der Mac muss dazu eingeschaltet bleiben.

Ende

Umgekehrt klappt es nicht, d. h., Sie können mit der Privatfreigabe nicht vom Mac aus auf die iPhone- oder iPad-Mediathek zugreifen.

HINWEIS

Dank Privatfreigabe lässt sich iTunes auf dem Mac mit einem iPhone oder iPad fernsteuern. Sie verwenden dazu die kostenlose App *iTunes Remote*.

TIPP

Start

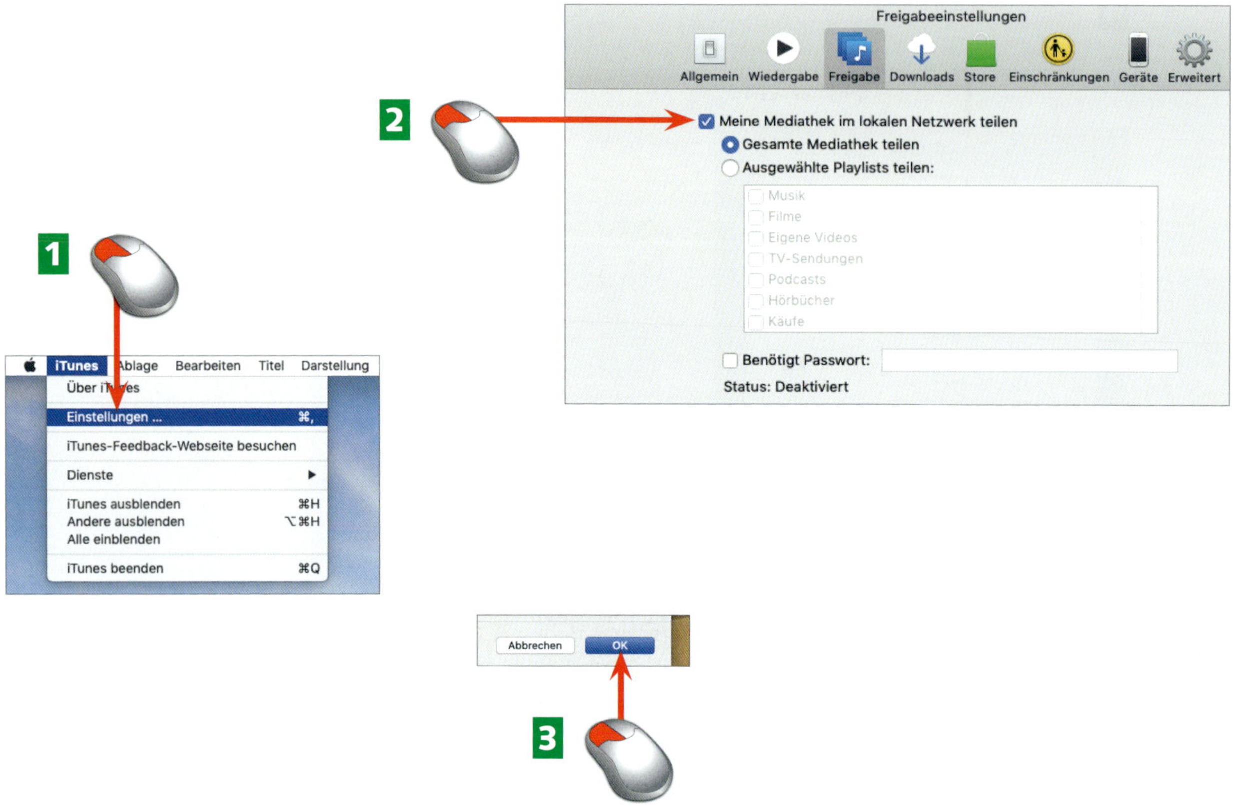

1 Entscheiden Sie sich in der Menüleiste für *iTunes/Einstellungen*.

2 Aktivieren Sie unter *Freigabe* das Kontrollkästchen *Meine Mediathek im lokalen Netzwerk teilen*.

3 Bestätigen Sie die neuen Einstellungen mit *OK*.

Wenn eine iTunes-Mediathek auch auf anderen Computern im Netzwerk verfügbar gemacht werden soll – auch auf Windows-PCs, auf denen Sie iTunes installiert haben –, nutzen Sie die Netzwerkfreigabe. Auf dieser Doppelseite finden Sie die Schrittanleitung dazu.

WISSEN

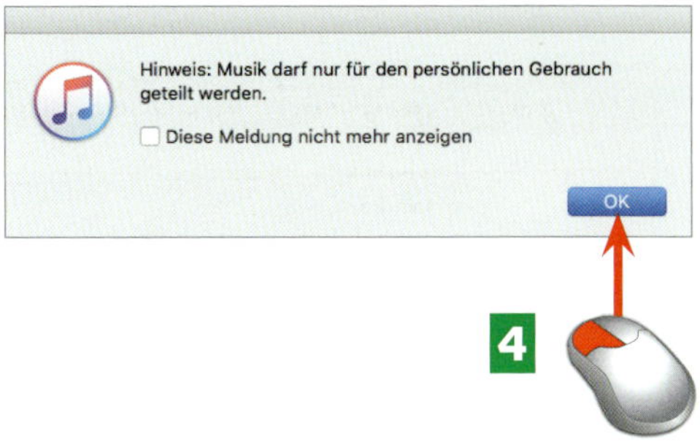

6

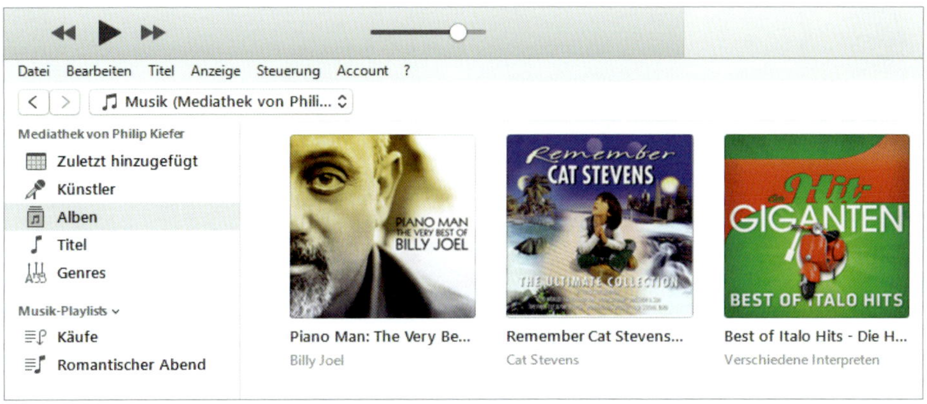

4 Bestätigen Sie auch noch den folgenden Hinweis mit *OK*.

5 In iTunes auf dem anderen Computer – in diesem Fall einem Windows-PC – wählen Sie die freigegebene Mediathek im Menü für die Mediathek-Auswahl aus.

6 Die freigegebene Mediathek wird geladen und kann anschließend verwendet werden.

Ende

TIPP

Wenn Sie nicht die gesamte Mediathek freigeben möchten, aktivieren Sie im Fenster aus Schritt 2 die Option *Ausgewählte Playlists teilen* und nehmen per Kontrollkästchen eine Auswahl vor.

HINWEIS

Die freigegebene Mediathek durch ein Passwort schützen: Dazu aktivieren Sie im Fenster aus Schritt 2 das Kontrollkästchen *Benötigt Passwort* und geben das gewünschte Passwort ein.

Start

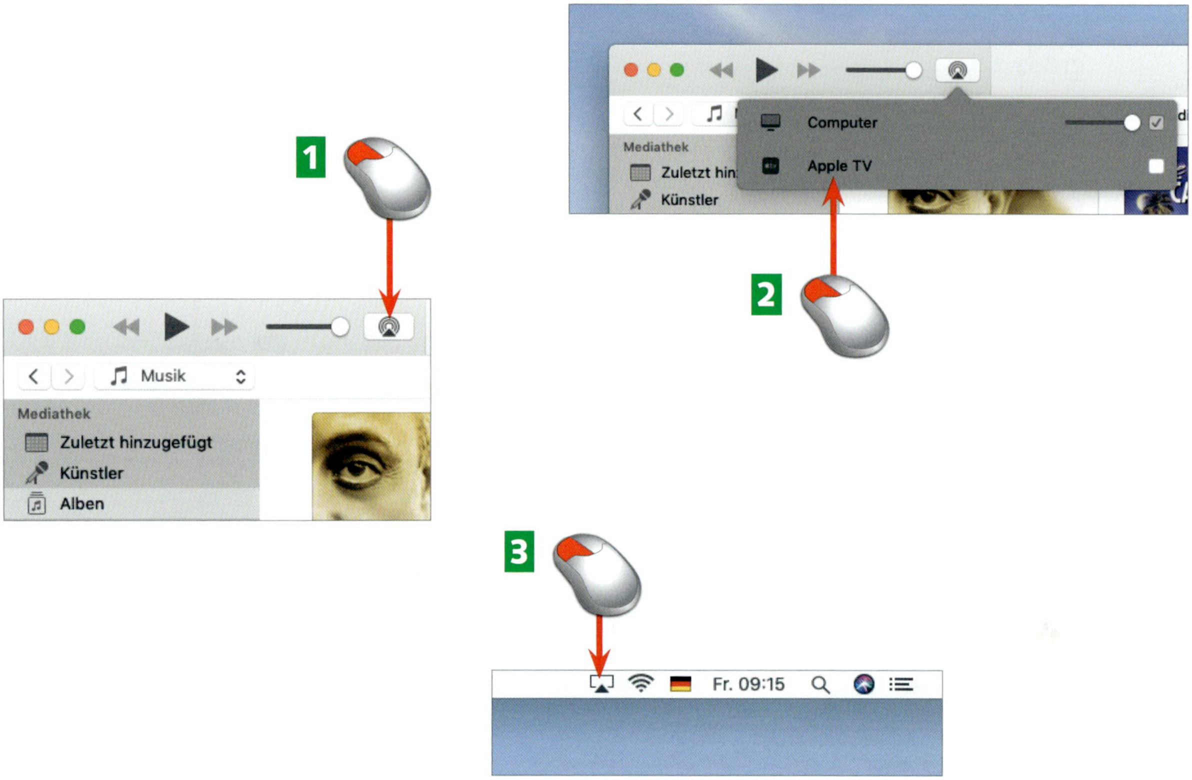

1 Klicken Sie oben in iTunes auf das hervorgehobene Symbol.

2 Setzen Sie im Menü ein Häkchen bei *Apple TV*, um die Übertragung auf dem Apple TV durchzuführen.

3 Oder möchten Sie sämtliche Displayinhalte aufs Apple TV übertragen? Dazu klicken Sie rechts oben auf der Mac-Bedienoberfläche auf das Symbol.

Mit Apple TV lassen sich Inhalte von Ihrem Mac – aber auch vom iPhone oder iPad – bequem aufs TV-Gerät oder einen Beamer übertragen. Richten Sie Ihr Apple TV nach dem Anschließen ans TV-Gerät oder den Beamer ein. Wie es dann weitergeht, lesen Sie auf dieser Doppelseite.

WISSEN

6

4

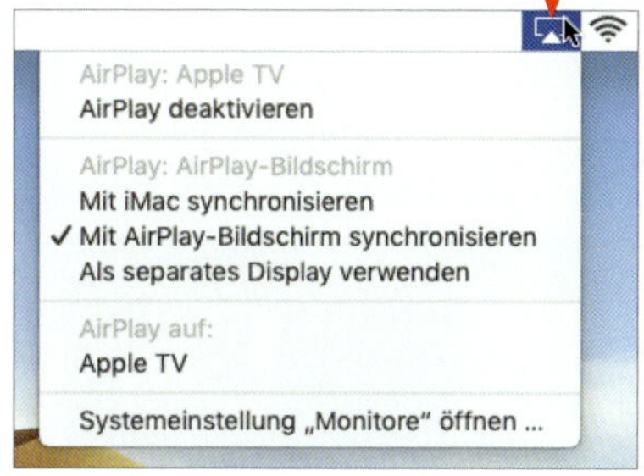

5

4 Entscheiden Sie sich im Menü auch hier für den Eintrag *Apple TV*.

5 Die Übertragung – in diesem Fall auf ein TV-Gerät – wird prompt gestartet. Die Bildschirmauflösung auf dem Mac wird automatisch dem Gerät entsprechend angepasst.

6 Klicken Sie erneut auf das Symbol , um die Übertragung wieder zu beenden und weitere Optionen zu erhalten.

Ende

FACHWORT

Die Technologie, die der Übertragung vom Mac aufs Apple TV zugrunde liegt, nennt sich AirPlay – »Luftspiel«.

HINWEIS

Auf Ihre Käufe im iTunes Store können Sie im Apple TV auch direkt zugreifen. Außerdem lassen sich Filme direkt im Store ausleihen – so haben Sie Ihre Videothek direkt an den Fernseher angeschlossen.

1 Entscheiden Sie sich im Dock für das Öffnen der App *Bücher*.

2 Ihnen wird Ihre »Bibliothek« angezeigt. Um Bücher in die Bibliothek herunterzuladen, klicken Sie links oben im App-Fenster auf die Schaltfläche *Book Store*.

3 Klicken Sie bei einem Buch, das Sie haben möchten, auf *Laden* (bei kostenlosen bzw. bereits erworbenen E-Books) oder bei einem kostenpflichtigen E-Book auf den angezeigten Preis.

Auf Ihrem Mac ist Platz für eine ganze Bibliothek, auch wenn das elektronische Lesen etwas gewöhnungsbedürftig sein mag. Wie Sie die bereits verfügbare App *Bücher* verwenden, um E-Books auf Ihren Mac herunterzuladen und dort zu öffnen, stelle ich auf dieser Doppelseite dar.

WISSEN

4

5

6

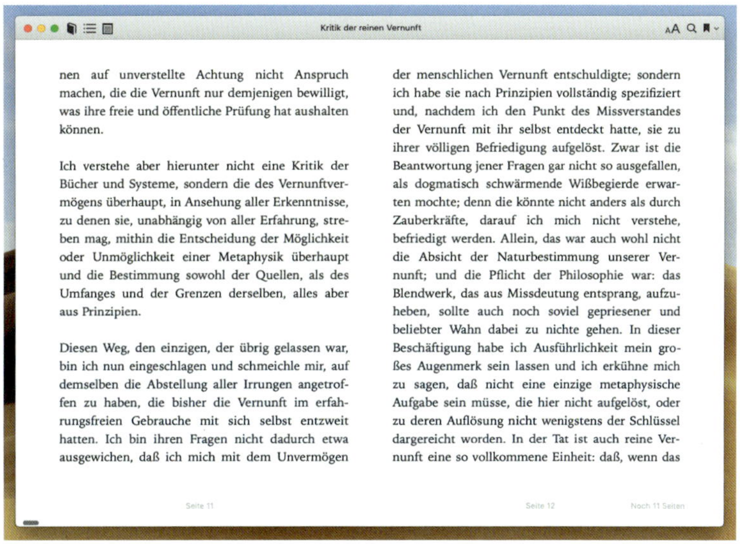

nen auf unverstellte Achtung nicht Anspruch machen, die die Vernunft nur demjenigen bewilligt, was ihre freie und öffentliche Prüfung hat aushalten können.

Ich verstehe aber hierunter nicht eine Kritik der Bücher und Systeme, sondern die des Vernunftvermögens überhaupt, in Ansehung aller Erkenntnisse, zu denen sie, unabhängig von aller Erfahrung, streben mag, mithin die Entscheidung der Möglichkeit oder Unmöglichkeit einer Metaphysik überhaupt und die Bestimmung sowohl der Quellen, als des Umfanges und der Grenzen derselben, alles aber aus Prinzipien.

Diesen Weg, den einzigen, der übrig gelassen war, bin ich nun eingeschlagen und schmeichle mir, auf demselben die Abstellung aller Irrungen angetroffen zu haben, die bisher die Vernunft im erfahrungsfreien Gebrauche mit sich selbst entzweit hatten. Ich bin ihren Fragen nicht dadurch etwa ausgewichen, daß ich mich mit dem Unvermögen der menschlichen Vernunft entschuldigte; sondern ich habe sie nach Prinzipien vollständig spezifiziert und, nachdem ich den Punkt des Missverstandes der Vernunft mit ihr selbst entdeckt hatte, sie zu ihrer völligen Befriedigung aufgelöst. Zwar ist die Beantwortung jener Fragen gar nicht so ausgefallen, als dogmatisch schwärmende Wißbegierde erwarten mochte; denn die könnte nicht anders als durch Zauberkräfte, darauf ich mich nicht verstehe, befriedigt werden. Allein, das war auch wohl nicht die Absicht der Naturbestimmung unserer Vernunft; und die Pflicht der Philosophie war: das Blendwerk, das aus Missdeutung entsprang, aufzuheben, sollte auch noch soviel gepriesener und beliebter Wahn dabei zu nichte gehen. In dieser Beschäftigung habe ich Ausführlichkeit mein großes Augenmerk sein lassen und ich erkühne mich zu sagen, daß nicht eine einzige metaphysische Aufgabe sein müsse, die hier nicht aufgelöst, oder zu deren Auflösung nicht wenigstens der Schlüssel dargereicht worden. In der Tat ist auch reine Vernunft eine so vollkommene Einheit: daß, wenn das

4 Bestätigen Sie den Download des E-Books im folgenden Fenster mit *Laden*.

5 Wechseln Sie per Schaltfläche links oben im Fenster zurück zur Bibliothek. Um ein E-Book zu öffnen, doppelklicken Sie darauf.

6 Das E-Book steht nun zum Lesen zur Verfügung. Das Umblättern erfolgt durch horizontales Streichen auf der Magic Mouse oder dem Trackpad. Alternativ verwenden Sie die Tasten → bzw. ←.

Ende

Sie können neben E-Book-Dateien auch PDF-Dateien in Ihre Bibliothek aufnehmen. Wählen Sie dazu in der Menüleiste *Ablage/Zur Bibliothek hinzufügen.*

HINWEIS

Um ein E-Book wieder zu schließen, bewegen Sie den Mauszeiger in die Titelleiste und klicken dort auf das Symbol.

TIPP

Start

1

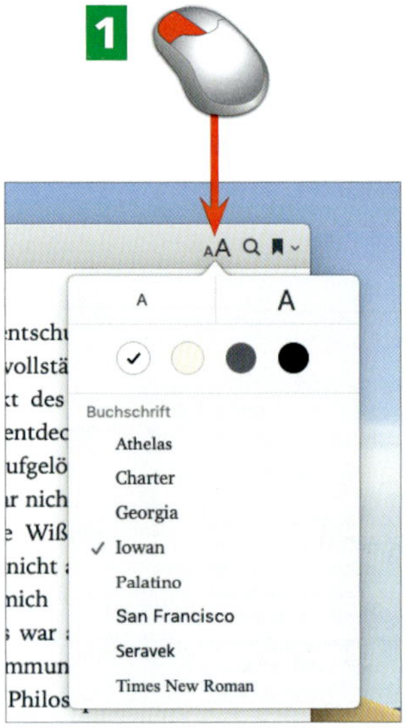

2

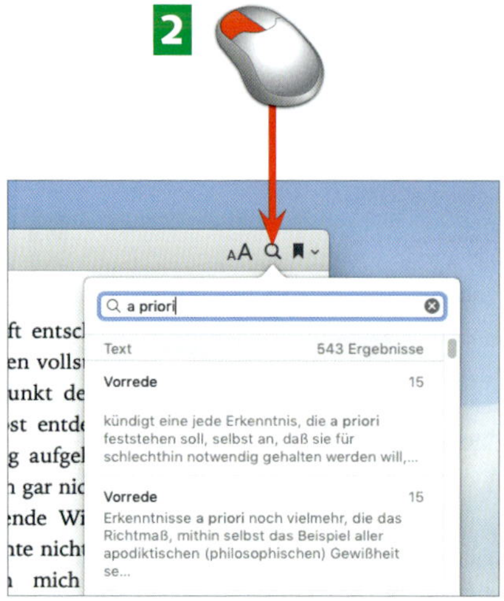

3

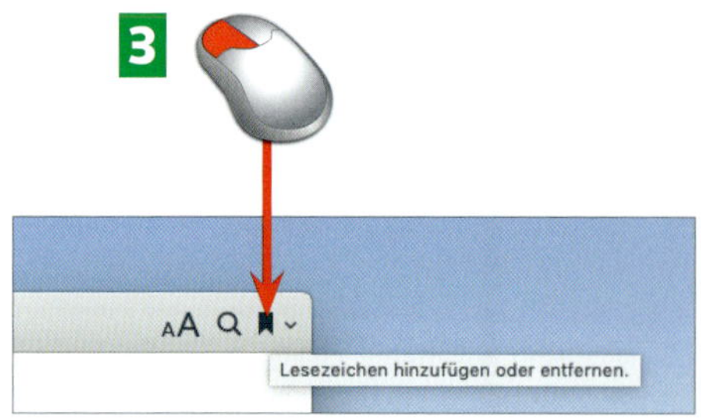

1 Passen Sie die Schriftgröße, die Schriftart sowie die Hintergrundfarbe Ihren Wünschen und Bedürfnissen an. Die entsprechenden Optionen finden Sie im E-Book-Fenster unter dem Symbol AA.

2 Das E-Book lässt sich nach beliebigen Begriffen durchsuchen. Klicken Sie auf das Symbol Q, um ein Suchfeld einzublenden und Ihren Begriff einzutippen. Klicken Sie einen Eintrag an, um zur gefundenen Stelle zu springen.

3 Auf die Schnelle ein Lesezeichen setzen: Dazu klicken Sie auf das Symbol. Unter dem zugehörigen Pfeilsymbol lassen sich die Lesezeichen jederzeit aufrufen.

Dem elektronischen Lesen fehlt der Charme, den ein Buch ausübt. Aber es bietet auch ein paar Vorteile. Lassen Sie mich Ihnen auf dieser Doppelseite einige wichtige Funktionen rund um das E-Book-Lesen in der App *Bücher* vorstellen. Übrigens: Wenn Sie neben Ihrem Mac auch ein iPhone oder iPad verwenden, haben Sie Ihre E-Books dort ebenfalls in der App *Bücher* verfügbar.

WISSEN

4 Sie stoßen im E-Book auf einen unbekannten Begriff? Doppelklicken Sie darauf, um ihn nachzuschlagen.

5 Text markern oder mit einer Notiz versehen – das geht auch im E-Book. Markieren Sie den Text dazu mit der Maus und klicken Sie ihn mit der rechten Maustaste bzw. bei gedrückter ctrl-Taste an, um diese Optionen zu erhalten. Ihre Notizen und Markierungen rufen Sie unter dem Symbol auf.

6 Um schließlich jederzeit auf das Inhaltsverzeichnis zuzugreifen und per Mausklick zu einer bestimmten Stelle zu wechseln, klicken Sie auf das Symbol .

Ende

Um sich das E-Book vorlesen zu lassen, wählen Sie in der Menüleiste *Bearbeiten/Sprachausgabe/Sprachausgabe starten*. Hörbuch-Feeling mag bei der Computerstimme allerdings nicht aufkommen.

HINWEIS

Wenn Sie viele Bücher in Ihrer Bibliothek haben, organisieren Sie diese in Sammlungen. Wählen Sie *Sammlungen* und klicken Sie dann links unten auf das Plussymbol +, um eine neue Sammlung anzulegen.

TIPP

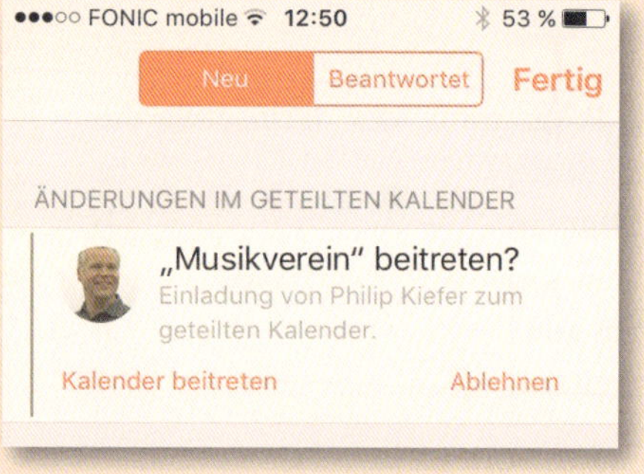
●●●○○ FONIC mobile 12:50 53 %
Neu
Beantwortet
Fertig
ÄNDERUNGEN IM GETEILTEN KALENDER
„Musikverein" beitreten?
Einladung von Philip Kiefer zum geteilten Kalender.
Kalender beitreten
Ablehnen

Kalender
Tag
Woche
Monat
Jahr
Oktober 2018
Mo
Di
Mi
Do
Fr
1. Okt.
2
3
4
5
Tag der Deutsch...
8
9
10
11
12
15
16
17
18
19
22
23
24
25
26

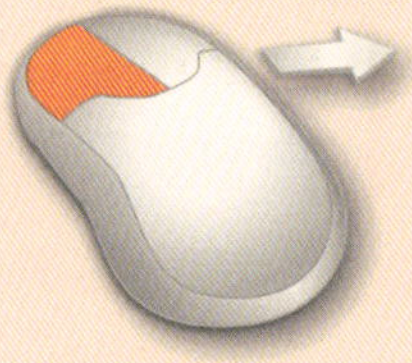

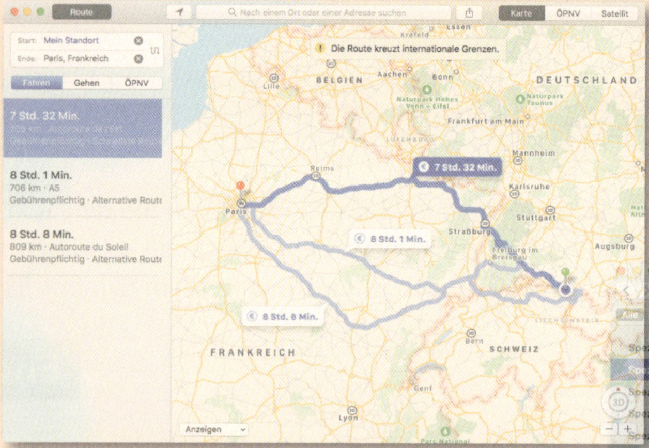
Route
Karte
ÖPNV
Satellit
Start: Mein Standort
Ende: Paris, Frankreich
Fahren
Gehen
ÖPNV
7 Std. 32 Min.
8 Std. 1 Min.
706 km · A5
Gebührenpflichtig · Alternative Route
8 Std. 8 Min.
809 km · Autoroute du Soleil
Gebührenpflichtig · Alternative Route
Die Route kreuzt internationale Grenzen.
BELGIEN
DEUTSCHLAND
FRANKREICH
SCHWEIZ
Frankfurt am Main
Mannheim
Karlsruhe
Stuttgart
Straßburg
Augsburg
Reims
Paris
Bern
Aachen
Bonn
Lille
7 Std. 32 Min.
8 Std. 1 Min.
8 Std. 8 Min.
Anzeigen

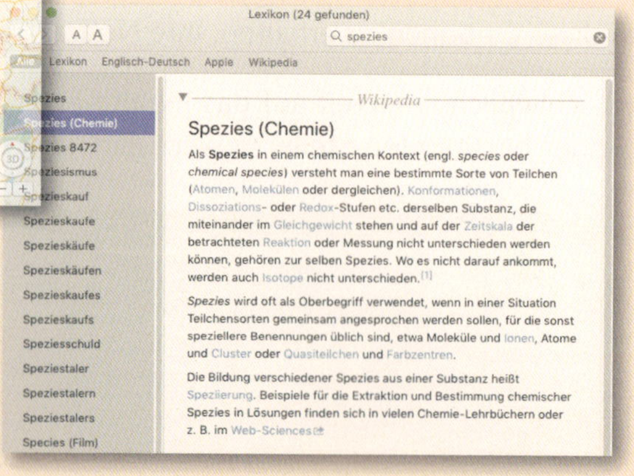
Lexikon (24 gefunden)
spezies
Lexikon
Englisch-Deutsch
Apple
Wikipedia
Spezies
Spezies (Chemie)
Spezies 8472
Speziesismus
Spezieskauf
Spezieskaufe
Spezieskäufe
Spezieskäufen
Spezieskaufes
Spezieskaufs
Speziesschuld
Speziestaler
Speziestalern
Speziestalers
Species (Film)
Wikipedia
Spezies (Chemie)
Als Spezies in einem chemischen Kontext (engl. species oder chemical species) versteht man eine bestimmte Sorte von Teilchen (Atomen, Molekülen oder dergleichen). Konformationen, Dissoziations- oder Redox-Stufen etc. derselben Substanz, die miteinander im Gleichgewicht stehen und auf der Zeitskala der betrachteten Reaktion oder Messung nicht unterschieden werden können, gehören zur selben Spezies. Wo es nicht darauf ankommt, werden auch Isotope nicht unterschieden.[1]
Spezies wird oft als Oberbegriff verwendet, wenn in einer Situation Teilchensorten gemeinsam angesprochen werden sollen, für die sonst speziellere Benennungen üblich sind, etwa Moleküle und Ionen, Atome und Cluster oder Quasiteilchen und Farbzentren.
Die Bildung verschiedener Spezies aus einer Substanz heißt Speziierung. Beispiele für die Extraktion und Bestimmung chemischer Spezies in Lösungen finden sich in vielen Chemie-Lehrbüchern oder z. B. im Web-Sciences

Weitere nützliche Apps kennenlernen

10

In diesem Kapitel lernen Sie weitere wichtige Apps in kurzen Anleitungen kennen. Erfahren Sie, wie Sie auf Ihrem Mac Adressdaten verwalten oder sich an Ihre Termine erinnern lassen, wie Sie Ihre Aufgaben stets im Blick behalten, wie Sie Routen planen, Notizen erstellen, Sprachmemos aufnehmen, Farben herausfinden oder schwierige Begriffe mithilfe des Mac-Lexikons blitzschnell klären.

Start

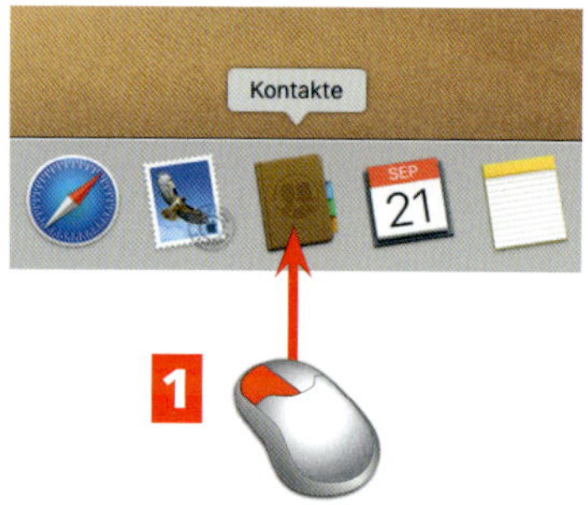

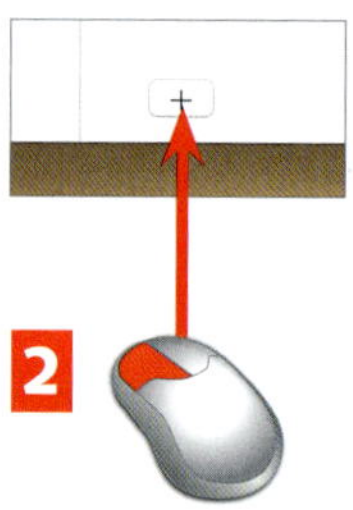

1 Entscheiden Sie sich im Dock für das Öffnen der App *Kontakte* – das Symbol der App zeigt ein hellbraunes Adressbuch.

2 Anfangs ist das elektronische Adressbuch noch leer. Um einen neuen Kontakt zu erstellen, klicken Sie unten in der App auf das Plussymbol [+].

3 Im Menü wählen Sie anschließend den Eintrag *Neuer Kontakt*.

Ein elektronisches Adressbuch bietet nicht nur den Vorteil, dass es nicht verlegt werden kann. Es bietet Ihnen auch die Möglichkeit, Kontaktdaten zwischen mehreren Quellen zu synchronisieren. So haben Sie – bei einer Synchronisierung mit iCloud – Ihre auf dem Mac eingegebenen Kontaktdaten auch auf dem iPhone oder iPad immer mit dabei.

WISSEN

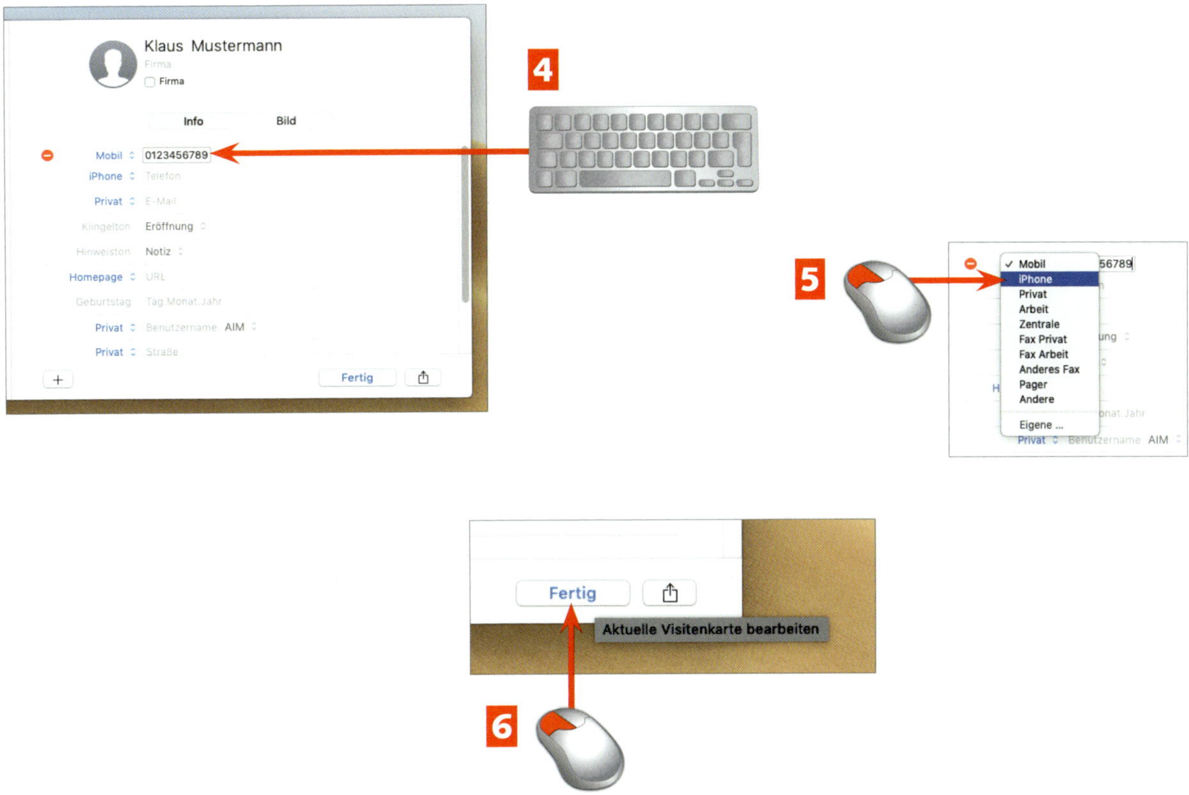

4 Machen Sie in den einzelnen Feldern Ihre Eingaben und fügen Sie, wenn gewünscht, unter dem Platzhalter *Bild* dem Kontakt ein Bild hinzu.

5 Viele Felder sind mit einem blauen Etikett versehen. Klicken Sie ein Etikett an, um es per Menü anzupassen.

6 Bestätigen Sie zum Schluss mit *Fertig*, um die Eingabe abzuschließen.

Ende

Auch in der App *Kontakte* funktioniert die Tastenkombination cmd ⌘+N, in diesem Fall dient sie dem Anlegen eines neuen Kontaktes (= einer neuen Visitenkarte).

TIPP

Wenn Sie Ihre Kontakte bereits bei einem anderen Anbieter, etwa Google Contacts, gespeichert haben, wählen Sie in der Menüleiste *Kontakte/Account hinzufügen*, um die Kontakte aus dieser Quelle zu übernehmen.

HINWEIS

Start

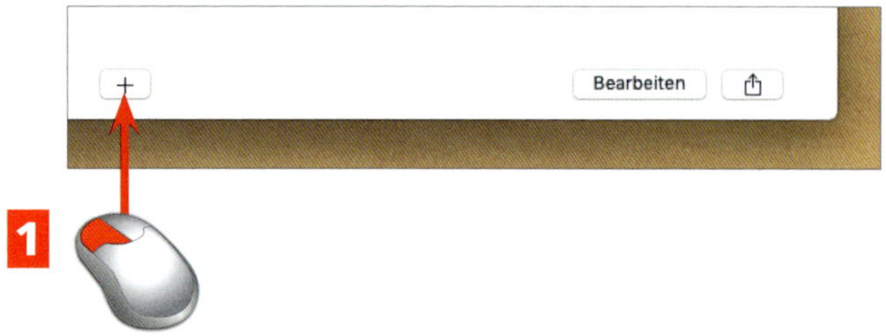

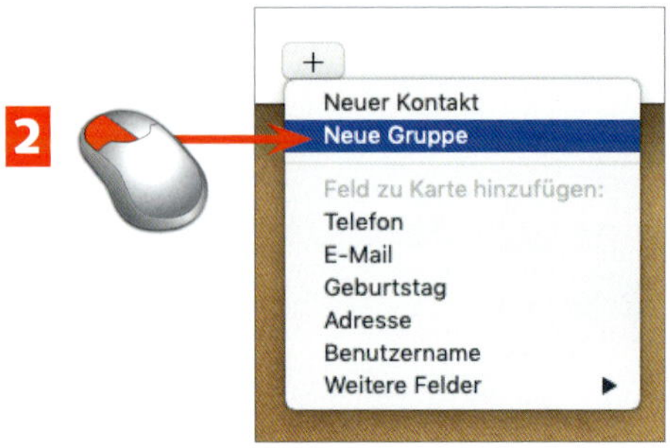

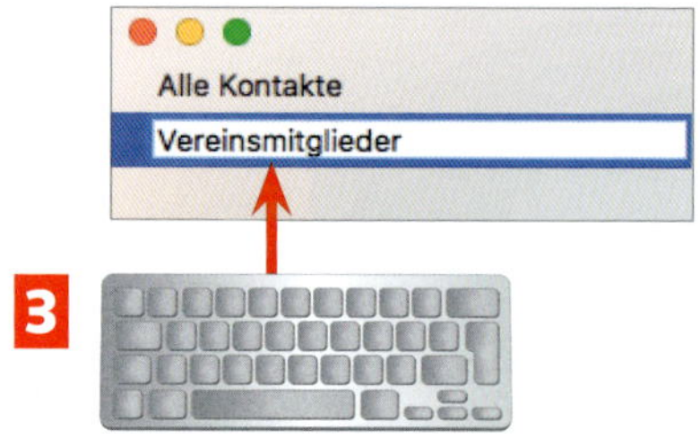

1 Klicken Sie unten in der App *Kontakte* auf das Plussymbol [+].

2 Wählen Sie im sich öffnenden Menü den Eintrag *Neue Gruppe*.

3 Geben Sie eine sinnvolle Bezeichnung für die neue Kontaktgruppe ein und bestätigen Sie mit der [↵]-Taste.

Die von Ihnen angelegten Kontakte lassen sich in Kontaktgruppen organisieren. Legen Sie beispielsweise eine Gruppe für alle Familienmitglieder oder für alle Mitglieder Ihres Vereins an. Dies macht es unter anderem möglich, eine E-Mail an alle Mitglieder der Gruppe zu senden.

WISSEN

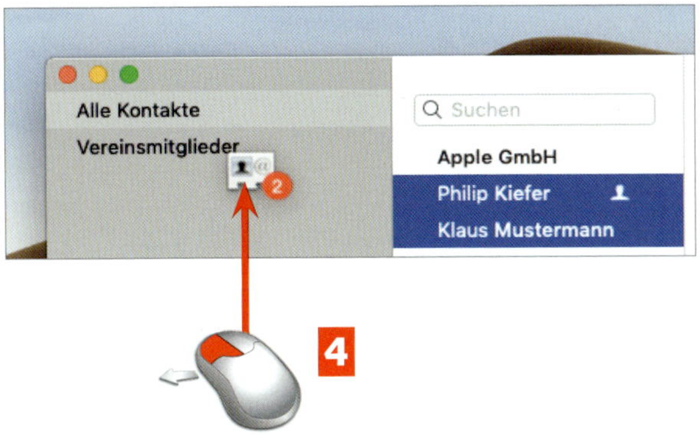

4

5

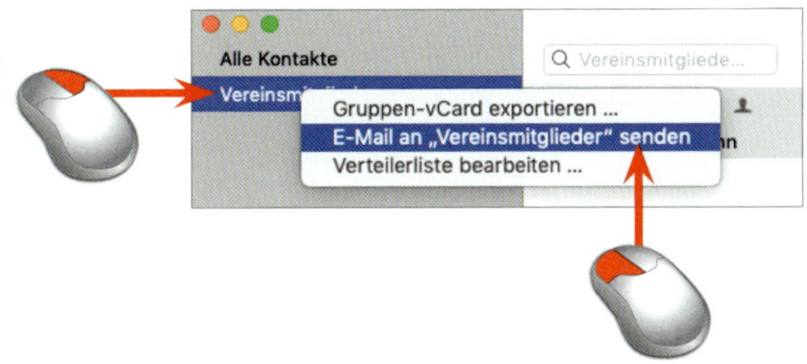

6

4 Wählen Sie in der Leiste links den Eintrag *Alle Kontakte* und ziehen Sie die gewünschten Kontakte bei gedrückter Maustaste auf die von Ihnen erstellte Gruppe.

5 Möchten Sie eine E-Mail an alle Mitglieder der Kontaktgruppe senden, klicken Sie die Gruppe mit der rechten Maustaste bzw. bei gedrückter ctrl-Taste an und wählen im Kontextmenü die *E-Mail*-Option.

6 Es wird ein E-Mail-Fenster mit den entsprechenden Kontakten in der *An*-Zeile aufgerufen.

Ende

Möchten Sie einen Kontakt wieder aus einer Gruppe entfernen, wählen Sie ihn aus und drücken die ←-Taste. Bestätigen Sie mit der Schaltfläche *Von der Gruppe entfernen*.

HINWEIS

Wollen Sie eine Kontaktgruppe löschen, wählen Sie diese in der Leiste links aus. Entscheiden Sie sich anschließend in der Menüleiste für *Bearbeiten/Gruppe löschen*.

HINWEIS

Start

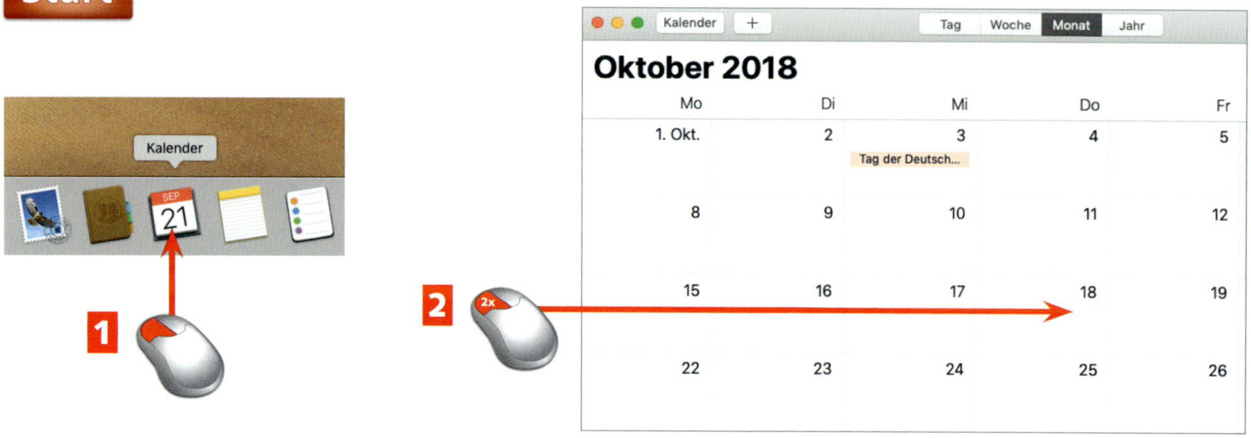

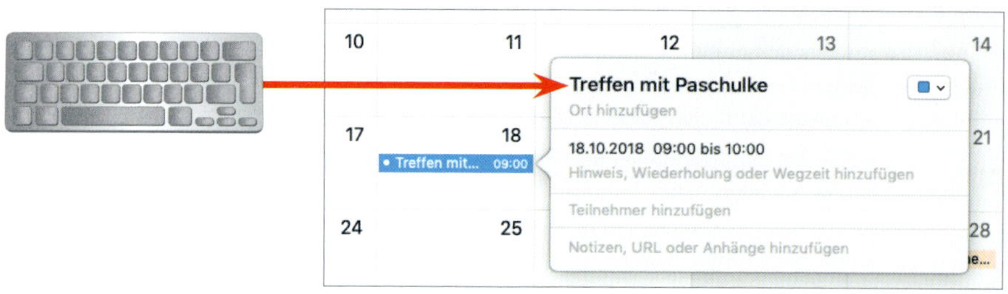

1. Klicken Sie im Dock auf das Kalenderblatt-Symbol, um die App *Kalender* zu öffnen. Auf dem Symbol wird Ihnen übrigens jeweils der aktuelle Tag angezeigt.

2. Wechseln Sie bei Bedarf mit den Schaltflächen oben die Kalenderansicht. Um einen neuen Termin zu erstellen, doppelklicken Sie in ein Kalenderfeld.

3. Geben Sie dem neuen Termin (dem neuen Ereignis) zunächst einen Namen und machen Sie gegebenenfalls Angaben zum Ort.

Auch Ihre Termine lassen sich auf dem Mac clever verwalten und gegebenenfalls mit anderen Geräten synchronisieren. Lesen Sie auf dieser Doppelseite zunächst, wie Sie einen neuen Termin anlegen und diesen mit einer Terminerinnerung versehen.

WISSEN

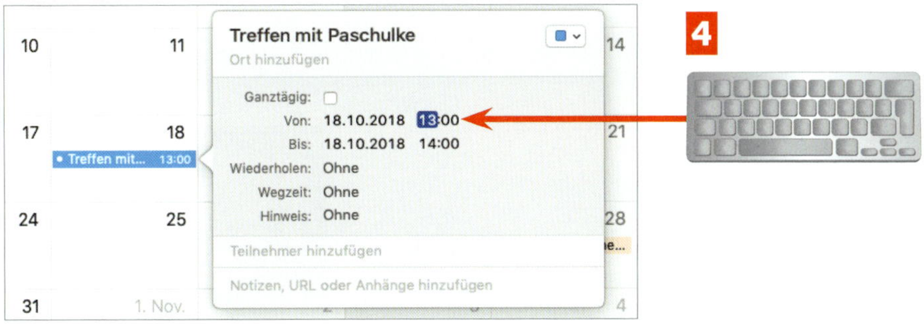

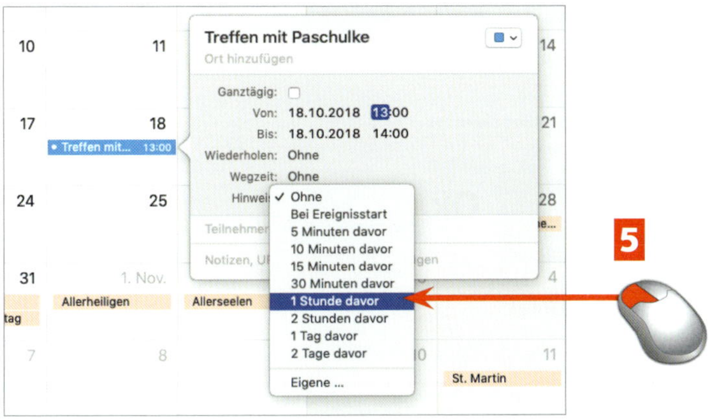

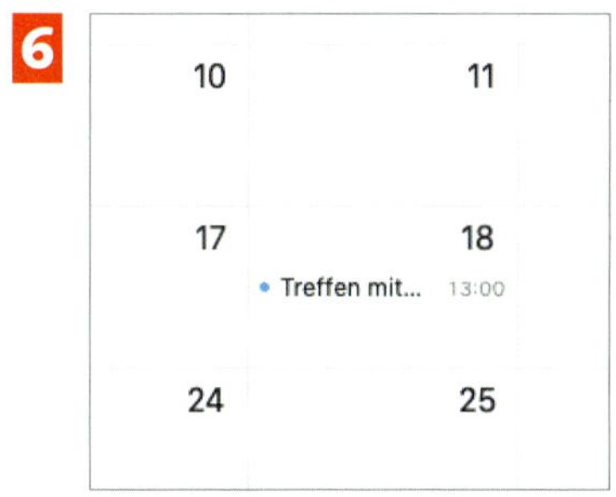

4 Klicken Sie auf die Zeitangabe, um diese anzupassen.

5 Klicken Sie dann auf das Menü *Hinweis*, um den Zeitpunkt der Terminerinnerung festzulegen. Unter *Wegzeit* können Sie auch die Anfahrtszeit mit einplanen.

6 Klicken Sie in den Kalender, um das Bearbeitungsfenster wieder zu schließen. Per Doppelklick auf den Termin lässt es sich jederzeit erneut aufrufen.

Ende

TIPP

Auch für die App *Kalender* gilt, dass Sie Daten aus Internetquellen übernehmen können. Wählen Sie in der Menüleiste *Kalender/Account hinzufügen*, um einen entsprechenden Account zu ergänzen.

HINWEIS

Wiederkehrende Termine, beispielsweise Geburtstage oder Steuertermine, brauchen Sie nicht jedes Mal neu einzutragen. Wählen Sie einfach im Menü *Wiederholen* ein Intervall aus – das Eintragen erfolgt dann automatisch.

Start

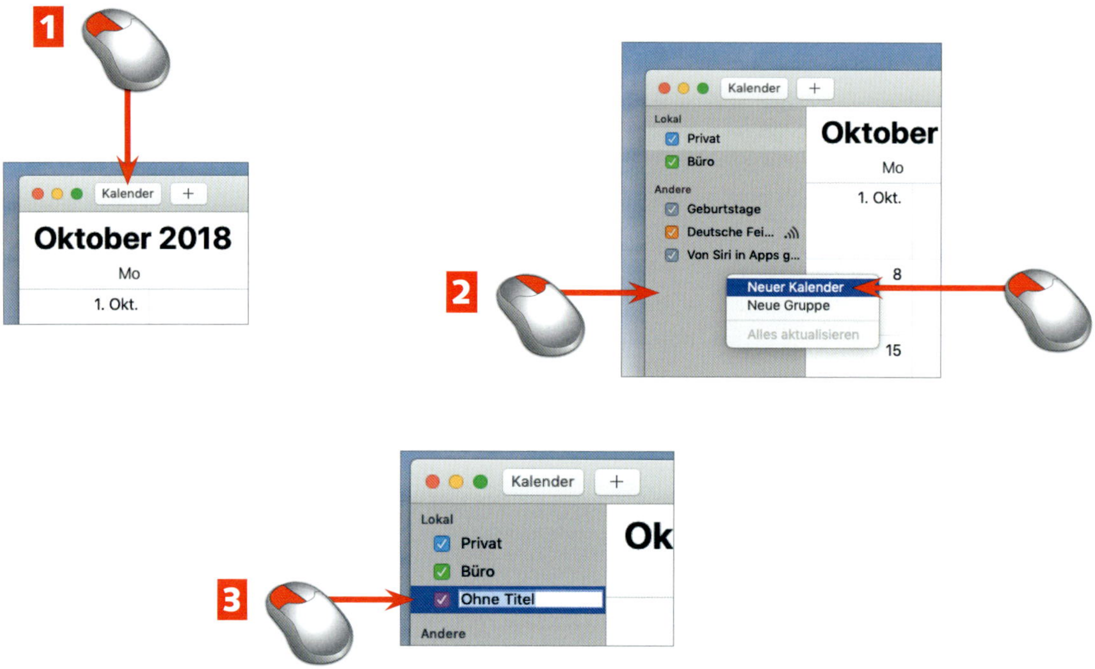

1 Um einen neuen Kalender anzulegen, blenden Sie zunächst mal die Kalenderleiste ein, indem Sie oben im Fenster der App *Kalender* auf die Schaltfläche *Kalender* klicken.

2 Klicken Sie mit der rechten Maustaste bzw. bei gedrückter *ctrl*-Taste in die Kalenderleiste und entscheiden Sie sich im Kontextmenü für den Eintrag *Neuer Kalender*.

3 Der neue Kalender erhält zunächst die Bezeichnung *Ohne Titel*. Um diese zu ändern, klicken Sie zweimal langsam nacheinander auf den neuen Kalender (kein Doppelklick!).

Legen Sie mehrere Kalender an, um Ihre privaten, geschäftlichen, Vereins- oder Geburtstagstermine voneinander zu trennen. Auf dieser Doppelseite erkläre ich Ihnen Schritt für Schritt, wie Sie zum Anlegen eines neuen Kalenders vorgehen.

WISSEN

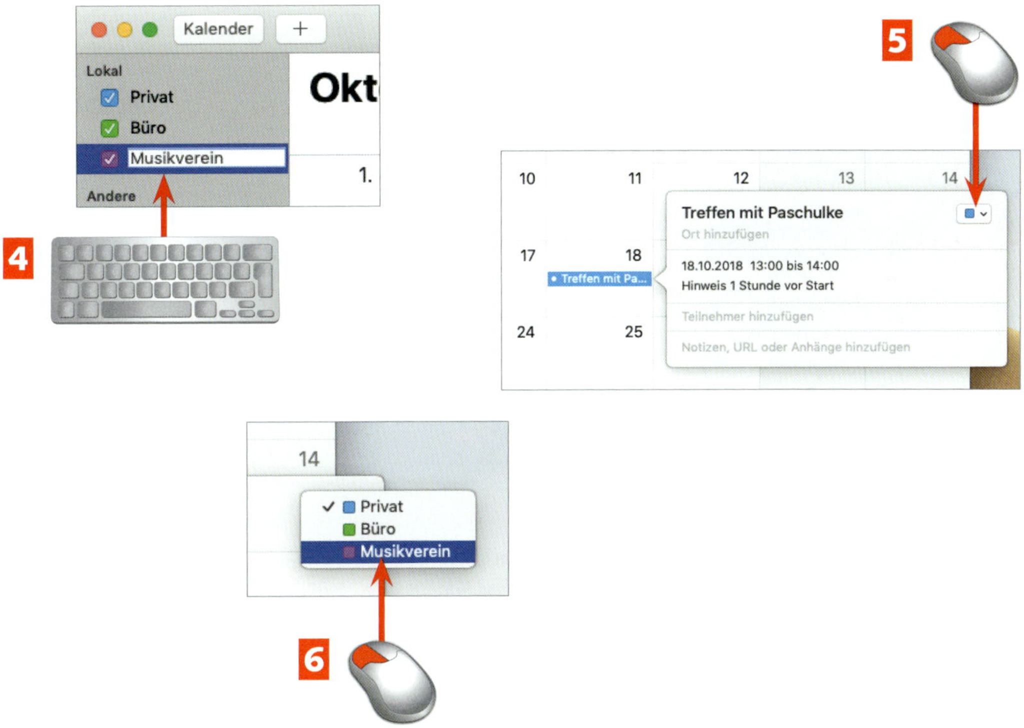

4 Geben Sie dem Kalender eine schlüssige Bezeichnung und bestätigen Sie mit der [↵]-Taste.

5 Um im Bearbeitungsfenster eines Termins den Kalender auszuwählen, klicken Sie auf das Symbol [■ ⌄].

6 Wählen Sie dann im Menü den gewünschten Kalender aus.

Ende

Einen Kalender zu Papier bringen: Wählen Sie *Ablage/Drucken*, um einen entsprechenden Druckassistenten aufzurufen.

TIPP

Einen Standardkalender festlegen: Dazu klicken Sie unter *Kalender* auf *Einstellungen* und nehmen die gewünschte Einstellung unter *Allgemein* im Menü *Standardkalender* vor.

TIPP

Kalender für andere freigeben

Start

1

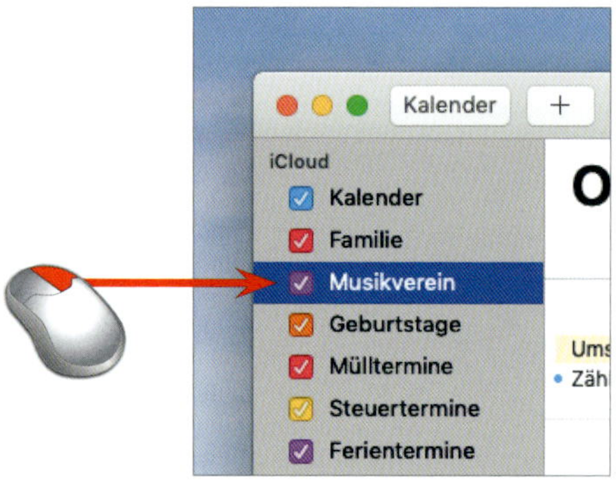

2

3

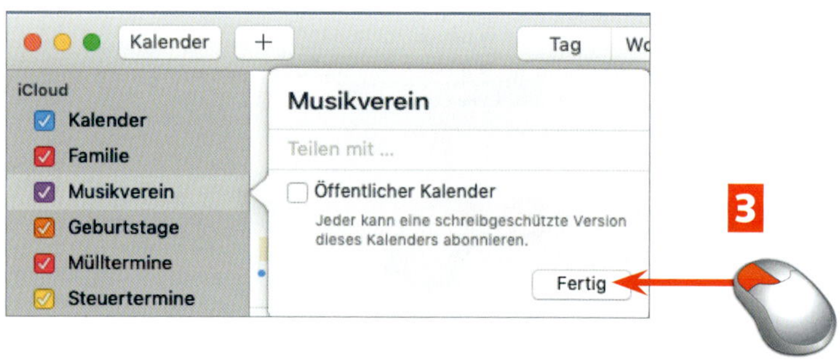

1 Klicken Sie den iCloud-Kalender, den Sie freigeben möchten, in der Kalenderleiste mit der rechten Maustaste bzw. bei gedrückter ctrl-Taste an.

2 Klicken Sie im Kontextmenü auf den Eintrag *Kalender teilen*.

3 Geben Sie die E-Mail-Adresse der Person ein und bestätigen Sie mit *Fertig*. Alternativ können Sie den Kalender durch Aktivieren der Option *Öffentlicher Kalender* auch auf einer Webseite veröffentlichen.

Wenn Sie einen iCloud-Kalender nutzen, lassen sich Ihre Termine nicht nur auf den eigenen anderen Geräten verfügbar machen. Auch die Freigabe eines Kalenders für andere Personen ist kein Problem – ideal zum Terminabgleich! Lesen Sie auf dieser Doppelseite, wie Sie vorgehen.

WISSEN

4

5

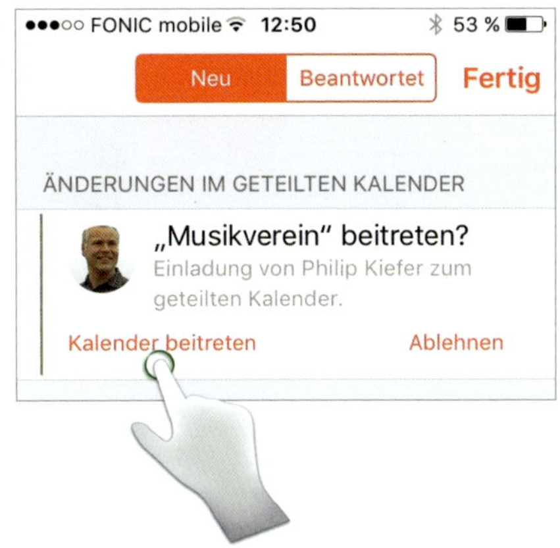

6

4 In diesem Fall nehme ich die Einladung auf einem iPhone in der dortigen App *Kalender* an, indem ich rechts unten auf *Eingang* tippe.

5 Anschließend wird mit *Kalender beitreten* bestätigt – die Termine des Kalenders stehen nun auch auf dem iPhone zur Verfügung.

6 In der Kalender-App auf dem Mac rufen Sie die Meldungen (Kalender-Einladungen und Bestätigungen) bei Verfügbarkeit unter dem Symbol [1] auf.

Ende

Eine Kalenderfreigabe wieder beenden: Dazu klicken Sie den freigegebenen Kalender mit der rechten Maustaste bzw. bei gedrückter ctrl-Taste an und wählen *Freigabe stoppen*.

TIPP

Kalender exportieren oder importieren: Diese Optionen finden Sie in der Menüleiste unter *Ablage*.

HINWEIS

Start

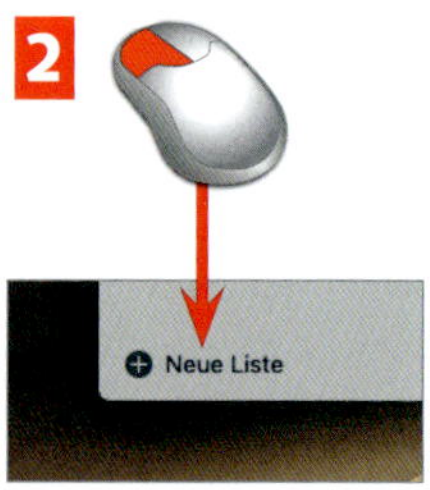

1. Öffnen Sie die App *Erinnerungen*.

2. Um eine neue Erinnerungsliste anzulegen, klicken Sie links unten im Fenster der App auf *Neue Liste*.

3. Geben Sie der neuen Liste eine schlüssige Bezeichnung und bestätigen Sie mit der ↵-Taste.

Mit der App *Erinnerungen* behalten Sie Ihre Aufgaben aller Art stets im Blick und können sich sowohl zu einer bestimmten Zeit als auch an einem bestimmten Ort an die Erledigung erinnern lassen – und natürlich ist auch in diesem Fall eine Synchronisierung mit iCloud möglich. Auf dieser Doppelseite zeige ich Ihnen, wie Sie eine Erinnerungsliste und in dieser Liste eine Erinnerung anlegen.

WISSEN

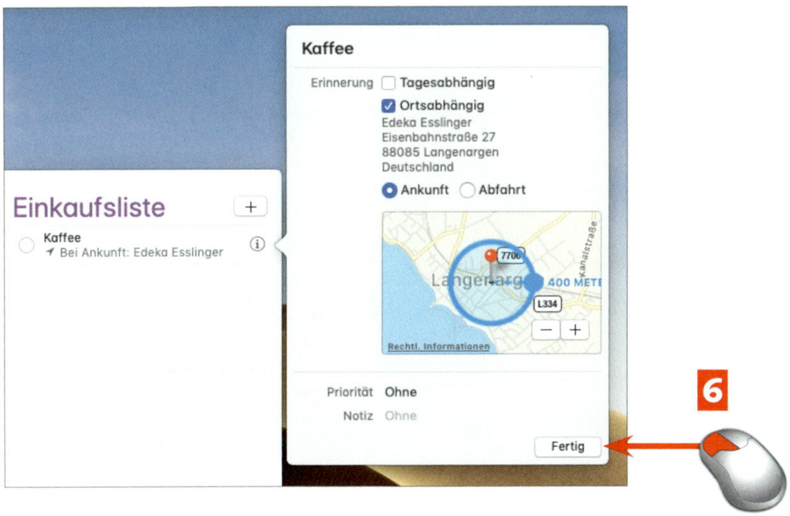

4 Um in der ausgewählten Liste eine neue Erinnerung zu erstellen, klicken Sie einfach in das Listenfeld und machen Ihre Eingabe. Bestätigen Sie mit der ⏎-Taste.

5 Sie möchten sich an einem bestimmten Ort an die Aufgabe erinnern lassen? Dazu klicken Sie rechts neben der Erinnerung auf das Symbol ⓘ.

6 Aktivieren Sie das Kontrollkästchen *Ortsabhängig* und machen Sie die gewünschte Ortsangabe. Bestätigen Sie mit *Fertig*.

Ende

Eine Aufgabe als erledigt markieren: Dazu klicken Sie in das zugehörige Optionsfeld ○.

TIPP

Bei vielen tagesabhängigen Erinnerungen erhalten Sie einen Überblick, indem Sie sich in der Leiste links für den Eintrag *Planmäßig* entscheiden.

HINWEIS

Start

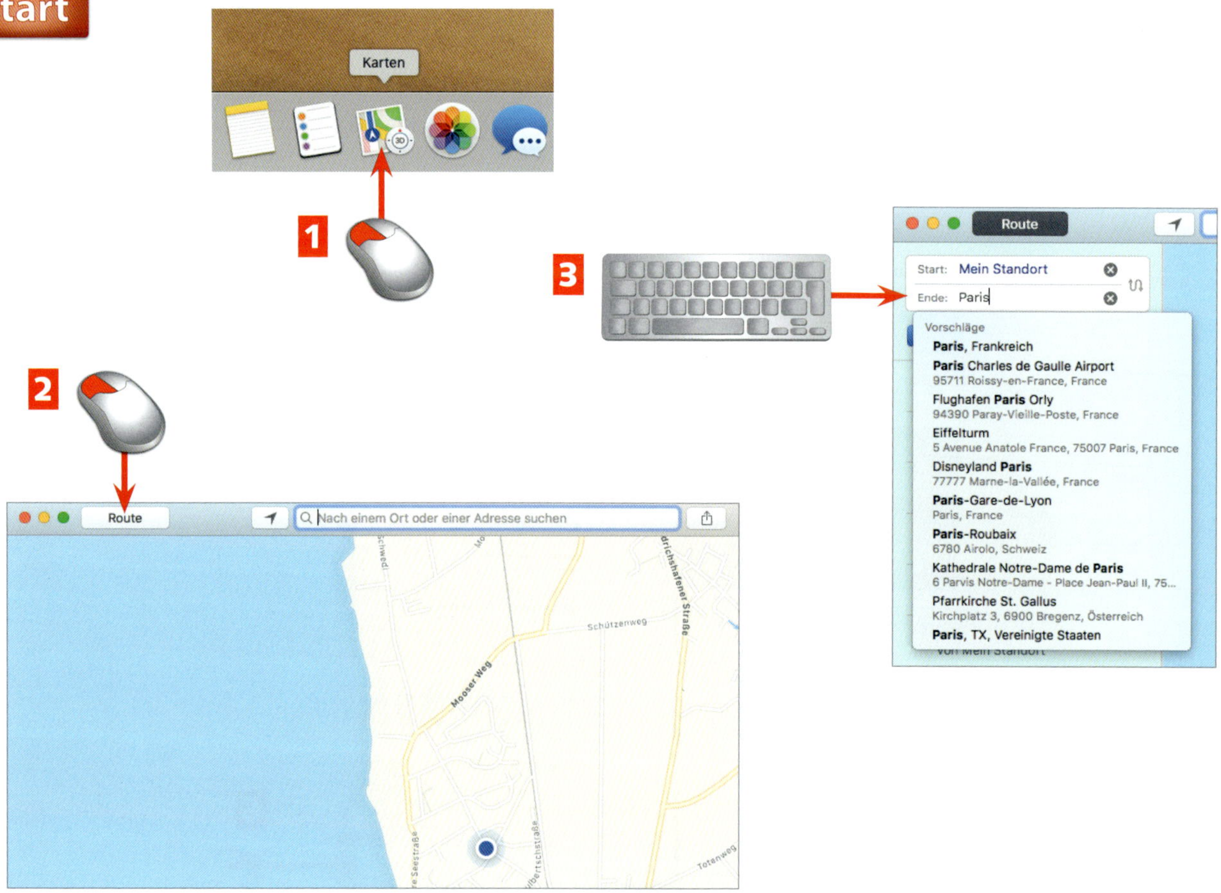

1 Entscheiden Sie sich im Dock für das Öffnen der App *Karten* – das Symbol zeigt eine kleine Straßenkarte.

2 Mit dem Symbol ➤ rufen Sie Ihren eigenen Standort auf. Sie können aber auch mithilfe des eingebauten Suchfeldes nach Adressen oder Geschäften suchen. Um eine Route zu planen, klicken Sie auf die Schaltfläche *Route*.

3 Geben Sie die gewünschte Zieladresse – gegebenenfalls auch eine andere Startadresse – ein. Bereits während des Eintippens werden Ihnen Vorschläge gemacht, die Sie per Mausklick auswählen können.

Mit der App *Karten*, die auf Ihrem Mac bereits zur Verfügung steht, lassen sich Örtlichkeiten auf der ganzen Welt aufrufen. Und falls Sie noch kein Navigationsgerät Ihr Eigen nennen sollten, verwenden Sie die App auch zur Routenplanung, um die beste Strecke für die nächste längere Fahrt zu ermitteln.

WISSEN

4

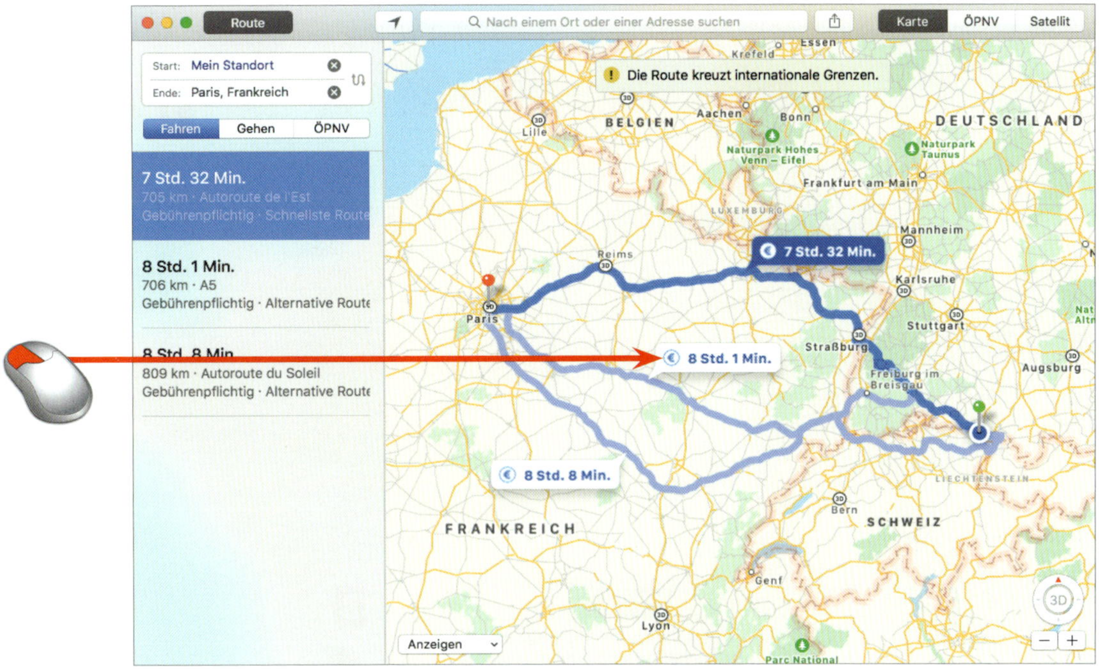

5

6

4 Ihnen werden häufig mehrere Strecken angeboten, wählen Sie dann per Mausklick die gewünschte aus.

5 Jetzt noch das Verkehrsaufkommen auf der gewählten Strecke ermitteln. Klicken Sie dazu links unten auf der Karte auf das Menü *Anzeigen*.

6 Entscheiden Sie sich im Menü für den Eintrag *Verkehr anzeigen*.

Ende

Sie sind zu Fuß unterwegs? Dann wechseln Sie unterhalb der Adressfelder von *Fahren* auf *Gehen*. Unter *ÖPNV* werden Ihnen bei Verfügbarkeit öffentliche Verkehrsmittel angezeigt.

TIPP

In der Karte zoomen: Verwenden Sie dazu die Symbole + und − rechts unten in der Karte oder alternativ die Tastenkombinationen *cmd ⌘*+*+* und *cmd ⌘*+*−*.

TIPP

Start

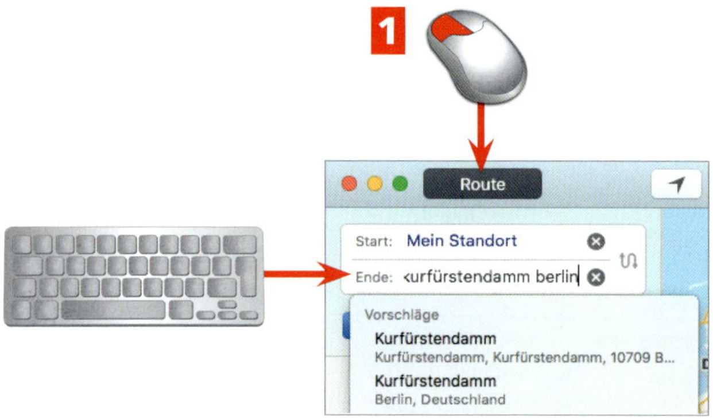

1 Planen Sie – wie auf der vorherigen Doppelseite beschrieben – Ihre Route.

2 Klicken Sie nun oben in der App *Karten* auf das Symbol .

3 Wählen Sie im sich öffnenden Menü das Senden an Ihr iPhone aus.

Routen lassen sich bequem auf dem Mac planen und dann zwecks Navigation auf das iPhone senden. Voraussetzung ist lediglich, dass Sie auf den Geräten mit derselben Apple-ID iCloud nutzen. Wie Sie vorgehen, stellt – Schritt für Schritt – diese Doppelseite dar.

WISSEN

4

6
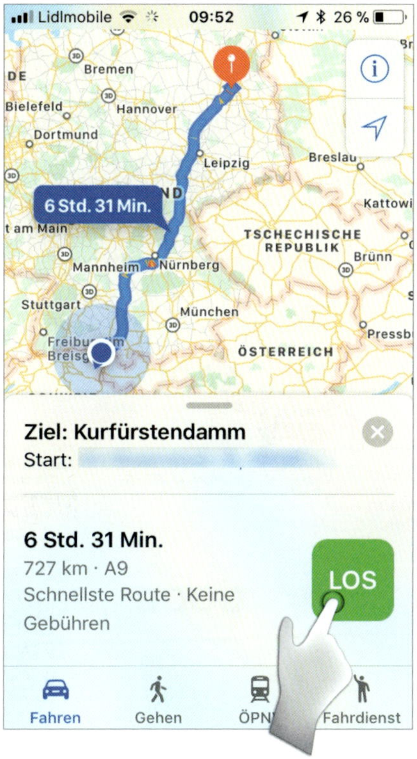

5

4 Die Route wird auf dem Sperrbildschirm des iPhones angezeigt und lässt sich dort auswählen; auf dem Home-Bildschirm ziehen Sie die Mitteilungszentrale vom oberen Rand auf das Display.

5 Tippen Sie die auf das iPhone gesandte Route an.

6 Tippen Sie auf *Los*, um sich vom iPhone zur Zieladresse navigieren zu lassen.

Ende

Alternativ lässt sich eine Route auch per AirDrop übertragen, dazu wählen Sie im Menü aus Schritt 3 den gleichlautenden Eintrag.

TIPP

Wenn Sie auf dem iPhone die Navigation gestartet haben, streichen Sie das Fenster unten auf dem Bildschirm nach oben, um Tankstellen oder Restaurants auf dem Weg aufzuspüren.

HINWEIS

Start

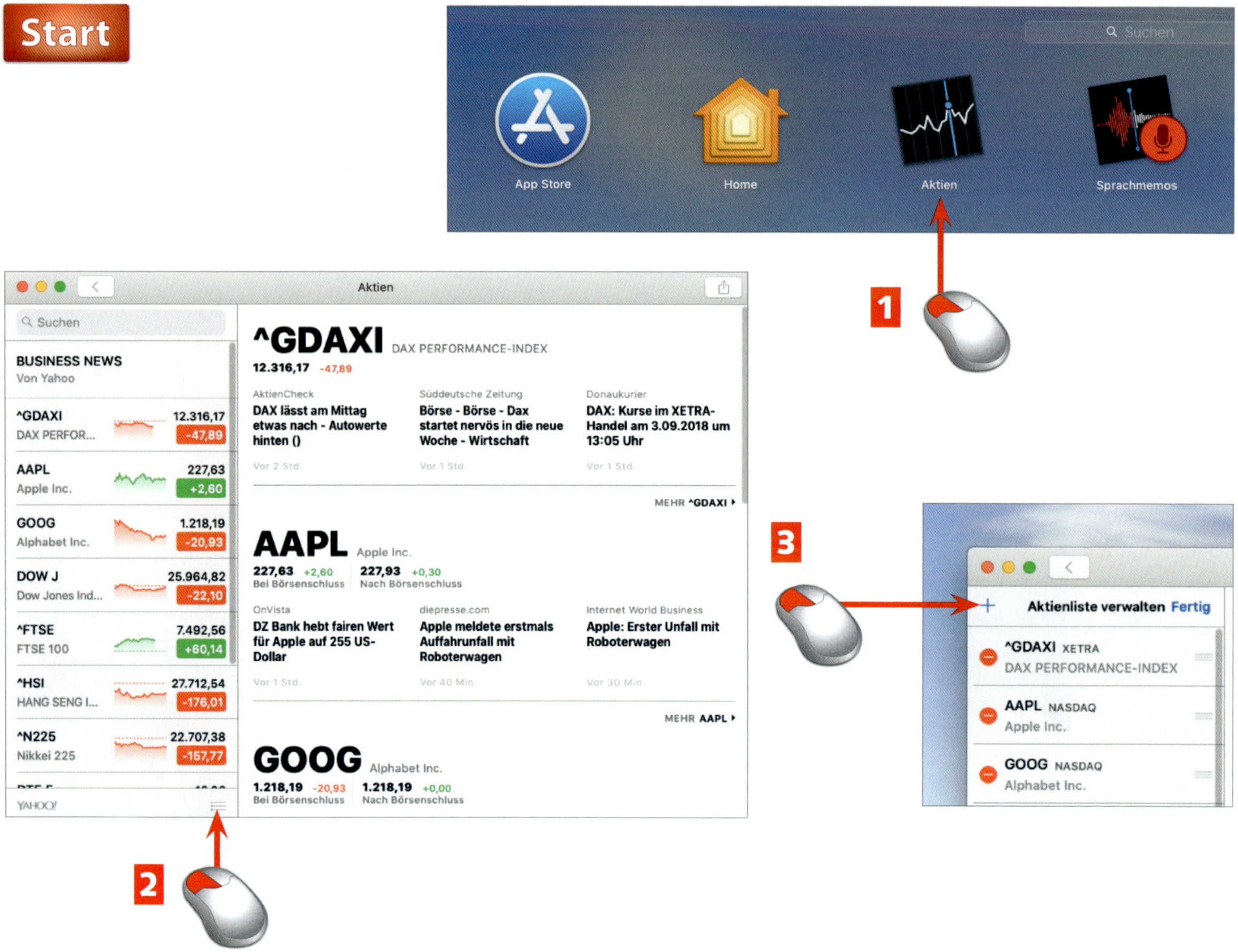

1 Entscheiden Sie sich im Launchpad für die App *Aktien*.

2 Um ein neues Wertpapier hinzuzufügen, klicken Sie unten in der Seitenleiste der App auf das Symbol ☰.

3 Nun klicken Sie auf das Plussymbol +.

Um Ihre Wertpapiere und die für Sie wichtigen Wertpapierindizes stets im Blick zu behalten, können Sie unter macOS Mojave die App *Aktien* verwenden. Auf dieser Doppelseite erfahren Sie, wie einfach Sie in dieser App Wertpapiere suchen und der Liste hinzufügen.

WISSEN

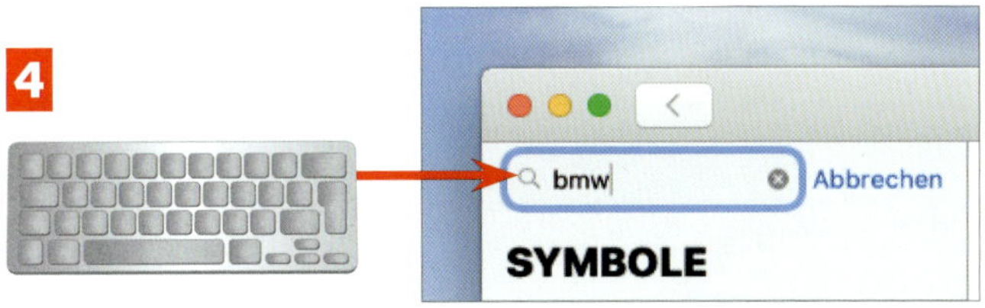

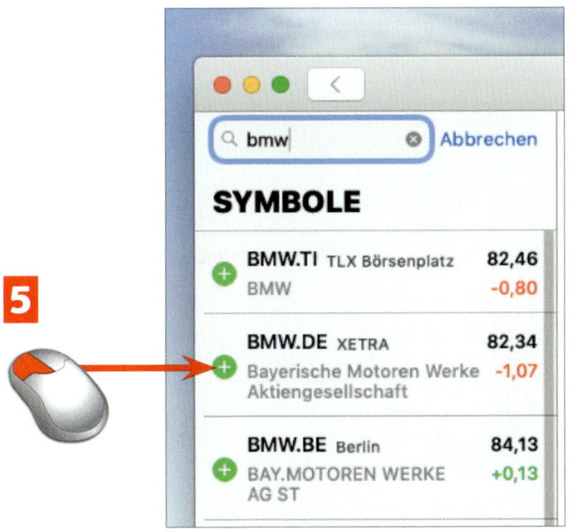

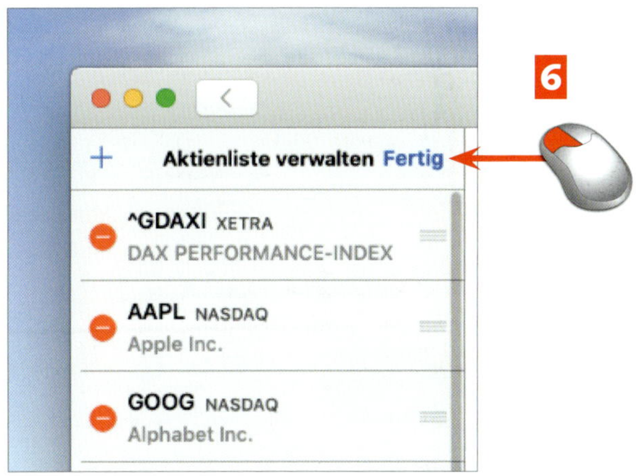

4 Suchen Sie mit dem eingebauten Suchfeld nach dem gewünschten Wertpapier (oder Wertpapierindex).

5 Klicken Sie bei einem Wertpapier, das Sie Ihrer Liste hinzufügen möchten, auf das Plussymbol ⊕.

6 Klicken Sie auf *Abbrechen* und dann auf *Fertig*, um die Bearbeitung zu beenden.

Ende

HINWEIS

Die hinzugefügten Wertpapiere lassen sich individuell anordnen. Klicken Sie dazu bei einem Wertpapier auf das Symbol ≡ und ziehen Sie es bei gedrückter Maustaste an die gewünschte Position.

TIPP

Möchten Sie, statt neue Wertpapiere hinzuzufügen, bestehende Wertpapiere entfernen? Dazu wählen Sie bei einem Wertpapier das Minussymbol ⊖.

Start

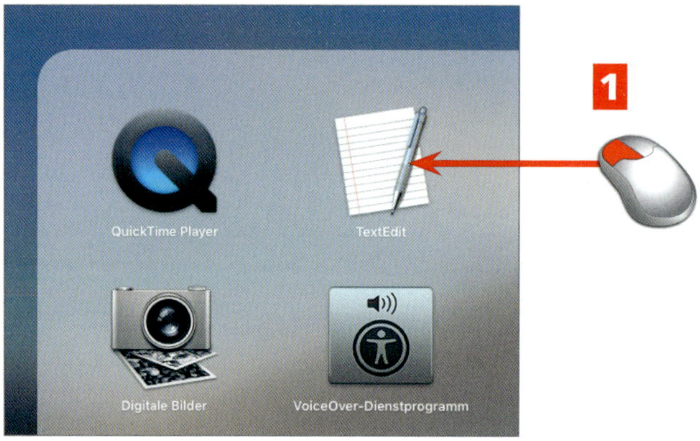

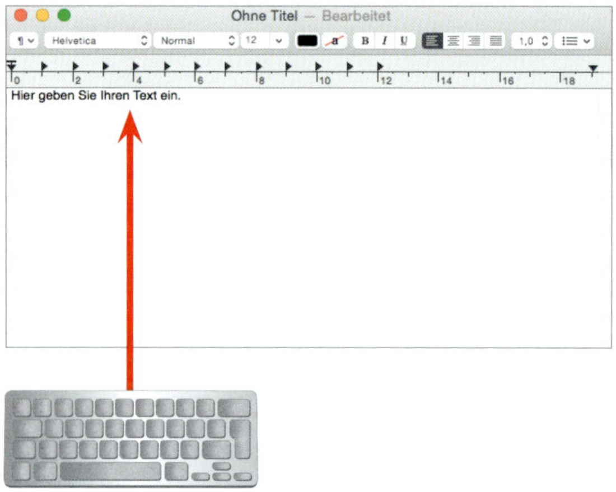

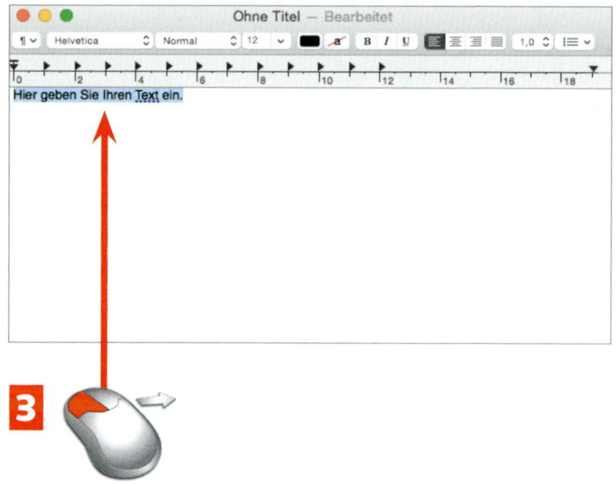

1 Öffnen Sie die App *TextEdit* im Launchpad.

2 Geben Sie nun einfach Ihren Text ein. (Wählen Sie gegebenenfalls zunächst *Neues Dokument*.)

3 Möchten Sie den Text formatieren, dann markieren Sie diesen, indem Sie den Mauszeiger bei gedrückter Maustaste darüber bewegen.

Um auf die Schnelle ein Dokument zu erstellen, müssen Sie nicht unbedingt eine umfangreiche Textverarbeitungs-App wie *Pages*, Microsoft Office für Mac oder ein Gratis-Office-Paket wie LibreOffice einsetzen. Lassen Sie mich Ihnen auf dieser Doppelseite zeigen, wie simpel das Erstellen eines Dokumentes mit der bereits verfügbaren App *TextEdit* sein kann.

WISSEN

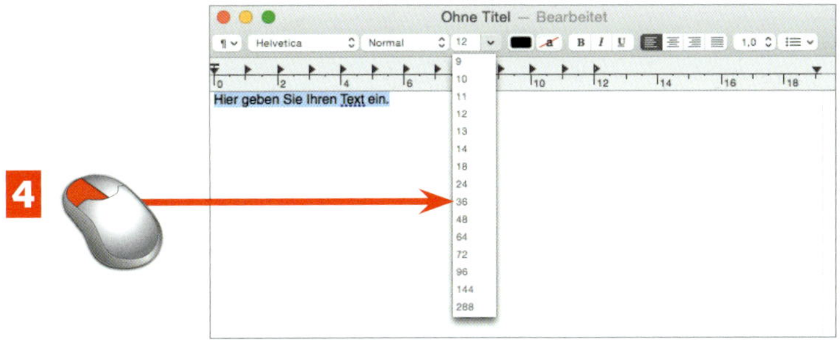

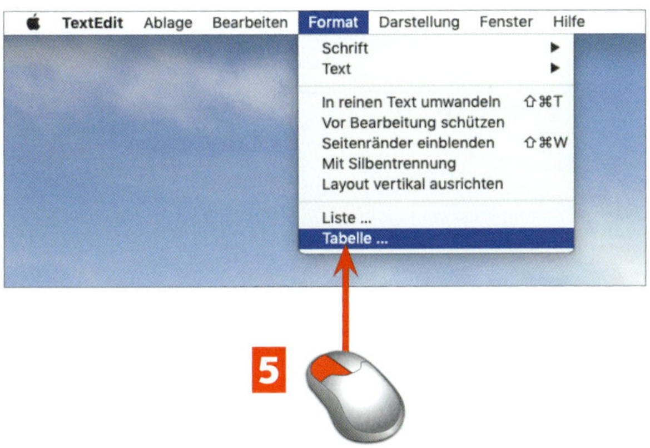

4 Sie finden Formatieroptionen sowohl in der Symbolleiste als auch in der Menüleiste der App. In diesem Fall wähle ich eine größere Schrift.

5 Auch einfache Tabellen lassen sich ins Dokument einfügen. Dazu entscheiden Sie sich in der Menüleiste für *Format/Tabelle*.

6 Wählen Sie *Ablage/Drucken*, um Ihr Dokument zu Papier zu bringen, oder *Ablage/Sichern*, um es zu speichern. Mit *Ablage/Als PDF exportieren* können Sie es auch als PDF-Datei speichern.

Ende

Einem Dokument können Sie den Autorennamen und weitere zusätzliche Angaben hinzufügen, was sich unter *Ablage/Eigenschaften einblenden* bewerkstelligen lässt.

HINWEIS

Sie möchten ein Dokument auf eine frühere Version zurücksetzen? Eine Übersicht über die gespeicherten Versionen finden Sie unter *Ablage/Zurücksetzen auf.*

HINWEIS

Start

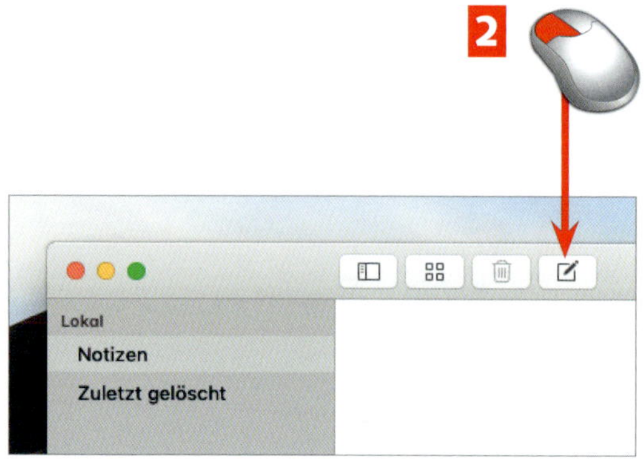

1 Öffnen Sie die App *Notizen* per Mausklick auf das entsprechende Symbol im Dock.

2 Klicken Sie in der App *Notizen* auf das Symbol [Symbol], um ein neues Notizblatt zu erstellen.

3 Tippen Sie als Nächstes Ihren Text ein. Das Formatieren erfolgt erst anschließend.

Auch mit der App *Notizen* lassen sich Texte erfassen – und nicht nur das! Auf dieser Doppelseite erfahren Sie Schritt für Schritt, wie Sie neue Notizen erstellen, Absätze in einem Notizblatt formatieren und Dateien in eine Notiz einfügen.

WISSEN

4

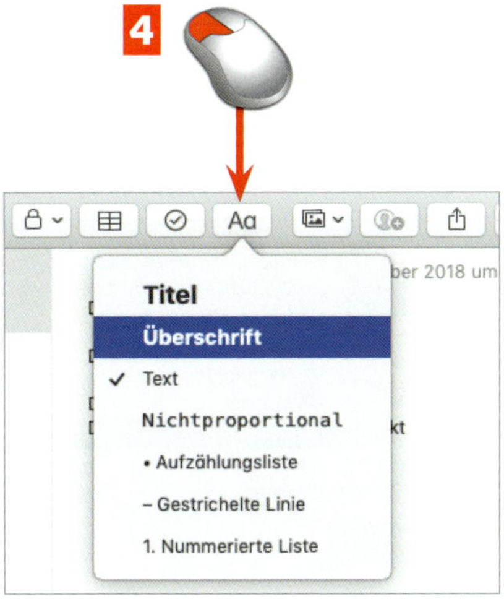

5

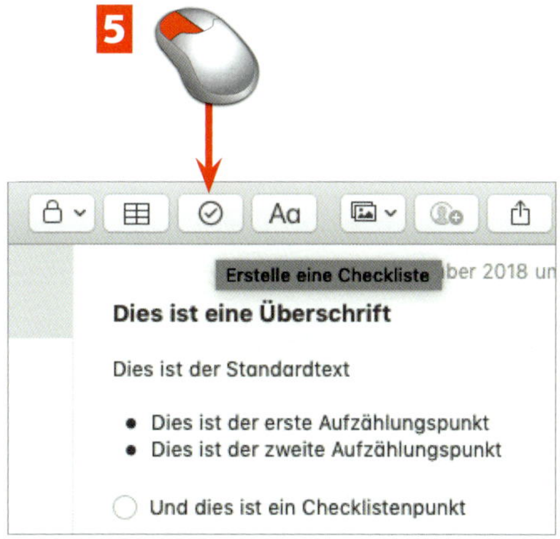

6

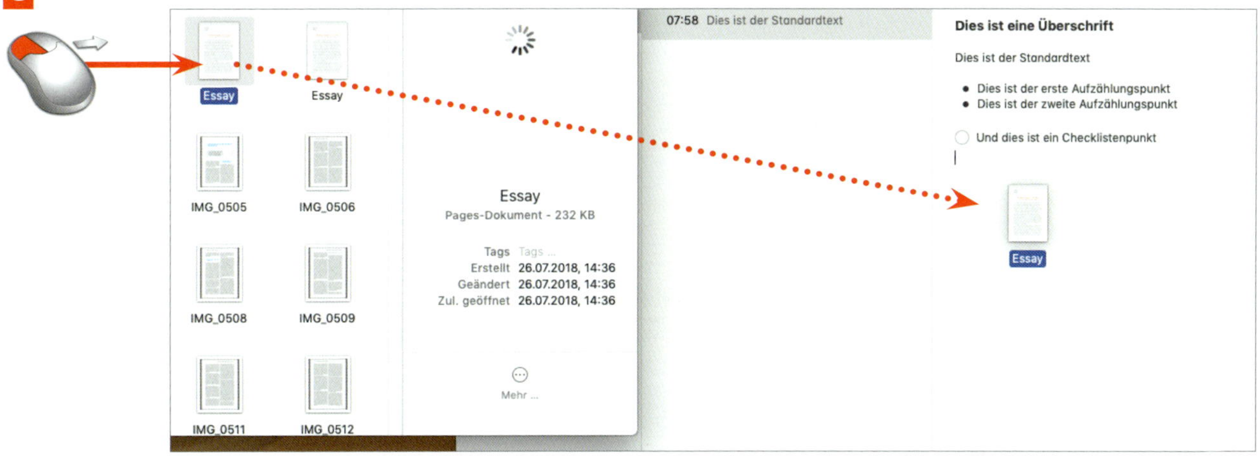

4 Klicken Sie in einen Absatz, den Sie formatieren möchten, um diesen zu markieren. Wählen Sie dann unter dem Symbol Aa die gewünschte Formatierung aus.

5 Oder möchten Sie eine Checkliste erstellen, z. B. für Ihre To-dos? Markieren Sie auch in diesem Fall per Mausklick einen Absatz und wählen Sie das Symbol ⊘.

6 Um ein Bild oder sonstige Dateien einzufügen, ziehen Sie diese einfach bei gedrückter Maustaste in das Notizblatt. Das Einfügen von Bildern sowie das Einscannen von Dokumenten ist alternativ auch unter dem Symbol 🖼 möglich.

Ende

TIPP

Einige weitere Formatierungsoptionen für markierten Text finden Sie in der Menüleiste der App *Notizen* unter *Format*.

TIPP

Bei vielen Notizzetteln pinnen Sie einen oben in der Liste an, indem Sie ihn mit der rechten Maustaste bzw. bei gedrückter ctrl-Taste anklicken und dann im Kontextmenü *Notiz anheften* wählen.

HINWEIS

Einen Überblick über die Dateianhänge in einem Notizblatt erhalten Sie, wenn Sie sich in der App *Notizen* für das Symbol ⊞ entscheiden.

Start

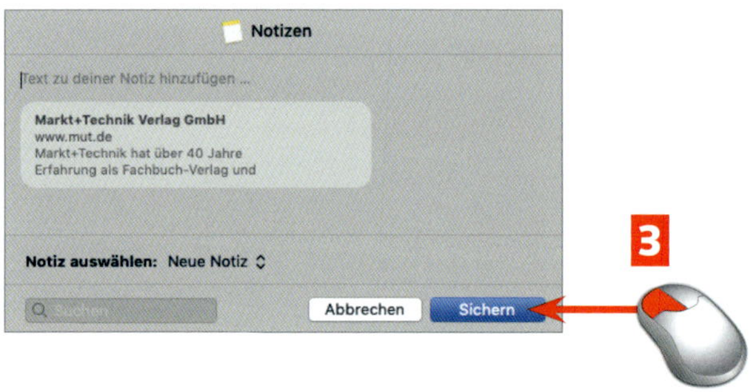

1 Um einen Link in die App *Notizen* aufzunehmen, rufen Sie die Webseite in Safari auf und klicken dann auf das Symbol [Teilen-Symbol].

2 Wählen Sie im sich öffnenden Menü den Eintrag *Notizen*.

3 Bestätigen Sie den angezeigten Inhalt mit *Sichern*, um ihn in der App *Notizen* verfügbar zu machen.

In die App *Notizen* können Sie Inhalte nicht nur direkt eingeben, sondern auch aus anderen Apps übernehmen. Wie das gemacht wird, erkläre ich Ihnen auf dieser Doppelseite anhand des Webbrowsers Safari.

WISSEN

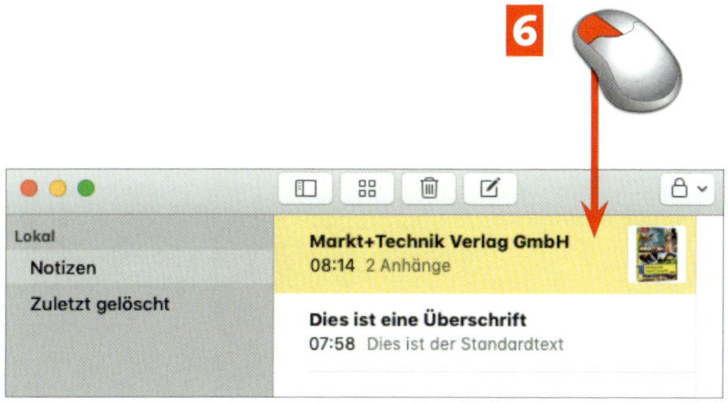

4 Um einen einzelnen Inhalt auf einer Webseite in Ihre Notizen zu übernehmen, klicken Sie diesen mit der rechten Maustaste bzw. bei gedrückter ctrl-Taste an (hier ein Bild) und wählen *Teilen/Notizen*.

5 Bestätigen Sie im folgenden Fenster mit *Sichern*.

6 Klicken Sie in der App *Notizen* eine Notiz an, um sich diese anzusehen.

Ende

HINWEIS

Text von einer Webseite in die App *Notizen* aufnehmen: Markieren Sie den Text dazu mit der Maus, klicken ihn mit der rechten Maustaste bzw. bei gedrückter ctrl-Taste an und wählen Sie *Teilen/Notizen*.

HINWEIS

Auch die Übernahme von Inhalten in Apps von Drittanbietern ist möglich, dazu wählen Sie im Menü aus Schritt 2 den Eintrag *Mehr* und entscheiden sich im folgenden Fenster für die gewünschte App.

Start

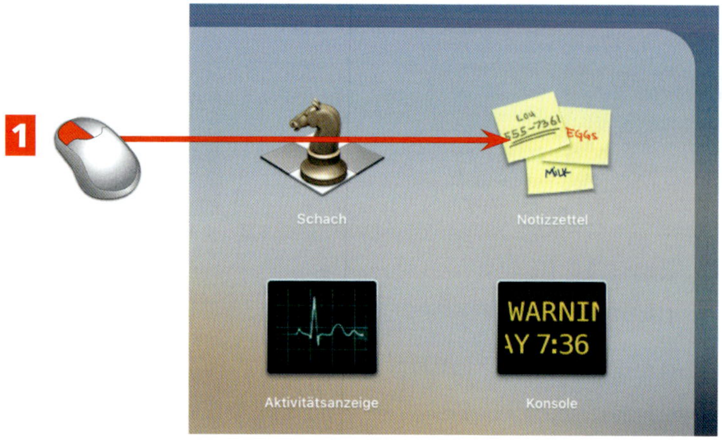

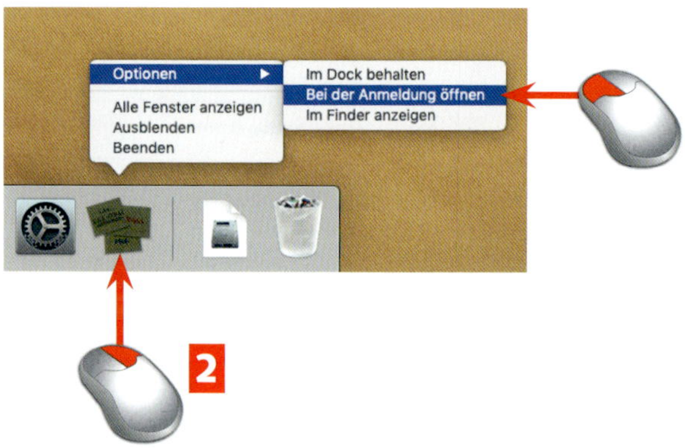

1 Öffnen Sie im Launchpad die App *Notizzettel*.

2 Die App soll zukünftig automatisch starten? Dazu klicken Sie das Symbol im Dock bei gedrückter ctrl-Taste bzw. mit der rechten Maustaste an und wählen *Optionen/Bei der Anmeldung öffnen*.

3 Wählen Sie nun in der Menüleiste der App *Notizzettel* die Option *Ablage/Neue Notiz*.

Eine kleine, aber feine App unter macOS Mojave nennt sich *Notizzettel*. Damit lassen sich kleinere Notizen direkt auf den Schreibtisch „kleben". Den besten Umgang mit der App erkläre ich Ihnen auf dieser Doppelseite.

WISSEN

4

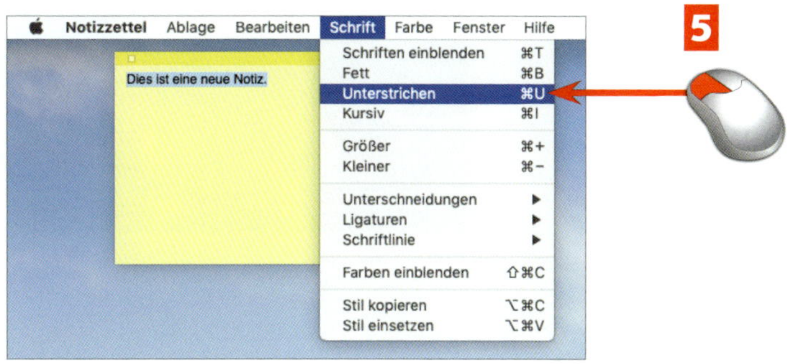

5

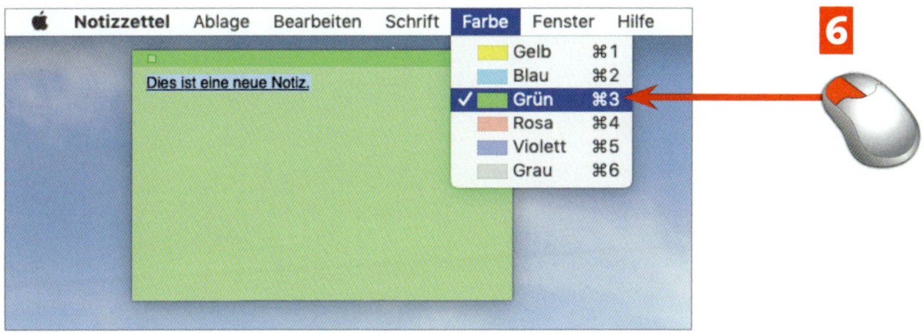

6

4 Tippen Sie Ihre Notiz ein. Mit *Ablage/Text importieren* lässt sich auch Text aus einem bereits vorhandenen Dokument übernehmen.

5 Um den Notizentext zu formatieren, markieren Sie diesen und wählen dann in der Menüleiste unter *Schrift* eine Formatieroption aus.

6 Auch die Farbe des Notizzettels ist nicht in Stein gemeißelt. Wenn Sie es gern bunt haben, wählen Sie in der Menüleiste unter *Farbe* eine andere Farbe aus.

Ende

Die Größe eines Notizzettels ändern: Bewegen Sie den Mauszeiger an den Rand oder in eine Ecke des Zettels und ziehen Sie ihn bei gedrückter Maustaste größer.

HINWEIS

Um einen Notizzettel auf dem Schreibtisch zu positionieren, klicken Sie auf die Titelleiste und ziehen den Zettel bei gedrückter Maustaste in die gewünschte Position.

TIPP

Start

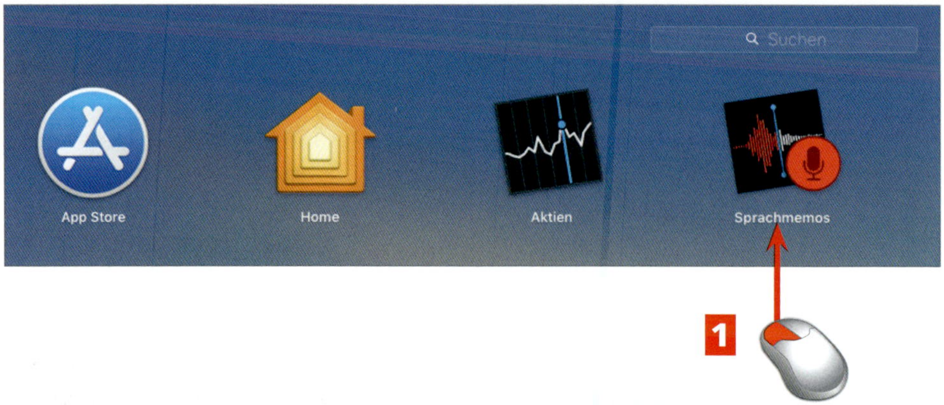

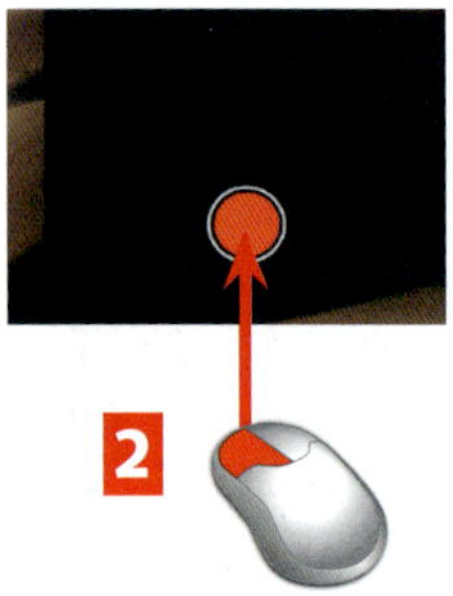

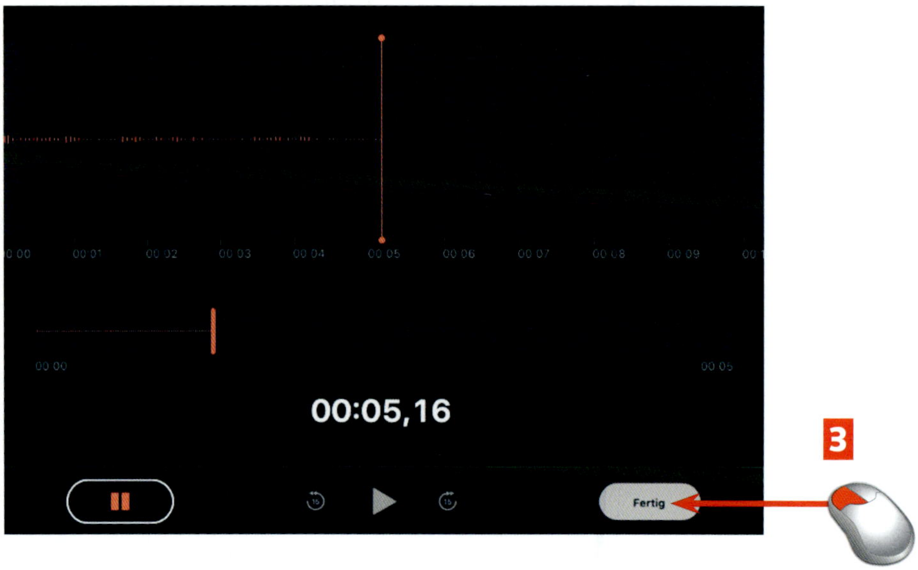

1 Öffnen Sie die App *Sprachmemos* im Launchpad.

2 Klicken Sie auf den roten Aufnahme-Button, um die Sprachaufnahme zu starten.

3 Sprechen Sie Ihr Sprachmemo ins Mikrofon und bestätigen Sie zum Schluss mit *Fertig*, um es zu speichern. Die Sprachaufnahme lässt sich zwischendurch auch pausieren.

Statt Notizen aufzuschreiben, können Sie diese auch über das in Ihren Mac integrierte Mikrofon aufnehmen. Diesem Zweck dient die unter macOS Mojave neu hinzugekommene App *Sprachmemos*, deren wichtigste Funktionen ich Ihnen auf dieser Doppelseite vorstelle.

WISSEN

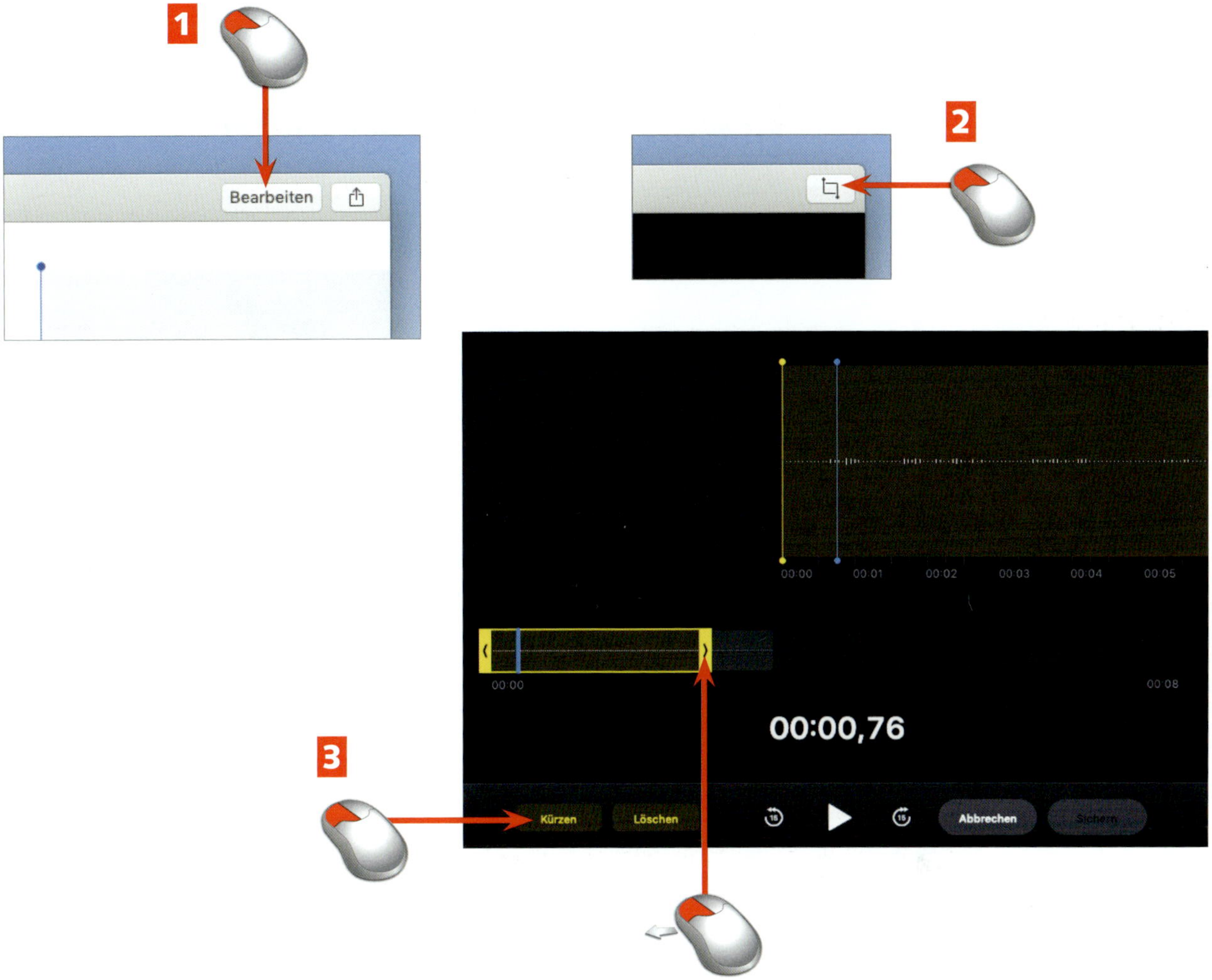

4 Möchten Sie eine Sprachaufnahme kürzen? Dazu klicken Sie rechts oben im Fenster auf die Schaltfläche *Bearbeiten*.

5 Klicken Sie anschließend auf das Symbol [Symbol].

6 Positionieren Sie durch Ziehen bei gedrückter Maustaste den Zuschnittrahmen und bestätigen Sie mit *Kürzen*.

Ende

Möchten Sie eine Sprachaufnahme durch eine andere austauschen? Dazu klicken Sie unter *Bearbeiten* auf die Schaltfläche *Ersetzen*.

HINWEIS

Standardmäßig werden die Sprachmemos in einem komprimierten Format gespeichert. Falls Sie eine verlustfreie Speicherung wünschen, wählen Sie *Sprachmemos/Einstellungen* und entscheiden sich im Menü *Audioqualität* für den Eintrag *Verlustfrei*.

HINWEIS

Start

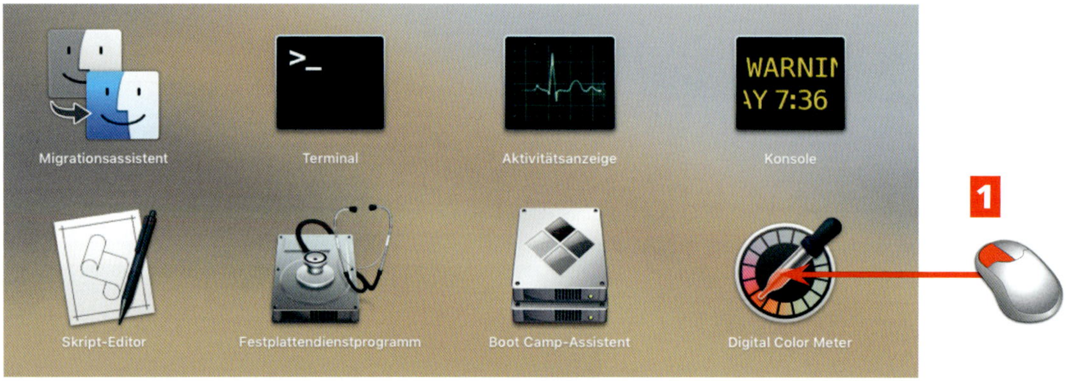

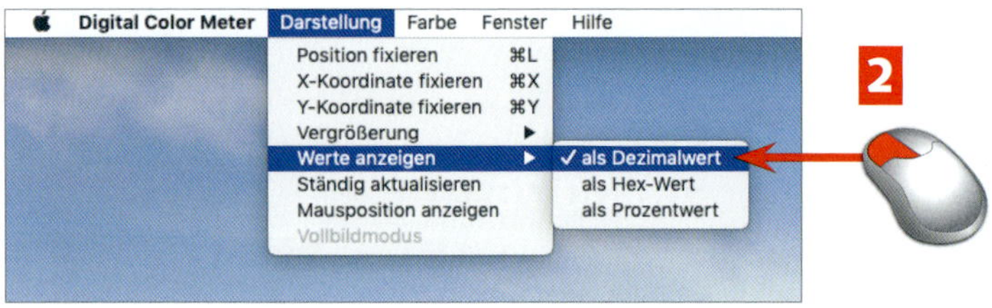

1 Entscheiden Sie sich im Launchpad und dort im Ordner *Andere* für die App *Digital Color Meter*.

2 Bestimmen Sie in der Menüleiste unter *Darstellung/Werte anzeigen*, welche Farbwerte Sie wünschen.

3 Im Fenster der App nehmen Sie gegebenenfalls weitere Einstellungen zu den Farbwerten vor.

Sie müssen für bestimmte Zwecke einen Farbwert auf dem Bildschirm ermitteln? Für diesen Zweck ist die App *Digital Color Meter* ein nützlicher Helfer. Wie Sie dieses simple Tool auf dem Mac verwenden, zeige ich Ihnen auf dieser Doppelseite.

WISSEN

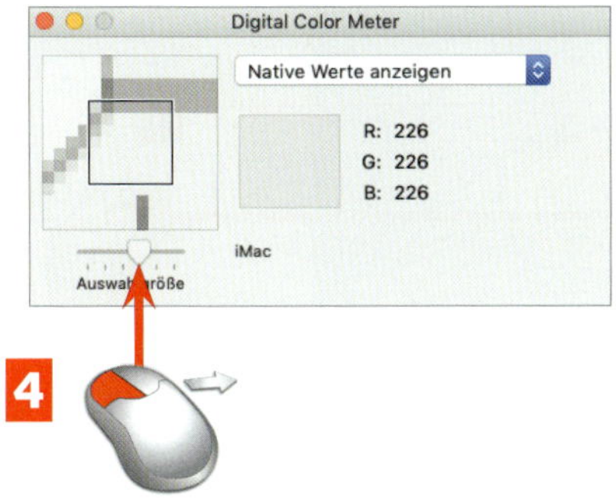

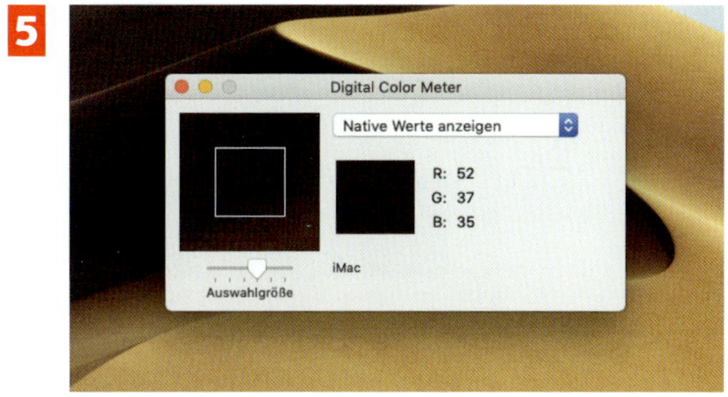

4 Im Auswahlfenster wird Ihnen jeweils der aktive Ausschnitt gezeigt. Per Schieberegler lässt sich die Auswahlgröße noch erhöhen.

5 Bewegen Sie nun den Mauszeiger auf einen Pixel – der zugehörige Farbwert wird Ihnen im App-Fenster angezeigt.

6 Die Farbe lässt sich sowohl in Textform als auch als Bild in die Zwischenablage kopieren und anderweitig einsetzen.

Ende

HINWEIS

Auch die Vergrößerungsstufe im Auswahlfenster lässt sich anpassen: Dazu wählen Sie unter *Darstellung/Vergrößerung* die gewünschte Vergrößerungsstufe aus.

TIPP

Wo ist überhaupt der Mauszeiger? Bewegen Sie die Maus schnell hin und her, um den Mauszeiger temporär zu vergrößern und dadurch besser sichtbar zu machen.

Start

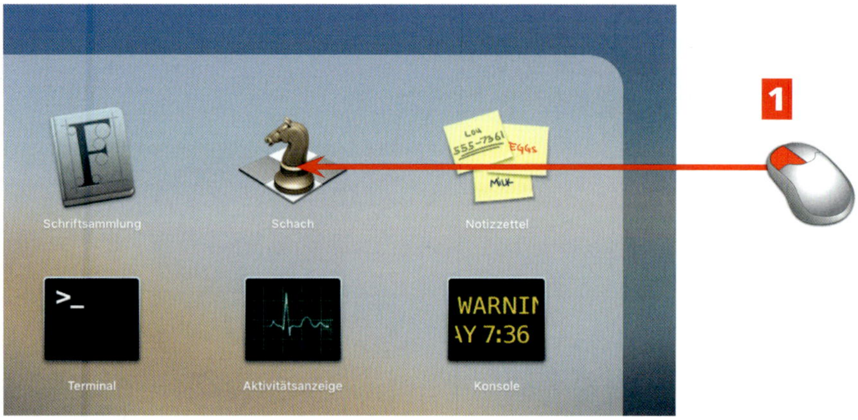

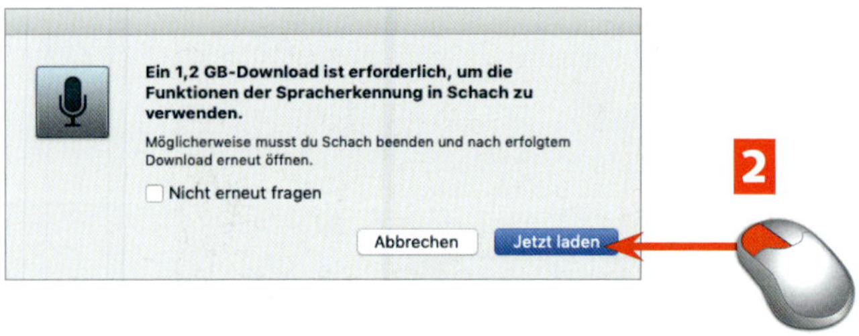

1 Öffnen Sie die App *Schach* im Launchpad.

2 Ihnen wird angeboten, eine Spracherkennung für das Schachspiel herunterzuladen. Wenn Sie dies wünschen, bestätigen Sie mit *Jetzt laden*.

3 Bevor es losgeht, möchten Sie zunächst die Schwierigkeitsstufe und weitere Einstellungen festlegen. Wählen Sie dazu in der Menüleiste *Schach/Einstellungen*.

Sie finden im Mac App Store unzählige Spiele, aber ein gutes Schachspiel brauchen Sie nicht erst lange zu suchen – ein solches steht auf Ihrem Mac bereits zur Verfügung. Entnehmen Sie dieser Doppelseite eine kleine Anleitung zur Nutzung der Schach-App.

WISSEN

4 Die Schwierigkeitsstufe bestimmen Sie per Schieberegler. Nehmen Sie gegebenenfalls weitere Einstellungen vor und bestätigen Sie mit *OK*.

5 Um einen Zug mit der Maus zu tätigen, ziehen Sie die Figur bei gedrückter Maustaste in die gewünschte Position.

6 Möchten Sie einen Zug zurücknehmen? Dazu wählen Sie in der Menüleiste *Züge/Zug rückgängig machen*.

Ende

HINWEIS

Sie können eine Partie speichern (dies wird Ihnen beim Schließen automatisch angeboten) und später fortsetzen – wählen Sie hierzu unter *Spiel/Benutzte Dokumente* eine Schachdatei aus.

TIPP

Verwenden Sie die Tastenkombination cmd ⌘+L, um rechts neben dem Schachbrett ein Spielprotokoll ein- und auch wieder auszublenden.

Start

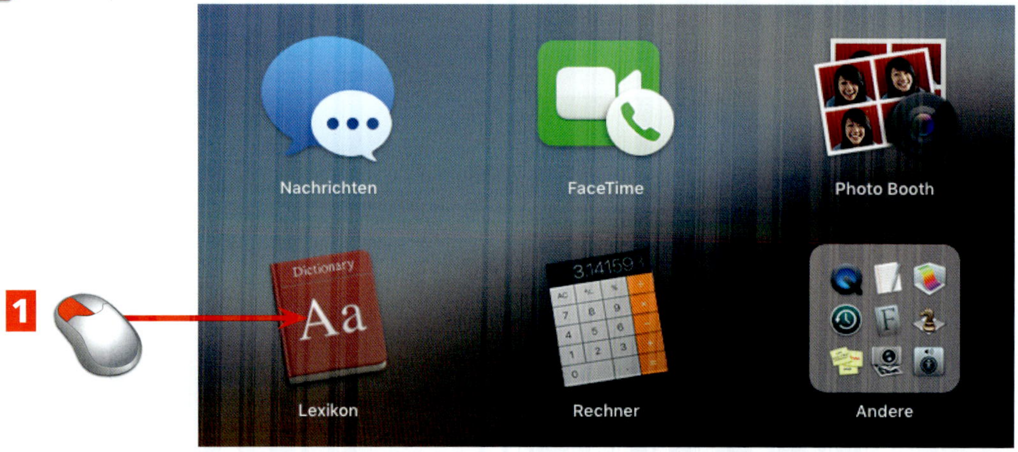

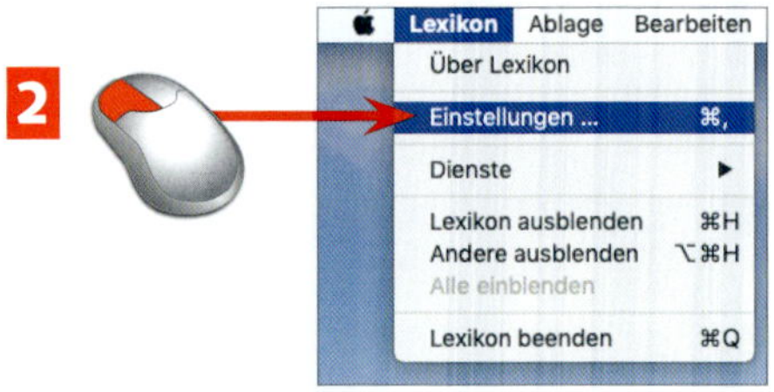

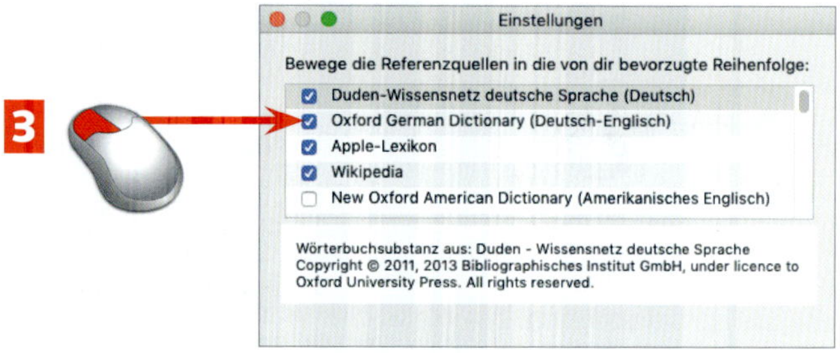

1 Öffnen Sie im Launchpad die App *Lexikon*.

2 Zunächst wählen Sie die Lexika aus, die Sie verwenden möchten. Dazu klicken Sie in der Menüleiste unter *Lexikon* auf *Einstellungen*.

3 Bestimmen Sie nun per Kontrollkästchen, welche Lexika Sie verwenden möchten und welche nicht.

Zum schnellen Nachschlagen hält Ihr Mac die App *Lexikon* bereit, die aber nicht nur eines, sondern gleich mehrere Lexika enthält. Schlagen Sie beispielsweise schwierige Wörter im Duden nach oder klären Sie unbekannte Begriffe in der Online-Enzyklopädie Wikipedia. Die Anleitung auf dieser Doppelseite zeigt Ihnen, wie es gemacht wird.

WISSEN

4 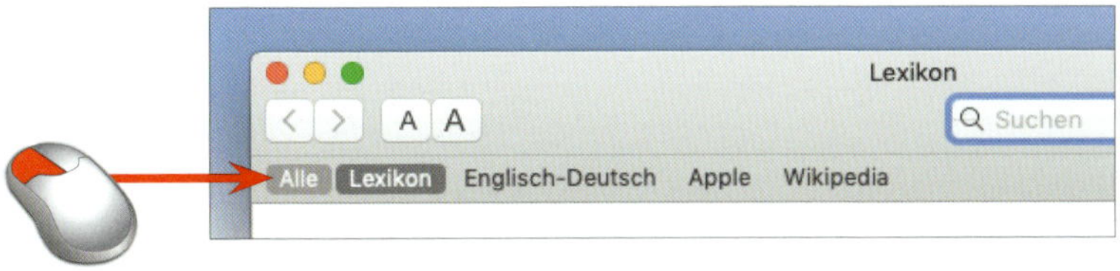

5 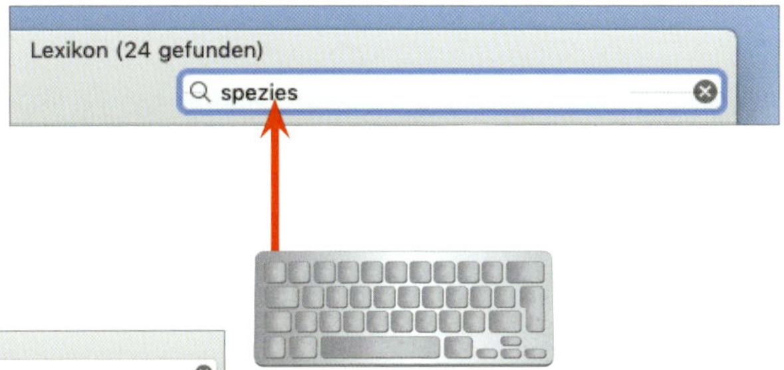

6 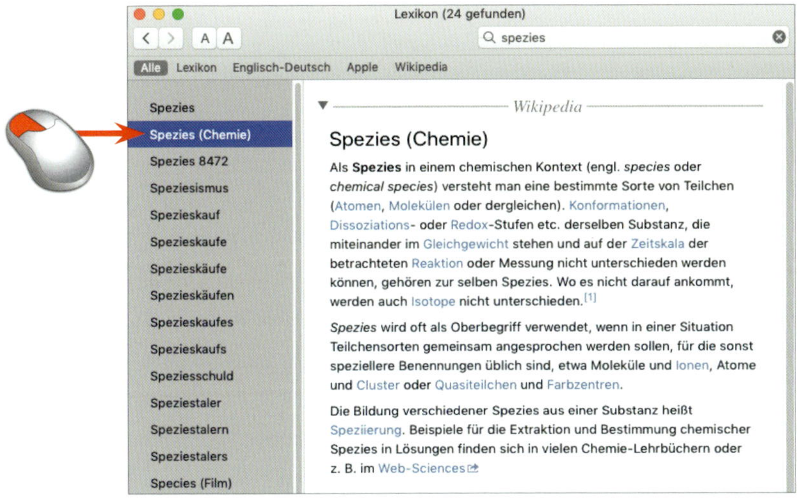

4 Legen Sie in der Leiste oben im *Lexikon*-Fenster fest, welches der ausgewählten Lexika Sie durchsuchen möchten. Um sämtliche Lexika zu durchsuchen, klicken Sie auf *Alle*.

5 Geben Sie rechts oben im Fenster einen Suchbegriff in das Suchfeld ein.

6 Klicken Sie einen Treffer an, um den entsprechenden Artikel zu lesen.

Ende

Das Lexikon lässt sich noch erweitern. Nur ein Beispiel ist das Plug-in OpenThesaurus, das Sie hier herunterladen: *www.tekl.de/deutsch/OpenThesaurus_Deutsch.html.*

TIPP

Auch mit der Spotlight-Suche, die Sie mit dem Symbol 🔍 rechts oben auf dem Bildschirm aufrufen, lassen sich Wikipedia-Artikel sowie Definitionen suchen.

HINWEIS

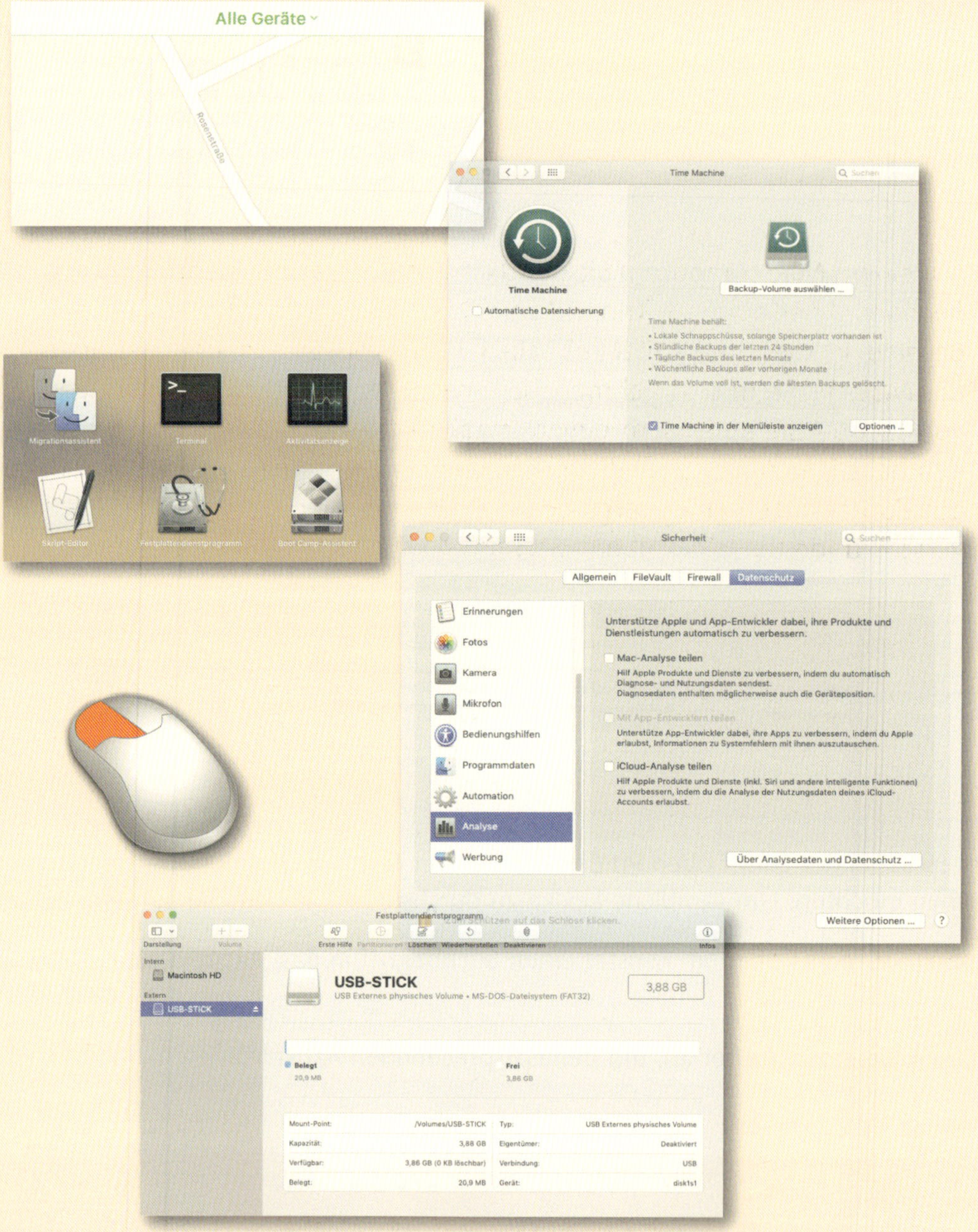
Alle Geräte
Time Machine
Time Machine
Automatische Datensicherung
Backup-Volume auswählen ...
Time Machine in der Menüleiste anzeigen
Optionen ...
Sicherheit
Allgemein
FileVault
Firewall
Datenschutz
Erinnerungen
Fotos
Kamera
Mikrofon
Bedienungshilfen
Programmdaten
Automation
Analyse
Werbung
Unterstütze Apple und App-Entwickler dabei, ihre Produkte und Dienstleistungen automatisch zu verbessern.
Mac-Analyse teilen
iCloud-Analyse teilen
Über Analysedaten und Datenschutz ...
Weitere Optionen ...
Festplattendienstprogramm
Macintosh HD
USB-STICK
USB-STICK
3,88 GB

Sicherheit und Problemlösungen

11

Mit einem Mac computern Sie deutlich sicherer als mit einem Windows-Rechner. Aber ein Fort Knox ist auch der Mac nicht. Machen Sie sich deshalb in diesem Kapitel mit allen wichtigen Sicherheitsfunktionen des Macs vertraut und nehmen Sie essenzielle Sicherheitseinstellungen vor. Lernen Sie außerdem einige Problemlösungen kennen: das Beenden hakeliger Apps, das Wiederherstellen verloren gegangener Daten, das Zurücksetzen eines vergessenen Passworts sowie die Ortung eines verschwundenen Macs übers Internet.

Start

1 Klicken Sie links oben auf dem Bildschirm auf das Apfel-Symbol .

2 Wählen Sie im Apfel-Menü den Eintrag *Sofort beenden*.

3 Wählen Sie per Mausklick die zu beendende App aus. Mehrere Apps markieren Sie bei gedrückter cmd ⌘-Taste.

Falls sich eine App mal nicht auf herkömmliche Weise beenden lassen sollte, verwenden Sie das Fenster *Sofort beenden* – mit dessen Hilfe beenden Sie eine App rigoros und ohne Speicherversuche. Die Anwendung ist ganz simpel, wie Sie auf dieser Doppelseite sehen.

WISSEN

4 Klicken Sie unten im Fenster auf die Schaltfläche *Sofort beenden*.

5 Bestätigen Sie im folgenden Fenster erneut mit *Sofort beenden*.

6 Die App wird beendet, wobei nicht gespeicherte Informationen allerdings verloren gehen. Beenden Sie noch weitere Apps oder schließen Sie das Fenster.

Ende

TIPP

Das Fenster *Sofort beenden* schneller aufrufen: Drücken Sie dazu die Tastenkombination alt ⌥+cmd ⌘+esc.

HINWEIS

So können Sie eine App ebenfalls sofort beenden: Klicken Sie das App-Symbol im Dock mit der rechten Maustaste an (bzw. bei gedrückter ctrl-Taste anklicken oder Symbol gedrückt halten). Drücken Sie dann die alt ⌥-Taste, um im Kontextmenü die Option *Sofort beenden* einzublenden.

Start

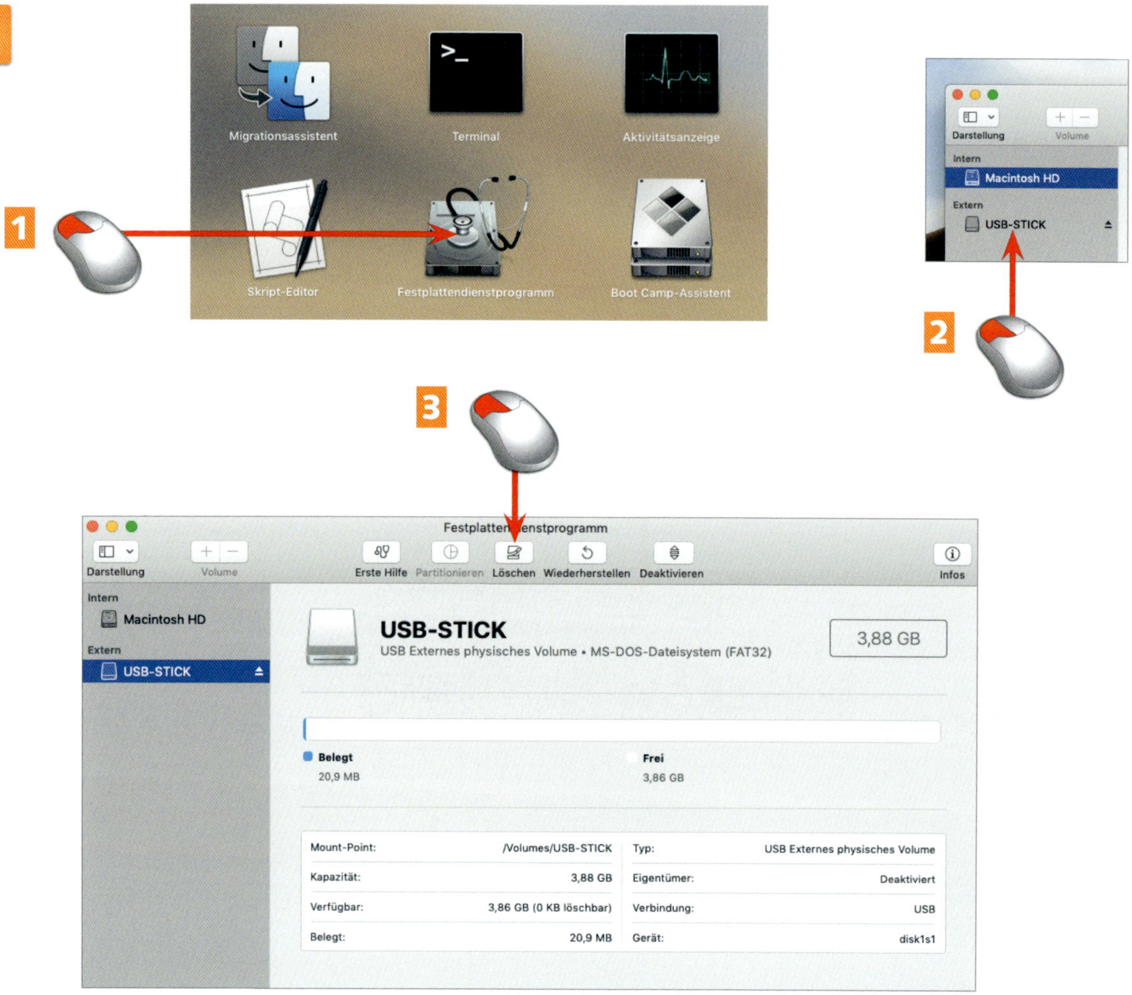

1 Öffnen Sie im Launchpad und dort im Ordner *Andere* das *Festplattendienstprogramm*.

2 Wählen Sie in der Liste links einen Datenträger aus, in diesem Fall den zu formatierenden USB-Speicherstick.

3 Sie finden oben im Fenster des Festplattendienstprogramms verschiedene Schaltflächen. Klicken Sie auf *Löschen*.

Für die Verwaltung der Festplatte und anderer Datenträger steht auf Ihrem Mac ein Festplattendienstprogramm zur Verfügung. Lassen Sie mich Ihnen auf dieser Doppelseite exemplarisch zeigen, wie Sie mit dem Festplattendienstprogramm einen an den Mac angeschlossenen USB-Speicherstick formatieren.

WISSEN

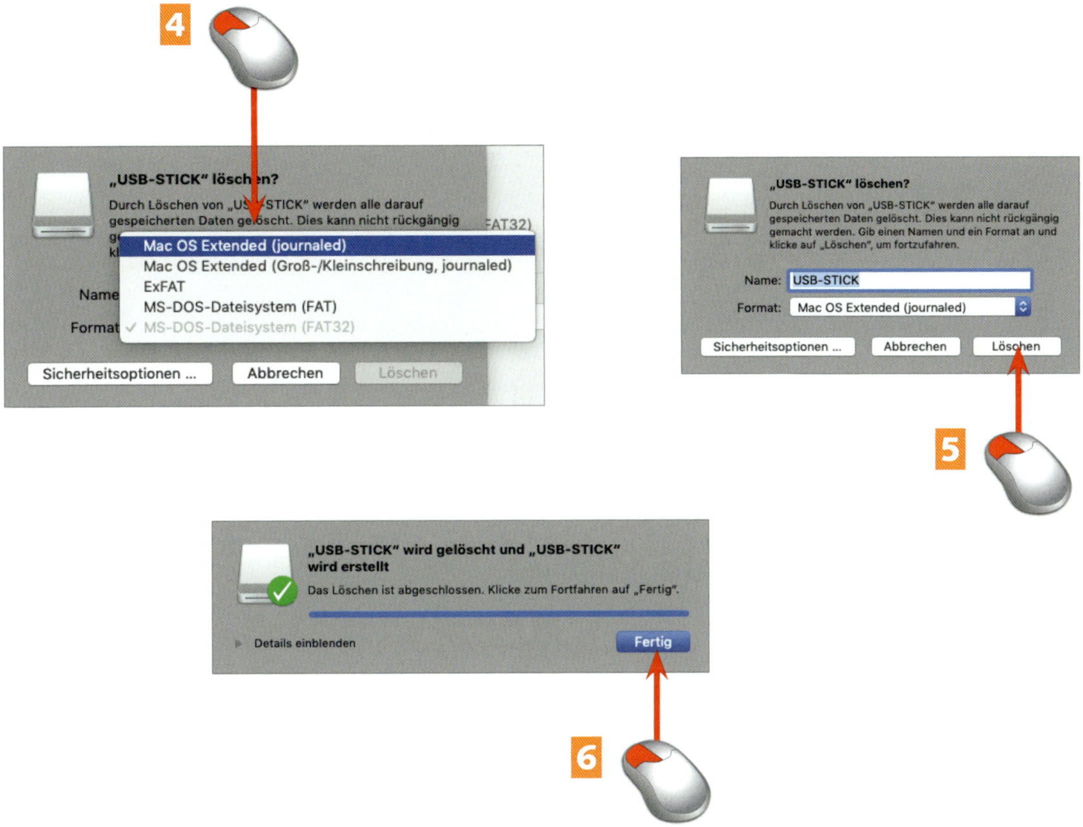

4 Legen Sie im Menü *Format* fest, welches Format für die Formatierung angewendet werden soll.

5 Passen Sie gegebenenfalls auch noch den Laufwerknamen an. Klicken Sie dann auf *Löschen*.

6 Die Formatierung wird daraufhin durchgeführt. Bestätigen Sie nach erfolgter Formatierung mit *Fertig*.

Ende

HINWEIS

Ein Laufwerk auf Fehler überprüfen: Dazu klicken Sie im Festplattendienstprogramm auf die Schaltfläche *Erste Hilfe* und wählen dann *Ausführen*.

TIPP

Eine Festplatte in mehrere Laufwerke partitionieren: Dazu wählen Sie die Festplatte im Festplattendienstprogramm aus, entscheiden sich für *Partitionieren* und legen mit dem Symbol + eine neue Partition an.

Start

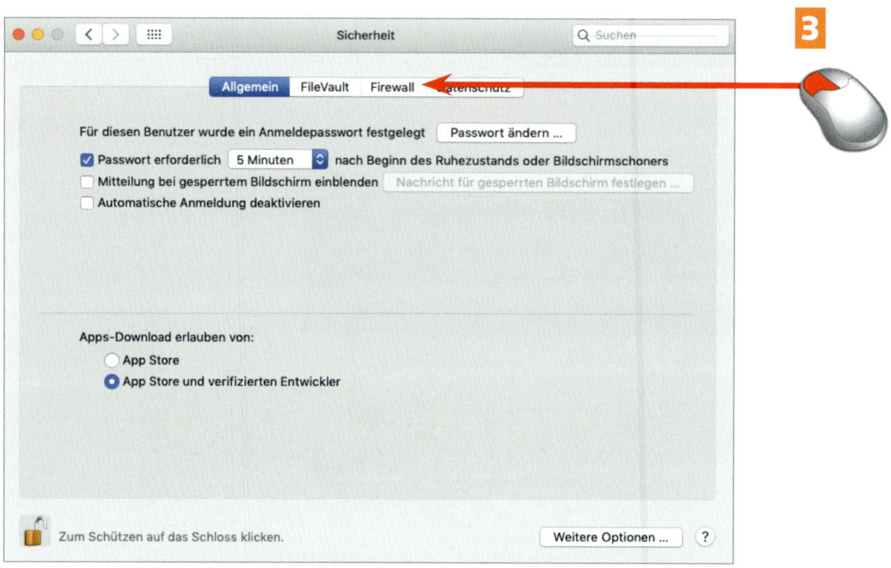

1 Öffnen Sie die *Systemeinstellungen* und wählen Sie die Kategorie *Sicherheit*.

2 Die Sicherheitseinstellungen sind geschützt. Um diese ändern zu können, klicken Sie zunächst links unten im Fenster auf das Symbol 🔒 und entsperren die Einstellungen durch die Eingabe Ihres Administratorpassworts.

3 Unter *Allgemein* ändern Sie regelmäßig Ihr Passwort und bestimmen, wann dieses angefordert werden soll. Legen Sie außerdem fest, welche Apps installiert werden dürfen und welche nicht. Klicken Sie anschließend auf *Firewall*.

Ein Mac ist weitaus sicherer als ein Windows-PC. Aber einige Sicherheitsvorkehrungen sollten Sie doch treffen. Auf dieser Doppelseite stelle ich Ihnen wichtige Sicherheitseinstellungen vor, die Sie in den Systemeinstellungen Ihres Macs vornehmen.

WISSEN

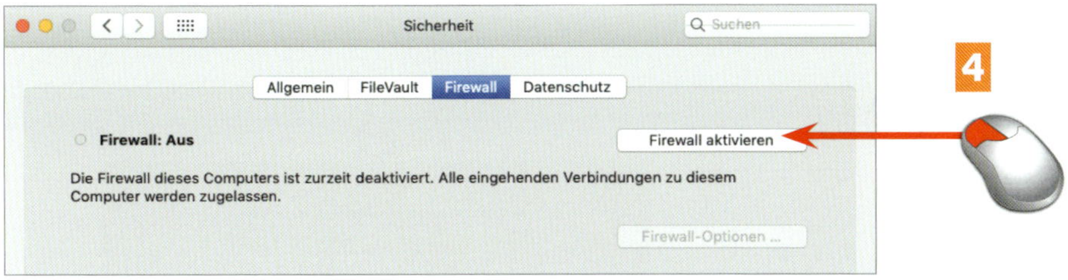

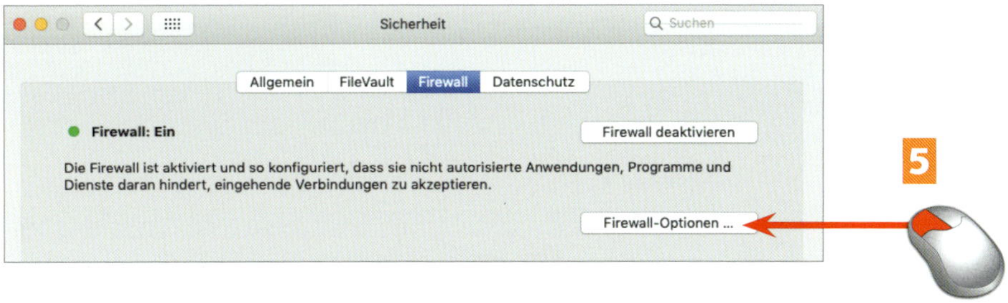

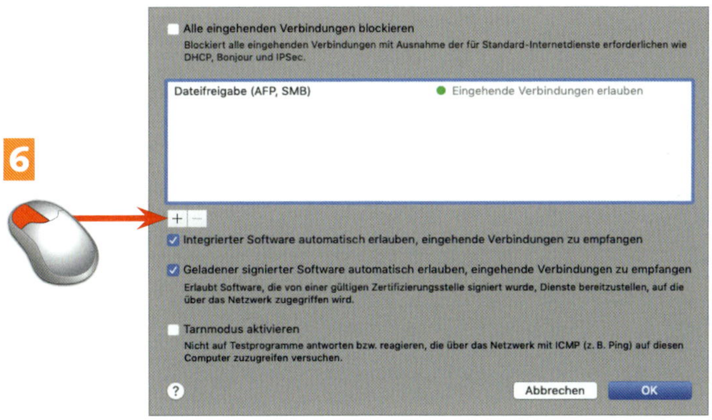

4 Die Firewall dient der Überwachung des eingehenden Datenverkehrs bei Heimnetzwerk- und Internetnutzung. Um die Firewall einzuschalten, klicken Sie auf die Schaltfläche *Firewall aktivieren*.

5 Möchten Sie einzelnen Apps oder Diensten den Datenverkehr erlauben bzw. verweigern? Dazu klicken Sie nun auf *Firewall-Optionen*.

6 Wählen Sie eine App, der Sie erlauben möchten, eingehende Verbindungen zu empfangen, unter dem Symbol + aus.

Ende

Signierter Software werden eingehende Verbindungen automatisch gestattet. Um das zu unterbinden, deaktivieren Sie im Fenster aus Schritt 6 das Kontrollkästchen *Geladener signierter Software automatisch erlauben, eingehende Verbindungen zu empfangen.*

HINWEIS

Start

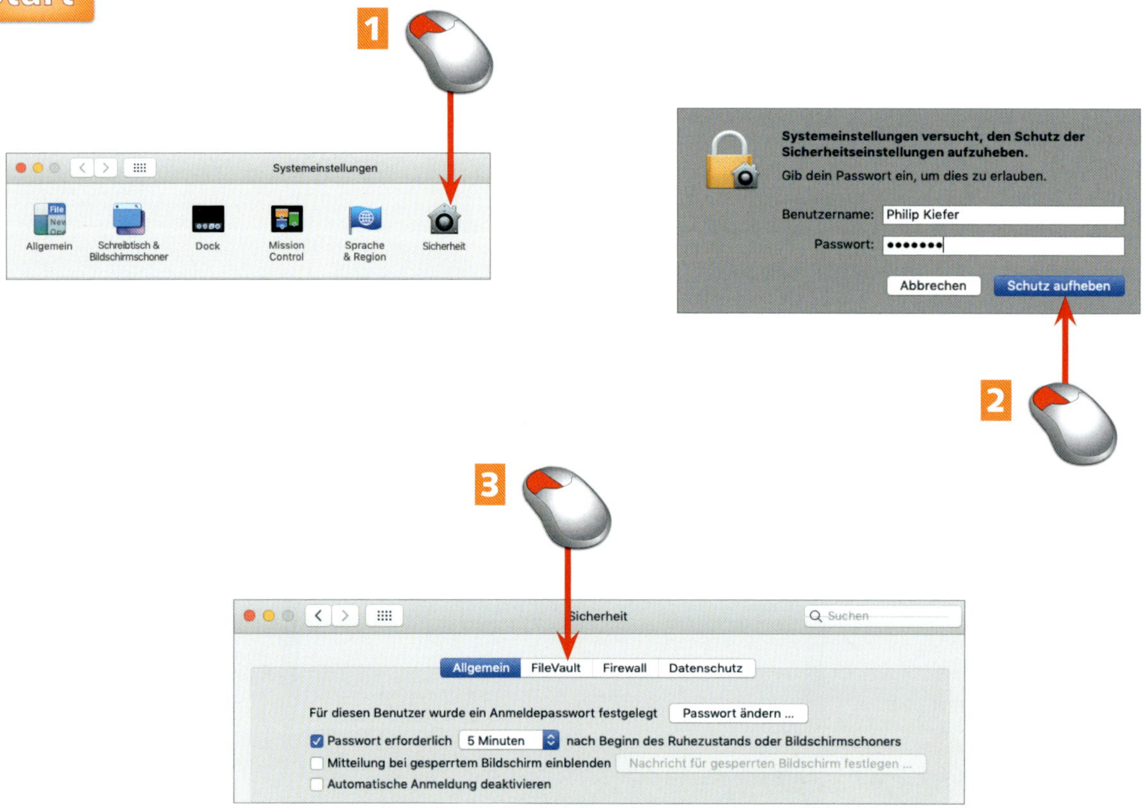

1 Auch zum Verschlüsseln der Festplatte entscheiden Sie sich in den *Systemeinstellungen* für die Kategorie *Sicherheit*.

2 Klicken Sie links unten auf das Symbol 🔒 und bestätigen Sie im folgenden Fenster mit Ihrem Administratorpasswort, um die Sicherheitseinstellungen zu entsperren.

3 Nun klicken Sie oben im Fenster auf *FileVault*.

Um Ihre Daten vor unbefugten Zugriffen zu schützen, können Sie diese auf der Festplatte verschlüsselt speichern, sodass Sie nur mit Ihrem Anmeldepasswort bzw. einem Wiederherstellungsschlüssel Zugriff darauf erhalten – geht beides verloren, sind allerdings auch die Daten futsch.

WISSEN

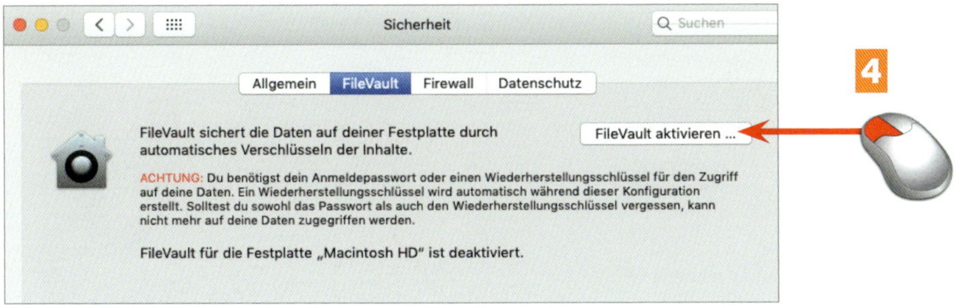

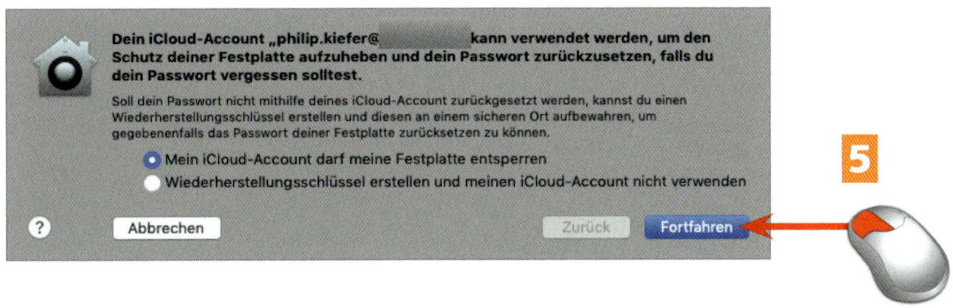

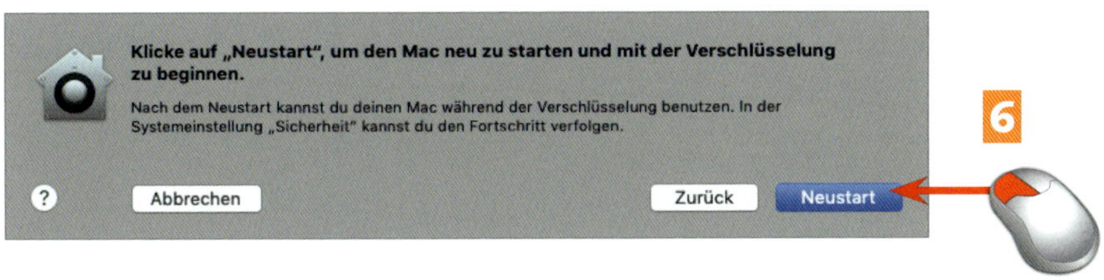

4 Klicken Sie auf die Schaltfläche *FileVault aktivieren*.

5 Entscheiden Sie sich für eine Wiederherstellungsvariante und bestätigen Sie mit *Fortfahren*.

6 Klicken Sie auf die Schaltfläche *Neustart*, um mit der Verschlüsselung loszulegen.

Ende

Interessant zu wissen: Der Begriff »FileVault« bedeutet übersetzt so viel wie »Dateigewölbe«.

FACHWORT

Das Verschlüsseln mit FileVault dauert recht lange. Über den Verschlüsselungsfortschritt können Sie sich in den *Systemeinstellungen* unter *Sicherheit* und dort unter *FileVault* informieren.

HINWEIS

Start

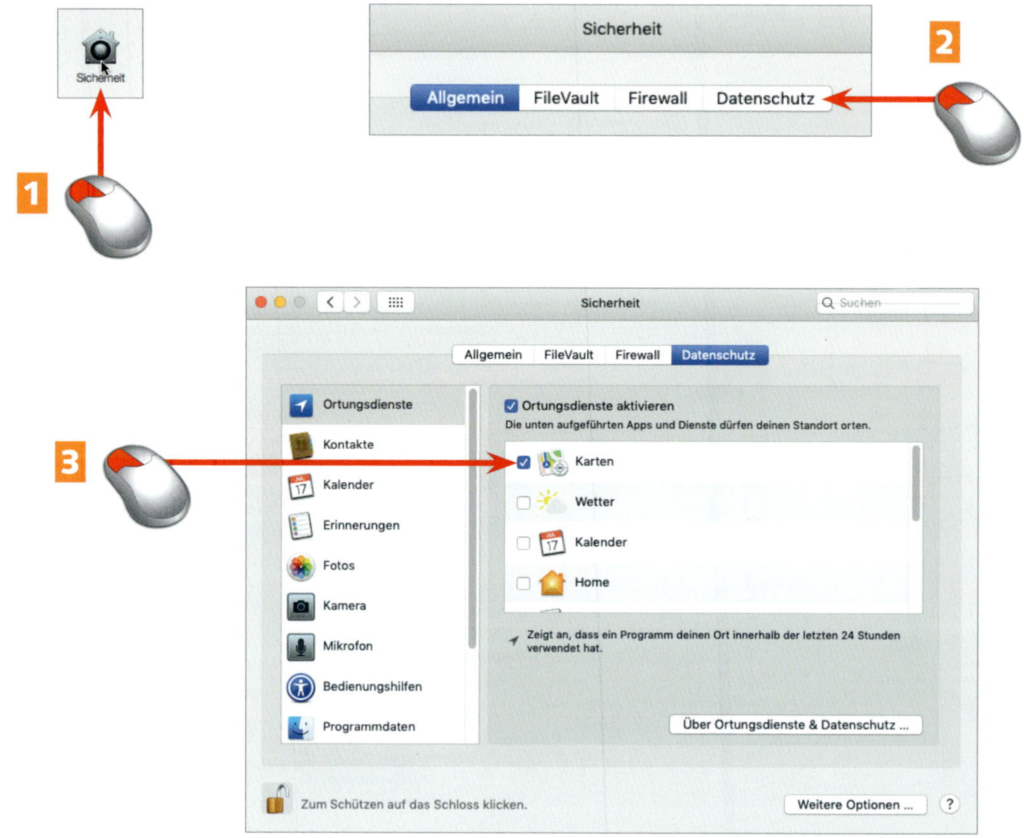

1 Auch die Datenschutzeinstellungen nehmen Sie in den *Systemeinstellungen* unter der Kategorie *Sicherheit* vor.

2 Klicken Sie zunächst wieder auf das Symbol 🔒, um die Einstellungen zu entsperren. Wählen Sie dann *Privatsphäre*.

3 Ihnen werden zunächst die Apps angezeigt, die auf die Ortungsdienste – also Ihren Standort – zugreifen. Entscheiden Sie per Kontrollkästchen, welche App dies darf und welche nicht.

Es wird ein Hinweisfenster angezeigt, wenn eine App auf sensible Daten wie Ihren Standort oder Ihre Kamera zugreifen will, und Sie können selbst entscheiden, ob Sie den Zugriff auf diese Daten gewähren möchten. Die Datenschutzeinstellungen lassen sich aber auch noch nachträglich ändern, wie Sie hier erfahren.

WISSEN

4

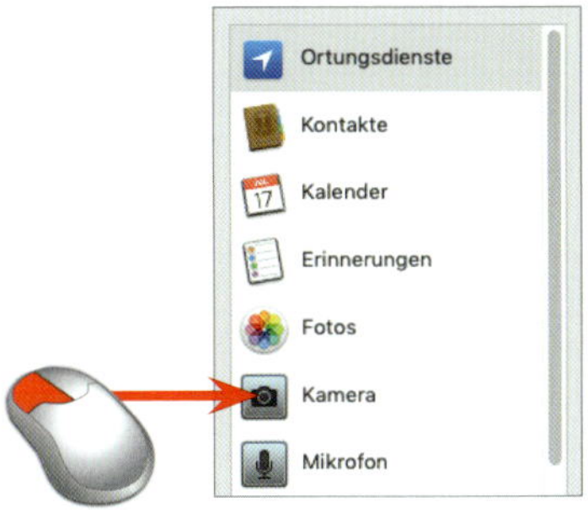

5

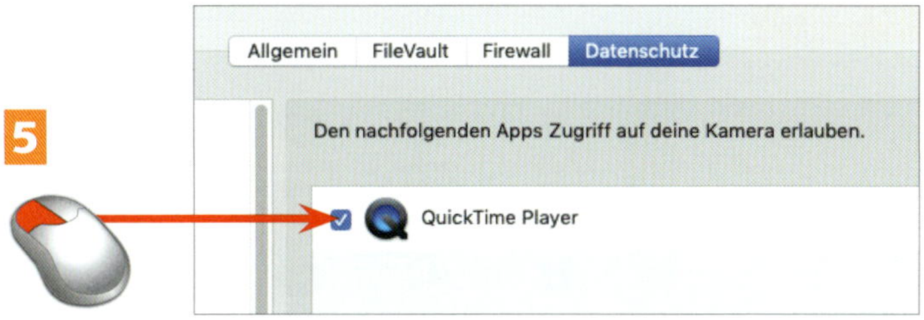

6

4 Links im Fenster finden Sie weitere Datenschutzkategorien. Klicken Sie eine Kategorie an, zum Beispiel *Kamera*, um die zugehörigen Apps anzuzeigen.

5 Wiederum entscheiden Sie per Kontrollkästchen, ob eine App auf die jeweiligen Daten zugreifen darf oder nicht.

6 Falls Sie Ihrem Mac bei der Inbetriebnahme das Senden von Analysedaten erlaubt haben sollten: Unter *Analyse* lässt sich dies ebenfalls per Kontrollkästchen rückgängig machen.

Ende

Eine generelle Empfehlung: Gewähren Sie gerade so viel Zugriff auf Ihre Daten, wie unbedingt notwendig ist. Zu »neugierige« Apps sollten Sie gar nicht erst verwenden.

HINWEIS

Für die Ortung Ihres Macs werden übrigens in der Nähe befindliche WLANs ausgewertet. Um vorübergehend eine Ortung zu unterbinden, können Sie also auch einfach die WLAN-Funktion deaktivieren.

TIPP

Start

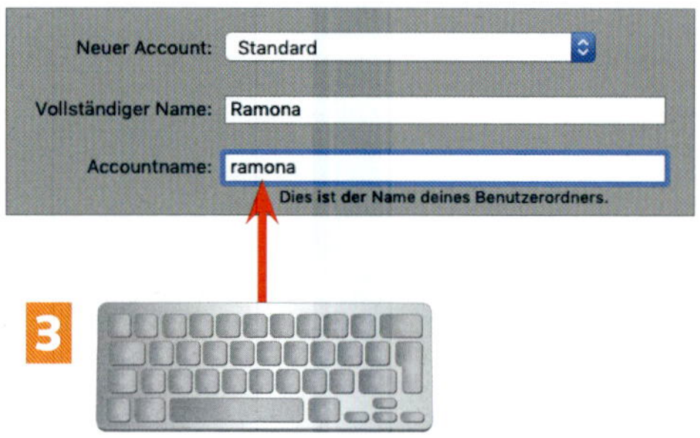

1 Entscheiden Sie sich in den *Systemeinstellungen* für die Kategorie *Benutzer & Gruppen*.

2 Entsperren Sie zunächst per Symbol 🔒 die Einstellungen. Zum Anlegen eines neuen Benutzerkontos klicken Sie dann auf das Symbol [+].

3 Legen Sie im Menü *Neuer Account* fest, um was für einen Kontotyp es sich handeln soll. Ein Administrator hat Vollzugriff, andere Benutzer haben eingeschränkte Rechte. Geben Sie den Namen des Benutzers ein und wählen Sie einen Accountnamen.

Wenn Sie Ihren Mac nicht allein nutzen, empfiehlt es sich unbedingt, für jeden Nutzer ein eigenes Benutzerkonto anzulegen. Es erlaubt jedem Benutzer, die eigenen Einstellungen zu speichern. Außerdem werden für jeden Benutzer verschiedene Benutzerordner angelegt, in denen er seine eigenen Dateien speichern kann. Benutzerkonten sind auf dem Mac schnell erstellt!

WISSEN

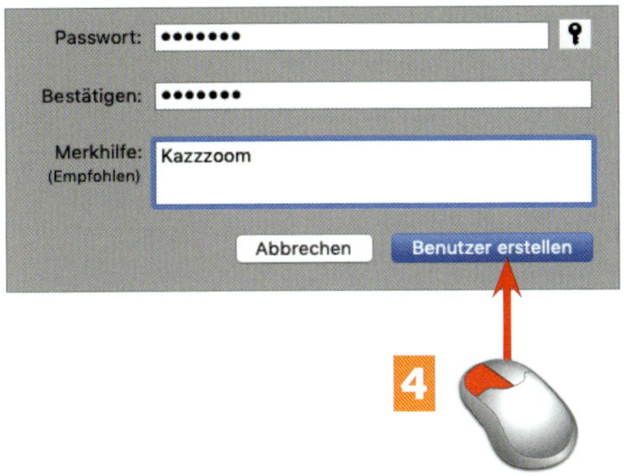

5
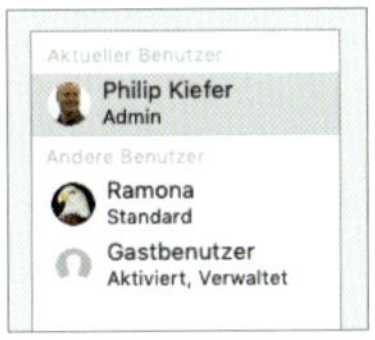

6

4 Geben Sie zweimal ein Passwort sowie eine Merkhilfe dazu ein. Klicken Sie schließlich auf *Benutzer erstellen*.

5 Der neue Benutzer wird nun in der Liste aufgeführt.

6 Nach dem Starten des Computers bzw. nach dem Abmelden kann sich der neue Benutzer anmelden.

Ende

TIPP

Ihre Tante Gerda ist zu Besuch und möchte Ihren Mac verwenden? Aktivieren Sie den *Gastbenutzer*, um ihr auf die Schnelle Zugriff darauf zu gewähren, ohne dass sie im System Schaden anrichten kann.

HINWEIS

Automatische Anmeldung und Co. konfigurieren: Dazu wählen Sie Ihr Benutzerkonto aus und klicken dann auf *Anmeldeoptionen*.

Start

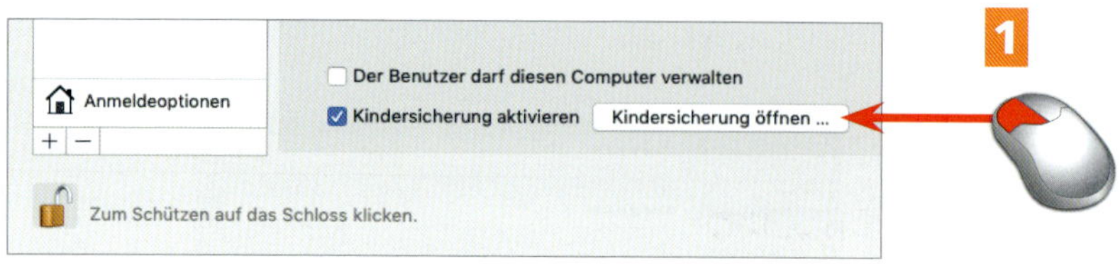

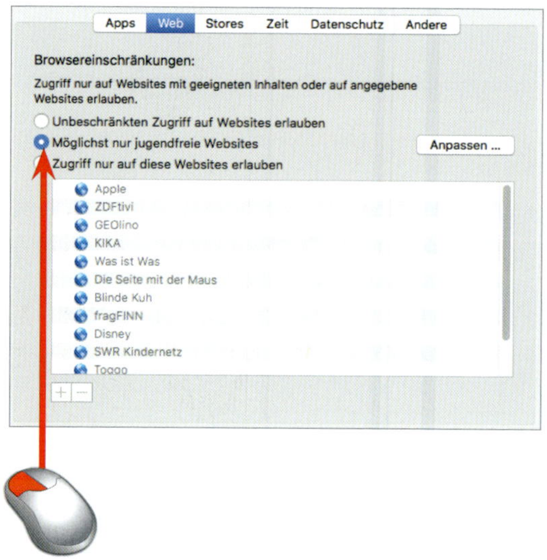

1 Wählen Sie einen Benutzer unter *Benutzer & Gruppen* aus, deaktivieren Sie per Symbol die Sperre, aktivieren Sie das Kontrollkästchen *Kindersicherung aktivieren* und klicken Sie auf *Kindersicherung öffnen*.

2 Unter *Apps* haben Sie nun – durch Deaktivierung des zugehörigen Kontrollkästchens – die Möglichkeit, einem Kind die Nutzung bestimmter Apps zu untersagen.

3 Soll das Surfen im Internet möglichst auf jugendfreie Webseiten begrenzt werden? Diese Option bietet sich Ihnen unter *Web*. Allerdings sollten Sie sich nicht allein darauf verlassen!

Wenn auch Ihr Kind den Mac nutzt, sollten Sie unbedingt seine Aktivitäten kontrollieren. Hilfreich hierbei ist die integrierte Kindersicherung, mit der Sie Ihr Kind vor ungeeigneten Apps, anstößigen Webseiten oder zu langer Computernutzung schützen. Wie Sie die Kindersicherung konfigurieren, lesen Sie hier Schritt für Schritt.

WISSEN

4 Legen Sie unter *Stores* die Altersstufe für Inhalte fest, die Ihr Kind aus dem iTunes Store bzw. dem Book Store herunterladen darf. Das Herunterladen von Inhalten lässt sich auch ganz deaktivieren.

5 Damit die Computernutzung nicht ausartet, legen Sie unter *Zeit* fest, wie lange der Computer pro Tag maximal genutzt werden darf.

6 Den Zugriff auf bestimmte Daten unterbinden, das Brennen von CDs und DVDs deaktivieren und weitere wichtige Einstellungen legen Sie unter *Datenschutz* sowie *Andere* fest.

Ende

Wichtig zu wissen: Die Webbeschränkungen gelten nur für Apples Browser Safari, nicht jedoch für Browser-Alternativen, die Sie nachträglich installiert haben.

HINWEIS

Unter der Schaltfläche *Protokolle* finden Sie die aufgezeichneten Aktivitäten Ihres Kindes. Sie sollten dem Kind mitteilen, dass die Aktivitäten wie besuchte Webseiten oder verwendete Apps aufgezeichnet werden.

HINWEIS

Start

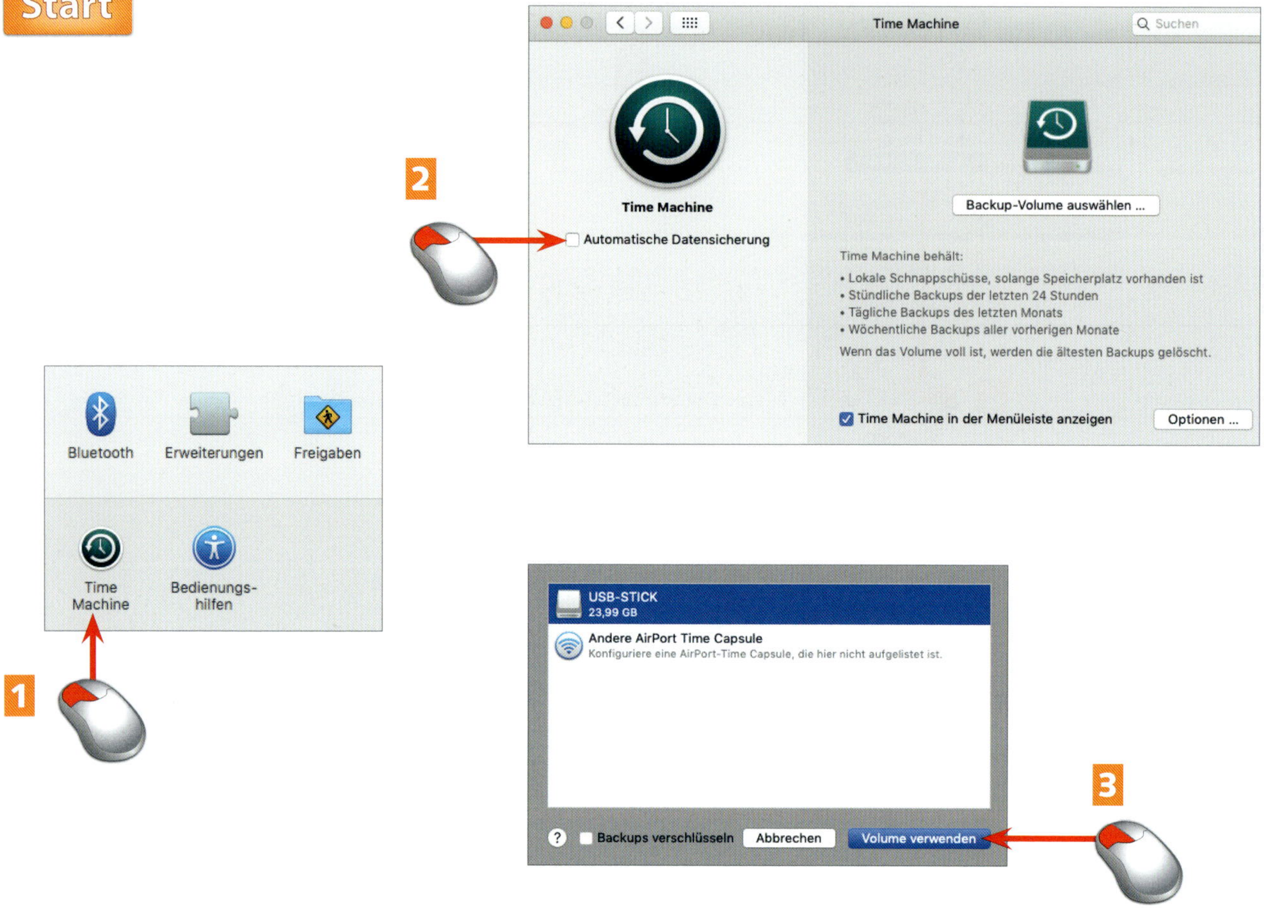

1 Um Ihre Daten zu sichern, entscheiden Sie sich zunächst mal in den *Systemeinstellungen* für die Kategorie *Time Machine*.

2 Aktivieren Sie das Kontrollkästchen *Automatische Datensicherung*. Achten Sie außerdem darauf, dass das Kontrollkästchen *Time Machine in der Menüleiste anzeigen* aktiviert ist.

3 Wählen Sie das Laufwerk aus, auf dem die Datensicherung durchgeführt werden soll – etwa eine externe Festplatte –, und bestätigen Sie mit *Volume verwenden*.

Die auf Ihrem Mac bereits verfügbare Funktion *Time Machine* (»Zeitmaschine«) macht die Datensicherung zum reinsten Kinderspiel. Voraussetzung ist lediglich, dass Sie über ein passendes Speichermedium verfügen. Wie Sie zur Konfiguration der Time Machine vorgehen, erklärt diese Doppelseite.

WISSEN

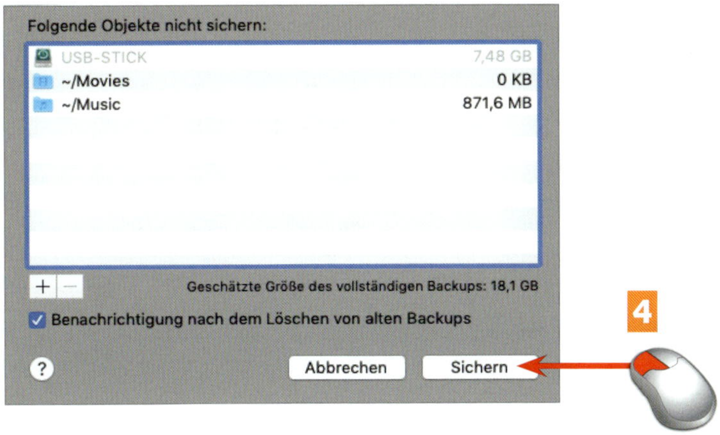

4 Wählen Sie unten im Fenster die Schaltfläche *Optionen*, falls Sie bestimmte Elemente von der Datensicherung ausschließen möchten. So kann es sich unter Umständen anbieten, auf die speicherintensive Sicherung von Videos zu verzichten. Bestätigen Sie mit *Sichern*.

5 Die Datensicherung wird vom Mac ab jetzt automatisch durchgeführt. Sie können diese aber auch manuell veranlassen, indem Sie unter dem Menulet auf *Backup jetzt erstellen* klicken.

6 Den Fortschritt der Datensicherung können Sie im Fenster aus Schritt 2 verfolgen. Da das Ganze im Hintergrund erfolgt, können Sie auch während der Datensicherung am Mac weiterarbeiten.

Ende

HINWEIS

Bei der Datensicherung werden stündlich die Daten der letzten 24 Stunden gesichert, täglich die Daten des letzten Monats und wöchentlich die Daten der vorherigen Monate. Ist das Laufwerk voll, werden ältere Sicherungsdaten automatisch gelöscht.

TIPP

Die gesicherten Daten lassen sich verschlüsseln: Aktivieren Sie dazu links unten im Fenster aus Schritt 3 das Kontrollkästchen *Backups verschlüsseln*.

Start

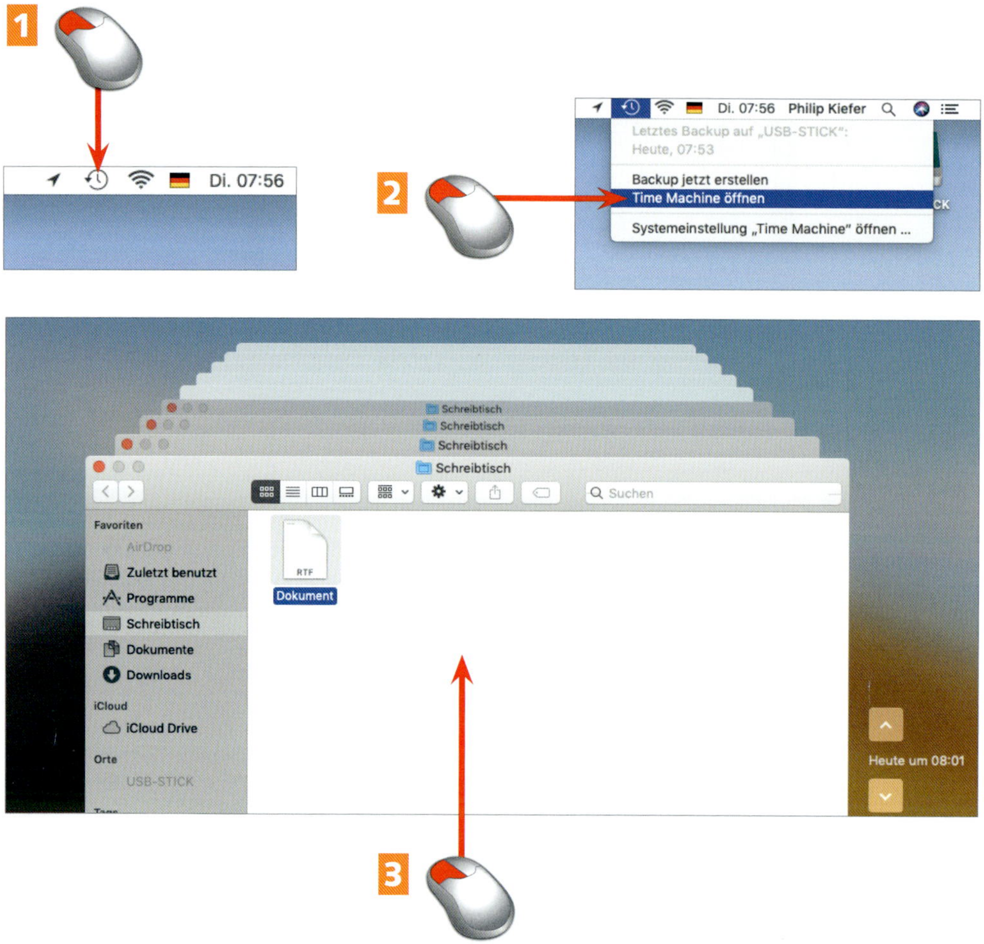

1 Um Dateien aus einer Time-Machine-Sicherung wiederherzustellen, klicken Sie auf das Menulet.

2 Entscheiden Sie sich im Menü für *Time Machine öffnen*.

3 Wählen Sie eine Datensicherung aus und klicken Sie das wiederherzustellende Element an.

Sobald eine Datensicherung vorliegt, lassen sich Ihre Daten bei Bedarf wiederherstellen – sowohl insgesamt als auch im Hinblick auf einzelne Elemente, die vielleicht verloren gegangen oder ungewünscht geändert worden sind. Wie Sie für die Wiederherstellung Ihrer Daten vorgehen, erfahren Sie hier.

WISSEN

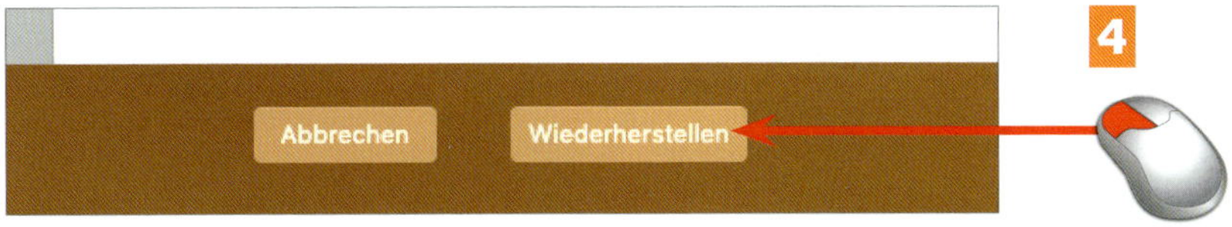

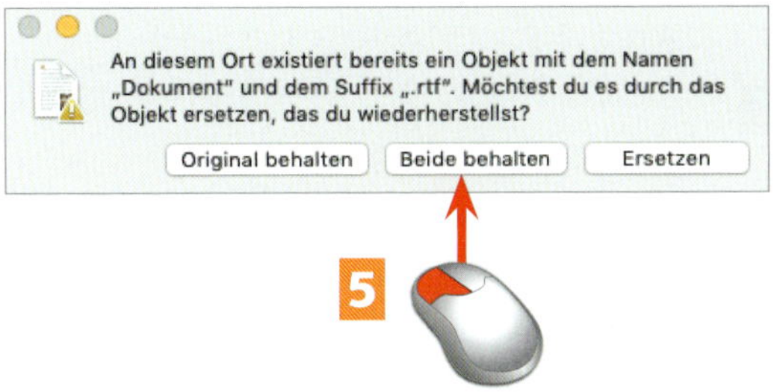

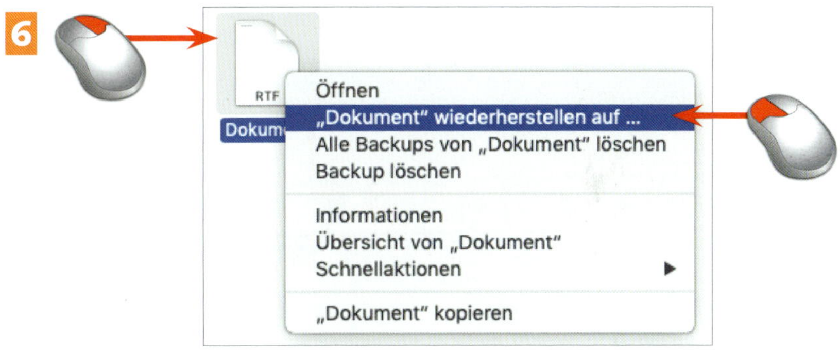

4 Bestätigen Sie Ihre Auswahl mit der *Wiederherstellen*-Schaltfläche.

5 Falls ein Element noch vorhanden ist, entscheiden Sie per Schaltfläche, ob Sie beide Elemente behalten möchten oder ob das Original ersetzt werden soll.

6 Alternativ können Sie den Speicherort für die Wiederherstellung festlegen, indem Sie ein Element in der Time Machine mit der rechten Maustaste bzw. bei gedrückter ctrl-Taste anklicken. Im Kontextmenü wählen Sie den Eintrag *... wiederherstellen auf.*

Ende

Die Datensicherung lässt sich auch für eine komplette Systemwiederherstellung einsetzen. Dazu halten Sie beim Starten des Macs die Tasten cmd ⌘+R gedrückt. In den angezeigten Wiederherstellungsoptionen wählen Sie *Aus Time Machine-Backup wiederherstellen.*

HINWEIS

Oder möchten Sie macOS neu installieren? Dazu halten Sie beim Starten ebenfalls cmd ⌘+R gedrückt und wählen dann die entsprechende Wiederherstellungsoption.

TIPP

Start

1 Ein Administrator entscheidet sich in den *Systemeinstellungen* für die Kategorie *Benutzer & Gruppen*.

2 Nun klickt der Administrator links unten im Fenster auf das Symbol , um durch die Eingabe des Administratorpassworts die Einstellungen zu entsperren.

3 Das Benutzerkonto, dessen Passwort zurückgesetzt werden soll, wird per Mausklick ausgewählt.

Falls Sie einmal Ihr Benutzerpasswort vergessen sollten, ist dies kein Beinbruch. Wenn Sie für Ihr Benutzerkonto das Zurücksetzen mithilfe der Apple-ID aktiviert haben, können Sie es selbst zurücksetzen. Ansonsten kann das Zurücksetzen auch ein Administrator erledigen, wie es hier beschrieben wird.

WISSEN

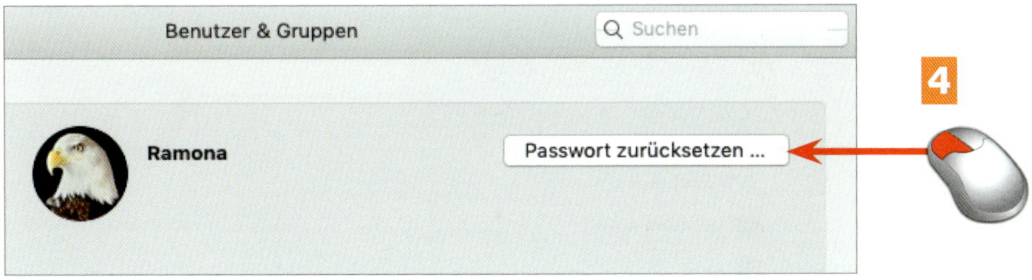

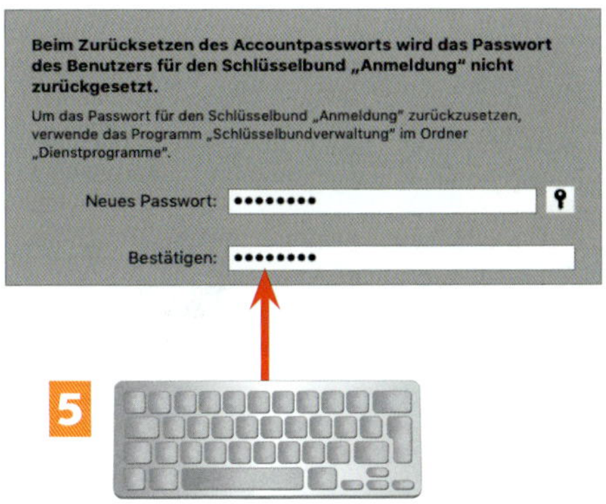

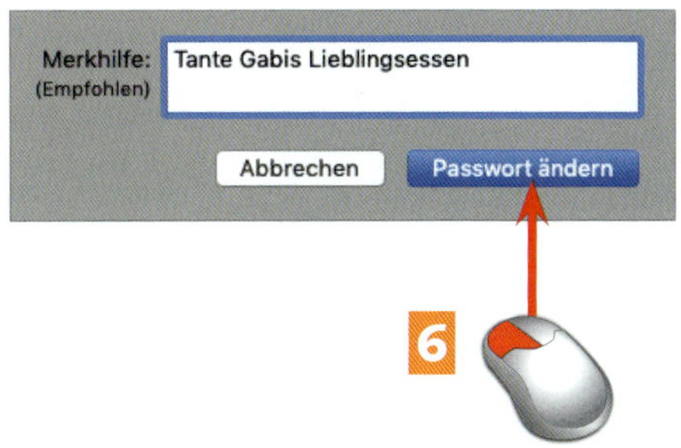

4 Als Nächstes klickt der Administrator auf die Schaltfläche *Passwort zurücksetzen*.

5 Nun wird zweimal das gewünschte neue Passwort eingetippt.

6 Schließlich wird noch eine Merkhilfe eingegeben und dann das Zurücksetzen des Passworts mit *Passwort ändern* bestätigt.

Ende

HINWEIS

Wenn Sie sich bei der Eingabe des Passworts vertippen, wird Ihnen automatisch die Merkhilfe angezeigt. Wählen Sie eine Merkhilfe, die Sie wirklich an das Passwort erinnert, aber ohne dass andere Personen damit das Passwort ermitteln können.

TIPP

Falls Sie das zu Ihrer Apple-ID gehörende Passwort vergessen haben, finden Sie unter der Webadresse *https://iforgot.apple.com* Optionen zum Zurücksetzen.

Start

1 Aktivieren Sie, falls noch nicht geschehen, in den *Systemeinstellungen* unter *iCloud* die Option *Meinen Mac suchen*.

2 Um die Ortung durchzuführen, öffnen Sie in einem beliebigen Browser die Webadresse *www.icloud.com* und melden sich mit Ihrer Apple-ID an.

3 Ihnen werden die verschiedenen Web-Apps präsentiert. Sie wählen *iPhone-Suche* und bestätigen erneut mit Ihrem Anmeldepasswort.

Falls Sie Ihren Mac – insbesondere ein MacBook – mal verlegt haben sollten, lässt sich dieses übers Internet orten. Voraussetzungen sind, dass die entsprechende iCloud-Funktion aktiviert wurde (vgl. Schritt 1), dass das Gerät eingeschaltet und die WLAN-Funktion aktiviert ist, über die die Ortung erfolgt. Alles Weitere erfahren Sie in dieser Schrittanleitung.

WISSEN

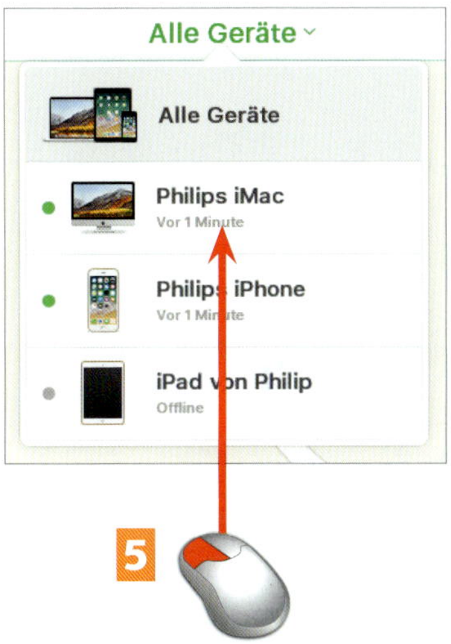

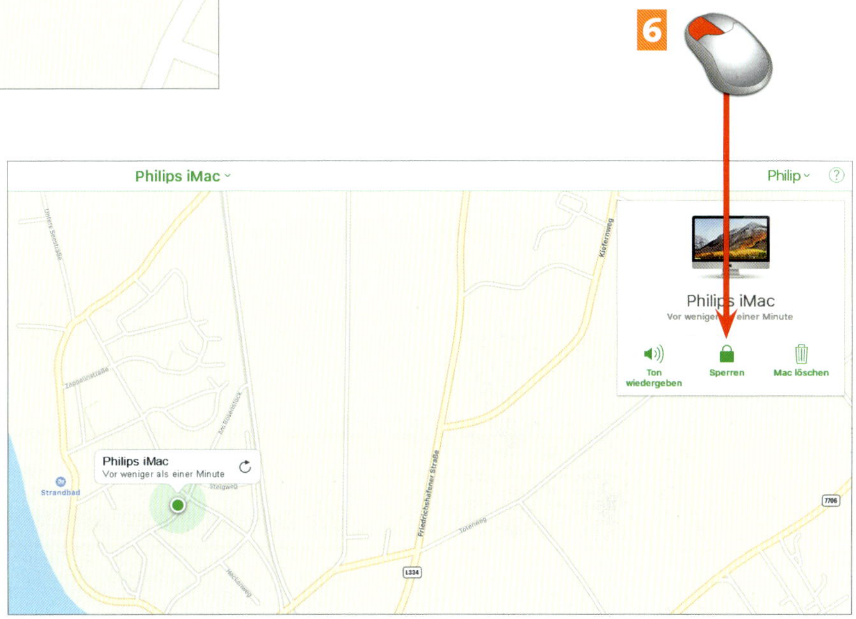

4 Ihnen wird eine Karte angezeigt. Falls Sie über mehrere Apple-Geräte verfügen, klicken Sie zunächst oben auf *Alle Geräte*.

5 Wählen Sie Ihren Mac in der Liste aus, um diesen als grünen Punkt auf der Karte anzuzeigen.

6 Mithilfe des eingeblendeten Menüs lässt sich auf dem Mac ein lauter Signalton abspielen, der Mac lässt sich außerdem aus der Ferne sperren sowie im äußersten Notfall auch löschen.

Ende

Auch in die Ortungskarte können Sie sich hineinzoomen, indem Sie in die Karte doppelklicken. Um sich wieder herauszuzoomen, doppelklicken Sie bei gedrückter alt ⌥-Taste.

TIPP

Auf dem iPhone oder iPad verwenden Sie zum Orten Ihres Macs die Gratis-App *iPhone-Suche*.

TIPP

Migrationsassistent
Falls du Daten auf einem anderen Mac oder Windows-PC gespeichert hast, kannst du sie auf diesen Mac übertragen. Du kannst auch Informationen von einem Time Machine-Backup oder einem anderen Startvolume übertragen.
Wie möchtest du deine Daten übertragen?
Von einem Mac, Time Machine-Backup oder Startvolume
Von einem Windows PC
Auf einen anderen Mac
Beenden
Fortfahren

Deine Informationen werden übertragen
HP-PC
Dieser Mac
Abbrechen

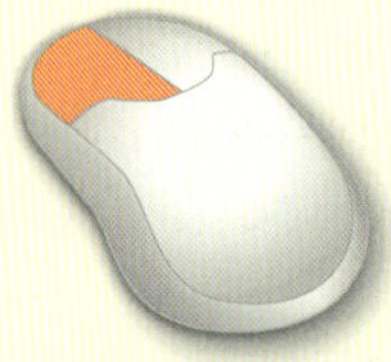

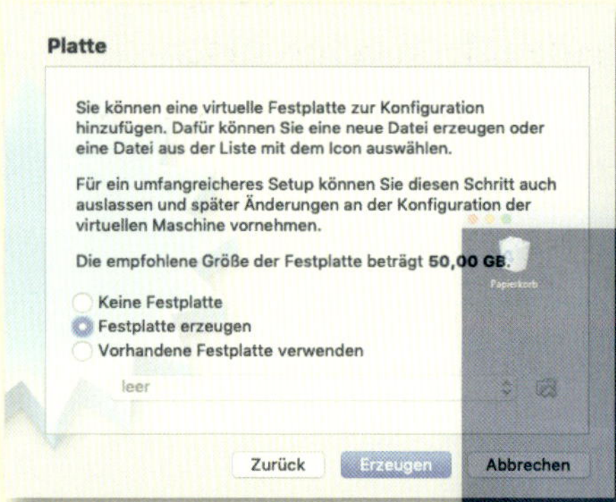
Platte
Sie können eine virtuelle Festplatte zur Konfiguration hinzufügen. Dafür können Sie eine neue Datei erzeugen oder eine Datei aus der Liste mit dem Icon auswählen.
Für ein umfangreicheres Setup können Sie diesen Schritt auch auslassen und später Änderungen an der Konfiguration der virtuellen Maschine vornehmen.
Die empfohlene Größe der Festplatte beträgt 50,00 GB.
Keine Festplatte
Festplatte erzeugen
Vorhandene Festplatte verwenden
leer
Zurück
Erzeugen
Abbrechen

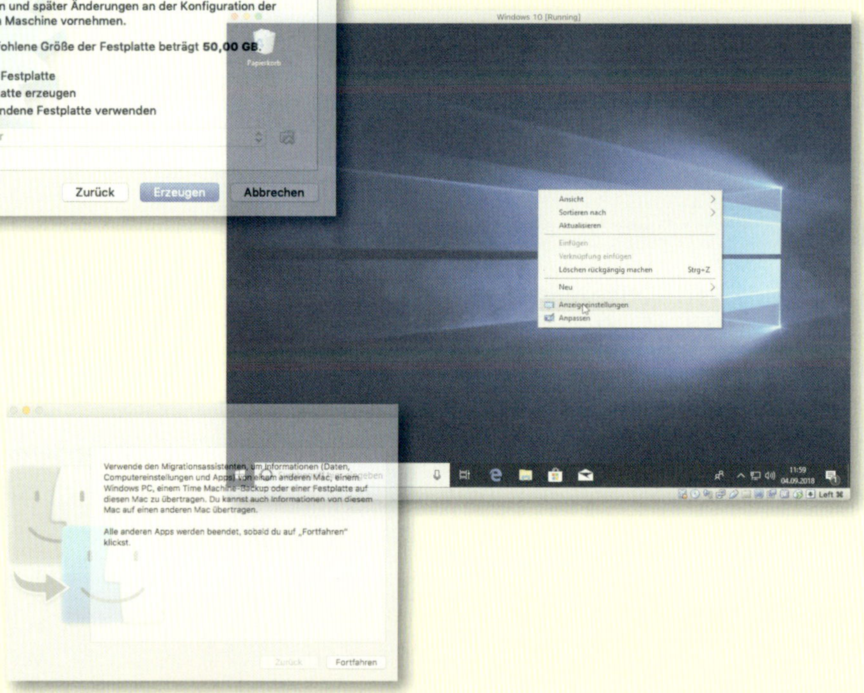
Windows 10 [Running]
Ansicht
Sortieren nach
Aktualisieren
Einfügen
Verknüpfung einfügen
Löschen rückgängig machen
Strg+Z
Neu
Anzeigeeinstellungen
Anpassen
Verwende den Migrationsassistenten, um Informationen (Daten, Computereinstellungen und Apps) von einem anderen Mac, einem Windows PC, einem Time Machine-Backup oder einer Festplatte auf diesen Mac zu übertragen. Du kannst auch Informationen von diesem Mac auf einen anderen Mac übertragen.
Alle anderen Apps werden beendet, sobald du auf „Fortfahren“ klickst.
Zurück
Fortfahren

Windows-Daten verwenden und nützliche Tastenkombinationen

12

Das letzte Kapitel dieses Buches bietet Umsteigern von einem Windows-PC die notwendige Unterstützung: Erfahren Sie, wie Sie am bequemsten Ihre Daten übertragen und wie Sie auch auf dem Mac weiterhin Ihre Windows-Programme ausführen können. Ich habe außerdem die wichtigsten Tastenkombinationen für Sie zusammengestellt, mit denen Sie Ihren Mac noch schneller bedienen werden. Und wenn Ihnen die Standard-Tastenkombinationen nicht ausreichen sollten, erstellen Sie kurzerhand eigene.

Start

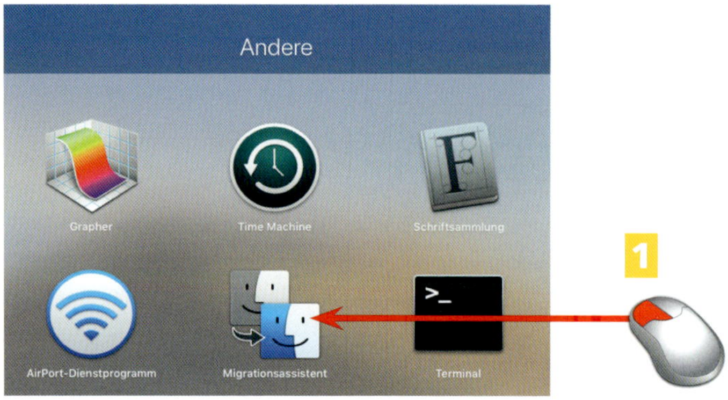

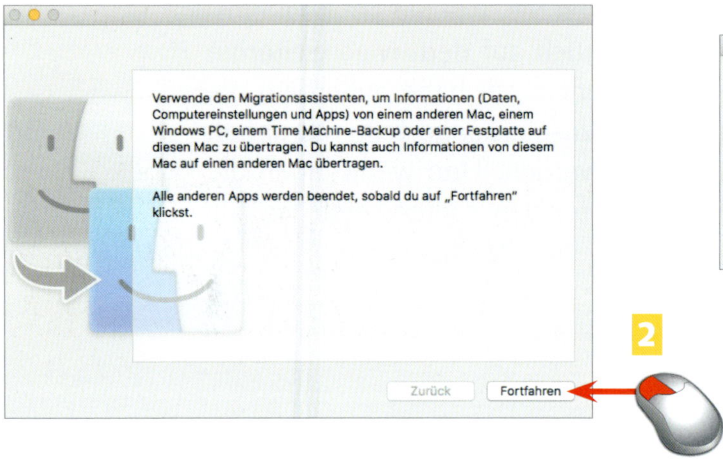

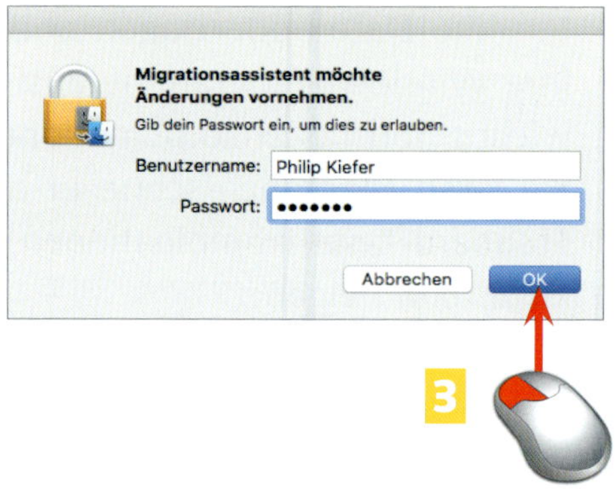

1 Öffnen Sie das Launchpad und dort im Ordner *Andere* die App *Migrationsassistent*.

2 Es öffnet sich ein Assistent. Klicken Sie dort zunächst auf *Fortfahren*.

3 Geben Sie Ihr Benutzerpasswort ein und bestätigen Sie mit *OK*.

Mithilfe des Migrationsassistenten lassen sich sowohl Dateien als auch Einstellungen von Ihrem alten Computer bequem auf Ihren Mac übertragen, wobei die Datenübertragung im Netzwerk erfolgt. Die Verwendung des Migrationsassistenten wird Ihnen bereits bei der Inbetriebnahme Ihres Macs angeboten. Er lässt sich aber auch noch nachträglich nutzen.

WISSEN

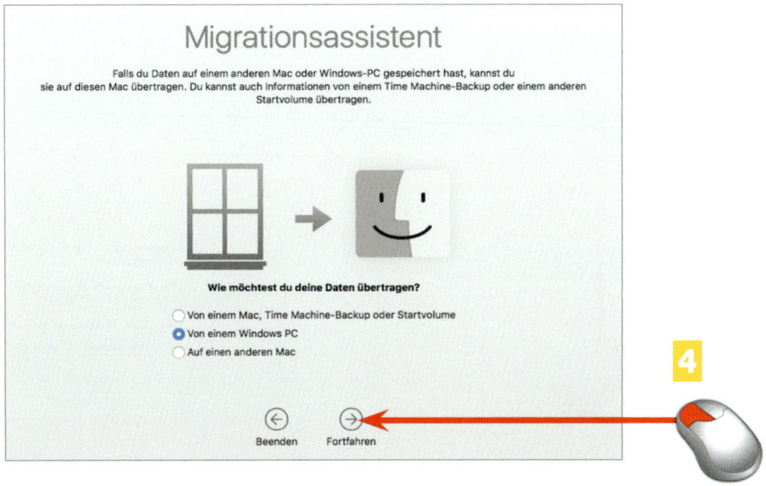

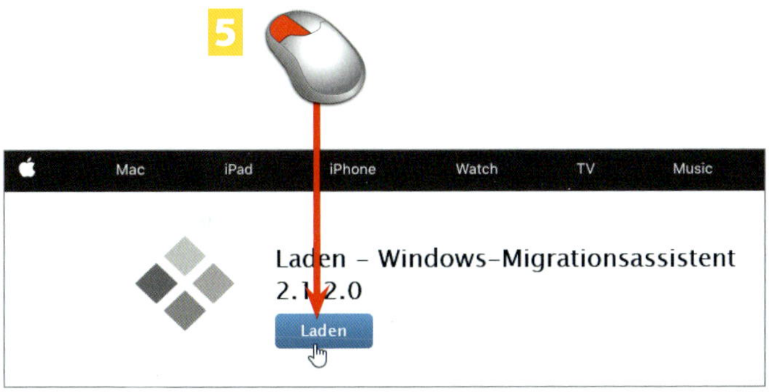

4 Bestimmen Sie, von welcher Art Computer Sie Daten übernehmen möchten – hier wähle ich die Option *Von einem Windows PC* –, und klicken Sie auf *Fortfahren*.

5 Nun wird der im Netzwerk verfügbare Computer angezeigt. Bevor es auf dem Mac weitergeht, laden Sie aber zunächst auf dem Windows-PC den Migrationsassistenten herunter, und zwar unter der folgenden Webadresse: *www.apple.com/migrate-to-mac*.

6 Installieren Sie das kleine Programm auf dem Windows-PC und starten Sie es.

Wichtig: Damit das Ganze funktioniert, muss dem Migrationsassistenten in der Firewall gegebenenfalls zunächst der Datenverkehr im Netzwerk gestattet werden.

HINWEIS

Unter Windows suchen Sie nach der Funktion *Apps über die Windows-Firewall kommunizieren lassen*. Setzen Sie das passende Häkchen bei *Migration Assistant*.

TIPP

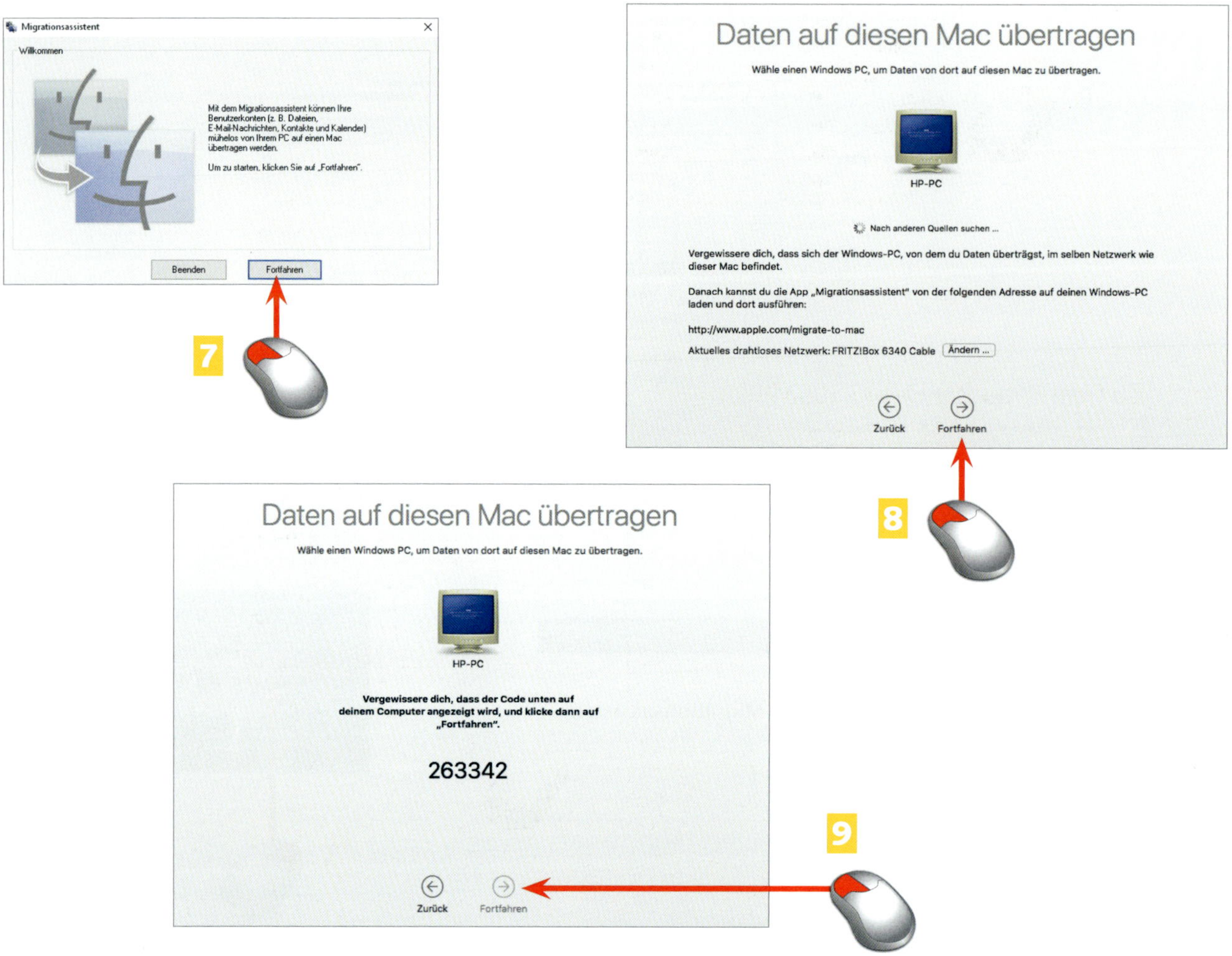

7 Bestätigen Sie auch im Migrationsassistenten auf dem Windows-PC mit *Fortfahren*.

8 Jetzt geht es wieder auf dem Mac weiter. Bestätigen Sie die Übertragung vom Windows-PC mit *Fortfahren*.

9 Ihnen wird sowohl auf dem Mac als auch auf dem Windows-PC ein Prüfcode angezeigt. Vergleichen Sie, ob die Codes übereinstimmen. Ist dies der Fall, klicken Sie wiederum auf *Fortfahren*.

Auch die Übernahme von E-Mail-Konten ist möglich, jedoch nur von Outlook und älteren Windows-Mailprogrammen – leider nicht von der Mail-App unter Windows 10. Was sonst noch so alles übertragen wird, können Sie auf der Webseite *http://support.apple.com/de-de/HT4796* nachlesen.

WISSEN

10

12

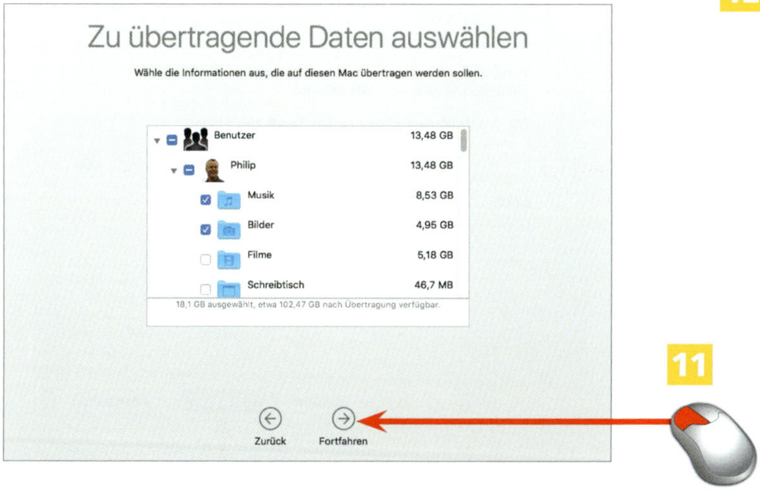

11

10 Ihnen werden die auf dem Windows-PC zur Verfügung stehenden Dateien und Einstellungen angezeigt. Entscheiden Sie per Kontrollkästchen, welche Dateien und Einstellungen Sie auf dem Mac übernehmen möchten und welche nicht.

11 Bestätigen Sie Ihre Auswahl mit *Fortfahren*.

12 Die Datenübertragung wird prompt gestartet. Je nach Datenmenge kann sie allerdings einige Zeit in Anspruch nehmen, währenddessen Sie Ihren Mac nicht anderweitig nutzen können.

Ende

Selbstverständlich: Die Daten werden bei der Migration nur kopiert, auf Ihrem Windows-PC wird dabei nichts gelöscht.

HINWEIS

Wählen Sie die zu übertragenden Dateien sorgfältig aus – so ein Computerwechsel ist doch eine wunderbare Möglichkeit zum Ausmisten!

TIPP

Start

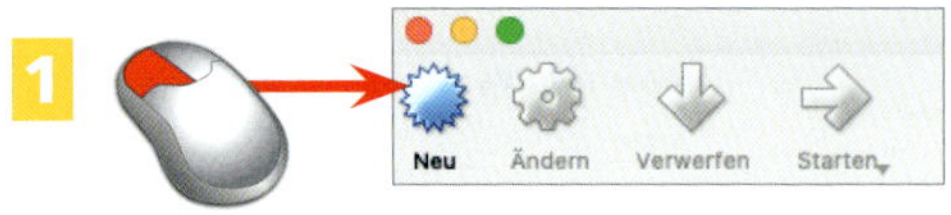

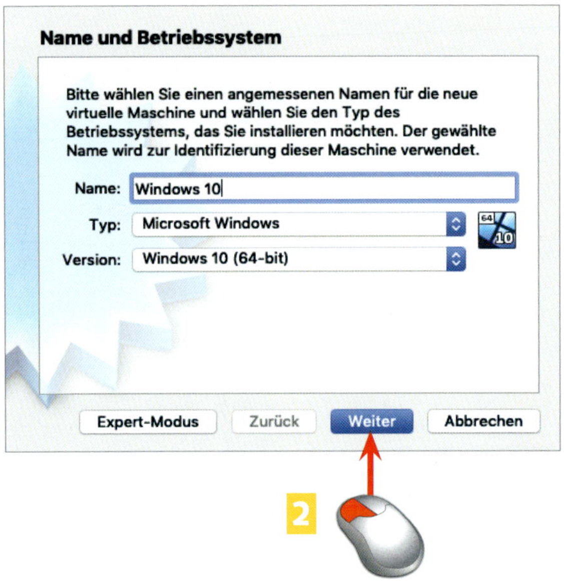

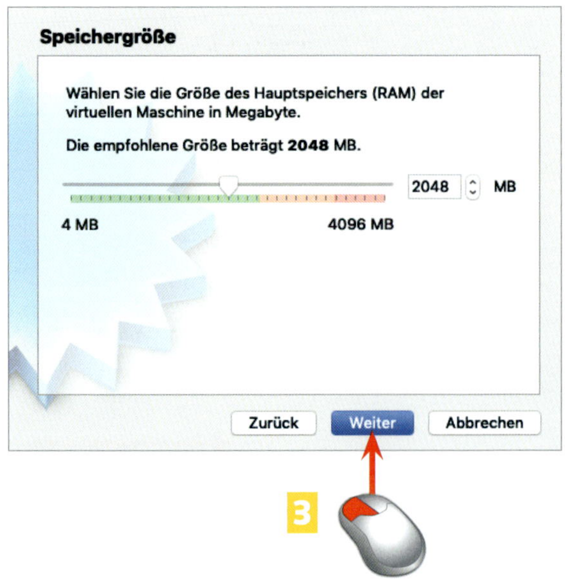

1 Starten Sie VirtualBox und klicken Sie links oben auf *Neu*.

2 Im sich öffnenden Assistenten geben Sie Ihrer »virtuellen Maschine« zunächst einen Namen und legen fest, welches Betriebssystem Sie installieren möchten. Bestätigen Sie mit *Weiter*.

3 Passen Sie bei Bedarf die Größe des Arbeitsspeichers an und bestätigen Sie mit *Weiter*. Beachten Sie: Der Arbeitsspeicher wird vom Arbeitsspeicher Ihres Macs abgezwackt.

Eventuell vorhandene Windows-Programme können Sie auch auf dem Mac weiternutzen – installieren Sie einfach Windows in einer virtuellen Maschine. Laden Sie dazu beispielsweise die kostenlose Virtualisierungssoftware VirtualBox auf Ihren Mac und legen Sie los. Der Download von VirtualBox erfolgt unter der Webadresse *https://www.virtualbox.org*.

WISSEN

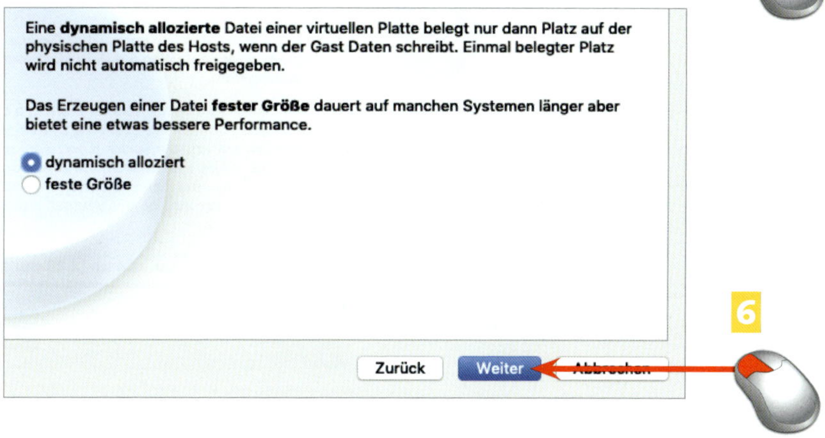

4 Bestätigen Sie im nächsten Schritt die Option *Festplatte erzeugen* mit *Erzeugen*.

5 Im nächsten Schritt bestätigen Sie die Option *VDI* mit *Weiter*.

6 Daraufhin bestätigen Sie die Option *dynamisch alloziert* ebenfalls mit *Weiter*. Die *dynamisch allozierte* virtuelle Festplatte passt sich automatisch dem tatsächlichen Speicherbedarf an.

Mit VirtualBox lassen sich bei Bedarf auch mehrere virtuelle Maschinen anlegen und verwalten. Außer Windows lassen sich ferner Linux, macOS und weitere Betriebssysteme nutzen.

HINWEIS

VDI ist das VirtualBox-Format und steht für **V**irtual **D**isk **I**mage. Ein ebenfalls gängiges Format für virtuelle Festplatten ist VMDK (**V**irtual **M**achine **D**isk).

HINWEIS

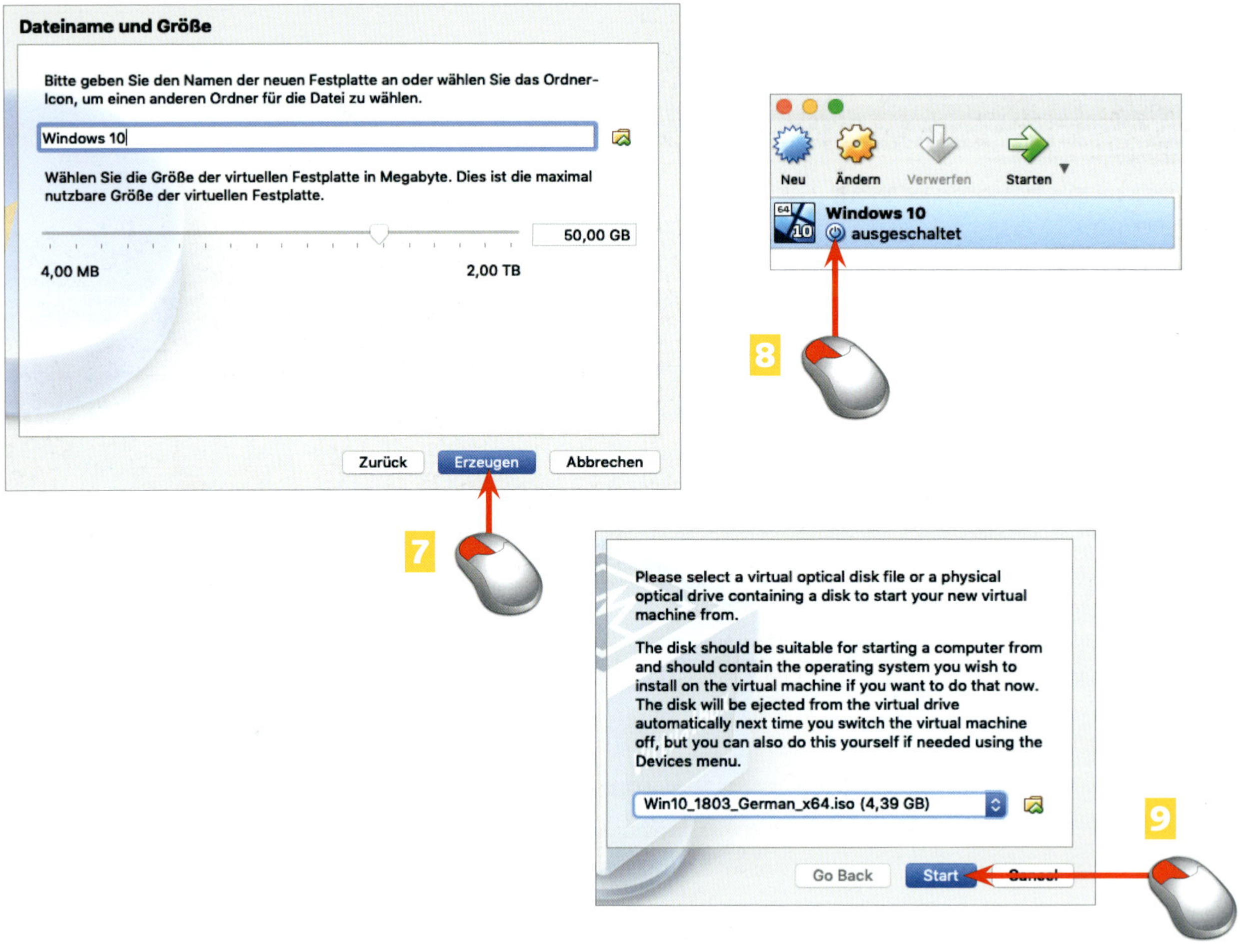

7 Passen Sie gegebenenfalls noch die Speichergröße der Festplatte an und bestätigen Sie mit *Erzeugen*.

8 Die virtuelle Maschine wird nun in VirtualBox angezeigt. Doppelklicken Sie auf den Eintrag, um sie zu starten.

9 Legen Sie einen Datenträger ins Laufwerk ein und bestätigen Sie mit *Start*. Alternativ wählen Sie unter dem Symbol ein Datenträgerabbild aus.

Ist die virtuelle Maschine zu langsam? Der Grafikspeicher zu gering? Wählen Sie die virtuelle Maschine in VirtualBox aus und klicken Sie oben auf *Ändern*, um die Einstellungen anzupassen. Eine virtuelle Maschine sei Ihnen grundsätzlich für die Installation von Beta-Software empfohlen – denn die virtuelle Maschine kann nur in sich selbst Schaden anrichten, aber nicht auf Ihrem Mac.

WISSEN

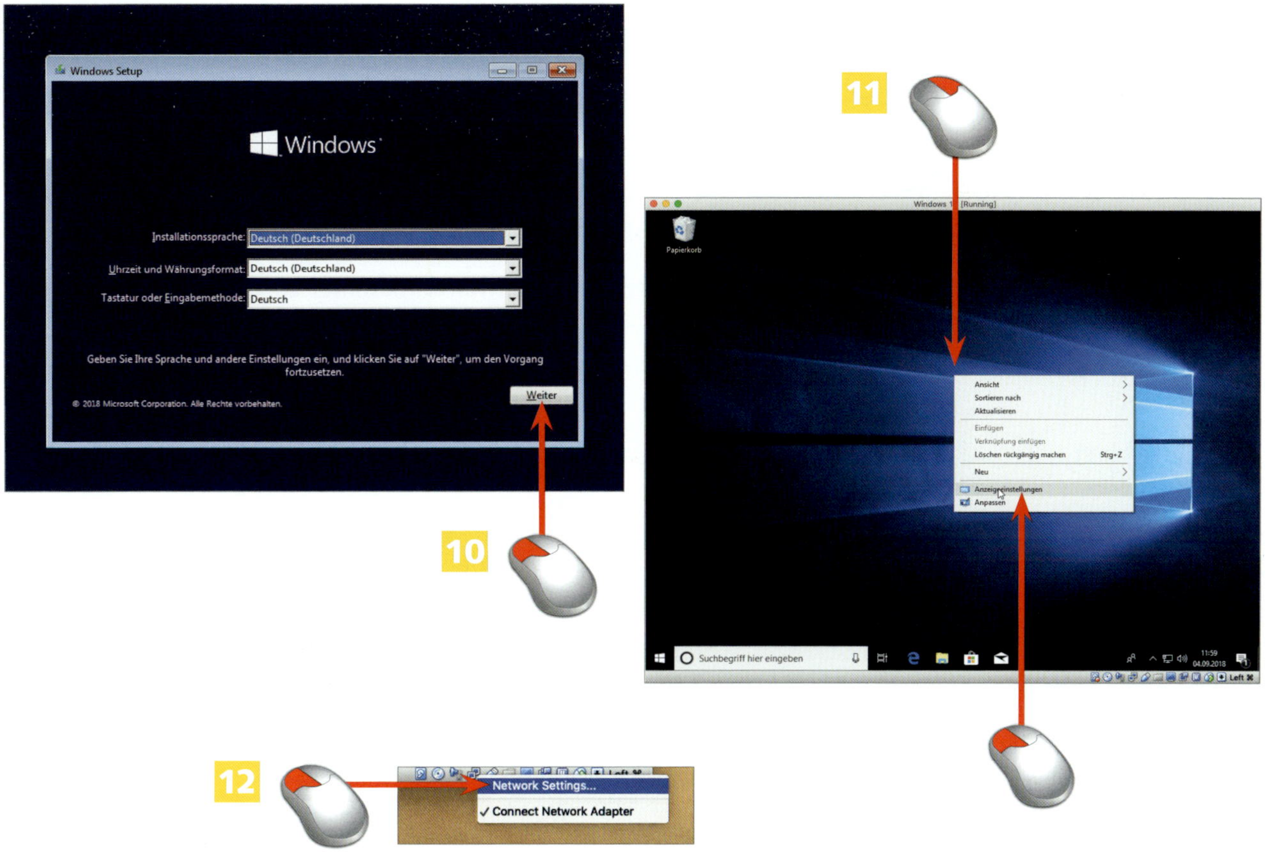

10 Nehmen Sie nun die Installation des Betriebssystems vor, genauso wie auf einem richtigen Computer.

11 Anschließend steht das Betriebssystem zur Verfügung. Legen Sie Ihre individuellen Anpassungen fest. Hier klicke ich zum Beispiel mit der rechten Maustaste auf den Desktop und wähle *Anzeigeeinstellungen*, um anschließend die Bildschirmauflösung zu verändern.

12 Auf Netzwerkeinstellungen, Geräte und Co. zugreifen – diesem Zweck dienen die Symbole, die Sie rechts unten in Ihrer virtuellen Maschine finden, bzw. dient wie von anderer Software gewohnt die Menüleiste.

Ende

Vollbildmodus gewünscht? Dazu drücken Sie die Tastenkombination cmd ⌘ + F (klappt nur mit der linken cmd ⌘-Taste); mit derselben Tastenkombination beenden Sie den Vollbildmodus auch wieder.

TIPP

Möchten Sie Windows wirklich parallel zu macOS nutzen? Das gelingt komfortabel mit der Software Parallels, die allerdings recht teuer ist (bei Redaktionsschluss rund 80 Euro, neue Versionen kosten dann noch mal etwas). Nähere Infos finden Sie unter *www.parallels.com*.

HINWEIS

Sie haben bereits im ersten Kapitel dieses Buches die Diktierfunktion Ihres Macs kennengelernt, die Sie durch zweimaliges Drücken der fn-Taste schnell hintereinander aufrufen und durch einmaliges Drücken der fn-Taste wieder beenden. Der folgenden Tabelle entnehmen Sie die wichtigsten Sprachbefehle.

Befehl	Ergebnis	Befehl	Ergebnis
Neue Zeile	Erstellt eine neue Zeile	Geschweifte Klammer auf	{
Neuer Absatz	Erstellt einen neuen Absatz	Geschweifte Klammer zu	}
Punkt	.	Apostroph	´
Fragezeichen	?	Anführungszeichen unten	„
Ausrufezeichen	!	Anführungszeichen oben	“
Komma	,	Zitatanfang	»
Semikolon	;	Zitatende	«
Doppelpunkt	:	Auslassungszeichen	...
Bindestrich (diktieren Sie diesen bei zusammengesetzten Wörtern jeweils mit)	-	Eurosymbol, Sternchen, Paragrafzeichen, Pluszeichen, Klammeraffe etc. (nennen Sie jeweils das gewünschte Sonderzeichen)	€, *, §, +, @ etc.
Gedankenstrich	–	Smiley Gesicht	:-)
Klammer auf	(	Zwinkerndes Gesicht	;-)
Klammer zu	)	Trauriges Gesicht	:-(
Eckige Klammer auf	[	Lachendes Gesicht	:-D
Eckige Klammer zu	]	Elf Euro Achtunddreißig	11,38 €
Eintausendzweihundertneunundfünfzig	1259	Zehnter Juni Zweitausendachtzehn	10. Juni 2018
Römisch Eintausendzweihundertneunundfünfzig	MCCLIX	Zehn Uhr Fünfzehn (oder auch Viertel nach Zehn)	10:15 Uhr
Fünfzig Zentimeter	50 cm		

Wenn Sie auf Ihrem Mac in der Menüleiste ein Menü öffnen, werden Ihnen bei verschiedenen Einträgen Tastenkombinationen angezeigt, die Sie für den schnelleren Zugriff auf wichtige Funktionen nutzen können. Damit Sie die wichtigsten Tastenkombinationen nicht erst lange suchen müssen, habe ich diese für Sie in den folgenden Tabellen gesammelt.

Beim Systemstart

Tastenkombination	Ergebnis
⇧	Taste sofort nach dem Systemstart gedrückt halten, um macOS im sicheren Modus zu starten.
alt ⌥	Taste sofort nach dem Systemstart gedrückt halten, um das Startvolume auszuwählen.
cmd ⌘ + R	Tasten sofort nach dem Systemstart gedrückt halten, um macOS im Wiederherstellungsmodus zu starten.
C	Taste sofort nach dem Systemstart drücken, um gegebenenfalls von einer eingelegten CD oder DVD zu starten.

Die F-Tasten

Tastenkombination	Ergebnis
F1	Verringert die Displayhelligkeit.
F2	Erhöht die Displayhelligkeit.
F3	Ruft die Mission Control auf.
F4	Ruft das Launchpad auf.
F5	Verringert, wenn verfügbar, die Tastaturhelligkeit.
F6	Erhöht, wenn verfügbar, die Tastaturhelligkeit.
F7	Wechselt zum vorherigen Titel bzw. spult bei Gedrückthalten zurück.
F8	Pausiert die Medienwiedergabe bzw. setzt diese fort.
F9	Wechselt zum nächsten Titel bzw. spult bei Gedrückthalten vor.
F10	Ton aus
F11	Verringert die Lautstärke.
F12	Erhöht die Lautstärke.

Allgemeine Bedienung

Tastenkombination	Ergebnis
alt ⌥ + cmd ⌘ + D	Blendet das Dock aus bzw. wieder ein.
cmd ⌘ + Leer	Blendet die Spotlight-Suche ein bzw. wieder aus.
cmd ⌘ + Leer	Tasten gedrückt halten, um Siri empfangsbereit zu machen.
ctrl + ←	Wechselt, wenn verfügbar, zum Space links.
ctrl + →	Wechselt, wenn verfügbar, zum Space rechts.
ctrl + ↑	Blendet die Mission Control ein.
ctrl + ↓	Blendet, wenn verfügbar, eine Fensterübersicht ein.
cmd ⌘ + J	Blendet die Darstellungsoptionen ein.
fn, fn	Durch zweimaliges Drücken der fn-Taste schnell hintereinander wird ein Diktat gestartet.
fn	Beendet Diktat.
cmd ⌘ + Z	Macht die letzte Aktion rückgängig.
⇧ + cmd ⌘ + Z	Wiederholt die letzte Aktion.
cmd ⌘ + A	Alles auswählen
cmd ⌘ + C	Kopieren
cmd ⌘ + X	Ausschneiden
cmd ⌘ + V	Einsetzen
ctrl + cmd ⌘ + Leer	Blendet in einem Textfeld eine Sonderzeichen- und Symbolauswahl ein.
ctrl + cmd ⌘ + Q	Sperrt den Bildschirm.
⇧ + cmd ⌘ + Q	Meldet den aktuellen Benutzer ab.

App-Bedienung

Tastenkombination	Ergebnis
cmd ⌘ + W	Schließt das gerade aktive Fenster.
cmd ⌘ + M	Minimiert das gerade aktive Fenster ins Dock.
cmd ⌘ + H	Blendet bei mehreren geöffneten Fenstern das gerade aktive Fenster aus.

Tastenkombination	Ergebnis
alt ⌥ + cmd ⌘ + H	Blendet bei mehreren geöffneten Fenstern alle Fenster außer dem gerade aktiven aus.
cmd ⌘ + Q	Beendet eine App.
cmd ⌘ + ,	Öffnet die Einstellungen einer App.
cmd ⌘ + tab	Zeigt die aktuell geöffneten Apps in einer Übersicht an; die Auswahl erfolgt durch weiteres Drücken der tab-Taste.
cmd ⌘ + <	Wechselt, wenn verfügbar, zwischen mehreren Fenstern einer App.
⇧ +Maustaste	Behält das Seitenverhältnis bei, wenn ein Fenster bei gedrückter Maustaste vergrößert oder verkleinert wird.
alt ⌥ +Maustaste	Passt ein App-Fenster bei Ziehen mit gedrückter Maustaste beidseitig an.
cmd ⌘ +Maustaste	Erlaubt das Verschieben eines App-Fensters, ohne dieses dabei zu aktivieren.
alt ⌥ + cmd ⌘ + esc	Ruft das Fenster zum sofortigen Beenden von Apps auf.
cmd ⌘ + F	Aktiviert in vielen Apps eine Suchfunktion.
⇧ + cmd ⌘ + ß	Ruft die Hilfe zu einer App auf.

Bildschirmfotos

Tastenkombination	Ergebnis
⇧ + cmd ⌘ + 3	Fotografiert den ganzen Bildschirm.
⇧ + ctrl + cmd ⌘ + 3	Fotografiert den ganzen Bildschirm, wobei die Aufnahme gleichzeitig in die Zwischenablage aufgenommen wird.
⇧ + cmd ⌘ + 4	Auswahl für das Bildschirmfoto wird durch Ziehen bei gedrückter Maustaste festgelegt.
⇧ + ctrl + cmd ⌘ + Leer + 4	Fotografiert die Auswahl, wobei die Aufnahme gleichzeitig in die Zwischenablage aufgenommen wird.
⇧ + cmd ⌘ + 5	Auswahl für das Bildschirmfoto wird durch Ziehen bei gedrückter Maustaste festgelegt, wobei gleichzeitig die Bildschirmfoto-Optionen eingeblendet werden.

Finder

Tastenkombination	Ergebnis
cmd ⌘+N	Ruft, wenn keine andere App aktiv ist, den Finder auf.
⇧+cmd ⌘+F	Öffnet den Finder in der Ansicht *Zuletzt benutzt*.
⇧+cmd ⌘+O	Öffnet den Finder in der Ansicht *Dokumente*.
⇧+cmd ⌘+D	Öffnet den Finder in der Ansicht *Schreibtisch*.
⇧+cmd ⌘+L	Öffnet den Finder in der Ansicht *Downloads*.
⇧+cmd ⌘+H	Öffnet den Finder in der Ansicht *Benutzerordner*.
⇧+cmd ⌘+C	Öffnet den Finder in der Ansicht *Computer*.
⇧+cmd ⌘+R	Öffnet den Finder in der Ansicht *AirDrop*.
⇧+cmd ⌘+K	Öffnet den Finder in der Ansicht *Netzwerk*.
⇧+cmd ⌘+I	Öffnet den Finder in der Ansicht *iCloud Drive*.
⇧+cmd ⌘+A	Öffnet den Finder in der Ansicht *Programme*.
⇧+cmd ⌘+U	Öffnet den Finder in der Ansicht *Dienstprogramme*.
alt ⌥+Maustaste	Zeigt in der Finder-Menüleiste unter *Gehe zu* den Eintrag *Library* an.
⇧+cmd ⌘+G	Öffnet einen beliebigen Ordner, der in das Eingabefeld getippt wird.
cmd ⌘+K	Stellt eine Serververbindung her.
⇧+cmd ⌘+N	Erstellt einen neuen Ordner am ausgewählten Speicherort.
alt ⌥+cmd ⌘+N	Erstellt einen neuen intelligenten Ordner.
cmd ⌘+T	Öffnet im Finder-Fenster einen neuen Tab.
⇧+cmd ⌘+T	Blendet die Tableiste im Finder ein bzw. aus.
ctrl+cmd ⌘+T	Fügt ein ausgewähltes Element der Seitenleiste des Finders hinzu.
cmd ⌘+O	Öffnet ein ausgewähltes Element mit der dafür vorgesehenen App.
cmd ⌘+I	Zeigt das Infofenster des ausgewählten Elements an.
cmd ⌘+D	Dupliziert das ausgewählte Element.
↩	Benennt das ausgewählte Element um.
cmd ⌘+L	Erzeugt ein Alias des ausgewählten Elements.
cmd ⌘+R	Zeigt die Originaldatei zu einem ausgewählten Alias an.
cmd ⌘+←	Legt das ausgewählte Element in den Papierkorb.
cmd ⌘+F	Aktiviert das Suchfeld.
cmd ⌘+E	Wirft einen Datenträger aus.

Tastenkombination	Ergebnis
cmd ⌘+1	Wechselt zur Symbolansicht.
cmd ⌘+2	Wechselt zur Listenansicht.
cmd ⌘+3	Wechselt zur Spaltenansicht.
cmd ⌘+4	Wechselt zur Galerie-Ansicht.
alt ⌥+cmd ⌘+S	Blendet die Seitenleiste aus bzw. ein.
⇧+cmd ⌘+7	Blendet die Statusleiste ein bzw. aus.
alt ⌥+cmd ⌘+P	Blendet die Pfadleiste ein bzw. aus.
alt ⌥+cmd ⌘+T	Blendet die Symbolleiste aus bzw. ein.
Leer	Zeigt das ausgewählte Element im Übersichtsfenster an.
cmd ⌘+Maustaste	Bei gedrückter cmd ⌘-Taste können mehrere Elemente ausgewählt werden.
⇧+Maustaste	Bei gedrückter ⇧-Taste können mehrere Elemente in einer Reihe ausgewählt werden.
Maustaste	Bei gedrückter Maustaste lässt sich ein ausgewähltes Element an den Zielort verschieben.
alt ⌥+Maustaste	Bei gedrückter Maustaste und gleichzeitig gedrückter alt ⌥-Taste lässt sich ein Element an den Zielort kopieren.
alt ⌥+cmd ⌘+Maustaste	Bei gedrückter Maustaste und gleichzeitig gedrückten Tasten alt ⌥+cmd ⌘ lässt sich ein Alias des Elements am Zielort erstellen.

Safari

Tastenkombination	Ergebnis
cmd ⌘+N	Öffnet ein neues Fenster.
⇧+cmd ⌘+N	Öffnet ein neues privates Fenster.
cmd ⌘+T	Öffnet einen neuen Tab.
cmd ⌘+O	Öffnet eine auf dem Mac befindliche Datei.
cmd ⌘+L	Aktiviert das Adressfeld.
cmd ⌘+S	Speichert eine Webseite als Datei.
cmd ⌘+I	Sendet eine Webseite per E-Mail.
cmd ⌘+P	Bringt eine Webseite zu Papier.
⇧+cmd ⌘+A	Füllt ein Formular automatisch aus.

Tastenkombination	Ergebnis
alt ⌥ + cmd ⌘ + F	Startet eine Websuche.
cmd ⌘ + F	Blendet ein Suchfeld für die Suche innerhalb einer Webseite ein.
⇧ + cmd ⌘ + F	Blendet das Suchfeld für die Suche innerhalb einer Webseite wieder aus.
cmd ⌘ + G	Zeigt den nächsten gefundenen Treffer an.
cmd ⌘ + J	Hebt einen auf einer Webseite markierten Begriff farblich hervor.
⇧ + cmd ⌘ + ,	Führt in einem Webformular eine Rechtschreibprüfung durch.
⇧ + cmd ⌘ + .	Zeigt das Fenster *Rechtschreibung und Grammatik* an.
⇧ + cmd ⌘ + B	Blendet die Favoritenleiste ein bzw. wieder aus.
⇧ + cmd ⌘ + L	Blendet die Seitenleiste ein bzw. wieder aus.
⇧ + cmd ⌘ + 7	Blendet die Tab-Übersicht ein bzw. wieder aus.
⇧ + cmd ⌘ + Ü	Blendet die Statusleiste ein bzw. wieder aus.
ctrl + cmd ⌘ + 1	Blendet in der Seitenleiste direkt die Lesezeichen ein.
ctrl + cmd ⌘ + 2	Blendet in der Seitenleiste direkt die Leseliste ein.
⇧ + cmd ⌘ + R	Blendet, sofern verfügbar, den Reader ein bzw. wieder aus.
alt ⌥ + cmd ⌘ + L	Zeigt die Downloads an.
cmd ⌘ + .	Stoppt das Laden einer Webseite.
cmd ⌘ + R	Aktualisiert eine Webseite.
cmd ⌘ + +	Vergrößert die Darstellung der Inhalte.
cmd ⌘ + -	Verkleinert die Darstellung der Inhalte.
cmd ⌘ + 0	Zeigt Inhalte in der Originalgröße an.
cmd ⌘ + Ö	Blättert zurück.
cmd ⌘ + Ä	Blättert vor.
⇧ + cmd ⌘ + H	Ruft, sofern eingerichtet, die Startseite auf.
cmd ⌘ + D	Fügt eine Webseite den Lesezeichen hinzu.
⇧ + cmd ⌘ + D	Fügt eine Webseite der Leseliste hinzu.
alt ⌥ + cmd ⌘ + B	Blendet Lesezeicheneditor ein bzw. wieder aus.
cmd ⌘ + ↓	Springt zum Ende der geöffneten Webseite.
cmd ⌘ + ↑	Springt zum Anfang der geöffneten Webseite.
Leer	Scrollt Webseite nach unten.

iTunes

Tastenkombination	Ergebnis
alt ⌥	Wird die Taste beim Anklicken des iTunes-Symbols gehalten, erscheint die Mediathek-Auswahl.
alt ⌥ + cmd ⌘	Werden beide Tasten beim Anklicken des iTunes-Symbols gehalten, startet die App im gesicherten Modus.
cmd ⌘ + N	Erstellt eine neue Wiedergabeliste.
alt ⌥ + cmd ⌘ + N	Erstellt eine neue intelligente Wiedergabeliste.
cmd ⌘ + O	Öffnet das Dialogfenster *Zur Mediathek hinzufügen*.
cmd ⌘ + U	Öffnet einen Stream.
cmd ⌘ + I	Blendet das Infofenster zum ausgewählten Element ein.
⇧ + cmd ⌘ + R	Zeigt einen ausgewählten Titel im Finder an.
cmd ⌘ + P	Druckt den passenden CD-Einleger für eine gebrannte Audio-CD.
cmd ⌘ + J	Blendet in der Musik-Mediathek die Darstellungsoptionen ein.
cmd ⌘ + B	Blendet in der Titel- oder Wiedergabelistenansicht den Spaltenbrowser ein bzw. wieder aus.
alt ⌥ + cmd ⌘ + U	Zeigt die „Als Nächstes"-Liste an.
cmd ⌘ + 1 (– 9)	Wechselt zwischen den verschiedenen Mediatheken.
cmd ⌘ + ß	Blendet die Statusleiste ein bzw. wieder aus.
cmd ⌘ + T	Blendet visuelle Effekte ein bzw. wieder aus.
Leer	Startet die Wiedergabe des ausgewählten Elements und pausiert Wiedergabe auch wieder.
↵	Gibt das ausgewählte Element von Anfang an wieder.
.	Beendet die Wiedergabe.
cmd ⌘ + →	Wechselt zum nächsten Titel.
cmd ⌘ + ←	Wechselt zum vorherigen Titel.
⇧ + cmd ⌘ + M	Wechselt zwischen iTunes-Fenster und MiniPlayer.
cmd ⌘ + 0	Blendet, wenn ausgeblendet, das iTunes-Fenster ein.
alt ⌥ + cmd ⌘ + E	Blendet den Equalizer ein und wieder aus.
alt ⌥ + cmd ⌘ + M	Blendet einen MiniPlayer ein und wieder aus.
alt ⌥ + cmd ⌘ + A	Blendet das Fenster *Aktivität* ein.

Start

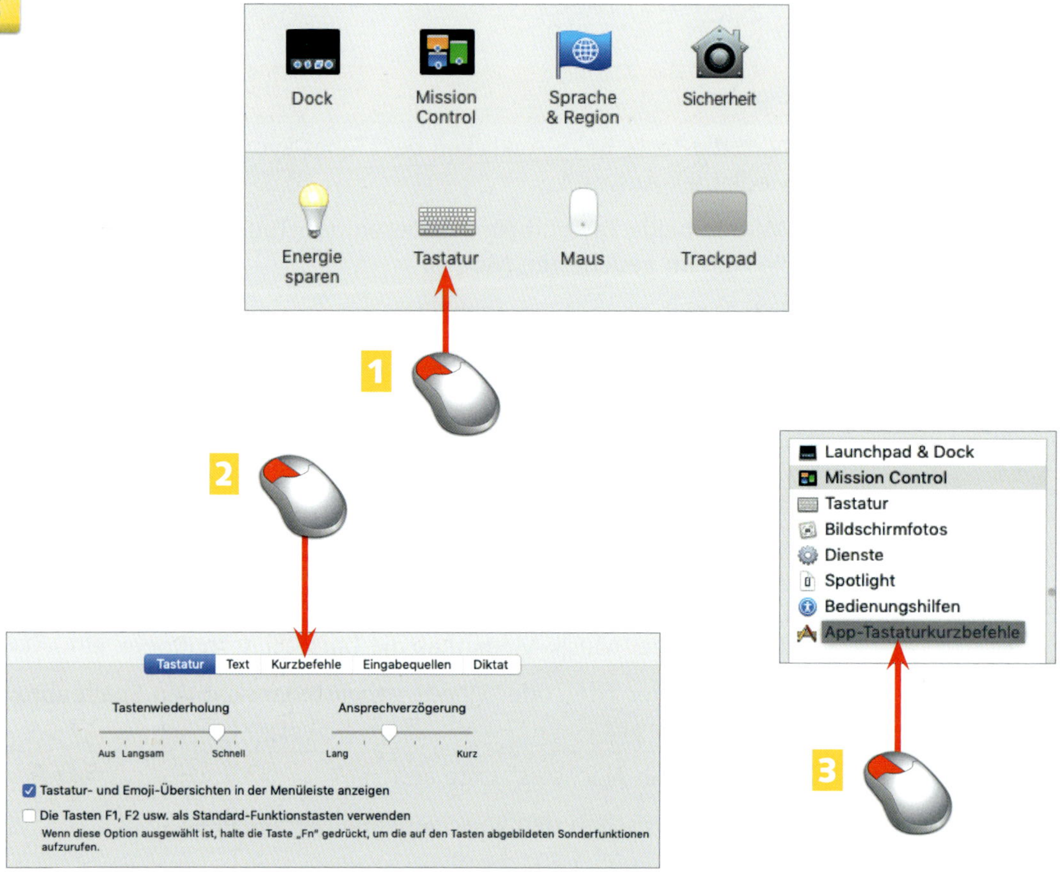

1 Um eigene Tastenkombinationen zu erstellen, öffnen Sie die *Systemeinstellungen* und wählen die Kategorie *Tastatur*.

2 Klicken Sie auf den Reiter *Kurzbefehle*.

3 Entscheiden Sie sich nun in der Liste links für den Eintrag *App-Tastaturkurzbefehle*.

Sie vermissen eine für Sie wichtige Tastenkombination? Für Funktionen, die in der Menüleiste zur Verfügung stehen, lassen sich Tastenkombinationen mühelos einrichten. Wie Sie dazu vorgehen, lesen Sie im letzten Workshop dieses Buches.

WISSEN

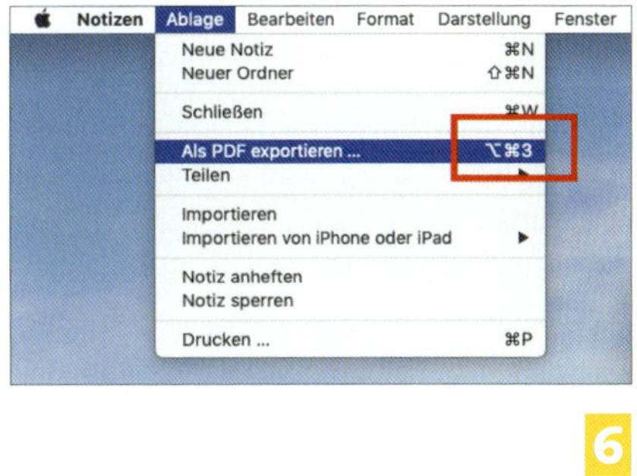

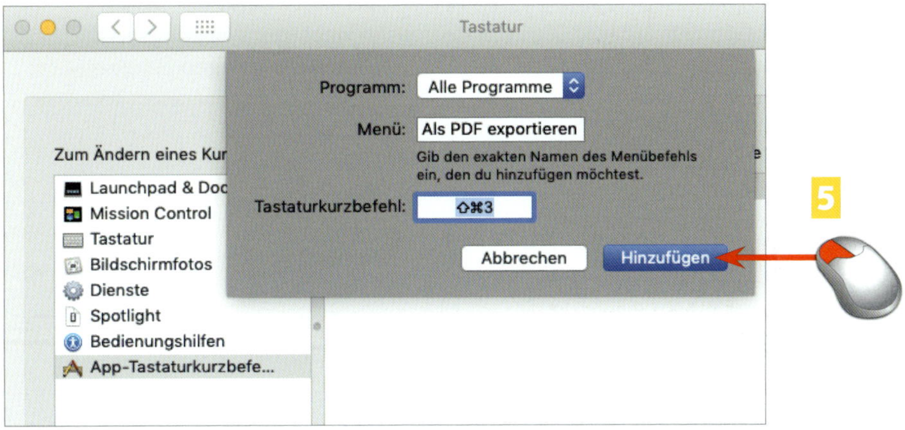

4 Um eine neue Tastenkombination anzulegen, klicken Sie auf das Symbol +.

5 Wählen Sie bei *Programm* die App aus, für die Sie eine Tastenkombination hinzufügen möchten. Unter *Menü* tragen Sie den entsprechenden Menüeintrag ein, und im Feld *Tastaturkurzbefehl* drücken Sie die gewünschten Tasten. Bestätigen Sie mit *Hinzufügen*.

6 Wenn Sie das Menü erneut öffnen, stellen Sie fest, dass die Tastenkombination dem Menüeintrag hinzugefügt wurde. Die Tastenkombination lässt sich nun ebenfalls zum Aufrufen der Funktion einsetzen.

Ende

Sehr wichtig: Ein Menüeintrag muss in Schritt 5 genauso eingegeben werden, wie er im Menü steht, also etwa auch mit Auslassungszeichen (...).

HINWEIS

Eine bestehende Tastenkombination ändern: Klicken Sie dazu zweimal langsam nacheinander auf eine Tastenkombination und drücken Sie dann die gewünschten neuen Tasten.

TIPP

A

B

C

D

E

F

L

M

N

O

P

U

V

W

Z